建築環境工学実験用教材

2011 改

日本建築学会

表紙・カバーデザイン　　佐々木貴子

ご案内
本書の著作権・出版権は日本建築学会にあります．本書より著書・論文等への引用・転載にあたっては必ず本会の許諾を得てください．
Ⓡ〈学術著作権協会委託出版物・特別扱い〉
本書の無断複写は，著作権法上での例外を除き禁じられています．本書は，学術著作権協会への特別委託出版物ですので，包括許諾の対象となっていません．本書を複写される場合は，学術著作権協会（03-3475-5618）を通してその都度本会の許諾を得てください．

一般社団法人　日本建築学会

序

　「建築環境工学実験用教材Ⅰ　環境測定演習編」ならびに「建築環境工学実験用教材Ⅱ　建築設備計測演習編」は1982年の刊行以来，既に30年近くが経過しているため，2005年より環境工学委員会ならびに傘下の環境工学教材改訂WGにて改訂作業を開始した．改訂WGでは，教材の使われ方や内容に関して運営委員会ならびに傘下の小委員会を対象としてアンケート調査を実施することで，現状の問題点を把握し，改訂方針を整理する作業から始め，累計販売部数等も考慮することで，「Ⅰ　環境測定演習編」ならびに「Ⅱ　建築設備計測演習編」を統合整理し，測定機器のアップデートを含めて内容を一新する方針を決定し，各運営委員会の意見も踏まえて目次案を確定した．

　2006年には各運営委員会より執筆委員が推薦され，限られた執筆期間と頁数制限のなかで執筆を開始したが，一部執筆委員の多忙等により，目次を修正し，再度全体調整を行うことになった．このため、第一次原稿の完成が当初予定より大幅に遅れることとなったが，運営委員会レベルでの査読，校正作業を経て2011年に改訂版が刊行される運びとなった．

　環境測定演習編と設備計測演習編が統合された新「建築環境工学実験用教材」の内容は約1年間での履修を想定しており，1項目は，50名程度の学生を対象として2コマ（90分×2）程度の実施時間で完了するように内容設定している．基礎分野では、目的に応じた計測機器の種別から計測方法までをなるべく詳細に紹介することで、測定・計測の実務に携わる初学者にとっても参考書となりうる内容となっており，また応用的な分野では各基礎分野にまたがる横断的なテーマも含まれるように配慮している．

　本書が各大学等において，教材として有効に生かされるとともに，基本的な測定設備等を整備していく上での一指針として生かされれば幸いである．

2011年3月

社団法人　日本建築学会

建築環境工学実験用教材作成関係委員

―――― 五十音順／敬称略 ――――

環境工学委員会

委員長	久野　覚			
幹　事	飯塚　悟	佐土原　聡	讃井　純一郎	
委　員	略			

環境工学実験用教材改訂ワーキンググループ

主　査	林　徹夫				
幹　事	伊藤　一秀				
委　員	秋元　孝之	浅野　芳伸	飯野　秋成	石川　孝重	井上　容子
	岩前　篤	大塚　雅之	坂本　慎一	佐久間　哲哉	出口　清孝
	野部　達夫	松原　斎樹	渡邉　浩文		

―――― **執筆委員一覧** ――――

1	音環境分野		6	水環境分野
1.1	佐久間　哲哉		6.1	野知　啓子
1.2	羽入　敏樹		6.2	王　祥武
1.3	坂本　慎一		6.3	小瀬　博之

2	環境振動分野		7	建築設備分野	
	石川　孝重		7.1	神谷　是行	
	環境振動測定手法小委員会		7.2	神谷　是行	
			7.3	丹羽　英治	
3	光環境分野		7.4	本間　睦朗	
3.1	中村　芳樹　吉澤　望		7.5	寺野　真明　松島　公嗣	
3.2	岩田　利枝　古賀　靖子				
3.3	佐藤　仁人		8	都市環境・都市設備分野	
3.4	鈴木　広隆　原　直也		8.1	近藤　靖史　小笠原　岳	
3.5	井上　容子　秋月　有紀		8.2	吉田　聡	
	石田　享子				

9	環境心理生理分野
9.1	合掌　顕　長野　和雄
9.2	秋田　剛　高田　暁
9.3	宗方　淳
9.4	小島　隆矢

4	熱環境分野
4.1	岩前　篤
4.2	土川　忠浩

10	環境設計分野
10.1	白石　靖幸

5	空気環境分野	
5.1	富永　禎秀　義江　龍一郎	
5.2	甲谷　寿史	
5.3	田島　昌樹　早川　眞	
5.4	田島　昌樹　早川　眞	
5.5	倉渕　隆　鳥海　吉弘	
5.6	近藤　靖史　長澤　康弘	
5.7	柳　宇	

11	電磁環境分野
11.1	三枝　健二
11.2	岡崎　靖雄　石川　登

1982年版作成関係委員

環境工学委員会

委員長　宮　野　秋　彦
幹　事　久　保　猛　志　　楢　崎　正　也

環境工学用教材検討小委員会

主　査　久　我　新　一
幹　事　久　保　猛　志
委　員　板　本　守　正　　市　川　裕　通　　岡　　　樹　生　　高　信　碩　文　　中　島　康　孝
　　　　楡　井　武　一　　南　野　　　脩

執筆担当委員

（Ⅰ　環境測定演習編）
1．熱環境の測定
執筆委員　　浦　野　良　美　　中　村　泰　人
　　　　　　南　野　　　脩
相談委員　　荒　谷　　　登　　岡　　　樹　生
　　　　　　木　村　建　一　　小　林　陽太郎
　　　　　　松　尾　　　陽　　宮　野　秋　彦
2．空気環境の測定
執筆委員　　入　江　建　久　　小　竿　真一郎
　　　　　　小　林　信　行
相談委員　　入　江　建　久　　小　竿　真一郎
　　　　　　小　林　信　行
3．光環境の測定
執筆委員　　沖　　　允　人　　野　口　太　郎
　　　　　　宮　田　紀　元
相談委員　　小　島　武　男　　小　林　朝　人
　　　　　　佐　藤　隆　二　　永　田　忠　彦
　　　　　　中　村　　　洋　　松　浦　邦　男
4．音環境の測定
執筆委員　　久保田　喜八郎　　関　口　克　明
　　　　　　橘　　　秀　樹
相談委員　　石　井　聖　光　　木　村　　　翔
　　　　　　安　岡　正　人
5．屋外環境の測定
執筆委員　　金　島　正　治　　楡　井　武　一
　　　　　　藤　井　修　二
相談委員　　木　村　　　宏　　久　保　猛　志
　　　　　　早　川　一　也　　前　川　甲　陽

（Ⅱ．建築設備計測演習編）
1．熱源機器装置に関する計測
執筆委員　　中　島　康　孝
相談委員　　田　中　辰　明　　手　塚　俊　一
2．空調機・熱交換器・放熱器に関する計測
執筆委員　　水　野　宏　道
相談委員　　井　上　宇　市　　千　葉　孝　男
3．流体搬送装置に関する計測
執筆委員　　鎌　田　元　康
相談委員　　井　上　嘉　雄　　村　上　周　三
4．計測関係制御性能に関する計測
執筆委員　　宇田川　光　弘　　中　村　守　保
相談委員　　竹　内　民　次　　森　　　敏
執筆協力者　渥　美　良　栄　　八田羽　俊　夫
中島康孝
5．太陽熱システム性能に関する計測
執筆委員　　田　中　俊　六
相談委員　　成　田　勝　彦　　松　尾　　　陽
6．省エネルギ性能に関する計測
執筆委員　　中　村　信　生
相談委員　　成　田　勝　彦　　松　尾　　　陽
7．浄化ろ過性能に関する計測
執筆委員　　村　川　三　郎　　吉　沢　　　晋
相談委員　　紀　谷　文　樹　　中　島　康　孝
　　　　　　吉　沢　　　晋

建築環境工学実験用教材

目　　　次

1 音環境分野
　1.1　騒音の測定（基礎1＋応用1） ··· 1
　1.2　室内音響特性の測定（基礎1＋応用1） ··· 6
　1.3　遮音の測定（基礎1＋応用1） ·· 12

2 環境振動分野
　2.1　基礎事項（基礎1） ··· 21
　2.2　道路交通振動の測定（基礎1＋応用1） ·· 24
　2.3　建物の床振動の測定（基礎1＋応用1） ·· 27

3 光環境分野
　3.1　照度・輝度・紫外線強度の測定（基礎1） ··· 30
　3.2　昼光の測定（基礎1） ··· 36
　3.3　色の測定（基礎1） ·· 42
　3.4　光環境の予測（応用1） ··· 51
　3.5　視環境の評価（応用3） ··· 57

4 熱環境分野
　4.1　外気気象要素の測定（基礎2） ··· 74
　4.2　室内気候の測定（基礎2） ··· 79

5 空気環境分野
　5.1　建物周辺気流の測定（基礎1） ··· 86
　5.2　室内気流分布の測定（基礎1） ··· 91
　5.3　換気量の測定（基礎1） ··· 99
　5.4　設備の風量測定（応用1） ·· 104
　5.5　換気回路網（応用1） ··· 107
　5.6　数値計算（CFD）（応用1） ·· 114
　5.7　空気汚染の測定（基礎1） ·· 118

6 水環境分野
　6.1　水質の測定（基礎1） ··· 124
　6.2　給水管路における流体基礎実験（応用1） ··· 131
　6.3　ごみの発生量調査（応用2） ··· 136

7 建築設備分野
　7.1　冷凍機の性能評価（応用1） ··· 141
　7.2　ボイラ・給湯器の性能評価（応用1） ·· 144
　7.3　空調システムシミュレーション（応用1） ··· 146
　7.4　電気設備に関する測定・性能評価（応用1） ·· 153
　7.5　照明設備に関する測定・性能評価（応用1） ·· 157

8 都市環境・都市設備分野
　8.1　地表面の放射収支・熱収支の測定（応用1） ·· 162
　8.2　地域エネルギー需給の解析演習（応用1） ··· 164

9 環境心理生理分野
　9.1　感覚量の測定＋心理生理測定のための基礎事項（基礎1） ·· 168
　9.2　生理量の測定（基礎1） ··· 172
　9.3　印象の測定（応用1） ··· 174
　9.4　評価構造の測定（応用1） ·· 178

10 環境設計分野
　10.1　CASBEEおよび住宅の性能表示制度に関する演習（応用1） ····································· 183

11 電磁環境分野
　11.1　電磁環境の測定（基礎1） ·· 188
　11.2　磁気環境の測定（基礎1） ·· 193

1. 音環境分野

1.1 騒音の測定（基礎1＋応用1）

1．演習の目的
音は人々が暮らす居住空間の快適性を左右する重要な環境要素であり，音環境の実態を定量的に把握するためには，騒音の測定が必要となる．ここでは騒音測定の基本を学ぶことを目的として，環境騒音としてもっとも一般的といえる道路交通騒音と，空調設備などによる室内騒音を例にとり，騒音レベルの測定方法，騒音の周波数分析法について演習を行う．

2．基礎事項
2.1 音圧レベル・騒音レベル
音圧は音波の存在によって空気中に生じる圧力の変動分である．人間は耳の奥にある鼓膜が音圧によって振動し，その刺激が神経を通して脳に伝わり音を感じている．

音圧は圧力の単位パスカル（Pa＝N/m²）で表される物理量であるが，人間が聴くことのできる範囲は非常に広いため，対数尺度であるレベルで表示することが一般的である．次のように，音圧の実効値の2乗値について基準値（基準音圧の2乗値）との比をとり，その常用対数を10倍した値を音圧レベルといい，単位をデシベル〔dB〕と表記する．

$$L_\mathrm{p} = 10\log\left(\frac{p_\mathrm{e}^2}{p_0^2}\right) \ \mathrm{[dB]} \tag{1.1.1}$$

p_e：音圧の実効値〔Pa〕
p_0：基準音圧（20μPa）

音圧レベルは音の物理的な大きさを表す基本的な量である．しかし，人間の耳の感度は周波数によって異なるため，多くの周波数成分からなる実際の音を人間が聴いたときに感じる大きさとは必ずしも対応しない．そこで感覚と物理量とを対応させるために，聴覚の特性を考慮して，図1.1.1に示すような周波数重み付け特性Aを掛けて音圧レベルを測定する．このA特性音圧レベルは騒音レベル（単位dB）と呼ばれ，サウンドレベルメータ（騒音計）を用いて測ることができる．オクターブバンドごとの音圧レベルに対するA特性補正値を表1.1.1に示す．

2.2 周波数分析
騒音対策のためには騒音レベルの測定だけでは不十分であり，騒音の周波数分析（スペクトル分析）が必要となる．

周波数分析を行う場合，周波数の分割のしかたには大きく分けて二つの方法がある．一つは一定の周波数幅で分割する方法（定バンド幅分析），もう一つは周波数を対数軸上にとったときに一定間隔になるように分割する方法（定比バンド幅分析）である．建築音響や環境騒音を扱う場合によく用いられているオクターブバンドまたは1/3オクターブバンド分析は，後者の方法である．

一般に1/nオクターブバンド分析では，一つのバンドの下限周波数f_1〔Hz〕，中心周波数f_c〔Hz〕，上限周波数f_2〔Hz〕の間には次の関係がある．

$$\frac{f_2}{f_1} = 2^{\frac{1}{n}} \tag{1.1.2}$$

$$f_\mathrm{c} = \sqrt{f_1 \cdot f_2} \tag{1.1.3}$$

現在用いられているオクターブバンドおよび1/3オクターブバンドの中心周波数を表1.1.2に示す．

2.3 デシベル計算
2.3.1 レベルの合成
それぞれのレベルがL_1〔dB〕とL_2〔dB〕である音のエネルギーが加え合わされたときのレベルL〔dB〕は，次式によって計算される．

$$L = 10\log(10^{\frac{L_1}{10}} + 10^{\frac{L_2}{10}}) \tag{1.1.4}$$

一般に，n個の音のエネルギーが加え合わされたときのレベルは次式で表される．

$$L = 10\log(10^{\frac{L_1}{10}} + 10^{\frac{L_2}{10}} + \ldots + 10^{\frac{L_n}{10}}) \tag{1.1.5}$$

2.3.2 レベルの分解
二つの音が同時にあるときのレベルがL〔dB〕であり，そのうち一つがなくなったときのレベルがL_2〔dB〕であるとすると，他の一つのみがあるときのレベルL_1〔dB〕は次式によって計算される．

$$L_1 = 10\log(10^{\frac{L}{10}} - 10^{\frac{L_2}{10}}) \tag{1.1.6}$$

この式は暗騒音の補正に用いられ，測定対象音と暗騒音とが同時にあるときのレベルLと暗騒音のみのレベルL_2から対象音のみのレベルL_1を推定することができる．ただし，この推定計算は$L-L_2$の値が5dB程度以上でないと，大きな誤差を生

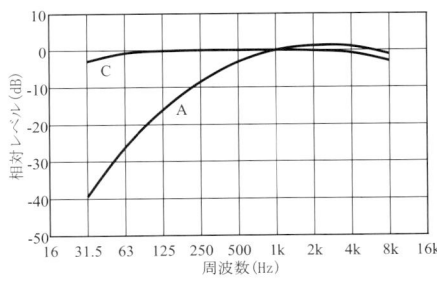

図1.1.1 騒音計の周波数重み付け特性Aおよび特性C

表1.1.1 A特性補正値（オクターブバンド）

オクターブバンド中心周波数〔Hz〕	63	125	250	500	1k	2k	4k
A特性補正値〔dB〕	−26	−16	−9	−3	0	+1	+1

表1.1.2 オクターブバンドおよび1/3オクターブバンド中心周波数〔Hz〕

オクターブ		オクターブ		オクターブ	
1/3	1	1/3	1	1/3	1
0.8		25		800	
1	1	31.5	31.5	1 000	1 000
1.25		40		1 250	
1.6		50		1 600	
2	2	63	63	2 000	2 000
2.5		80		2 500	
3.15		100		3 150	
4	4	125	125	4 000	4 000
5		160		5 000	
6.3		200		6 300	
8	8	250	250	8 000	8 000
10		315		10 000	
12.5		400		12 500	
16	16	500	500	16 000	16 000
20		630		20 000	

じることがある.

2.3.3 レベルの平均

n 個の音についてのレベルの平均は次式によって計算される.

$$\bar{L} = 10 \log \left(\frac{10^{\frac{L_1}{10}} + 10^{\frac{L_2}{10}} + \ldots + 10^{\frac{L_n}{10}}}{n} \right) \quad (1.1.7)$$

この平均は, レベル値の単純な算術平均と区別して, エネルギー平均という.

2.4 騒音レベルの統計量

不規則に変動する騒音レベルを評価する場合, 次のようなレベル統計量が用いられる.

2.4.1 等価騒音レベル $L_{Aeq,T}$

A 特性音圧 p_A の 2 乗値を測定時間 T（時刻 t_1 から時刻 t_2 まで）にわたって平均してデシベル表示した量を等価騒音レベル[1]という.

$$L_{Aeq,T} = 10 \log \left(\frac{1}{T} \int_{t_1}^{t_2} \frac{p_A^2(t)}{p_0^2} dt \right) \quad (1.1.8)$$

ここでの平均は時間軸上での騒音レベルのエネルギー平均に相当する. 例えば, 測定時間が10分間の場合には $L_{Aeq,10min}$ と表記する.

騒音レベルを等時間間隔でサンプリングした n 個のレベル値（$L_{A,i}, i=1, 2, \ldots, n$）から計算するときは, 次式によって求められる.

$$L_{Aeq,T} = 10 \log \left(\frac{1}{n} \sum_{i=1}^{n} 10^{\frac{L_{A,i}}{10}} \right) \quad (1.1.9)$$

2.4.2 時間率騒音レベル $L_{AN,T}$

騒音レベルが測定時間 T の N % の時間にわたってあるレベル値を超えている場合, そのレベルを N %時間率騒音レベル[1]という. 実際には, 騒音レベルのサンプル値から求めた累積度数曲線から読み取る. 道路交通騒音を60回のサンプリングで測

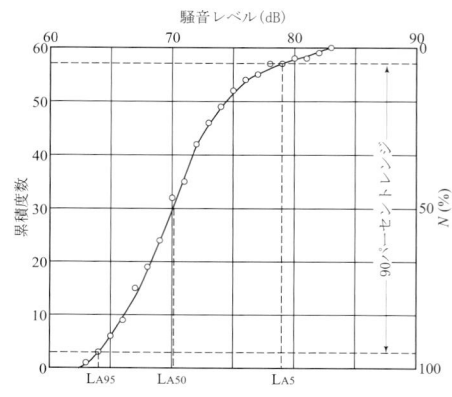

図1.1.2 累積度数曲線

定した例を表1.1.3, 図1.1.2に示す. 騒音評価で実際によく用いられるのは $L_{A50,T}$（中央値）, $L_{A5,T}, L_{A95,T}$（それぞれ90%レンジの上端値・下端値）, $L_{A10,T}, L_{A90,T}$（それぞれ80%レンジの上端値・下端値）などである.

2.5 NC曲線

室内騒音など定常的な環境騒音を周波数特性に重点をおいて評価するために, 図1.1.3に示すような NC 曲線が提案されている. 図中の例のように, オクターブバンドごとの音圧レベルの分析値をプロットし, それらの点が下から近接する最高の曲線の値で騒音の大きさを表す. この評価値のことを NC 値といい, 原則的には 5dB ステップで評価する.

3. 主要測定器の取扱い方

3.1 サウンドレベルメータ（騒音計）

騒音レベルの測定には, サウンドレベルメータ（騒音計）[2]

表1.1.3 騒音レベルの測定結果の一例

測定の対象・場所・条件など						測定日：2008年7月28日（月）時刻：14：00			
地点 a ：大学正門前○○通り（主として自動車音, 4車線）						気象：晴, 微風			
						測定器：A社, B型			
						測定者：T.S			
						周波数補正： Ⓐ C			
1	2	3	4	5	6	7	8	9	10
71	72	64	65	67	66	70	73	76	77
72	78	82	83	70	72	71	75	72	68
66	67	69	67	70	72	74	74	75	72
68	69	70	66	65	65	70	73	75	78
80	76	70	68	63	64	67	69	70	68
72	74	73	69	67	67	69	70	71	73

末尾の数字	0	1	2	3	4	5	6	7	8	9
60dB 台		1	2	3	3	6	4	5		
			1	3	6	9	15	19	24	
70dB 台	8	3	7	4	3	3	2	1	2	0
		32	35	42	46	49	52	54	55	57	57
80dB 台	1	0	1	1						
		58	58	59	60					
dB 台										

騒音レベル　L_{A50}（70）dB　L_{A5}（79）dB　L_{A95}（64）dB

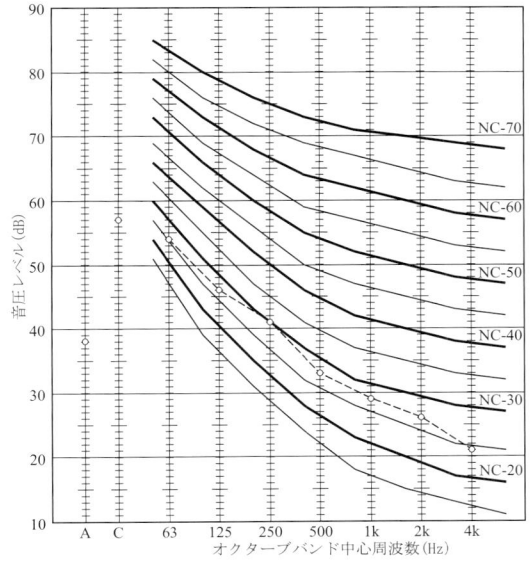

図1.1.3　NC 曲線による室内騒音の評価（例：NC-30）

と呼ばれる測定器を用いる．サウンドレベルメータの内部構造は図1.1.4に示すとおり，無指向性の圧力形マイクロホンで受けた音圧を電気信号に変換し，周波数重み付けおよび時間重み付け回路を通して，最終的にレベルが表示される．サウンドレベルメータの機能と使い方は以下のとおりである．

① 電　源

所定の型の乾電池を使用し，測定の際には必ず電源を入れてバッテリーのチェックをする．

② 感度校正（キャリブレーション）

正しい測定を行うために，以下の二つの方法のいずれかによって感度を校正して用いる．

・電気的校正

　内部校正信号による方法で，キャリブレーション（CAL）の位置にスイッチをセットしたとき，メータの指示値が所定の校正レベルに一致するように感度調整器を調節する（マイクロホンを除く電気回路・指示部の感度調整に相当）．

・ピストンホンによる校正

　一定の音圧を発生するように作られているピストンホンにサウンドレベルメータ（周波数重み付け特性 C または FLAT に設定）のマイクロホンを差し込み，メータの指示値がピストンホンの発生音圧レベルに一致するように感度を調節する（マイクロホンを含むシステム全体の感度調節に相当）．

③ 周波数重み付け特性

騒音レベルを測定するときには周波数重み付けのスイッチを特性 A にセットし，音圧レベルを測定するときには特性 C または FLAT（平たんな特性）にセットする．

④ 測定レンジ

測定する音の大きさに応じて，メータがオーバースケールしない範囲にレベルレンジ切替器（10dB ステップ）をセットする．

⑤ 時間重み付け特性

メータの動特性として時間重み付け特性 F（Fast：時定数 0.125s）と特性 S（Slow：時定数1s）とがあるが，一般の騒音に対しては特性 F を用いるのが原則である．

⑥ 外部出力

周波数分析器やレベルレコーダを接続する際に使用する（周波数補正特性がかかっていることに注意）．

⑦ 分析モード

積分型サウンドレベルメータは，音圧レベルの瞬時値を逐次表示する以外に，一定時間の等価騒音レベルや時間率騒音レベルなどいくつかの分析値をボタン操作で計算する機能を備えている場合が多い．

⑧ 注 意 点

サウンドレベルメータには温度範囲の制限があるため，所定の範囲内で使用する．マイクロホンに風が当たるとノイズが発生するので，屋外で使用するときには必ず指定されたウインドスクリーンを使用する．コンデンサ形マイクロホンは周波数特性・感度の安定性が良好であるが，湿気に弱いことに注意する．

3.2　周波数分析器

オクターブバンドあるいは1/3オクターブバンド周波数分析器は，図1.1.5に示すような内部構成のとおり特定の通過帯域特性〔図1.1.6〕をもつバンドパスフィルタを必要な数だけ備えており，これらのフィルタを切り替えながらバンドごとの通過信号の実効値を検出してレベルを表示する．リアルタイム形の周波数分析器ではおのおののバンドパスフィルタに実効値を検出する回路をつけて，すべてのバンドのレベルを同時に表示する．バンドパスフィルタはかつてはアナログ式が用いられていたが，最近ではデジタル式が用いられるようになり，周波数分析機能を内蔵したサウンドレベルメータが一般に使用されている．

サウンドレベルメータに接続して使用する場合は，バンド切替器をオールパス（全周波数成分を通過）の状態にセットし，サウンドレベルメータの校正信号を入れたときのメータ指示値が所定の校正レベルに一致するように感度を調節する．そのあとサウンドレベルメータ（周波数重み付け特性 C または FLAT）を適正な測定レンジに設定し，周波数分析器のバンド切替器を所定の中心周波数ごとに切り替えてメータの指示値を読み取る．あるバンドの成分が少なく，メータ指示値が小さすぎるときには，周波数分析器のレベルレンジを調節して適正な

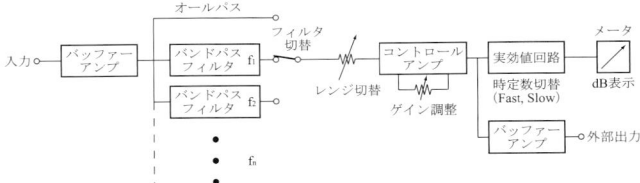

図1.1.5　周波数分析器の内部構成の一例

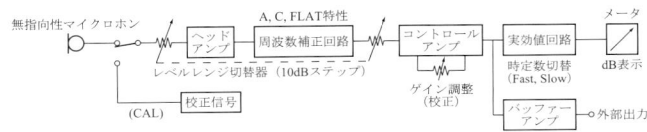

図1.1.4　サウンドレベルメータの内部構成の一例

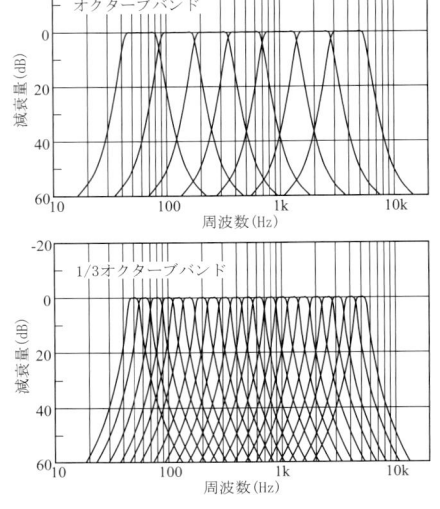

図1.1.6　バンドパスフィルタの特性例

1. 音環境分野

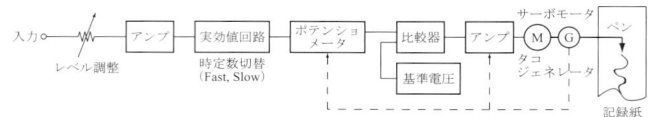

図1.1.7　レベルレコーダ（指数応答形）の内部構成の一例

レベル指示となるようにする．

3.3　レベルレコーダ

レベルレコーダは，入力電圧の実効値を対数化してレベル表示する記録器である．動作原理にはいくつかの種類があるが，記録特性で大きく分けて，ペン応答速度が入力レベルに比例する方式の指数応答型〔図1.1.7〕と，つねに等速度で記録する速度応答型とがある．前者の特性はサウンドレベルメータの動特性と同じであるので，騒音レベルの記録に適している．一方，後者は高速度のレベル記録ができるので，残響時間の測定などに適している．定常的あるいは変動が比較的小さい騒音については，いずれを使用しても大きな差は生じない．レベルレコーダの使い方は次のとおりである

①　電　　源
交流電源と電池（乾電池または充電式）の両方で使用できるものが多いが，屋外測定などで電池による場合はバッテリーのチェックを行う．

②　記録ペン
記録には種々のペンが用いられているが，インクのでかたに注意する．

③　時間重み付け特性
指数応答形では，サウンドレベルメータの時間重み付け特性と同じ動特性を選べるようになっているものが多く，測定内容に応じて使い分ける．等速度型を用いて場合には，ペン応答速度を調節してサウンドレベルメータの動特性に近い特性とする．

④　紙送り速度
紙送り速度は数段階に切り替えられるようになっており，測定内容に応じて適切な速度に設定する．

⑤　感度調整
サウンドレベルメータあるいは周波数分析器に接続する場合，校正信号を入力してペンの位置が記録幅（一般に50dB）の下から60〜80％の範囲で，サウンドレベルメータの校正レベルと一致するようにレベルレコーダの入力感度調整器を調節する．

4．演習の進め方（基礎編－道路交通騒音の測定）

4.1　演習の内容

道路交通騒音を対象として騒音レベルの測定を行い，サウンドレベルメータの使用法を習得するとともに，騒音レベルの値を感覚的に理解する．また，騒音レベルの測定値から等価騒音レベルおよび時間率騒音レベルを求め，屋外音環境の評価を行う．

4.2　測 定 準 備

4.2.1　測定器の準備

以下の測定器・測定用具を準備する．
①　サウンドレベルメータ（ウインドスクリーン付）
②　レベルレコーダ（記録紙セット済み）※
③　三脚（サウンドレベルメータ用）※
④　接続用コード類※
⑤　電池（各測定器用）
⑥　カウンター（交通量測定用）
⑦　時計またはストップウォッチ
⑧　関数電卓
⑨　記録用紙，グラフ用紙，筆記用具
（※：必ずしも必要としないが，使用することが望ましい．）

サウンドレベルメータおよびレベルレコーダについては，動作原理を十分に理解し，事前に取扱説明書などを熟読したうえで，室内で動作確認およびメータ読取りの練習をしておく．

4.2.2　測定点の選定

なるべく交通量の多い道路を対象とする．測定点は，道路端をはじめ対象道路の騒音の影響を強く受けている地点で，建物などから2m以上離れた地上1.2〜1.5mの高さに設定する．レポート作成時に道路からの距離と騒音レベルの関係が考察できるように，道路を直交する線上に数点の測定点を設定することが望ましい．

4.2.3　測 定 条 件

測定は降雨時や強風時などの悪天候のとき，あるいは道路が著しく渋滞しているときなどを避けて行う．

4.3　測定方法と手順

4.3.1　騒音レベルの測定方法

騒音レベルの測定方法としては，次の二つの方法のうち，測定器の準備状況および測定要員などから適用な方法を選ぶ．

・サウンドレベルメータ直読による方法
　　一人（測定者）がサウンドレベルメータ（周波数重み付け特性A，時間重み付け特性Fに設定）を持ち，他の一人（計時係）が時計またはストップウォッチを見ながら，5秒ごとに測定者の肩をたたくなどの方法によって合図する．測定者はその瞬間ごとにメータ指示値を読み取り，記録係がその値を記録する．サンプリング回数は50〜100回程度（例えば，測定時間5分間，60回）とする．

・レベルレコーダ記録による方法
　　サウンドレベルメータにレベルレコーダを接続して，騒音レベルを連続記録する．後ほどレベル記録から，時間軸上の5秒間隔ごとのサンプリング（50〜100回程度）によって，レベル値を読み取る．

4.3.2　交通量の調査方法

測定対象道路の交通流条件の調査として，上記の騒音測定と同時に，上り・下り別の交通量（大型車・乗用車の別）をカウンターを用いて計測する．できれば平均車速も測定しておくことが望ましい．

4.3.3　測定の手順

室内での準備が完了し，屋外の測定現場に到着したい，以下の順序で測定を実施する．

①　電気的校正あるいはピストンホンによる校正法によって，サウンドレベルメータの感度校正を行う〔3.1②を参照〕．レベルレコーダを使用する場合は，サウンドレベルメータの校正信号を記録させて，その指示値が校正レベルになるようにレベルレコーダの入力感度を調節する〔3.3⑤を参照〕．

②　サウンドレベルメータの周波数重み付けを特性Aとし，時間重み付けを特性Fにセットする．レベルレコーダを使用する場合，ペン応答を時間重み付け特性F相当とする．次にサウンドレベルメータのレベルレンジ切替器を値の大きいほうから小さいほうへ徐々に下げていき，大型車などによる大きな音に対してもメータが振り切れないように適当な測定レンジを設定する．また，その測定レンジの値をあらかじめ記録しておく．

③　測定の総括者は，すべての測定点の準備が完了したことを確認した後，適当な時刻に測定開始の合図をする．これによってただちに騒音測定および交通流計測を開始する．

④　4.3.1で述べた二つの方法のいずれかによって騒音レベルのサンプリングを行う．測定中にやむを得ず測定レンジを変更する必要が生じたときは，騒音レベルの読取りを間違えないように注意するとともに，必ず変更内容を記録しておく．サンプリング回数が決められた数に達した後，測定を終了する．

⑤　測定終了後，必ず測定レンジを再確認する．また，測定開始前と同様の要領でサウンドレベルメータおよびレベルレコーダの感度校正を行い，測定中に感度の変化がなかったことを確認する．

⑥　測定現場を離れる前に，測定年月日，時刻，測定位置，

天候とおおよその気象条件，使用測定器の種類などを記録しておく．測定位置については，道路との関係がわかるように見取り図を作成し，道路中央から測定点までの距離を歩測によっておおまかに計測しておく．

4.4 レポートのまとめ方
4.4.1 データの整理
騒音レベルの測定結果から関数電卓などを用いて等価騒音レベルおよび時間率騒音レベルを求める．

等価騒音レベルについては，(1.1.9) 式によって，測定時間内のすべてのサンプル値のエネルギー平均値を計算し，$L_{Aeq,T}$を求める．

時間率騒音レベルについては，表1.1.3下段のようにすべてのサンプル値から累積度数を求め，図1.1.2のように累積度数曲線を描く．累積度数曲線と累積比率との対応関係から，$L_{A5,T}$, $L_{A10,T}$, $L_{A50,T}$（中央値），$L_{A90,T}$, $L_{A95,T}$などの時間率騒音レベルを読み取る．

4.4.2 レポートの作成
レポートは，以下の項目を内容として作成する．
① 測定目的
② 測定場所・測定点（見取り図，距離関係など）
③ 測定日時
④ 測定条件（天候・気象条件，周囲の状況など）
⑤ 測定系統（測定器の名称・型式，組合せなど）
⑥ 測定方法（測定要領と手順）
⑦ 測定結果（測定データ，累積度数分布図，整理結果の図表）
⑧ 考察（測定結果の傾向，解釈）
⑨ まとめ（測定上の問題点・改善点，感想など）

5．演習の進め方（応用編－室内騒音の測定）
5.1 演習の内容
室内騒音を対象として騒音レベルの測定とオクターブバンドごとの周波数分析を行い，周波数分析器の使用法を習得する．また，オクターブバンドごとの音圧レベルの測定値からNC値を求め，室内騒音の評価を行う．

5.2 測定準備
5.2.1 測定器の準備
以下の測定器・測定用具を準備する．
① サウンドレベルメータ
② 周波数分析器（オクターブバンドまたは1/3オクターブバンド）
③ レベルレコーダ（記録紙セット済み）※
④ 三脚（サウンドレベルメータ用）※
⑤ 接続用コード類
⑥ 電池（各測定器用）
⑦ 関数電卓
⑧ 記録用紙，NC曲線図（コピー10枚程度），筆記用具
（※：必ずしも必要としないが，使用することが望ましい．）

サウンドレベルメータに周波数分析機能が内蔵されている場合，周波数分析器を別途準備する必要はないが，事前に取扱説明書などを熟読して，周波数分析機能の操作方法を理解しておく．

5.2.2 測定点の選定
空調騒音など，なるべく定常的な騒音があり，用途の異なる部屋を複数選ぶ．測定点は室内の壁・窓などから1m以上離れた床上1.2～1.5mの高さに数点設定する．

5.2.3 測定条件
外部騒音など，測定の対象とする騒音以外の影響を受けず，室内の騒音が安定した状態で測定を行う．空調設備や換気設備がある場合，それらを操作して運転時と停止時で測定することが望ましい．

5.3 測定方法と手順
5.3.1 騒音レベルの測定方法
サウンドレベルメータの周波数重み付けを特性Aに設定して騒音レベルを読み取る．次に特性CまたはFLATに切り替えて音圧レベルを読み取る．このときサウンドレベルメータの時間重み付けは特性Fと特性Sのいずれを用いてもよく，メータの指示値が変動する場合には変動範囲の中央の値を読み取るようにする．その際，サウンドレベルメータにレベルレコーダを接続して，数秒間のレベルを記録することが望ましい．

5.3.2 オクターブバンド周波数分析の方法
サウンドレベルメータ（周波数重み付け特性CまたはFLAT）に周波数分析器を接続し，中心周波数63～4 000Hzのオクターブバンドごとの音圧レベルを読み取る．その際，周波数分析器にレベルレコーダを接続して，数秒間のレベルを記録することが望ましい．

5.5.3 測定の手順
測定現場となる室内において，空調・換気設備の運転条件の設定，測定点の選定ならびに測定器の準備が完了した後，以下の順序で測定を実施する．
① サウンドレベルメータの感度校正を行う〔3.1②を参照〕．レベルレコーダを使用する場合は，入力感度を調節する〔3.3⑤を参照〕．
② 最初の測定点において，5.3.1のとおり騒音レベルの測定を行う．
③ 引き続いて，5.3.2のとおり機器接続を変更してオクターブバンド周波数分析を行う．
④ 残りの測定点においても同様に，以上の二つの測定を繰り返す．
⑤ 全測定点での測定終了後，測定年月日，時刻，部屋名，測定位置，空調・換気設備の運転条件，使用測定器の種類などを記録しておく．

5.4 レポートのまとめ方
5.4.1 データの整理
各測定点におけるオクターブバンド音圧レベルについて，表1.1.1に示すA特性補正を行ったうえで，全オクターブバンドのレベル合成値を計算し，騒音レベルの測定値と一致するかを確認してみる．

次に測定を実施した部屋ごと（空調・換気設備の運転条件ごと）に，全測定点における騒音レベル，音圧レベル，オクターブバンド音圧レベルそれぞれの室内のエネルギー平均値を計算する．続いて，オクターブバンド音圧レベルの平均値をNC曲線図にプロットしてNC値を読み取り，室内騒音の評価を行う．

5.4.2 レポートの作成
レポートは，以下の項目を内容として作成する．
① 測定目的
② 測定場所・測定点（部屋名，見取り図など）
③ 測定日時
④ 測定条件（空調・換気設備の運転条件，周囲の状況など）
⑤ 測定系統（測定器の名称・型式，組合せなど）
⑥ 測定方法（測定要領と手順）
⑦ 測定結果（測定データ，NC曲線図，整理結果の図表）
⑧ 考察（測定結果の傾向，解釈）
⑨ まとめ（測定上の問題点・改善点，感想など）

文　献
1) JIS Z 8731：1999　環境騒音の表示・測定方法
2) JIS C 1509-1：2005　電気音響－サウンドレベルメータ（騒音計）－第1部：仕様
3) JIS C 1512：1996　騒音レベル，振動レベル記録用レベルレコーダ

1.2 室内音響特性の測定（基礎1＋応用1）

1．演習の目的
室内音響特性の測定は，音楽ホール，劇場，公会堂，体育館，講堂，会議室などがそれぞれ目的に合った室内音響特性を有しているかどうかを調べるために実施される．ここでは，室内音響の測定・評価方法の基本を学ぶことを目的として，残響時間，音圧分布，インパルス応答，音響障害の有無判定，室内音響指標の各項目の測定について演習を行う．

2．基礎事項
2.1 室内音場
室内で音を発生すると，図4.2.1に示すように，測定点には音源からの直接音のほかに，周囲の壁や天井から数多くの反射音が到来する．すなわち，室内の音場は直接音と無数の反射音群で構成されている．個々の反射音の到来時刻やレベルは室の大きさ，形状，壁面材料などによって変化し，室内音響特性はこれらによって決定づけられる．

2.2 拡散音場
空間全体に音エネルギーが一様に分布しており，すべての点であらゆる方向に一様に音エネルギーが伝搬している状態を音が拡散しているといい，そのような音場を拡散音場という．完全な拡散音場というものは存在しないが，近似的に拡散音場を仮定することによって，複雑な音場を統計的に単純化して扱うことができる．

2.3 室の固有振動
室内音場を波動として扱うとき，もっとも重要で基本的な性質は室の固有振動である．例えば，単純な直方体の室の寸法を L_x, L_y, L_z とすると，その空間の持つ固有振動数（固有周波数）f_n は，波動方程式の解として（4.2.1）式によって表される．

$$f_n = \frac{c}{2}\sqrt{\left(\frac{n_x}{L_x}\right)^2 + \left(\frac{n_y}{L_y}\right)^2 + \left(\frac{n_z}{L_z}\right)^2} \quad (4.2.1)$$

ただし，n_x, n_y, n_z はそれぞれ正の整数である．ここで音源によって室内空間に音響的な強制振動が与えられると，音源の周波数に応じた固有振動が励振される．単一の固有振動による音圧分布は定在波となって不均一となる．また音源停止後はそれぞれの固有振動の減衰率に従って減衰することになる．小空間の低音域においては固有振動の密度が小さいため，特定の固有振動による定在波の影響を受けて不均一な音場になりやすい．特に室の寸法比（$L_x:L_y:L_z$）が1：2：4のような単純な整数比になっていると，固有振動が一定の周波数群に集中し，それらが強調されて不自然な音場となる．これに対して不整形で室容積の大きい空間ほど周波数軸上での固有振動の密度が大きくなるため，励振される固有振動の数が多くなりそれぞれの固有振動の分布が重なり合って平均化され，結果として室内の音圧分布は均一化されて拡散音場に近づく．

2.4 残響時間
図4.2.2に示すように，室内において音を止めてから室内音響エネルギー密度が60dB減衰するのに要する時間を残響時間という．残響時間は室内音響特性を表すもっとも基本的な指標の一つである．残響時間を測定するには残響減衰カーブの−5dB～−35dB区間の直線近似によって傾きを求め，60dB減衰に要する時間に換算する．オクターブバンドあるいは1/3オクターブバンドごとに残響時間を求め，残響時間周波数特性を測定するのが一般的である．

残響時間は（4.2.2）式のように室容積に比例し，室の等価吸音面積（吸音力）に反比例する．等価吸音面積 A を（4.2.3）式で計算するものが Sabine の残響式，（4.2.4）式により計算するものが Eyring の残響式と呼ばれる．Sabine の残響式は室の吸音性が高い場合は実測値と適合しない．特に完全吸音（$\bar{\alpha}=1$）でも残響時間 T がゼロにならない矛盾を生じる．そこで吸音性が高い場合にも適合し，完全吸音（$\bar{\alpha}=1$）で残響時間 T がゼロになるように考え出されたのが Eyring の残響式である．

$$T = \frac{kV}{A} \quad (4.2.2)$$

$$A = S\bar{\alpha} \quad (4.2.3)$$

$$A = S\{-\log_e(1-\bar{\alpha})\} \quad (4.2.4)$$

k：比例定数（室温18～20℃の場合0.161となる）
$\bar{\alpha}$：室内平均吸音率
A：等価吸音面積（吸音力）〔m²〕
V：室容積〔m³〕
S：室内総表面積〔m²〕

2.5 音圧分布
音圧分布は代表的な音源位置（例えば，ステージ中央）より定常音（オクターブバンドノイズ，ピンクノイズなど）を発生し，室内に分布状に設定した各測定点において音圧レベルを測定したものである．音圧レベル分布によって室内音場の一様性を評価することができる．音場の定常状態の物理量なので定常状態音圧分布ということもある．

2.6 音響障害
直接音と反射音が分離して別々に聞こえる現象をエコーという．特に大空間の客席前方部においては，後壁やバルコニー前面からの強い反射音の直接音との行路差（パス）が大きくなるためエコーとなりやすい．このようなエコーを特にロングパスエコーという．また，天井や壁に波長より大きな凹曲面があると，反射音が極端に集中する点（音の焦点）や，逆に反射音が十分到達しない点（音の死点）を生じやすい．平行な2平面間あるいは向かい合った凹曲面と平面の間で音が何回も往復反射

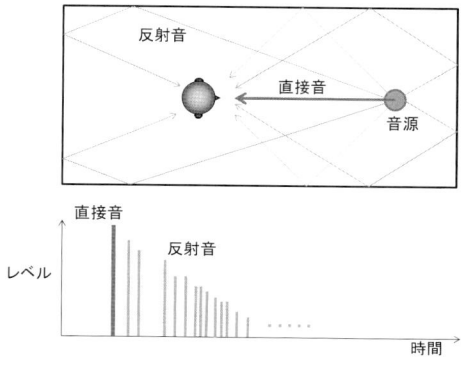

図4.2.1 室内の音場（直接音と反射音）

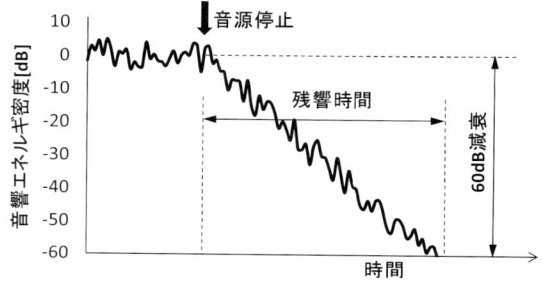

図4.2.2 残響時間の定義

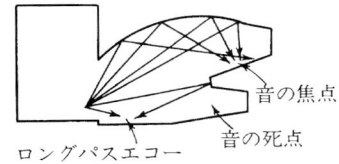

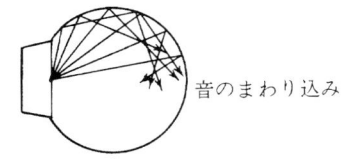

図4.2.3 音響障害

して一定の時間間隔でエコーが連続するフラッターエコー（鳴き竜）や，多角形や円形平面のホールで音が壁に沿って回ってしまう現象（ささやきの回廊）などもある．また，小空間では低音域の固有振動が原因で部屋全体が不自然な響きで鳴ったりすることがある．この低音域の共鳴をブーミングという．以上のような音響障害は音声や音楽の聴取に有害なので，計画段階において壁面の吸音や拡散処理などを検討して防止すべきである．

2.7 インパルス応答

室内においてスピーカから音を出してマイクで収音する場合について，信号処理の考え方で表現してみる．スピーカからマイクまで音が伝搬していく空間をシステムと考えると，スピーカから出す音はシステム（空間）への入力，マイクで収音した音はシステムの出力となる．出力のことを，入力に対するシステムの応答ともいう．図4.2.4に示すように，システムにインパルス（時間的に短い衝撃音：数学的にはデルタ関数）を入力したときの応答をインパルス応答という．インパルス応答にはシステムのすべての時間・周波数情報が含まれている．ホールなどの室内で手を叩いて響きを耳で確かめることがあるが，これは手を叩いてインパルスを発生させ，システムであるホール空間の応答を耳で確かめていることに相当する．室内音場のインパルス応答を測定する際には，音場の特性が時間的に変化しないこと（時不変）が前提となる．一般にホールなどの室内音場は時不変とみなしてよいが，測定中の空調などによる気流や温度変化が大きい場合には影響が出るので，これらの変化がなるべく小さくなるよう努めたほうがよい．

2.8 各種聴感物理指標

ホールや劇場などにおける音響効果を評価するために定義された物理量を室内音響物理指標という．特に聴感印象と対応するように定義された指標を聴感物理指標という場合がある．音響指標のほとんどはインパルス応答から計算できる．なお，後述する指標のインパルス応答の積分区間の時間的始点は，特に断りのないかぎり直接音の到達時刻である．

2.8.1 ストレングス（strength：G）

室内で一定の音を出したとき，各測定点で音がどの程度の大

図4.2.4 インパルス応答の概念図

きさで伝わるのかを定量的に表すために G が定義されている．G は前述した定常状態音圧レベルと等価な量であるが，この指標を用いると異なるホール間の相対比較が可能になる．そのため，自由空間（無響室など反射音のない空間）において音源より10mの距離で測定した応答で基準化される．

$$G = 10\log_{10}\left\{\frac{\int_0^\infty p^2(t)dt}{\int_0^\infty p_{10m}^2(t)dt}\right\} \quad [\text{dB}] \tag{4.2.5}$$

$p(t)$：測定点において無指向性マイクロホンで測定したインパルス応答

$p_{10m}(t)$：室内測定と同一の測定系（音源出力も同じ）を用い自由空間において音源より10mの距離で測定した応答

2.8.2 初期減衰時間（Early Decay Time：EDT）

EDTは残響時間と同様に減衰カーブから直線近似によって傾きを求め，60dB減衰に要する時間に換算する．残響時間が減衰カーブの-5dB〜-35dB区間で評価するのに対し，EDTは初期の-10dBまでの区間で評価する．EDTは残響時間より主観的な残響感に対応するとされている．

2.8.3 初期対後期エネルギー比

直接音に続いてある一定時間内にすぐに到来する反射音群と，それ以降に到達する反射音群は聴感上の効果が異なるため区別される．前者を初期反射音，後者を後期反射音あるいは残響音という．この初期反射音と後期反射音のエネルギーバランスを評価するのがC値である．初期と後期の時間境界 te が評価対象の楽音によって異なり，スピーチに対しては50ms，音楽に対しては80msが用いられ，それぞれC_{50}，C_{80}となる．

$$C_{te} = 10\log_{10}\left\{\frac{\int_0^{te} p^2(t)dt}{\int_{te}^\infty p^2(t)dt}\right\} \quad [\text{dB}] \tag{4.2.6}$$

初期と後期の時間境界を用いない時間重心 T_S でも初期対後期エネルギーバランスを評価できる．これは物理的にはインパルス応答の2乗波形の一次モーメントを意味する．

$$T_S = \frac{\int_0^\infty t p^2(t)dt}{\int_0^\infty p^2(t)dt} \quad [\text{秒}] \tag{4.2.7}$$

この指標グループで評価できる聴感印象は，音楽の明瞭性や透明性，スピーチの明瞭度である．C値が大きいほど，T_Sは小さいほどこれらの聴感印象は増す．また，その逆にC値が小さいほど，T_Sが大きいほど残響感が増すため，明瞭性と残響感のバランスも表す．

2.9 音響信号のデジタル化

最近のデジタル技術の進歩により，音響指標を算出するのにパーソナルコンピュータ（PC）を用いる場合がほとんどである．それには，マイクロホンからのアナログ時間信号をアナログ-デジタル変換器（AD変換器）によりデジタル信号に変換してPCに転送する必要がある．このようなデジタル処理で解析可能な音の最高周波数は，AD変換器のサンプリング周波数（アナログ信号をデジタル化する1秒あたりの時間刻みの回数）で決定される．サンプリング周波数は解析対象の最高周波数の2倍以上必要である（サンプリング定理）．実際には若干の余裕をみて2.56倍などとする場合が多い．アナログ信号にサンプリング定理を満たさない高周波音が含まれると，低い周波数帯域に本来の信号に含まれない折り返しノイズが表れてしまう．この現象をエリアシングと呼ぶ．そのため，AD変換器の前段には，アナログ信号に対してサンプリング定理を満たすためのローパスフィルタ（アンチエリアシングフィルタ）を通す必要がある．

3. 測定の準備

室内音響測定の演習であることを念頭に置いた場合，測定対象の空間の残響時間は長めが望ましい．そのためには講堂や体育館など大きな室容積を持つ空間が適している．また，残響時間などはダイナミックレンジの広い測定を行うので，室内の暗騒音レベルは十分に低い必要がある．もし騒音レベルが高い場合は，必要に応じて空調設備の運転を停止するか，測定時間を静かな時間帯にずらして測定することが肝要である．測定にあたっては必要な測定器〔4項を参照〕のほかに，電源・接続コード類・筆記具・測定用紙・メジャー・テスタ・工具類などを準備し，それらの結線と動作原理を熟知しておく．合わせて測定内容の分担，測定要領なども十分に打ち合わせておくことが大切である．

4. 主要測定器の取扱い方

サウンドレベルメータ，周波数分析器，レベルレコーダの詳細については，騒音測定の項を参照のこと．

4.1 音源

室内音響の測定においては，測定項目に応じてさまざまな音源が用いられる．ノイズ断続法による残響時間測定や音圧分布測定では，音源信号として広帯域ノイズあるいは1オクターブもしくは1/3オクターブの帯域ノイズを用いる．一般に広帯域ノイズには，各周波数帯域（1オクターブもしくは1/3オクターブの帯域）の持つエネルギーが等しいピンクノイズを用いる．このようなノイズを発生する音源装置としてノイズ発生器がある．または，このような音源が収録されたCDやDATテープを作成して再生してもよい．音源CDがいくつか市販されているのでこれを利用することでもよい．

各種音響指標を算出するためのインパルス応答の測定では，インパルス音源として競技用ピストル発火音や風船の破裂音を用いることがある．これらの方法では，必ずしも理想的なインパルスとならなかったり，厳密に同じインパルスを何回も発生することができないので，複数回測定を繰り返す場合にインパルスの再現性が確保できないなどの問題点がある．しかし，これらの制限を理解したうえで，演習であることを考慮して用いる場合には測定システムを簡素化できるなどの利点も多い．さらに，空間にインパルスを放射して，その応答をインパルス応答として収録するので，インパルス応答の概念を理解しやすく，音響障害の有無などを耳で聞いて確かめることもできる．また，スピーカに電気的なパルスを入力する方法を用いれば再現性を確保することができる．

測定空間の暗騒音レベルが大きい場合は，その影響を受けて正確なインパルス応答を測定できない．暗騒音に対する信号音のエネルギー比率をSN比（Signal to Noise Ratio）といい，一般にはデシベル尺度（信号音レベル−暗騒音レベル）で表記する．暗騒音に対して音源の出力を十分大きくし，SN比が大きい条件でインパルス応答を測定する必要がある．インパルス信号は時間的にごく短い信号のため，そのエネルギーはあまり大きくなく，十分なSN比を実現できない場合が多い．したがって，実務では直接インパルスを発生する測定方法（直接法）はほとんど用いない．そのかわりにデジタル信号処理によって十分なSN比を実現する手法が用いられる．その代表的手法にM系列（Maximal Length Sequences）信号を用いる手法（MLS法）と，周波数を時間的に徐々に変化させた正弦波（Swept Sine）信号を用いる手法（Swept Sine法）がある．M系列信号やSwept Sine信号はデジタルデータとして用意しておき，それをデジタル−アナログ（DA）変換器を通してスピーカから空間に放射する．または，このような音源が収録されたCDやDATテープを作成して再生してもよい．

4.2 スピーカ

室内音響の測定に用いる音源スピーカは，できるだけ無指向

図4.2.5 12面体スピーカ

性のものを使用する．一般には図4.2.5に示すような12面体スピーカを用いることが多い．しかし入手困難な場合，演習であることを前提に，比較的指向性のよい普通のスピーカを用いてもよい．再生周波数特性としては，残響時間および音圧分布測定には各オクターブバンド内でほぼ平たんであればよいが，インパルス応答測定には125Hz〜4kHzオクターブ全域においてほぼフラットな特性を持ち，十分なパワーを発生できるスピーカであること望ましい．

4.3 無指向性マイクロホン

室内音響特性の測定には，音圧センサとしてコンデンサ型などの圧力型マイクロホンが用いられる．一般にマイクロホンの口径が1/2インチもしくは1/4インチのものを用い，マイクロホンの出力は計測用アンプで増幅する．交流波形が出力できるAC出力端子付きのサウンドレベルメータでも室内音響測定のマイクとして代用できるが，その際，サウンドレベルメータの時間重み付け特性および周波数重み付け特性の回路を通さない．サウンドレベルメータを用いる場合には計測用マイクアンプは必要ない．

4.4 レベルレコーダ

ノイズ断続法による残響時間測定に用いる．もっとも重要な点は記録ペンの応答特性である．残響時間測定には，記録ペンの応答速度が大きいムービングコイル方式で，入力信号の大きさに関係なく一定のペン速度で記録を行う等速度型が望ましい．ペンの応答特性が指数変速型のカルバノメータ方式はペン速度がサウンドレベルメータに近似しているが，ペン速度が大きいので残響時間測定にも用いることができる．

4.5 専用分析システム

マイクロホンを接続できるセンサ入力，入力ゲインを調節可能なアンプ，アナログ信号をデジタル化する際のサンプリング定理を満たすためのアンチエリアシングフィルタ（ローパスフィルタ），AD変換器（アナログ−デジタル変換）を内蔵し，音圧波形データをデジタルデータとしてPCに転送できる音響分析の専用システムがある．また，内蔵したディジタルフィルタによってオクターブバンド解析，1/3オクターブバンド解析などが可能なものもある．この種のシステムをインパルス応答の測定システムとして利用できる．

4.6 AD変換器とPCを組み合わせたシステム

PCに組み込んだサウンドカードあるいはPCとUSB接続された外付けオーディオインタフェースを用い，音響信号をデジタルデータとしてPCに取り込むことができる．この際，2.9節で述べたようにAD変換する前段にアンチエリアシングフィルタを通すことが必要であるが，市販のサウンドカード，オーディオインタフェースにはアンチエリアシングフィルタが組み

込まれているものが多い．インパルス応答の測定には，AD変換器を構成している電気回路自体の時間的な揺らぎやノイズが大きく影響する．したがって，市販のサウンドカードやUSBオーディオインタフェースを用いる場合には，なるべく高品質のものを使用する必要がある．

5．演習の進め方（基礎編）
5.1 残響時間の測定
5.1.1 演習の内容
学校の大講堂などの比較的大きな空間を対象としてノイズ断続法により残響時間を測定する．ノイズ断続法は，音源として広帯域ノイズあるいはバンドノイズを用いて，それを停止した後の音圧レベルを直接記録することによって減衰曲線を求め，その傾斜から残響時間を読み取る．原則として63Hz～4kHzのオクターブバンドごとに測定を行うことが望ましいが，演習では125Hz～4kHzまでのオクターブバンドごとの残響時間を測定することにする．

5.1.2 測定の条件
残響時間は人やその他の吸音要素の有無などによって変化するので，その条件を明確にしておく必要がある．測定に必要な数名を除き人が存在しない状態を空席状態といい，座席の80～100%に人が着席している状態を満席状態という．また，カーテンや幕などの設備がある場合には，それがどのような状態であったかも記録する．室内の温度，湿度もそれぞれ±1℃，±5%の精度で記録する．演習としては，時間があれば，空席と満席，カーテンや幕の有無など，異なる2条件で測定し，それらの残響時間の変化を比較するとよい．

5.1.3 測定装置と測定ブロックダイアグラム
測定のブロックダイアグラムの一例を図4.2.6に示す．音源から広帯域ノイズ（ピンクノイズ）を発生させる方法と各周波数帯域のバンドノイズを発生させる方法がある．SN比を確保する観点からは後者が望ましい．受音側ではいずれの場合もオクターブバンドフィルタを通す．また，音源出力は信号がひずまない範囲でできるだけ大きくする．

5.1.4 音源と測定点の配置
音源位置は，室の通常使用で代表的と考えられる2点以上（ステージ中央と下手など）が望ましいが，演習であることを考慮すると，もっとも代表的な1点（ステージ中央や演台位置など）でもよい．スピーカの高さは，スピーカの音響中心が床から1.5m以上となるようにする．

測定点は，室の通常使用で人がいると思われる範囲あるいは着席範囲内でなるべく偏りなく分布するように3点ないし4点を設定する．なお，音源が1点で左右対称の室形状の場合には左右どちらか片側の適当な範囲をカバーするように測定点の数を設定する．すべてのマイクロホンの位置は反射性の壁面から1m以上離す．マイクロホンの高さは床から1.2m程度とする．

5.1.5 測定手順
ノイズをスピーカから発生し，音場が定常状態になるまで音を継続した後に停止させる．定常状態になるのに要する時間は残響時間の半分程度なのでそれ以上音源を継続させる．ノイズ断続法で得られる減衰曲線は，確率的な現象であるため，多数回の測定結果を平均して残響時間を求める必要がある．測定点

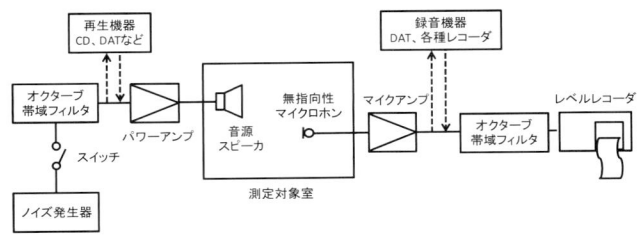

図4.2.6 残響時間測定ブロックダイアグラム

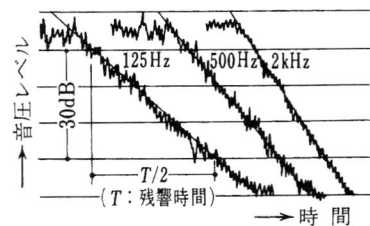

図4.2.7 残響時間の読取り

ごとの測定回数は，周波数帯域ごとに最低3回とし，すべての減衰曲線について残響時間を読み取り，その結果を平均する．特に，低音域では測定値の偏差が大きくなる傾向にあるので測定回数を5回程度に増やすことが望ましい．また，測定ごとに異なるノイズを発生する必要があるので，もし周期性のあるノイズを用いる場合には，ランダムに信号を切るようにすればよい．

5.1.6 データの記録と読取り
ノイズ断続法によってレベルレコーダに残響減衰曲線を記録する際，残響時間Tの長さによってペンの応答速度dは，$d \geq 120/T$（dB/秒）を満たすようにしなければならない．残響時間の読取りは，レベルレコーダによって記録した残響減衰曲線に対し，目視によってできるだけ一致した直線を当てはめ，その傾きから残響時間を求める．レベルレコーダによる紙の記録ではなくコンピュータを用いる場合には最小二乗法による直線回帰により行う．通常は，定常状態の音圧レベルに対して-5dB～-35dBの減衰範囲における減衰曲線の傾きから残響時間を読み取る．SN比が確保できない場合には-5dB～-25dBの減衰範囲から読み取る．-5dB～-35dBで読み取った残響時間をT_{30}，-5dB～-25dBで読み取った残響時間をT_{20}と表記する．T_{30}を求める場合は45dB以上のSN比（暗騒音と定常状態のレベル差），T_{20}を求める場合は35dB以上のSN比が必要である．

5.1.7 データのまとめ方
減衰曲線から残響時間を読み取った結果から，まず測定点ごとに各オクターブバンドの平均値を求める．次に，各測定点の値を室全体で平均して各オクターブバンドの残響時間を計算する．残響時間の測定結果を図示する場合には，測定結果を表す点を直線で結ぶ．横軸には周波数を対数スケールで，オクターブが1.5cmとなるようにとる．縦軸には残響時間（単位：秒）をとるが，2.5cmが1秒に相当するリニアスケール，あるいは10cmが10倍に相当する対数スケールのいずれかとする．周波数軸にはオクターブバンドの中心周波数を示しておく．

測定空間の残響時間を単一の数値で表すには，オクターブバンド測定では中音域の500Hzと1 000Hzの値を算術平均したものを用いる（T_{30}, midまたはT_{20}, midと表記）．この値について図4.2.8などを参考にして評価する．

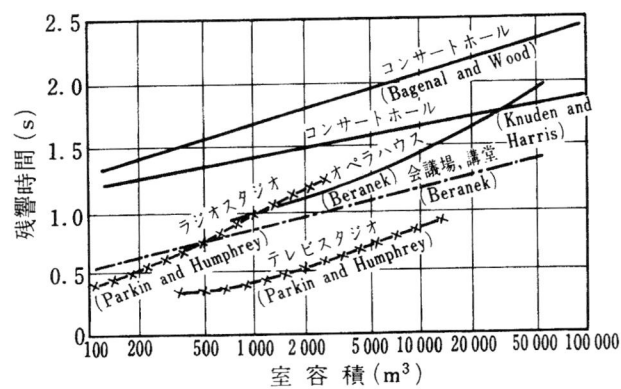

図4.2.8 最適残響時間

5.2 定常状態音圧分布の測定

5.2.1 演習の内容

学校の大講堂などの比較的大きな空間を対象として，定常状態音圧分布を測定する．測定は音源より一定の強さの定常ノイズを発生させて音場を定常状態とし，室内に分布させた各測定点でその音圧レベルを測定する．この測定により，室内音場の一様性を知ることができる．室形によって音の焦点があるとすれば，その付近で音圧が上昇するのを知ることができる．音圧分布は，全オクターブバンドごとに測定するのが理想ではあるが，演習であることを考慮し2～3帯域（例えば，500Hzと2kHz）を選択して実施すればよい．

5.2.2 測定の条件

残響時間測定と同様，音圧分布も人やその他の吸音要素の有無などによって変化するので，その条件を明確に記録しておく．

5.2.3 測定装置と測定ブロックダイアグラムおよび測定方法

測定のブロックダイアグラムの一例を図4.2.9に示す．音源側は残響測定と同様であるが，音源にはオクターブバンドノイズを用いる．音源出力はスピーカがひずまない範囲でできるだけ大きくする．受音側は，サウンドレベルメータにより各測定点で直接音圧レベルを読み取る．その際，サウンドレベルメータの周波数重み付け特性は用いずフラットな特性で測定する．時間重み付け特性はSでもFでもよいが，低音域ではレベル変動が大きいので時間重み付け特性Sを用いると読みとりやすい．測定は二人一組になり，測定点を順次移動しながら一人はサウンドレベルメータを読み，もう一人はそれを用紙に記録する．

5.2.4 音源と測定点の配置

音源位置は残響時間と同様とする．音圧分布の場合，測定点は室の通常使用で人がいると思われる範囲あるいは着席範囲内で2m～5m間隔の格子状に測定点を分布させる．講堂やオーディトリウムなどで椅子がある場合は数席おきに設定するとよい．なお，音源が1点で左右対称の室形状の場合には左右どちらか片側の範囲をカバーするように測定点を設定する．その際，対称軸上に測定点を設置することは避ける．各測定点には番号を付ける．講堂やオーディトリウムなどで座席番号が付いている場合は，それを各測定点の番号とすればよいが，そうでない場合は，格子状の測定点に縦列をアルファベット，横列を数字などとしてアルファベットと数字の組み合わせで表記するとデータをまとめる際に便利である．

5.2.5 データのまとめ方

音圧分布は，格子状の各測定点に対応した表を作成し整理する．また，それを表計算ソフトなどに入力し，等高線グラフなどで図示すると視覚的にわかりやすい．室内の各測定点で極端なピークやディップがないかを確かめる．そして，結果を室形状や壁面材料などと結び付けて考察するとよい．

6. 演習の進め方（応用編）

6.1 インパルス応答の測定および各種音響指標の算出

6.1.1 演習の内容

学校の大講堂などの比較的大きな空間を対象としてインパルス応答を測定する．測定には直接法，MLS法，Swept Sine法のいずれかを用いる．そして測定したインパルス応答から各種音響指標を算出する．さらに，インパルス音源をスピーカから放射し，実際に聴感によって音響障害の有無を調べる．

6.1.2 測定の条件

測定の条件は残響時間の測定に準じる．

6.1.3 測定装置と測定ブロックダイアグラム

測定のブロックダイアグラムの一例を図4.2.10に示す．音源からインパルス音，MLS信号，Swept Sine信号のいずれかを発生させ，受音側でアンチエリアシングフィルタとAD変換器を通してPCにデジタルデータとして取り込む．音源出力はスピーカがひずまない範囲でできるだけ大きくする．インパルス応答の測定には無指向性マイクロホンを用いる．

6.1.4 音源と測定点の配置

測定条件は残響時間の測定に準じる．

6.1.5 測定回数

インパルス応答において後期反射音は非常に小さいレベルとなるので，暗騒音の影響を受けやすい．特にスピーカでインパルス音を発生させる場合，インパルス音のエネルギーはそれほど大きくないため十分なSN比が確保できない場合が多い．そのような場合，インパルス応答を複数回測定し，それらを直接音の到達時間を厳密に一致させて加算（同期加算）することによってSN比を向上させることができる．同期加算回数を倍にするとSN比が3dB向上する．しかし，加算回数を増やすにしたがい，測定時間を要する割に効果は得にくくなってくる．MLS法やSwept Sine法では，信号長を長くすることで同期加算と同様な効果が得られる．

6.1.6 インパルス応答への変換

直接法の場合には測定された応答波形がそのままインパルス応答になるが，Swept Sine法やMLS法を用いた場合には，以下の操作を施してインパルス応答に変換する必要がある．

Swept Sine法でインパルス応答を求めるには，測定したSwept Sine信号の応答波形に，測定に用いた元のSwept Sine信号を時間反転させた信号を畳み込む方法と，Swept Sine応答波形と元のSwept Sine信号の両者にFFTを施し，周波数領域でSwept Sine応答を元のSwept Sine信号で割り算（複素数の割り算）し，その結果を逆FFTで時間信号に戻す方法の二つの方法がある．MLS法の場合には，測定されたMLS信号の応答波形にアダマール変換を施してインパルス応答を求める．なお，得られた応答からインパルス応答に自動変換する専用分析システムなどではこれらの変換操作は必要ない．

6.1.7 音響障害および聴感印象のチェック

測定時にインパルス音源をスピーカから放射するか，あるいは音源位置で手をたたいてもらうなどして実際に測定点で音響障害の有無を記録する．インパルス音を用いると音響障害をもっとも厳しく判定していることになる．インパルス音では少し不自然であっても，実際の使用にはあまり問題とならない場合も多いので，その室の用途に即した音源（音楽や音声など）に変えて再度確認する．その際，音響障害だけでなく，残響感，明瞭性などの聴感印象も記録する．なお，音響障害の判定や聴感印象は，個人差があるので各自が順次測定点を巡りながら記録する．

6.1.8 インパルス応答波形のチェック

測定したインパルス応答波形およびその2乗応答のレベル表示波形を印刷し，その波形を見ることによってロングパスエコーやフラッターエコーなどの音響障害が生じていないか目視によってチェックする．そして，測定時に実際に聞いた印象が波形にどのように現れるのかを考察する．音響障害となるか否かを目視で判定することは容易ではないが，一般に直接音から50ms以上遅れて到来する大きなレベルの反射音はロングパス

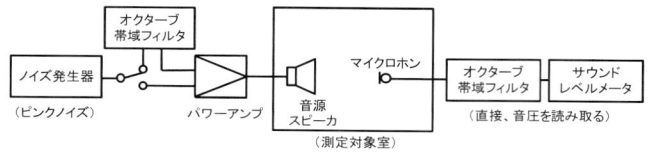

図4.2.9 音圧分布測定ブロックダイアグラム

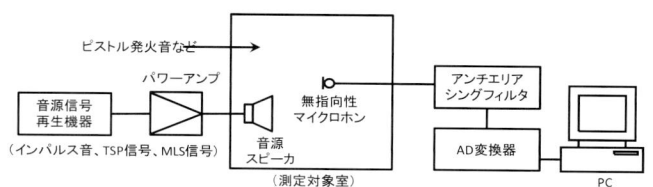

図4.2.10 インパルス応答測定ブロックダイアグラム

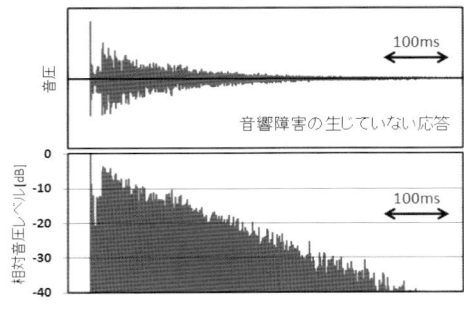
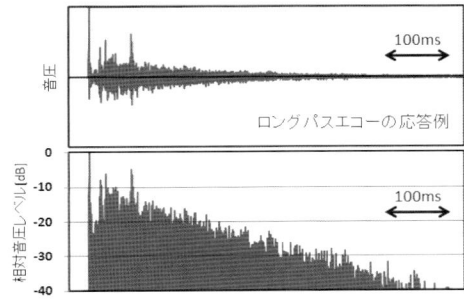
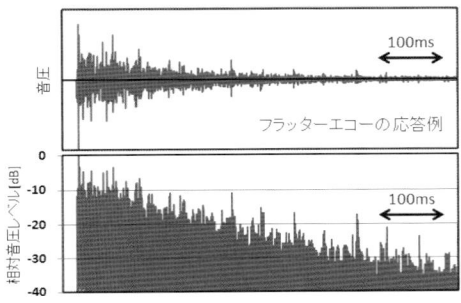

図4.2.11 インパルス応答波形の例

エコーを生じやすいといわれている．音響障害の生じていない応答波形，ロングパスエコーの応答例，フラッターエコーの応答例を図4.2.11に示す．

6.1.9 各種音響指標の算出

測定したインパルス応答から2.8節の定義に従って各種音響物理指標を算出する．各指標はインパルス応答にフィルタリングし，125Hz～4kHz までのオクターブバンドごとに算出するのが基本である．フィルタリングしたオクターブバンドごとの波形に対して指標の定義式どおりに積分を行うと，フィルタリングによる時間遅延などが問題になることがある．そのため，以下で述べる方法を用いるとよい．例えば，500Hz 帯域の C_{80} を求める場合，まずインパルス応答を直接音到達後80ms までの波形と80ms 以降の二つの波形に分割し，それぞれの波形に500Hz のバンドパスフィルタリングを施す．各フィルタリング波形を全区間にわたって2乗積分すると，結果として0～80ms までの2乗積分と，80ms 以降の2乗積分を計算することができる．この方法はフィルタリングの遅延時間などに影響を受けない．これをオクターブバンドごとに行う．

各指標の表示方法としては，オクターブバンドごとの分析結果をそのまま表示する以外に，二つのオクターブバンドの平均値，例えば125Hz 帯域と250Hz 帯域，500Hz 帯域と1kHz 帯域，2kHz 帯域と4kHz 帯域のそれぞれ算術平均値で表示してもよい．

7．レポートのまとめ方

各演習のレポートは，以下の項目を内容として作成する．
① 測定の目的・内容
② 測定場所・測定点
③ 測定日時
④ 測定条件（気温，湿度，空調の ON・OFF など）
⑤ 測定系統（測定器の組合せなど）
⑥ 測定結果
⑦ 測定結果に対する考察
⑧ その他（感想・反省など）

文　　献

1) ISO 3382, Acoustics －Measurement of room acoustic parameters－　Part 1：Performance rooms
2) ISO 18233, Acoustics －Application of new measurement methods in building and room acoustics
3) 残響室法吸音率測定 JIS A 1409（1998）
4) 環境騒音・建築音響の測定（音響テクノロジーシリーズ），コロナ社，2004

1.3 遮音の測定（基礎1＋応用1）

1. 演習の目的

遮音測定は社会的には品質保証や使用者からのクレーム対処などを目的に行われるが，その測定結果はその後の設計・施工の参考資料としても大いに役立つ．

建築物の現場における遮音測定には，2室間の空気音に関する遮断性能と床衝撃音に関する遮断性能を知るための二つの測定があり，それぞれの標準測定方法として JIS A 1417（建築物の空気音遮断性能の測定方法）と JIS A 1418（建築物の床衝撃音遮断性能の測定方法）が制定されている．また，遮音性能の評価方法や基準なども JIS A 1419（建築物及び建築部材の遮音性能の評価方法）や本会編「建築物の遮音性能基準と設計指針」に規定されている．

本演習では上記の2種類の測定法を簡単化して実習を行うとともに，測定結果の評価や遮音性能上の問題点の検討などを行う．

2. 基礎事項

2.1 空気音遮断に関する用語と計算式[1]

2.1.1 室内平均音圧レベル L

対象とする室内における空間的な音圧の平均値で，音源近傍の直接音領域，壁などの室境界の近傍音場を除いた空間全体について平均して求める．空間的な平均は，室境界や物体から 0.5m 以上離れ，さらに音源室の場合には音源から 1m 以上離れた空間内に互いに 0.7m 以上離れた5点以上の測定点を空間的に均等に分布させて測定する．自動または手動によりマイクロホンを連続的に移動させ，その間の等価音圧レベルを求めてもよいが，その場合には積分平均機能をもつサウンドレベルメータ（騒音形）が必要となる．

2.1.2 室間音圧レベル差 D

音源室，受音室のそれぞれにおいて測定される室内平均音圧レベルの差で，それぞれの室内で測定された平均音圧レベルを L_1，L_2 とすると，

$$D = L_1 - L_2 \ \text{[dB]} \tag{4.3.1}$$

で表される．

この値は2室間の界壁または界床のみの遮音性能を示すものではなく，受音室の吸音効果や2室間における音のいろいろな伝搬経路〔図4.3.1〕をすべて含んだ状態での遮音性能値である．

2.1.3 特定場所間音圧レベル差 D_p

音源室内および受音室内のある部分的な場所・区域間の遮音性能を表すときに用いる値である．それぞれの場所・区域内の3～5点で測定された音圧レベルの平均値を L_1，L_2 とすると，

$$D_p = L_1 - L_2 \ \text{[dB]} \tag{4.3.2}$$

で求める．どちらかの室で室全体にわたってほぼ均一な音圧レベル分布が得られるときには L_1（または L_2）が室内平均音圧レベルになることもある．

この値を求める測定は，

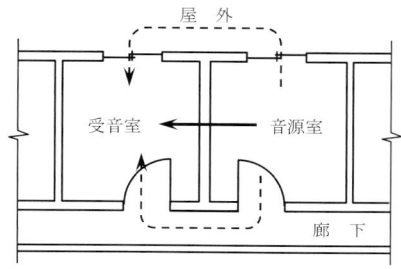

図4.3.1　いろいろな音の伝搬経路

① 一方の室のある場所と他方の室のある場所との間の遮音性能を知るという特別な目的がある場合
② 一方の室もしくは両室とも，室の形や規模などに起因して，室全体にわたって均一な音圧レベル分布が得られない場合

に行われる．

2.1.4 規準化音圧レベル差 D_n

室間音圧レベル差は，隔壁の音響透過損失が同じでも，受音室側の吸音の条件が異なると値が変化する．そこで，室間音圧レベル差の値から受音室の等価吸音面積と規準化のための等価吸音面積 A_0（$=10\text{m}^2$）の比を補正項として差し引いた値を規準化音圧レベル差といい，次式で与えられる．

$$D_n = D - 10\log_{10}\frac{A}{A_0} \ \text{[dB]} \tag{4.3.3}$$

2.1.5 標準化音圧レベル差 D_{nT}

2.1.4に類似した補正として，基準の残響時間 T_0（$=0.5\text{s}$）に対する受音室の残響時間 T の比を補正項として加えた値を標準化音圧レベル差といい，次式で与えられる．

$$D_n = D + 10\log_{10}\frac{T}{T_0} \ \text{[dB]} \tag{4.3.4}$$

2.1.6 音響透過損失 R

ある遮音層に入射する音の強さ I_i とそれを透過した音の強さ I_t との比を音響透過率 τ といい，この逆数を対数表示した次式で定義される．

$$R = 10\log_{10}\frac{1}{\tau} \ \text{[dB]} \tag{4.3.5}$$

$$\tau = \frac{I_t}{I_i} \ \text{[dB]} \tag{4.3.6}$$

この値は，壁，床などの遮音構造そのものの遮音性能を表し，一般には隣接した二つの残響室を具える実験施設で JIS A 1416（実験室における建築部材の空気音遮断性能の測定方法）によって測定される．試験体の面積を $S\text{m}^2$，受音実験室の等価吸音面積を $A\text{m}^2$，両実験室間の室間音圧レベル差を D とすると，

$$R = D + 10\log_{10}\frac{S}{A} \ \text{[dB]} \tag{4.3.7}$$

から求められる．

2.1.7 準音響透過損失 R'

現場における遮音の測定では，実験室における透過損失の測定とは異なり，測定対象の壁または床を等価する音響パワー（W_2）以外の側路伝搬またはその他の影響による透過パワー（W_3）の影響が無視できない場合が多い．そのような場合，透過パワー全体（$W_2 + W_3$）に対する測定対象の壁または床に入射する音響パワーを W_1 として，次式により準音響透過損失 R' を定義する．

$$R' = 10\log_{10}\frac{W_1}{W_2 + W_3} \ \text{[dB]} \tag{4.3.8}$$

準音響透過損失 R' は，音源室，受音室ともに拡散音場であることを仮定して，以下の式で求められる．

$$R' = D + 10\log_{10}\frac{S}{A} \ \text{[dB]} \tag{4.3.9}$$

2.2 床衝撃音遮断性能に関する用語と計算式[2]

人の歩行，走り回り，飛びはね，椅子の移動などに伴って下階の室に生じる騒音を標準衝撃源（標準軽量衝撃源および標準重量衝撃源）を用いて測定する方法が JIS A 1418-1 および JIS A 1418-2 に規定されている．

2.2.1 軽量床衝撃音レベル L_i

標準軽量衝撃源（タッピングマシン）で測定対象の床を加振したときの下階の室における室内平均音圧レベル．この値は床だけの床衝撃音遮断性能を表すものではなく，受音室の吸音効果も含んでいる．サウンドレベルメータ（騒音計）の周波数重み付け特性Aを通して測定される床衝撃音レベルを特にA特

性床衝撃音レベル（L_{iA}）という．

2.2.2 規準化床衝撃音レベル L'_n

JIS A 1418-1に規定される，受音室の吸音効果を考慮した値である．受音室で測定された等価吸音面積を A，基準の等価吸音面積を A_0（$=10\text{m}^2$）としたとき，以下の式で表される．

$$L'_n = L_i + 10\log_{10}\frac{A}{A_0} \text{[dB]} \qquad (4.3.10)$$

2.2.3 標準化床衝撃音レベル L'_{nT}

規準化床衝撃音レベルと同様に，受音室の吸音効果を考慮した値であるが，標準化床衝撃音レベルは受音室で測定された残響時間 T，および基準の残響時間 T_0（$=0.5\text{s}$）を用いて次のように表す．

$$L'_{nT} = L_i - 10\log_{10}\frac{T}{T_0} \text{[dB]} \qquad (4.3.11)$$

2.2.4 重量床衝撃音レベル $L_{i, Fmax}$

標準重量衝撃源（JIS A 1418-2付属書2に示される特性をもつ自動車タイヤ，ゴムボール）で測定対象の床を加振したときの受音室における最大音圧レベルのエネルギー平均値をレベル表示した量を，重量床衝撃音レベルという．軽量床衝撃音と同様に，サウンドレベルメータ（騒音計）の周波数重み付け特性Aを通して測定される床衝撃音レベルを特にA特性床衝撃音レベル（$L_{iA, Fmax}$）という．

2.3 遮音性能の評価に関する用語

2.3.1 遮 音 等 級[3]

遮音性能を評価するための基準周波数特性を与える曲線群のおのおのに付けられた数値で，記号として室間音圧レベル差に関する遮音等級に D_r を，床衝撃音レベルに関する遮音等級に L_r を用いる．表示のしかたとしては，例えば D_r-50，L_r-50のように表される〔図4.3.2および図4.3.3〕．両図の曲線群のうち，JIS A 1419では D_r-30〜D_r-60，L_r-30〜L_r-80までが規定されている．

2.3.2 適 用 等 級[4]

日本建築学会が定めた，遮音性能のグレードを表す等級をいい，特級，1級，2級，3級の4段階に分かれている．各等級の遮音性能上の意味は表4.3.1のように与えられている．

この適用等級には室の用途等に応じて表4.3.2，表4.3.3に示すような遮音等級があてはめられている．

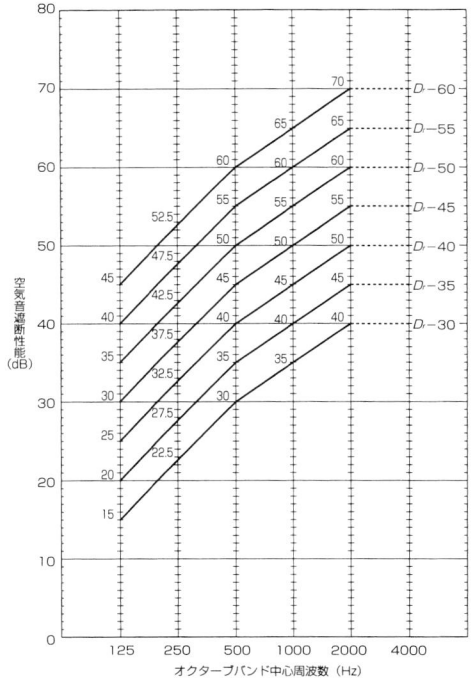

図4.3.2 空気音遮断性能に関する遮音等級

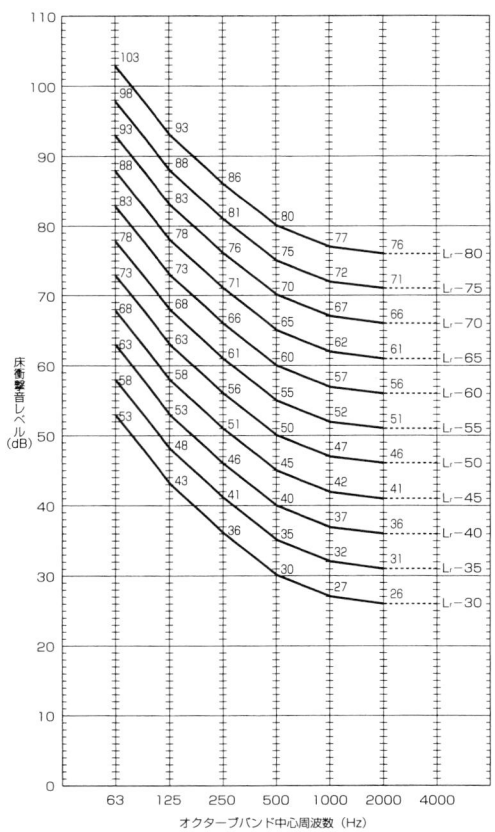

図4.3.3 床衝撃音レベルに関する遮音等級

表4.3.1 適用等級の意味

適用等級	遮音性能の水準	性能水準の説明
特 級	遮音性能上特に優れている	特別に高い性能が要求された場合の性能水準
1 級	遮音性能上優れている	建築学会が推奨する好ましい性能水準
2 級	遮音性能上標準的である	一般的な性能水準
3 級	遮音性能上やや劣る	やむを得ない場合に許容される性能水準

表4.3.2 室間平均音圧レベル差に関する適用等級

建築物	室用途	部位	適用等級			
			特級	1級	2級	3級
集合住宅	居室	隣戸間界壁 隣戸間界床	D_r-55	D_r-50	D_r-45	D_r-40
ホテル	客室	客室間界壁 客室間界床	D_r-55	D_r-50	D_r-45	D_r-40
事務所	業務上プライバシーを要求される空間	室間仕切壁 テナント間界壁	D_r-50	D_r-45	D_r-40	D_r-35
学校	普通教室	室間仕切壁	D_r-45	D_r-40	D_r-35	D_r-30
病院	病室（個室）	室間仕切壁	D_r-50	D_r-45	D_r-40	D_r-35

3．主要測定器の取扱い方

3.1 室間平均音圧レベル差の測定器

3.1.1 音 源 装 置

音源装置は，発振器（ノイズジェネレータ），帯域通過フィルタ，電力増幅器，スピーカから成る．

発振器は一般に連続スペクトルの白色雑音（ホワイトノイズ）および桃色雑音（ピンクノイズ）を発生できるようになってい

表4.3.3 床衝撃音レベルに関する適用等級

建築物	室用途	部位	衝撃源	適用等級 特級	1級	2級	3級
集合住宅	居室	隣戸間界床	重量衝撃源	L_r-45	L_r-50	L_r-55	L_r-60, L_r-65*
			軽量衝撃源	L_r-40	L_r-45	L_r-55	L_r-60
ホテル	客室	客室間界床	重量衝撃源	L_r-45	L_r-50	L_r-55	L_r-60
			軽量衝撃源	L_r-40	L_r-45	L_r-50	L_r-55
学校	普通教室	教室間界床	重量衝撃源 軽量衝撃源	L_r-50	L_r-55	L_r-60	L_r-65

る．この広帯域雑音をフィルタによって125Hz，250Hz，500Hz，1 000Hz，2 000Hz，4 000Hzのおのおのを中心周波数とするオクターブ帯域の雑音信号とし，電力増幅器で増幅してスピーカに入力し，音として発振させる．

オクターブ帯域雑音はフィルタの周波数切替えスイッチの操作で容易に得ることができるが，ピンクノイズを用いると受音室側の測定値で近似的に遮音性能を推定できる利点がある．電力増幅器の取り扱いでは次の2点に注意する．

① 電力増幅器の出力端子とスピーカの入力端子の相互のインピーダンスの整合を図る．
② スピーカへの出力レベルを適正な値に調整する．調整はボリウムで行うが，スピーカには定格の許容入力があり，雑音信号の電力を過大に供給するとスピーカの破損を招く．調整に際しては，初めはボリウムを絞っておき，スピーカからの発生音を聞きながら徐々に上げていき，必要なレベルまでもっていく．受音室において，信号レベルが暗騒音レベルよりも10 dB以上大きくなるようにして測定を行う必要があり，このときのレベルが必要なレベルとなる．異常な音がしたらそれ以上は絶対にボリウムを上げてはならず，むしろ絞り気味にして使うようにする．

スピーカは全指向性の放射指向性をもつものを使用することが，JIS A 1417に規定されている．このようなスピーカとしては，多面体（正12面体等）の各面にスピーカを取り付けたものや，半球状の多面体スピーカが用いられる．このような音源が用意できる場合にはそれを用いるが，これらは音響測定用の特殊なスピーカで入手がやや困難なこともあるので，本演習を行うためには通常の指向性をもつスピーカを用いてもかまわない．指向性スピーカを用いる場合には，測定対象となる部位や測定に大きな影響を与える側路伝搬経路（扉や窓など），特定の受音点に直接音が入射しないように設置に注意が必要である．室内音場の拡散性を上げるため，室隅に向けて音源を設置する場合が多い．

3.1.2 受音装置

受音はサウンドレベルメータ（騒音計）で行う．音圧レベルを正確に測定できるようにするために，測定の前には較正（キャリブレーション）が行われていなければならない．一定の音圧を発生するように作られているピストンホンにサウンドレベルメータ（騒音計）のマイクロホンを差し込み，メータの指示値がピストンホンの規定音圧レベルに一致するように感度を調整する．

① 周波数補正特性
サウンドレベルメータ（騒音計）には周波数補正特性としてA特性，C特性，F特性の三つが通常備えられている．遮音測定ではCまたはF特性に合わせて用いる．

② 動特性
サウンドレベルメータ（騒音計）には指示値の動特性として速い動特性（F：時定数125 ms）と遅い動特性（S：時定数1 s）の2種類がそなえられている．遮音測定では速い動特性を用いる．

③ 測定レンジ
測定する音の大きさに応じてメータがオーバースケールしない範囲で，レベルレンジ切換器によって適正なレンジにセットする．

④ 分析モード
積分型サウンドレベルメータ（騒音計）は，時間平均値（L_{eq}），時間積分値（L_E），時間率レベル（L_x）等の分析値をボタン操作で計算する機能を有している場合が多い．

3.2 床衝撃音レベルの測定器
3.2.1 軽量床衝撃音発生器

一列に並んだ5個の鋼製ハンマーが小型電動機によって1個ずつ順番に自由落下し，床に衝撃を与える装置である．使用に際してはハンマーの落下高を規定の4 cmに調整すること以外は電源スイッチひとつで作動，停止を行うだけで，操作はいたって簡単である．落下高の調整は次のように行う．

① 発生器を平らなところ，例えば机上に置く．
② 発生器の上面にハンマーを手動で引き上げる回転つまみがある．電源スイッチを切にしたまま，矢印の向きに回すと5個のハンマーが次々引き上げられ，一定の高さに吊り下げられる．
③ その状態で備え付けの高さゲージをハンマーの下端に差し込み，きちっと納まるかどうかを確かめる．きちっと納まらない場合には，発生器本体を支える3本の足にねじがきってあるので，これらを適宜に回転させながら高さを調節する．この際，ハンマーを垂直に保つことにも留意する．
④ 調整が終わったら床面に設置し，作動させてみる．衝撃音を聞きながら各ハンマーが均等な衝撃を与えているかどうか，発生器の機械部に異常音がないかどうかを確かめる．異常がなければ調整は完了である．

3.2.2 重量床衝撃音発生器

重量床衝撃音発生器には，自動車タイヤを用いるものとゴムボールを用いるものの2種類がある．

① 自動車タイヤ
JISの規定に合う自動車タイヤ（ホイール付き）を用い，所定の高さから自由落下させ床に衝撃を加える．落下，引き上げを電動機によって自動的に行う機械装置もあるが，もし所有していなければ人手で行う．一人または二人で組になって，床面から輪の下面までの高さが85±10cmになる位置から，タイヤの設置面が床にあたるように，垂直に自由落下させる．使用に際してはタイヤ内の空気圧が$2.4±0.2×10^5$Pa（2.2〜2.6kgf/cm^2）になるようにタイヤ内圧力ゲージで調整する．

② ゴムボール
JISの規定に合うゴムボール（外径185mm，肉厚30mm，スチレンブタジエン系ゴムまたはシリコンゴム）を用い，一人，または二人で組になって，床面から100cmの高さから垂直に自由落下させる．

3.2.3 受音装置

受音はサウンドレベルメータ（騒音計）で行う〔3.1の2）項を参照〕．床衝撃音レベルの測定では周波数別の測定のほかにA特性音圧レベルの測定を行う．

4．演習の進め方（基礎演習-室間音圧レベル差の測定）
4.1 測定チームの編成と役割分担

3人でチームを編成し，各人は下記の役割を適宜分担して測定演習を行う．

○音源装置の操作係　　　　　　　一人
○音圧レベルの測定係　　　　　　一人
○測定値の記録とマイクロホンの移動係　一人
○準備作業　　　　　　　　　　　全員
○データのまとめ　　　　　　　　全員

測定を実施するにあたり，下記の点に留意すること．

① 音源室ではかなり大きな試験音が発生するので，特に音

源装置の操作係は耳栓やイヤープロテクターを装着して聴力保護を図る．
② 音圧レベルの測定係は最後まで同一人が担当することが望ましい．

4.2 測定器の準備
4.2.1 音源装置
試験音（オクターブ雑音）を発生させる装置として次の測定器を各1個用意する．
① 雑音発振器
② オクターブバンドフィルタ（オクターブ分析器でもよい）
③ 電力増幅器
④ スピーカ
①～③までが一体化された測定器になっている場合もある．

4.2.2 受音装置
試験音の音圧レベルを測定する装置として次の測定器を各1個用意する．
① サウンドレベルメータ（騒音計）
② オクターブ分析器（①に周波数分析機能がついていない場合）

4.2.3 補助用具
① マイクロホンスタンド
② 巻尺
③ 測定値の記録用紙〔表4.3.5〕，筆記用具
④ 測定対象室の平面および断面図
⑤ トランシーバ1組

4.3 測定準備作業
4.3.1 音源室・受音室の設定
JISに規定された測定方法では室の吸音効果を含んだ遮音性能を測るので，測定対象とする2室の等価吸音面積（吸音力）が異なっている場合には音源室・受音室の設定の仕方によって測定結果に差異が生じる．室の用途や実際の使用状態に即して設定する．2室の用途・規模・室内仕上げが類似している場合はどちらを選んでもよい．

4.3.2 音源スピーカの位置の設定
音源スピーカは，音場ができるだけ拡散性となるように，また音の透過に影響を与える測定対象の部位および側路伝搬の原因となる箇所に強い直接音が入射しないような場所に設置する．音源の中心と室境界面との距離は0.5m以上離すようにする．室容積が小さい部屋が音源室となる場合には，室隅を音源位置とする．設置上の基本条件には
① 音源室内の音圧レベル分布ができるだけ均一になるようにすること
② スピーカからの直接音が受音室への音の透過面（主たる透過面は2室間の界壁または界床）に入射しないこと
の2点がある．指向性スピーカを用いる場合，上記の条件を考慮して，音の放射面を室隅に向けて設置することが多い．そこで例えば図4.3.4のような場合，音源の設置位置は図に示すような四隅が考えられるが，ⓒとⓓは②の条件から不適当である．残りの二隅のうちのどちらを選ぶかは室の状況と①の条件によるが，図の例では2室間の窓～窓を伝搬する音の影響を配慮してⓐの場所にしている．

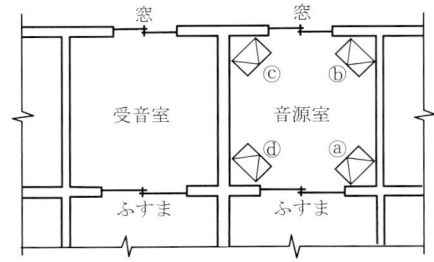

（注）ⓒ，ⓓは不適当

図4.3.4 音源位置の選び方

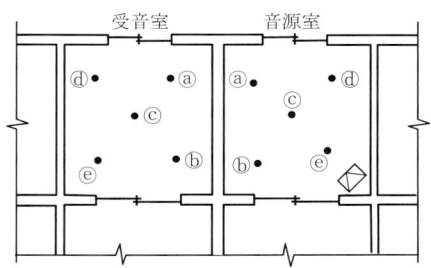

図4.3.5 音圧レベルの測定位置

4.3.3 音圧レベルの測定点の設定
音源室，受音室とも次のように行う．
① 室内に空間的に均等に分布するように5点を配置する．
② 音源スピーカ・壁・扉・窓等の近傍は避ける．JIS A 1418の規定では音源スピーカからは1m以上，室境界面からは0.5m以上離れ，かつ互いの測定点の距離が0.7m以上となるように設置することとされている．

以上の条件から，室の平面が複雑な形状でない限り，平面的には図4.3.5に示したサイコロの5つ目に相当する配置をとる事例が多い．

4.4 測定手順と要領
4.4.1 音源スピーカの設置位置の調整
音源スピーカの設置位置が決まったら実際に試験音を出してみて，音源室内の音圧レベル分布ができるだけ一様になるように音源スピーカの位置，向きなどの微調整を行う．
測定に用いる試験音は125Hz，250Hz，500Hz，1000Hz，2000Hz，4000Hz（以下，測定周波数という）を中心周波数とする6種類のオクターブ帯域雑音であるが，レベル分布の検査では125Hzの試験音を用い，5測定点間の音圧レベルの差異が大きくても10dB，できれば5dB以内に納まるようにする．

4.4.2 試験音レベルの調整
受音室において測定される試験音に対して暗騒音の影響をできるだけ少なくするため，次の手順に従って調整を行う．
① 受音装置のマイクロホンを準備された5測定点のいずれか1点に設置し，音圧レベルの測定ができる状態にしておく．
② 試験音を測定周波数ごとに，断続的に発生させる．発生・停止の間隔はおのおの3秒程度とする．
③ 受音室にセットされているオクターブ分析器の分析周波数（サウンドレベルメータ（騒音計）が周波数分析機能を有する場合にはサウンドレベルメータ（騒音計）の分析周波数）を試験音のそれと合わせ，発生時と停止時の音圧レベルを監視し，その差異が全測定周波数にわたって少なくとも6dB以上，できれば10dB以上となるように音源装置の操作係へボリウム調整を連絡する．
④ 調整が終了したら本測定完了までセットしたボリウム位置を変化させないように注意する．

4.4.3 試験音の発生
測定周波数の小さい順に，断続的（発生，停止の時間はおのおの3秒程度）に発生させる．測定周波数の切換えは音圧レベルの測定係の連絡を受けながら行う．

4.4.4 受音装置の調整
サウンドレベルメータ（騒音計）の周波数補正回路をC特性とし，内蔵の較正信号によってサウンドレベルメータ（騒音計）とオクターブ分析器の感度調整を行う．指示計器の動特性は速い動特性（F）を用いる．

1. 音環境分野

4.4.5 音圧レベルの測定手順

音源室内・受音室内の音圧レベルの測定はどちらから始めてもよいが，遮音性能を実感として捉えておこうとする場合は音源室から始めたほうがよい．

音源室内・受音室内の測定は測定周波数ごとに交互に行う必要はなく，全測定周波数を通して測定した後，他方の室の測定に移る．各測定点における測定の進め方として

① 測定周波数ごとにマイクロホンを5測定点に順次移動させながら測定していく．
② 測定点ごとに測定周波数を順次変えながら測定し，6周波数の測定が終わったら次の測定点にマイクロホンを移していく．

の2通りがあり，どちらでもよいが，測定のやりやすさや誤りを避けるという観点からすると①の方がよい．

4.4.6 指示値の読み方

周波数分析機能がついたサウンドレベルメータ（騒音計）を用いた場合には，分析周波数を測定周波数に合わせ，サウンドレベルメータ（騒音計）の指示値の平均値を読み取る．サウンドレベルメータ（騒音計）に周波数分析機能がついていない場合にはサウンドレベルメータ（騒音計）に接続したオクターブ分析器の指示計器から読み取る．その指針は必ずしも一定値を指さず，特に125Hz，250Hzの試験音に対しては広い幅をもって不規則に揺れ動く場合が多い．指示値の読取りは，ほぼその平均的な指示位置に着目して行い，1dB単位で読む．

記録係は読み取られた測定値を参考例として示した表4.3.5の用紙に記入していく．

4.4.7 暗騒音レベルの読取り

暗騒音の影響は音源室の測定においてはまったく生じないが，受音室では試験音の音圧レベルが低くなるので影響を受けやすくなる．試験音の発生時と停止時との指示値の変化に注目し，停止時の指示値，すなわち暗騒音の音圧レベルも必ず測定し，記録しておく．

4.5 レポートのまとめ方

4.5.1 測定値の整理

1）暗騒音の影響の補正

各測定周波数ごとに，受音室における平均音圧レベルと暗騒音の音圧レベルの差が6dB以上の場合には下式によって暗騒音の影響を除去した音圧レベルを求める．

$$L = 10 \log_{10}(10^{L'/10} - 10^{L_b/10}) \text{ (dB)} \quad (4.3.12)$$

L：補正された音圧レベル〔dB〕
L'：暗騒音の影響を含む音圧レベルの測定値〔dB〕
L_b：暗騒音の音圧レベル〔dB〕

暗騒音の補正は，表4.3.4の補正表を用いて行ってもよい．

表4.3.4 暗騒音の補正表

暗騒音とのレベル差（dB）	.0	.1	.2	.3	.4	.5	.6	.7	.8	.9
6	1.3	1.2	1.2	1.2	1.1	1.1	1.1	1.0	1.0	1.0
7	1.0	0.9	0.9	0.9	0.9	0.9	0.8	0.8	0.8	0.8
8	0.7	0.7	0.7	0.7	0.7	0.7	0.6	0.6	0.6	0.6
9	0.6	0.6	0.6	0.5	0.5	0.5	0.5	0.5	0.5	0.5
10	0.5	0.4	0.4	0.4	0.4	0.4	0.4	0.4	0.4	0.4
11	0.4	0.4	0.3	0.3	0.3	0.3	0.3	0.3	0.3	0.3
12	0.3	0.3	0.3	0.3	0.3	0.3	0.3	0.2	0.2	0.2
13	0.2	0.2	0.2	0.2	0.2	0.2	0.2	0.2	0.2	0.2
14	0.2	0.2	0.2	0.2	0.2	0.2	0.2	0.1	0.1	0.1
15以上	補 正 な し									

その差が6dBよりも小さい場合には測定値として採用せず，参考値として記録する．補正された音圧レベルは小数第1位を四捨五入して整数で表す．

2）遮音性能の算出

測定周波数ごとに次式を用いて算出する．算出結果および平均値は少数第1位で四捨五入し，整数で示す．

・室間音圧レベル差 D の算出

$$D = L_1 - L_2 \text{ (dB)} \quad (4.3.13)$$

L_1：音源室内の平均音圧レベル〔dB〕
L_2：受音室内の平均音圧レベル〔dB〕

3）測定値の平均処理方法

音源室，受音室それぞれについて，測定周波数ごとに，すべての測定点において測定された音圧レベルのエネルギー平均値を次の式によって計算する．

$$L = 10 \log_{10} \frac{1}{5} \sum_{i=1}^{5} 10^{L_i/10} \text{ (dB)} \quad (4.3.14)$$

L：平均音圧レベル〔dB〕
L_i：受音点 i における音圧レベルの測定値〔dB〕

4）結果の表示方法

測定値や計算結果は表で，最終結果は図で示す．図は図4.3.2，図4.3.3を使用し，測定周波数ごとに点または丸でプロットし，直線で結んでおく．

4.5.2 遮音性能の評価方法

測定結果をプロットする図にはすでに評価曲線が記入されているので，次のように該当する基準曲線を選び，遮音等級を求める．

① 測定周波数ごとに，測定結果の記入値にもっとも近い曲線の D_r の値を求める．
② 室間平均音圧レベル差に関しては，求められた六つの周波数帯域における D_r 値のうち，最小のものを評価値（遮音等級）とする．

4.5.3 レポートの作成

レポートは下記の項目・内容を盛り込んで作成する．

① 測定目的
② 測定対象の概要　測定に関係する室の規模，状況や部位の断面構造などを図で示すとともに必要事項を記載する．
③ 測定年月日
④ 使用測定機器の名称・型式
⑤ 測定方法　音源の位置，音圧レベルの測定点などは図で示し，測定要領，手順を述べる．
⑥ 測定結果　表・図などで測定値・計算値・最終測定結果・暗騒音レベルを示す．図の目盛りは，オクターブの幅が15mm，10dBが20mmとなるようにとる．
⑦ 考察　遮音性能の評価，用途からみた適否，問題点（音漏れ，弱点部分など）について述べる．
⑧ 演習のまとめ　測定上の問題点・改善点などをチームメンバーで討議し，まとめる．

5. 演習の進め方（応用演習－床衝撃音レベルの測定）

5.1 測定チームの編成と役割分担

4人でチームを編成し，各人は下記の役割を適宜分担して測定演習を行う．

○音源装置の操作係　　　　　　　　　2人
○音圧レベルの測定係　　　　　　　　1人
○測定値の記録とマイクロホンの移動係　1人
○準備作業　　　　　　　　　　　　　全員
○データのまとめ　　　　　　　　　　全員

5.2 測定器の準備

5.2.1 衝撃源

床衝撃音を発生させる装置として，次の測定器を各1個用意する．

① 軽量床衝撃音発生器（タッピングマシン）．
② 重量床衝撃音発生器（JIS A 1418-2附属書2に規定されたタイヤ，もしくはゴムボール）．

5.2.2 受音装置および補助用具
室間音圧レベル差の測定と同じものを用意する．測定値の記録用紙の例を表4.3.6に示す．

5.3 測定準備作業
5.3.1 衝撃位置の設定
衝撃位置およびその数は JIS A 1418によると，平均的に分布する3～5点と規定されている．この演習では3点で行う．図4.3.6に示すように，測定対象とする床に対角線を引き，その線上に3点を設定する．設定は次のように行う．
① 1点は床の中心に選ぶ．
② 他の2点は中心～隅隅距離の1/2くらいのところに選ぶ．
以上の点が以下の条件を満たしているかどうかを検討する．満たしていなければ，位置を横にずらすなどして調整する．
③ 周壁から50cm以上離す．
④ 梁の上は避ける．

5.3.2 床衝撃音発生器の調整
3.2項を参照する．

5.3.3 床衝撃音レベルの測定点の設定
室間音圧レベル差の測定演習にならって設定する．

5.4 測定手順と要領
5.4.1 床衝撃音発生器の設置
軽量床衝撃音発生器は，衝撃位置の割付時に引いた対角線とハンマー列が直角になるように設置する．

5.4.2 床衝撃音の発生
軽量床衝撃音発生器の場合は，床衝撃音レベルに対する暗騒音の影響をみるため，5秒ぐらい作動させては2秒ぐらい停止させる操作を繰り返す．

重量床衝撃音の場合は，床衝撃音発生器として自動車タイヤまたはゴムボールを用いる．衝撃源を手で落下させる場合は，音圧レベルの1測定点・1測定周波数あたり4～5回の落下操作を行う．その際，2人の音源係が協力して衝撃の2度打ちをすることがないように注意する．自動車タイヤの落下・引上げを自動的に行う機械装置を用いる場合，落下の衝撃により装置が移動してしまう場合があるので，音源係が装置を支持するなどして移動することのないように注意する．

5.4.3 受音装置の調整
4.4.4にならって調整する．重量床衝撃音では音圧レベルの最大値を測定するので，動特性は速い動特性（F）にすること．

5.4.4 床衝撃音レベルの測定手順
床衝撃音発生器の作動は衝撃位置①から始め，測定周波数の低い順に5測定点の音圧レベルを測定していき，全測定周波数の測定が終わったら床衝撃音発生器を次の衝撃位置に移し，測定を続ける．

床衝撃音レベルの測定は，軽量床衝撃音の場合，125Hz，250Hz，500Hz，1 000Hz，2 000Hzの5周波数およびA特性音圧レベル，

重量床衝撃音の場合，63Hz，125Hz，250Hz，500Hzの4周

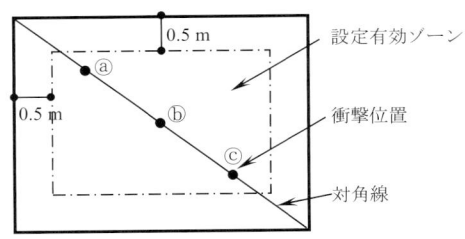

図4.3.6 衝撃位置の設定方法

波数およびA特性音圧レベルについて行う．

5.4.5 指示値の読取り方
1) 軽量床衝撃音の場合
衝撃源打撃時間における平均音圧レベルを測定する．衝撃源により上階床が打撃されると，特に低い周波数で指示される音圧レベルは幅広く変動するが，その平均的な値を読み取る．サウンドレベルメータ（騒音計）には，音圧レベルのエネルギー平均値を自動計測する機能を有したものも多いが，その機能を利用してもよい．計測開始・終了は打撃時間中に納まるように手動（マニュアル）にて行う．その場合，1回の測定における平均化時間は3秒以上となるようにする．

2) 重量床衝撃音の場合
重量床衝撃音の測定では，最大値（時間重み付け特性Fを用いた最大音圧レベル）を読み取る．音圧レベルがメータで指示されるタイプのサウンドレベルメータ（騒音計）を用いる場合には，時間重み付け特性をF（Fast，速い動特性）にセットして指針の動きに注目し，その最大振れ幅の値を読み取る．サウンドレベルメータ（騒音計）には，測定時間中の音圧レベルの最大値を自動計測する機能を有したものも多いが，その機能を利用してもよい．

5.4.6 暗騒音レベルの読取り
4.4.7を参照する．

5.5 レポートのまとめ方
5.5.1 測定値の整理
1) 暗騒音の影響の補正
衝撃源による発生音の音圧レベル（軽量床衝撃音においては平均音圧レベル，重量床衝撃音においては最大音圧レベル）と暗騒音の音圧レベルの差が6dB以上の場合には下式によって暗騒音の影響を除去した音圧レベルを求める．

$$L = 10 \log_{10}(10^{L'/10} - 10^{L_b/10}) \text{〔dB〕} \quad (4.3.15)$$

L：補正された音圧レベル〔dB〕
L'：暗騒音の影響を含む音圧レベルの測定値〔dB〕
L_b：暗騒音の音圧レベル〔dB〕

暗騒音の補正は，表4.3.4の補正表を用いて行ってもよい．
その差が6dBよりも小さい場合には測定値として採用せず，参考値として記録する．補正された音圧レベルは小数第一位を四捨五入して整数で表す．

2) 衝撃音レベルの算出
各測定周波数について，加振点ごとに，すべての測定点において測定された衝撃音レベル（軽量床衝撃音においては平均音圧レベル，重量床衝撃音においては最大音圧レベル）のエネルギー平均値 L_k を次式によって計算する．

$$L_k = 10 \log_{10} \frac{1}{5} \sum_{i=1}^{5} 10^{L_i/10} \text{〔dB〕} \quad (4.3.16)$$

上式で求められた加振点ごとの室内音圧レベルの算術平均を計算し，各周波数帯域における床衝撃音レベルとする．各測定周波数における床衝撃音レベルは小数第二位を四捨五入して小数点以下1桁で表す．

3) 結果の表示方法
測定値や計算結果は表で，最終結果は図で示す．図は図4.3.3を使用し，測定周波数ごとに点または丸でプロットし，直線で結んでおく．

5.5.2 遮音性能の評価方法
測定結果をプロットする図には既に評価曲線が記入されているので，次のように該当する基準曲線を選び，床衝撃音レベルに関する遮音等級を求める．
① 測定周波数ごとに，測定結果の記入値にもっとも近い曲線の L_r の値を求める．
② 求められた所定の周波数帯域（軽量床衝撃音の場合は125Hz，250Hz，500Hz，1 000Hz，2 000Hzの5周波数，

重量床衝撃音の場合は63Hz，125Hz，250Hz，500Hzの4周波数）の L_r 値のうち，最大のものを評価値（床衝撃音レベルに関する遮音等級）とする．

5.5.3 レポートの作成

レポートは下記の項目・内容を盛り込んで作成する．

① 測定目的
② 測定対象の概要　測定に関係する室の規模，状況や部位の断面構造などを図で示すとともに必要事項を記載する．
③ 測定年月日
④ 使用測定機器の名称・型式
⑤ 測定方法　音源の位置，音圧レベルの測定点などは図で示し，測定要領，手順を述べる．
⑥ 測定結果　表・図などで測定値・計算値・最終測定結果・暗騒音レベルを示す．図の目盛りは，オクターブの幅が15mm，10dBが20mmとなるようにとる．
⑦ その他の参考事項（測定時に家鳴り音などの異常な音が聞こえた場合にはその位置と程度，室内の状況などを記録しておく）
⑧ 考察　遮音性能の評価，用途からみた適否，問題点（音漏れ，弱点部分など）について述べる．
⑨ 演習のまとめ　測定上の問題点・改善点などをチームメンバーで討議し，まとめる．

文　　献

1）JIS A 1417 建築物の空気音遮断性能の測定方法
2）JIS A 1418 建築物の床衝撃音遮断性能の測定方法
3）JIS A 1419 建築物及び建築部材の遮音性能の評価方法
4）日本建築学会編：建築物の遮音性能基準と設計指針

1.3　遮音の測定（基礎1＋応用1）

表4.3.5　室間平均音圧レベル差測定値の記入用紙の例

　　　　　　　　　　　　　　　　　　　　　　　　　　　　　　　　　年　　　月　　　日

建物名称　　　　　　　　　　　　　　　　　

音源室名　　　　　　　　　　　　　　　　　　　　　受音室名　　　　　　　　　　　　　　　

	周波数 (Hz)	125	250	500	1 000	2 000	4 000
音源室	1						
	2						
	3						
	4						
	5						
	平均						
受音室	1						
	2						
	3						
	4						
	5						
	平均						
平均音圧レベル差							

1．音環境分野

表4.3.6 床衝撃音レベル差測定値の記入用紙の例

　　　　年　　　月　　　日

建物名称 _____　　　音源装置（軽・重）_____

音源室名 _____　　　受音室名 _____

音源位置：[　　　　　　　　　　]　　　受音位置：[　　　　　　　　　　]

周波数（軽量）(Hz)		−	125	250	500	1 000	2 000	L_{iA}
周波数（重量）(Hz)		63	125	250	500	−	−	
加振点1	1							
	2							
	3							
	4							
	5							
	平均							
加振点2	1							
	2							
	3							
	4							
	5							
	平均							
加振点3	1							
	2							
	3							
	4							
	5							
	平均							
総平均								

2. 環境振動分野

2.1 基礎事項（基礎1）

1. 周期，周波数，振幅，位相
振動の時間変化の様子を波形という．波形は図2.1.1に示すように，複雑な性状を示すものが多い．振動が，正弦波で表現できるような単調な振動であれば，図2.1.2に示すように周期T〔s〕および周波数f〔Hz〕（$=1/T$）や振幅X，さらに位相角ϕ〔rad〕（最初にゼロを通過するまでのずれ）を求めることができる．ωは角速度〔rad/s〕で，$\omega=2\pi f$の関係にある．

2. 変位，速度，加速度
振動の大きさは，物理量として変位，速度，加速度で測定される．変位は，静止状態（外力が作用する前）の位置に対する移動量を表し，速度の時間積分である．変位の基本単位はmであり，振動計の目盛や表示にはmmやμmも使われている．速度は，変位の時間に対する変化を表し，変位の時間微分または加速度の時間積分であり，基本単位はm/sである．実用単位としてmm/sやkine〔cm/s〕が使われることもある．加速度は，速度の時間に対する変化を表し，速度の時間微分である．基本単位はm/s^{2}であるが，重力の加速度の単位G（$1G=9.8$m/s^2）や地震にかかわる振動加速度としてgal〔cm/s^2〕が使用されることがある．

正弦振動の場合，変位は$x=X\sin(\omega t+\phi)$で表される．Xは変位振幅または片振幅という．速度Vおよび加速度αは下式で表される．

$$V=\frac{dx}{dt}=\omega X\cos(\omega t+\phi)=\omega X\sin\left(\omega t+\phi+\frac{\pi}{2}\right) \quad (2.1.1)$$

$$\alpha=\frac{dv}{dt}=-\omega^2 X\sin(\omega t+\phi) \quad (2.1.2)$$

図2.1.3に示すように，速度振幅は，変位振幅のω倍となり，位相は$\pi/2$〔rad〕進んでいる．また，加速度振幅は，変位振幅のω^2倍となり，位相はπ〔rad〕進み，逆位相の関係となる．

3. 振動加速度レベル，振動レベル
環境振動評価で，特に人体にかかわる振動評価のためには，人体の感覚と整合した評価方法が適合しているとして，対数尺度による評価が用いられている．対数尺度で取り扱われる物理量は振動加速度で，振動加速度の実効値に対する基準加速度（10^{-5}m/s^2）の比の常用対数の20倍に定義されている〔(2.1.3)式〕．振動加速度そのものを対数尺度で表した評価量を振動加速度レベル〔dB〕と呼び，振動加速度に図2.1.4と表2.1.1に示す人体の振動感覚補正（周波数補正）を行って対数尺度で表したものを振動レベル〔dB〕という〔(2.1.4)式〕．特に，公害振動では，法に定める規制基準値等との照合のために振動レベルの測定が多く行われる．

$$L_{VA}=20\log_{10}\frac{a_{rms}}{a_0} \quad (2.1.3)$$

$$L_V=20\log_{10}\frac{a_{w,rms}}{a_0} \quad (2.1.4)$$

L_{VA} ：振動加速度レベル
L_V ：振動レベル
a_{rms} ：振動加速度の実効値〔m/s^2〕

$$a_{rms}=\sqrt{\frac{1}{T}\int_0^T a^2(t)dt}$$

$a(t)$ ：振動加速度の瞬時値〔m/s^2〕，T：時間
$a_{w,rms}$ ：周波数補正された振動加速度の実効値〔m/s^2〕
a_0 ：基準の振動加速度 10^{-5}〔m/s^2〕

人体の振動感覚は，振動発生と同時に生じるものではなく，振動発生と感覚発生の間には時間遅れがあり，この時間遅れよりも短い振動は小さく感じる．換言すれば，同じ周波数で同じ振幅であってもその継続時間が短ければ，感覚としては小さい振動と感じられる．この感覚の時間依存性を表すものが動特性（時定数）であり，JIS C 1510：1995[3]で0.63秒と定められている．

4. 1/3オクターブバンド周波数分析
環境振動の周波数分析では，1/3オクターブバンド分析がよく行われる．上限周波数f_2が下限周波数f_1の2倍になるように，

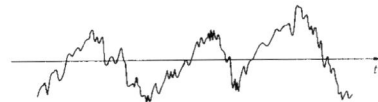

図2.1.1 振動加速度波形例[1]

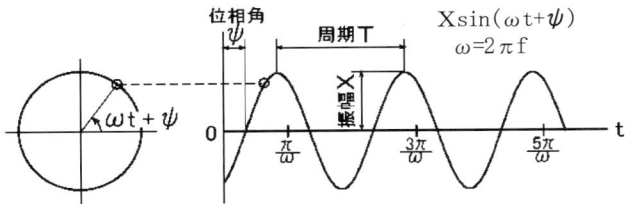

図2.1.2 正弦波形による周期，振幅，位相の関係[2]

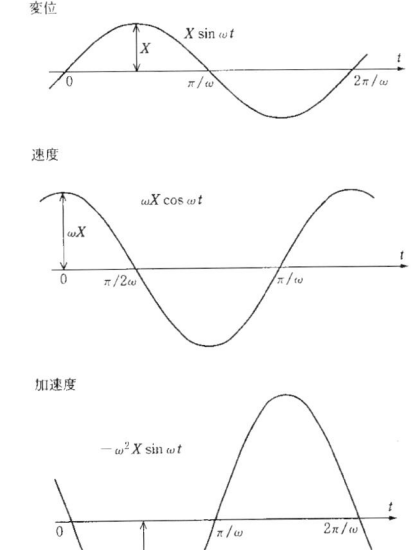

図2.1.3 正弦波による変位，速度，加速度の関係[1]

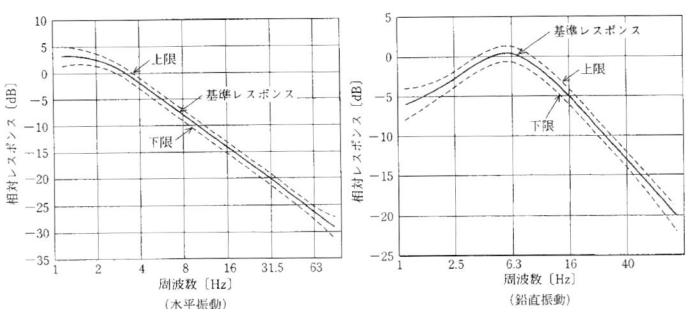

図2.1.4 人体の振動感覚補正[1]

2．環境振動分野

表2.1.1　人体の振動感覚補正の基準レスポンス

周波数〔Hz〕	基準レスポンス〔dB〕		許容値〔dB〕
	鉛直特性	水平特性	
1	−5.9	3.3	±2
1.25	−5.2	3.2	±1.5
1.6	−4.3	2.9	±1
2	−3.2	2.1	±1
2.5	−2.0	0.9	±1
3.15	−0.8	−0.8	±1
4	0.1	−2.8	±1
5	0.5	−4.8	±1
6.3	0.2	−6.8	±1
8	−0.9	−8.9	±1
10	−2.4	−10.9	±1
12.5	−4.2	−13.0	±1
16	−6.1	−15.0	±1
20	−8.0	−17.0	±1
25	−10.0	−19.0	±1
31.5	−12.0	−21.0	±1
40	−14.0	−23.0	±1
50	−16.0	−25.0	±1
63	−18.0	−27.0	±1.5
80	−20.0	−29.0	±2

対数軸上で等間隔に分割した周波数帯域を1/1オクターブバンドといい，さらに対数軸上で，1/3に分割した周波数帯域を1/3オクターブバンドという．騒音や振動の波形データを1/3オクターブバンドパスフィルタ〔図2.1.5〕に通し，その出力を実効値変換してデシベル表示する方法を1/3オクターブバンド周波数分析といい，その分析結果を1/3オクターブバンドレベル〔dB〕という．

1/1オクターブバンドの下限周波数f_1と上限周波数f_2および中心周波数f_0の間には，

$$f_0 = \sqrt{f_1 f_2}$$

の関係がある．さらに，1/3オクターブバンドでは，下限周波数f_1と上限周波数f_2には次の関係がある．

$$f_2/f_1 = 2^{1/3} \qquad (2.1.6)$$

表2.1.2に，JIS C 1513：2002[4]に規定される1/3オクターブ

バンドパスフィルタの中心周波数と下限および上限周波数の値を示す．なお，表示する中心周波数は，表に示す呼び値を用いる．

5．レベル統計量の求め方

振動レベルの評価量は振動レベルの変動形態ごとに異なる方法で決定されている．評価量の算出方法はJIS Z 8735：1981[5]により，大まかには下記のように規定されている．

① 振動レベルがほとんど変動しない場合には，その振動レベルを求める．
② 振動レベルがわずかに（3dB以内）変動する場合は，振動レベルを多数回読み取り，その平均値を求める．
③ 振動レベルが周期的または間欠的に変動する場合には，変動ごとの最大値を十分な数になるまで読み取り，その平均値を求める．
④ 振動レベルが不規則，かつ大幅に変動する場合〔図2.1.6参照〕には，ある任意の時刻から始めて，一定の時間間隔ごとに振動レベルを読み取り，その個数が十分になるまで続ける．得られた読み取り値から時間率振動レベルL_xを求める．

上記の評価量の中から，④の時間率振動レベルL_xについて

表2.1.2　1/3オクターブバンドパスフィルタの中心周波数と下限周波数および上限周波数

中心周波数呼び値	下限周波数f_1	中心周波数f_0	上限周波数f_2
1	0.89	1.00	1.12
1.25	1.12	1.26	1.41
1.6	1.41	1.58	1.78
2	1.78	2.00	2.24
2.5	2.24	2.51	2.82
3.15	2.82	3.16	3.55
4	3.55	3.98	4.47
5	4.47	5.01	5.63
6.3	5.62	6.31	7.08
8	7.08	7.94	8.92
10	8.91	10.00	11.22
12.5	11.22	12.59	14.13
16	14.12	15.85	17.79
20	17.78	19.95	22.40
25	22.38	25.12	28.19
31.5	28.17	31.62	35.50
40	35.47	39.81	44.69
50	44.65	50.12	56.26
63	56.21	63.10	70.82
80	70.77	79.43	89.16

〔単位：Hz〕

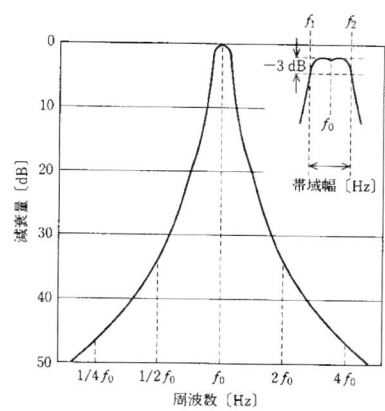

図2.1.5　1/3オクターブバンドパスフィルタの例[1]

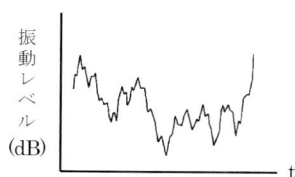

図2.1.6　振動レベルが不規則かつ大幅に変動する例

説明する．時間率振動レベルの意味は，計測時間内に発生した振動レベルのうち，*Lx*〔dB〕を超える時間の確率が*x*〔%〕であることからきている．この整理方法については，一般的には，５秒間隔で100個の振動レベルを読み取る．このサンプルデータを，測定用紙〔図2.1.7参照〕の(イ)欄に記入する．次に，(イ)欄のサンプルデータについて，振動レベルごとの個数を求めて(ロ)欄に記入するとともに，振動レベルの小さい順に加算した累積度数も(ロ)欄に記入する．そして，(ロ)欄の累積度数と振動レベルを，(ハ)のグラフの縦軸，横軸にそれぞれプロットする．これらのプロットを基にして滑らかな累積度数曲線を作成し，この曲線より時間率振動レベル*Lx*を読み取る．振動レベルの評価では，*x*には10が用いられるため，評価量はL_{10}となる．なお，時間率90%と10%の範囲は80%レンジと呼ばれ，L_{10}は80%レンジの上端値ともいわれる．

測定場所 国道０号線　A 様宅前						2007年10月22日（月） 13時00分～13時10分			
(イ) 1	2	3	4	5	6	7	8	9	10
57	49	51	56	60	52	45	43	45	44
35	37	38	47	38	42	44	44	39	41
45	39	40	49	52	48	48	50	55	53
44	51	59	49	52	58	44	43	45	57
48	41	43	43	48	42	47	49	54	50
47	48	51	47	53	51	46	45	49	47
41	46	48	45	45	46	42	43	49	50
45	43	46	43	46	45	46	44	47	49
48	41	43	42	52	50	51	46	42	46
50	61	54	59	62	54	51	47	48	42

(ロ)	0	1	2	3	4	5	6	7	8	9
30台						1		1	2	2
						1	1	2	4	6
40台	1	4	6	8	6	9	8	7	8	7
	7	11	17	25	31	40	48	55	63	70
50台	5	6	4	2	3	1	1	2	1	2
	75	81	85	87	90	91	92	94	95	97
60台	1	1	1							
	98	99	100							
振動方向　鉛直（Z）					L_{10}（80%レンジの上端値）54dB					

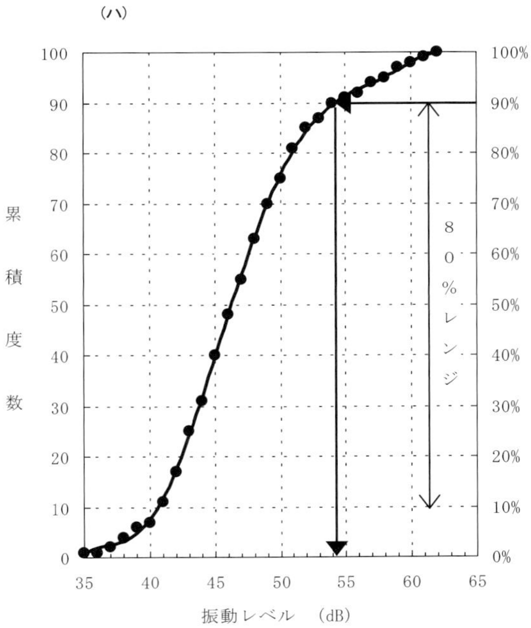

L_{max}: 62 dB　L_{10}: 54 dB　L_{50}: 46 dB　L_{90}: 41 dB

図2.1.7　累積度数曲線

2.2 道路交通振動の測定（基礎 1 ＋ 応用 1）

1．演習の目的と内容

振動（体感振動）の測定・評価の基本を学ぶことを目的とする．ここでは，外部振動源の中から道路交通による振動を例にとり，振動レベルの測定方法について演習を行う．なお，この演習は道路近傍で行うため，建物への入力振動という位置づけとなる．実際の居住空間（建物内）での振動は，演習で行う測定点から建物内への伝搬系を考慮する必要がある．

2．主要測定機器の動作原理と取扱い方

2.1 振動レベル計

振動レベル計とは，JIS C 1510：1995に規定されている環境振動測定のための計測器である〔図2.2.1〕．基本的な機器構成は，図2.2.2のブロックダイヤグラムに示す振動ピックアップ，減衰器，周波数補正回路，実効値検出回路および指示計からなる．

振動ピックアップは，地面や床面などに設置できる構造となっており，水平方向（X，Y）および鉛直方向（Z）の3方向の振動加速度を検出できるものが多く用いられている．

なお，振動ピックアップを柔らかい土やカーペットの上などに設置すると測定誤差が大きくなるので，硬い場所へ設置しなければならない．

減衰器は，測定する振動の大きさに応じて，レベルレンジを調整するためのものであり，10dBステップで切り替えるものが多い．指示計が振り切れないように，または著しく表示範囲以下とならないように切り替える必要がある．

周波数補正回路は，振動加速度に対して，水平方向および鉛直方向の振動の振動感覚特性に基づく周波数特性を重み付けするためのものであり，そのほかに平たん特性を備えている．振動レベルを測定するには，測定方向に合わせた水平または鉛直特性の周波数補正を選択する必要がある．また，振動加速度レベルを測定するには，平たん特性を選択する．

実効値検出回路および指示計は，周波数補正された振動加速度の実効値を検出し，表示するものであり，時定数0.63秒の動特性を備えている．指示計は，バー表示とデジタル表示を組み合わせたものなどがある．デジタル表示では，瞬時値（1秒間隔など）や最大値，時間率レベルなどの表示モードを持つものも多く，振動レベルの変動形態に合わせて表示モードを選択する．

また，振動レベル計の多くは，次に述べるレベルレコーダなどの記録器へ校正信号を出力するための回路および出力端子を備えている．

2.2 レベルレコーダ

レベルレコーダとは，時々刻々に変化する振動レベル計の指示値を，セラミックペンなどによってチャート紙に記録する記録計〔図2.2.3〕であり，JIS C 1512：1996[6]に規定されている．基本的な機器構成は，図2.2.4のブロックダイヤグラムに示すレベル調整器，実効値検出回路，対数変換回路，サーボ増幅器およびペン駆動モータからなる．

実効値検出回路は，振動レベル計が備えている時定数0.63秒のほかに，0.125秒（Fast）および1秒（Slow）を備えており，振動レベルを測定するには，VL（Vibration Level）などと書かれた時定数0.63秒の動特性を選択する必要がある．

対数変換器，サーボ増幅器およびペン駆動モータは，振動レベル計の指示値と等価な値をチャート紙上に記録できるようにペン駆動モータをコントロールする．それにはまず，振動レベル計の校正信号がチャート紙の記録範囲の上限または－10dBに記録されるように，レベル調整器を調整する必要がある．次に，振動レベルの変動形態に合わせてチャート紙の紙送り速度を選択する．一般に変動が小さい振動では1mm/s，変動が大きい振動では3mm/sを選択することが多い．

3．演習の進め方

3.1 演習の内容

自動車の走行により発生する地盤の振動について，鉛直方向の振動レベルを測定する．そして，振動規制法で規定されている評価量（振動レベルの80％レンジの上端値）を用いて，道路沿道に立地する建築物（あるいは建設予定の建築物）に入力される振動を評価する．

3.2 測定点の選定

なるべく交通量の多い道路を対象とする．測定点は，既存建築物（あるいは建設予定の建築物）の近傍で，対象道路の敷地の境界線，あるいは対象道路の振動の影響を強く受けている地点とする．ただし，建物による振動の反射の影響を考慮して，原則として建物などから1m以上離れたところとする．

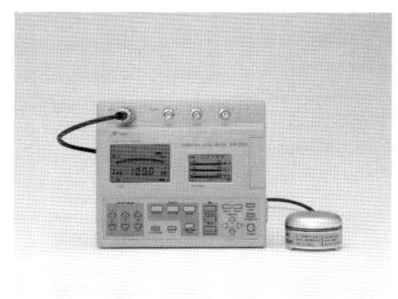

図2.2.1　振動レベル計の一例

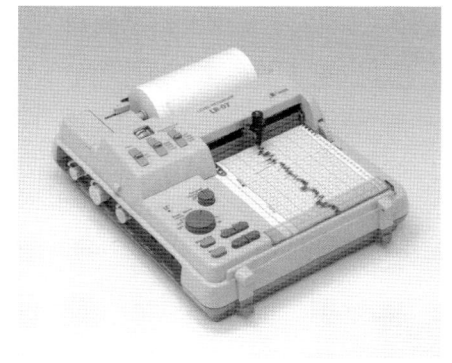

図2.2.3　レベルレコーダの一例

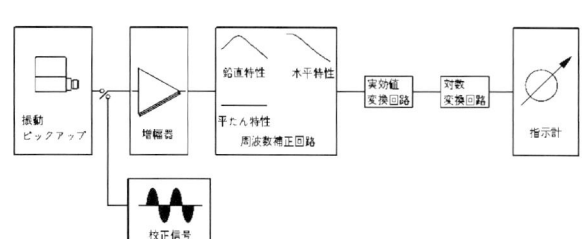

図2.2.2　振動レベル計のブロックダイヤグラム

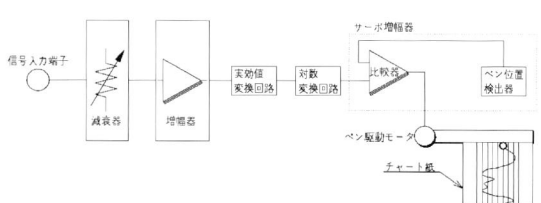

図2.2.4　レベルレコーダのブロックダイヤグラム

3.3 測定条件

① 道路交通以外の工場，建設作業，鉄道による振動（暗振動）が大きいところでは，その振動が道路交通振動（対象振動）のデータに影響を及ぼすことがある．そのため，対象振動と暗振動との差が10dB以上確保できるような条件下で測定を行う．

② 降雨時・強風時など悪天候のとき，あるいは道路が著しく渋滞しているときなどの測定は避ける．

③ 振動ピックアップは，原則として，以下のような条件の場所に設置する．
- 緩衝物がなく，かつ，平たんな硬い場所（例えば，踏みかためられた土，コンクリート，アスファルトなど）の地面上
- 傾斜および凹凸がない水平面を確保できる場所
- 温度，電気，磁気等の外囲条件の影響を受けない場所

3.4 測定方法

振動レベル計の鉛直方向の出力とレベルレコーダの入力を接続し，振動レベルをレベルレコーダに連続記録する．測定終了後に，レベルレコーダの記録紙から，時間軸上で5秒間隔に相当する間隔で100個サンプリングして，振動レベルを読み取る．

測定対象道路の交通流条件の調査として，上記の振動測定と同時に，車線別・車種別の交通量調査とともに，可能であれば平均車速を測定しておくことが望ましい．

3.5 測定の準備

この測定では次の測定器を使用する．
① 振動レベル計
② レベルレコーダ（および記録紙）
③ 接続コード類
④ 電池（各測定器用）
⑤ カウンター（交通量測定用）
⑥ ストップウォッチ
⑦ メモ用紙（データ整理用），累積度数曲線用紙，筆記用具
⑧ カメラ

振動レベル計・レベルレコーダについては，事前に取扱い説明書などを熟読しておく．また，測定前に，測定の内容・分担・要領などについて十分に打合せを行う．

3.6 測定

① 内部校正信号による電気的校正法によって，振動レベル計の感度校正を行う．同時に，振動レベル計と接続したレベルレコーダに，振動レベル計の校正信号を記録させて，レベルレコーダの入力感度を調整する．

② 振動レベル計の計測モードを振動レベルとする．

③ レベルレコーダの時定数を0.63秒とし，紙送り速度を1mm/sあるいは3mm/sとする．

④ 振動レベル計のレベルレンジを，値の大きいほうから小さいほうへ徐々に下げていき，大型車などにより発生する振動に対しても，指示計が振り切れることがない，またはレンジオーバー表示が点灯しない範囲で，適当と思われるレベルレンジを設定する．このレベルレンジの値はあらかじめ記録しておくこと．

⑤ 測定開始前には，測定年月日，時刻，測定対象，測定方向，校正信号の大きさ，紙送り速度など測定の設定項目を，レベルレコーダの記録紙に記入しておく．

⑥ 測定の統括者は，すべての測定点の準備を確認した後，適当な時刻に測定開始の合図をする．これによって直ちに測定を開始する．

⑦ 振動ピックアップを3.3項で述べた条件で設置し，鉛直方向（Z方向）の振動レベルを3.4項で述べた方法により振動レベルをサンプリングする．測定中に，測定現場では

どのような車が走行しているときに振動を感じるのか，あるいは交通の状況などをメモに残しておく〔図2.2.5〕．

⑧ 測定の途中でやむを得ずレベルレンジを変更する必要が生じたときは，再度，変更したレベルレンジの校正信号をレベルレコーダに記録するとともに，その旨を記録紙に書き込む．サンプリング回数が決められた回数に達したら，測定を終了する．

⑨ 測定終了後に，必ず測定レンジを再確認する．また，振動レベル計の校正信号を再度レベルレコーダに記録させ，測定中に感度の変更がなかったことを確認する．

⑩ 測定現場を離れる前に，測定年月日，時刻，測定位置（道路との関係，見取り図），天候，使用測定器の種類など測定に関連する事項をメモに記録しておく．

3.7 データ整理

振動レベルの測定結果から，次の評価量を求める．

① 最大値 L_{max}：計測時間中における振動レベルの最大値を求める．

② 時間率振動レベル L_x：すべてのサンプルデータを整理し，累積度数曲線を求める．この曲線から，計測時間中における振動レベルの L_{10}，L_{50}，L_{90} などの時間率振動レベルを読み取る．

③ L_{10}（振動レベルの80%レンジの上端の数値）を振動規制法[6]の要請限度値〔表2.2.1〕と照合して，要請限度値を超えているかどうか判断する．

4．レポートのまとめ方

演習のレポートは，以下の項目を内容として作成する．
① 測定の目的・内容
② 測定場所・測定点
③ 測定日時
④ 測定条件（天候・気象条件，周囲の状況など）
⑤ 測定系統（測定器の組合せなど）
⑥ 測定結果（測定データとその整理結果）
⑦ 測定結果に関する考察
⑧ その他（写真，参考文献，感想・反省など）

図2.2.5　道路交通振動の測定風景

表2.2.1　道路交通振動にかかわる要請限度値

時間の区分 区域の区分	昼間	夜間
第1種区域	65デシベル	60デシベル
第2種区域	70デシベル	65デシベル

(1) 第1種区域　良好な住居の環境を保全するため，特に静穏の保持を必要とする区域および住居の用に供されているため，静穏の保持を必要とする区域

(2) 第2種区域　住居の用に併せて商業，工業等の用に供されている区域であって，その区域内の住民の生活環境を保全するため，振動の発生を防止する必要がある区域および主として工業等の用に供されている区域であって，その区域内の住民の生活環境を悪化させないため，著しい振動の発生を防止する必要がある区域

2. 環境振動分野

5. 関連事項

道路交通振動など外部振動源を対象とする測定・評価法には，本文中に掲げたもの以外に，本会編「建築物の振動に関する居住性能評価指針」[8]がある．

文　献

1) 日本建築学会編：環境振動・固体音の測定技術マニュアル，1999.3
2) 国井隆弘：よくわかる構造振動学入門，p.6，工学出版，1995.4
3) JIS C 1510：1995　振動レベル計
4) JIS C 1513：2002　音響・振動用オクターブ及び1/3オクターブバンド分析器
5) JIS Z 8735：1981　振動レベル測定方法
6) JIS C 1512：1996　騒音レベル，振動レベル記録用レベルレコーダ
7) 振動規制法
8) 日本建築学会編：建築物の振動に関する居住性能評価指針・同解説，2004.5

2.3 建物の床振動の測定（基礎1＋応用1）

1．演習の目的と内容
振動の測定・評価の基本を学ぶことを目的とする．ここでは，内部振動源の中から，建物内での人の動作による床振動を例にとり，振動の測定方法について演習を行う．

2．主要測定機器の動作原理と取扱い方
2.1 振動ピックアップ
振動ピックアップとは，測定対象物の変位，速度または加速度を検出するために用いる検出器である．振動ピックアップの種類には，圧電形，サーボ型，ひずみゲージ型などがある．建築物の床振動の測定には，高感度，軽量で強固なこと，取扱いが容易なことなどから，圧電型振動ピックアップ〔図2.3.1〕が使われることが多い．

圧電型振動ピックアップとは，図2.3.2に示す圧電素子（水晶や圧電セラミックス）を利用した振動ピックアップである．振動ピックアップのベースが固定されている構造物が振動すると，その加速度によって，おもりに発生する力が圧電素子に加わる．圧電素子は，加えられた力に比例した電荷を生じる圧電効果を有しており，その電荷を取り出すことにより，測定対象の加速度を得ることができる．圧電型振動ピックアップには，以下の使用上における注意点がある．

① 振動ピックアップによって感度と測定可能な下限および上限周波数が異なるため，測定対象の振動の大きさおよび周波数に合わせて使用する振動ピックアップを適切に選択する必要がある．

② 測定対象物の取付け面の状態や取付け方によって，図2.3.3に示す設置共振の影響で測定可能な上限周波数が異なるため，測定対象の振動の周波数によって，振動ピックアップの取付け方法を適切に選択する必要がある．

③ 過渡的な温度変化に対しても感度があり，特に，1 Hz以下に影響が生じる．

図2.3.1　圧電型振動ピックアップの一例

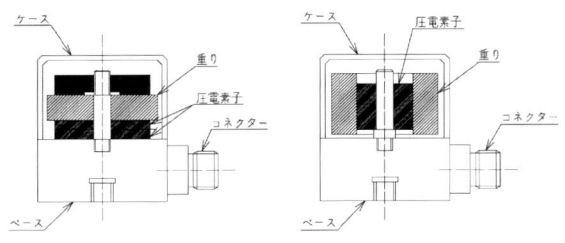

図2.3.2　圧電型振動ピックアップの構造[1]

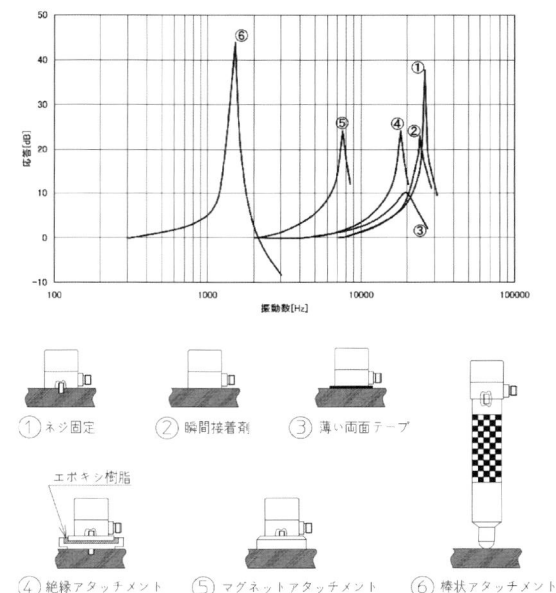

図2.3.3　圧電型振動ピックアップの取付け方法と設置共振の一例[1]

2.2 振動計
振動計とは，振動ピックアップによって検出された測定対象物の変位，速度または加速度を表示する装置で，例えば，電荷増幅器（チャージアンプ），減衰器，検波整流回路および指示計から構成されている．まず，電荷増幅器では，振動ピックアップから出力される加速度に比例した電荷の変化を電圧の変化に変換する．次に，電圧の変化の実効値，等価ピーク値（片振幅），等価P-P値（全振幅）などを検波整流器によって求め，指示計に表示する．減衰器は，測定する振動の大きさに応じて，測定レンジを調整するためのものであり，10倍ステップで切り替えるものが多い．指示計が振り切れないように，または著しく表示範囲以下とならないように切り替える必要がある．そのほかに，ハイパスフィルタ，ローパスフィルタ，変位や速度に変換する積分回路を備えたものが広く普及している．振動計には，以下の使用上における注意点がある．

① 同じ型式の圧電型振動ピックアップであっても，若干の感度差があり，使用する振動ピックアップに合わせた感度校正を行う必要がある．

② 圧電型振動ピックアップには，電荷増幅器が内蔵されたものと，内蔵されていないものがあり，それぞれに合わせた振動計または接続方法を選択する必要がある．

③ 振動ピックアップの設置共振の影響を除去するために，測定対象周波数範囲より高い周波数成分はローパスフィルタによって除去する必要がある．

④ 積分回路を用いて加速度を変位や速度に変換すると，測定できる下限周波数および上限周波数が変化する．

振動計の多くは，レベルレコーダや次に述べる周波数分析器などへ校正信号を出力するための回路および出力端子を備えている．

2.3 周波数分析器
周波数分析器とは，測定対象物の変位，速度または加速度を1/1または1/3オクターブバンド分析する装置〔図2.3.4〕であり，JIS C 1513：2002[2]に規定されている．周波数分析器は，一般的に図2.3.5のブロックダイヤグラムに示す内部構成となっている．広く用いられている圧電型振動ピックアップと振動計の組合せによる測定を例にとれば，まず，振動計からの加速度に比例した電気信号を複数の1/1または1/3オクターブバンドパスフィルタ[3]に通過させ，バンドごとの加速度に比例した電気

図2.3.4　周波数分析器の一例

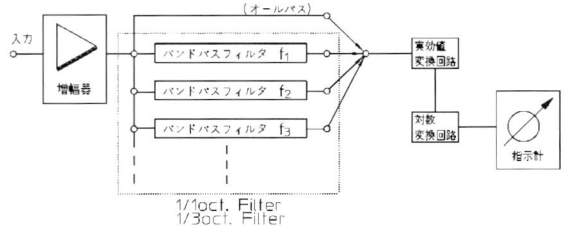

図2.3.5　周波数分析器のブロックダイヤグラム

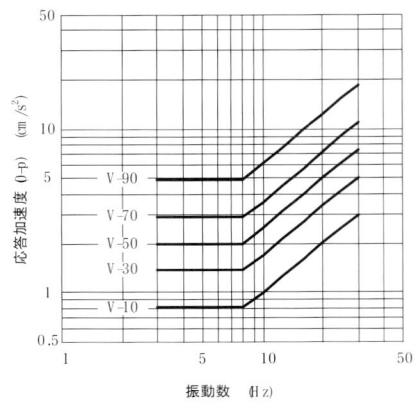

図2.3.6　鉛直振動に関する性能評価曲線[4]

信号を抽出する．次に，実効値検出回路，対数変換回路によってレベル変換し，指示計にデシベル表示する．

実効値検出回路は，振動レベル計が備えている時定数0.63秒（VL）の動特性のほかに，0.01秒，0.125秒（Fast），1秒（Slow）などの動特性を備えているものがある．指示計は，すべてのバンドレベルとオールパスレベル（すべての周波数成分を通過させたレベル）を棒グラフで表示するものが一般的であり，瞬時値のほかに，パワー平均値，パワー合計値，最大値および最小値などの演算結果を表示できるものがある．周波数分析器には，以下の使用上における注意点がある．

① 振動計の校正信号を入力したときの周波数分析器の指示値が振動計の指示値と一致するように周波数分析器を校正する必要がある．

② 振動計には，例えば，1 Vrms（実効値）の正弦信号を校正信号として出力するものと，1 V0-p（等価ピーク値）の正弦信号を出力するものがある．仮に，1 m/s^{2}あたり1 Vを出力する振動計の測定レンジでは，1 Vrmsの校正信号は，周波数分析器では100dBとなる．一方，1 V0-pの校正信号の実効値は，約0.7（1/$\sqrt{2}$）Vであり，周波数分析器では97dBと換算する必要がある．

③ 振動計の測定レンジを変更したときには，周波数分析器の指示値を振動計の指示値に合わせて再校正する必要がある．

3．演習の進め方

3.1　演習の内容

人の動作によって建築物の床に生じる鉛直振動（床応答加速度）を測定し，床応答波形から求める1/3オクターブバンド分析による加速度最大値を本会編「建築物の振動に関する居住性能評価指針・同解説」[4]の鉛直振動の性能評価曲線〔図2.3.6〕と照合することによって評価する．

3.2　測定点の選定

測定点は，振動がもっとも大きくなると想定される位置に設定する．一般的に，RC造やS造の場合には，振動がもっとも大きい位置はスラブ中央で，小梁中央，大梁中央の順に，すなわち剛性が高くなるにしたがって振動は小さくなる．グループに分かれて測定する場合には，スラブ中央，小梁中央，大梁中央など数点の測定点を設定することが望ましい．

3.3　測定条件

外部振動（工事振動，交通振動等），内部振動（設備振動，通行人の動作による振動等）など，測定の対象とする振動以外の影響を受けず，室内の振動が安定した状態で測定を行う．1人〜数人の歩行，小走りなどは，歩調に応じた加振振動数成分およびその倍調波成分からなる連続振動と，一歩一歩の着地の度に励起される床の固有振動数での減衰振動が複合された複雑な性状を示す．

測定を行ううえでは加振源と受振点との位置関係が重要であることから，移動範囲内における動作の開始から終了を1サイクルとして測定を行う．例えば，移動経路が直線である場合には1往復，円周の場合には1周を1サイクルとし，1/3オクターブバンド分析による加速度の最大値（0-p）を求める．測定場所の状況・測定要員などから適当な人の動作（1・2人歩行，小走り，ジャンプなど）を選ぶ．

3.4　測定方法

次の二つの方法のうち，準備できる測定器，測定要員などから適当な方法を選ぶ．

〔方法-1　データレコーダ記録による方法〕

振動ピックアップと振動計を組み合せたもの（あるいは振動レベル計）とデータレコーダ（あるいはコンピュータ）を用いて測定現場で加速度を記録する．その後にそれを再生し，コンピュータのソフトウェア（あるいは1/3オクターブバンド周波数分析器）を用いて，各測定点ごとに，各被験者ごとに，各サイクルの1/3オクターブバンド分析による加速度最大値を測定する．測定状況を写真あるいはビデオ撮影しておくことが望ましい．

〔方法-2　1/3オクターブバンド周波数分析器直読による方法〕

振動レベル計（あるいは振動ピックアップと振動計を組み合せたもの）と1/3オクターブバンド周波数分析器を用いて，測定現場で1/3オクターブバンド分析による加速度最大値を測定する．測定者は分析器のメータ指示値を読み取り，記録係がその値を記録する．測定状況を写真あるいはビデオ撮影しておくことが望ましい．

3.5　測定の準備

以下の測定器・測定用具を準備する．

① 振動ピックアップと振動計を組み合せたものあるいは振動レベル計

② 1/3オクターブバンド周波数分析が行えるコンピュータのソフトウェアあるいは1/3オクターブバンド周波数分析器

③ データレコーダあるいはコンピュータ（方法-1による場合）

④ 接続コード類

⑤ その他（メモ用紙，筆記用具，カメラ，ビデオなど）

振動計・データレコーダなどについては，動作原理を十分に

理解し，事前に取扱い説明書などを熟読しておく．測定に先立って，測定の内容・分担・要領などの十分な打合せを行う．

3.6 測定

3.2項で述べた要領で測定点を選定し，振動ピックアップを設置する．建築物内部での測定では，振動ピックアップは測定位置に直置きするのが一般的である．しかし，床上に，タイルカーペット，じゅうたんなどの柔らかい表面仕上げ材が施工されている場合には，振動ピックアップと仕上げ材との間に共振現象（設置共振）が発生することがあるので，鉄製あるいはアルミニウム製の円盤を仕上げ材上に直置きし，その上に振動ピックアップを取り付ける．ただし，振動ピックアップが滑らないように注意する必要がある．感度校正を行った後，鉛直方向の1/3オクターブバンド分析による加速度最大値を方法－1あるいは方法－2によって測定する．

以下の順序で測定を実施する．

① 内部校正信号による電気的校正法によって，振動ピックアップと振動計を組み合わせたもの（あるいは振動レベル計）の感度校正を行う．データレコーダを使用する場合は，振動ピックアップと振動計を組み合わせたもの（あるいは振動レベル計）の校正信号を記録する．

② 振動計（あるいは振動レベル計）のレンジ切換器を値の大きいほうから小さいほうへ除々に下げていき，歩行者が振動ピックアップの近傍を通過するなどの大きな振動に対しても指示計が振り切れることがない，またはレンジオーバー表示が点灯しない範囲で適当と思われる測定レンジを設定する．その測定レンジの値をあらかじめ記録しておく．なお，方法－2による場合は，1/3オクターブバンド周波数分析器の時定数を0.01秒とする．

③ すべての測定点の準備が完了したことを確認した後，測定を開始する．測定条件は，3.3項で述べた要領で設定し，試験回数は，例えば，2～3名程度の被験者が5～10サイクルを行うこととする〔図2.3.7〕．

④ 測定終了後，必ず測定レンジを再確認する．また最初に行ったのと同様の要領で振動ピックアップと振動計を組み合わせたもの（あるいは振動レベル計）・データレコーダの感度校正を行い，測定中に感度の変化がなかったことを確認する．

⑤ 測定現場を離れる前に，測定年月日，時刻，測定位置（見

図2.3.7 測定状況

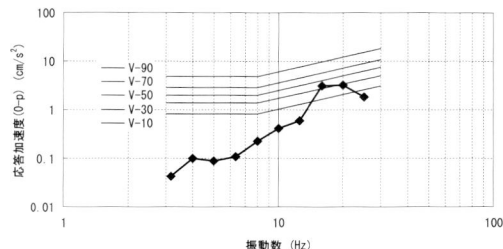

図2.3.8 性能評価曲線との照合例[4]

取り図，加振（人の動作）位置，使用測定器の種類などを記録しておく．

3.7 データ整理

各測定点ごとに，各被験者ごとに，各サイクルの1/3オクターブバンド分析による振動加速度最大値の平均値および最大値を求め，本会編「建築物の振動に関する居住性能評価指針・同解説」の鉛直振動の性能評価曲線上にプロットして評価する．

方法－2による場合は，(2.3.1)式により，振動加速度レベル〔dB〕を振動加速度〔cm/s^2〕に変換する．

$$A_{(f)} = 10^{(L_{VA(f)}/20)} A_0 \times 10^2 \qquad (2.3.1)$$

$A_{(f)}$：1/3オクターブバンド中心周波数 f（Hz）における振動加速度〔cm/s^2〕

$L_{VA(f)}$：1/3オクターブバンド中心周波数 f における振動加速度レベル〔dB〕

A_0：基準の振動加速度10^{-5}〔m/s^2〕

図2.3.8は一人歩行振動を対象とした場合の評価例を示したものである．この例では，すべての振動数における応答加速度の最大値がV-50のラインを下回っている．

4．レポートのまとめ方

演習のレポートは，以下の項目を内容として作成する．

① 測定の目的・内容
② 測定場所・測定点
③ 測定日時
④ 測定条件（歩行人数，歩行回数，周囲の状況など）
⑤ 測定系統（測定器の組み合わせなど）
⑥ 測定結果（測定データとその整理結果）
⑦ 測定結果に関する考察
⑧ その他（写真，参考文献，感想・反省など）

文　献

1) 日本建築学会編：環境振動・固体音の測定技術マニュアル，1999.3
2) JIS C 1513：2002音響・振動用オクターブ及び1/3オクターブバンド分析器
3) JIS C 1514：2002オクターブ及び1/N オクターブバンドフィルタ
4) 日本建築学会編：建築物の振動に関する居住性能評価指針・同解説，2004.5

3. 光環境分野

3.1 照度・輝度・紫外線強度の測定（基礎1）

1. 演習の目的
基本的測光機器の使用方法を修得する．また，基本的測光量の相互関係を理解し，条件による測光量の変化，および測光量と知覚される明るさとの関係を把握する．

2. 基礎事項
2.1 測光量
2.1.1 定義と単位
1) 光　束

われわれの明るさ感覚は，約380～780nm（nm：ナノメータ＝10^{-9}m）の波長帯の電磁波が目に入射することにより生じるが，波長ごとに視覚系の感度が異なっているため，光の基本量である光束Fは，放射束を視覚系の感度を用いて評価することにより得られ，lm（ルーメン）という単位を持つ．

$$F = K_m \int_{380}^{780} V(\lambda) P(\lambda) d\lambda \tag{3.1.1}$$

　　$V(\lambda)$：CIE 標準比視感度曲線，
　　$P(\lambda)$：放射束の分光分布

ここで，K_mは最大比視感度といい，683 lm/W である．

光束は，明所視の CIE 標準比視感度曲線〔図3.1.1〕で評価されたものであり，暗所視や薄明視の環境では，そのまま用いるべきではない．

2) 照　度

光を受ける面を考え，その面に入射する光束を単位面積あたりに換算したものを照度という．受照面の照度Eは，その面積をdS〔m²〕，入射光束をdF〔lm〕とすると，

$$E = \frac{dF}{dS} \tag{3.1.2}$$

となる．このときの照度Eの単位が lx（ルクス）である．

机や床のように照らされている面が水平面の場合の照度を水平面照度，黒板や壁のような鉛直面の場合の照度を鉛直面照度，光が進む方向に垂直な面の照度を法線照度という．

一方，θだけ傾いた受照面の照度E_θ〔lx〕は，

$$E_\theta = \frac{dF}{dS'} = \frac{dF}{dS} \cos\theta = E_n \cdot \cos\theta \tag{3.1.3}$$

となる．これを照度の余弦則という．

3) 光束発散度

光を発する面（反射面でもよい）から発散する光束を単位面積あたりに換算したものを光束発散度という．ある面の光束発散度Mは，その面積をdS〔m²〕，発散光束をdF〔lm〕とすると，

$$M = \frac{dF}{dS} \tag{3.1.4}$$

となる．Mの単位は lm/m²（ルーメン毎平方メートル）またはrlx（ラドルクス）である．

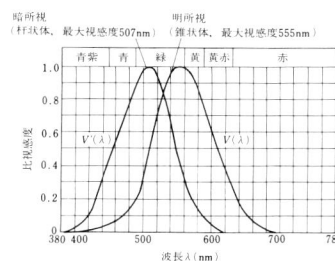

図3.1.1　CIE 標準比視感度曲線

4) 光　度

光を発する点（点光源）から，ある方向に向けての単位立体角あたりの発散光束を光度Iという．ある点の光度Iは，発散光束をdF〔m〕，その点を頂点とする微小立体角を$d\omega$〔sr〕とすると，

$$I = \frac{dF}{d\omega} \tag{3.1.5}$$

となる．Iの単位は cd（カンデラ）である．

立体角ωとは空間上の広がりを表す量で，sr（ステラジアン）という単位をもつ．図3.1.2に示すように，ある点を中心とする半径rの球面を考え，球面に投影された面積がSとなる対象が張る立体角ωを，

$$\omega = \frac{S}{r^2} \tag{3.1.6}$$

と定義する．

5) 輝　度

大きさをもつ光源や反射面から発散する光束を考えるとき，光度ではなく輝度を用いる．ただし，光源から十分離れた位置での測光量を求める場合，光度を用いることもできる．

輝度Lは，光を発する微小面をある方向から見たときの，見かけの単位面積をもつ面から単位立体角あたりに発散される光束であり，対象となる微小発光面積をdS〔m²〕，発光面の法線とそれの見られる方向との間の角度をθ，見られる方向の光度をdI〔cd〕とすると，

$$L = \frac{d^2F}{d\omega \cdot dS \cos\theta} = \frac{dI}{dS \cos\theta} \tag{3.1.7}$$

となる．単位は通常 cd/m²（カンデラ毎平方メートル）をそのまま用いる．

発光面，反射面，透過面などの面で，すべての方向の輝度が等しいものを均等拡散面という．

反射率ρの均等拡散面が照度Eで照らされたとき，この面の光束発散度はρEで表されるから，その輝度Lは，

$$L = \frac{1}{\pi} \cdot M = \frac{1}{\pi} \cdot \rho \cdot E \tag{3.1.8}$$

となる．

なお，反射率100％の均等拡散面はしばしば完全拡散面と呼ばれる．

2.2 測光量に関する基準
2.2.1 照度基準

環境の中に存在する物体は，通常（厳密にいうと光を発しないならば），環境内に十分な量の光が供給されることによって

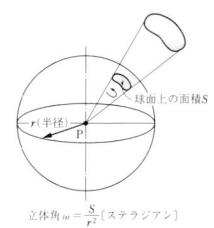

図3.1.2　立　体　角[1]

表3.1.1　測光量一覧

測光量	記号	単位	単位略号	ディメンジョン
光束	F	lumen	lm	lm
照度	E	lux	lx	lm/m²
光束発散度	M	radlux	rlx	lm/m²
光度	I	candela	cd	lm/sr
輝度	L	candela/m²	cd/m²	lm/sr・m²

3.1 照度・輝度・紫外線強度の測定（基礎1）

表3.1.2　照度基準

照度段階	事務所		学校	
2 000lx	○設計 ○製図 ○タイプ ○計算 ○キーパンチ		－	－
1 000		事務室a 営業室 製図室	－	○精密製図 ○精密実験 ○ミシン縫 ○キーパンチ
500	待合室 食堂 エレベータ ホール	事務室b 会議室 集会室 応接室	教室 実験実習室 図書閲覧室 書庫 教職員室	○図書閲覧 ○黒板 製図室 被服教室
200	娯楽室 守衛室	書庫 講堂	会議室 食堂 エレベータ 屋内運動場	講堂 集会室 ロッカー室
100	喫茶室 宿直室 更衣室		渡り廊下 倉庫 車庫	昇降口 廊下 公仕室
50	非常階段			非常階段

初めて，われわれの目にはっきりと見える．そのようなことから，JISでは室の種類によって必要とされる照度を設定している（JIS Z 9110：2010「照明基準総則」）．表3.1.2に示すのはその一部で，これらは人工照明を計画する際の目標になっている．

2.2.2　照度の目安
必要な照度は，表3.1.3のように，その場所で行われる視作業のレベルで決まる．

昼光照明と人工照明では，順応や対比の影響により，必要とされる照度が異なってくる．そのため昼光照明では，照度ではなく昼光率を用いる場合もあり，詳細は次章を参照する．

2.2.3　輝度の目安
通常の視環境では輝度の範囲はとても広い．表3.1.4のように光源が露出した蛍光灯や昼間の天空では数千 cd/m^2，コンパクト型蛍光灯では数万 cd/m^2 までになる一方，影の部分では数 cd/m^2，場合によっては $1 cd/m^2$ 以下の部分もある．しかしながら，光源以外の通常目にする輝度は数百 cd/m^2 以下で，前項の照度基準や照度の目安を参考に，対象の反射率から，均等拡散面を仮定することにより，(3.1.14) 式を用いて輝度を推定すること

表3.1.3　室内の推奨照度[2]

分類	推奨照度(lx)	作業の型
A あまり使用しない場所あるいは単純な見え方が必要とされる場所の全般照明	20 30 50 75 100 150	…周辺の暗い公共場所 …短時間出入する際の方向づけ …連続的には使用しない作業室
B 作業室の全般照明	200 300 500 750 1 000 1 500	例：倉庫，エントランスホール …限定された条件の視作業 例：粗い機械作業，講義室 …普通の視作業 例：普通の機械作業，事務所 …特別な視作業
C 緻密な視作業の付加照明	2 000 3 000 5 000 7 500 10 000 15 000 20 000	例：彫刻，織物工場の検査 …きわめて長時間の精密視作業 例：細かい回路や時計組立 …例外的に精密な作業 例：超微電子部品組立 …きわめて区別な視作業 例：外科手術

表3.1.4　輝度の目安

測定対象		おおよその輝度	
光源	蛍光灯（3波長型）	昼白色（測定値）	10 000 cd/m^2
	天空	曇りの暗い日 明るい日	3 000 cd/m^2 10 000 cd/m^2
室内の物体	白い（N=9）壁	暗いとき（50lx） 明るいとき（300lx）	12 cd/m^2 74 cd/m^2
	明るい色（N=8.5）の机	ふつう（500lx） 明るいとき（750lx） 暗いとき（100lx）	108 cd/m^2 162 cd/m^2 21 cd/m^2
	グレー（N=7）の机	ふつう（500lx）	68 cd/m^2
	黒い手帳（(N=3)	ふつう（500lx）	9 cd/m^2

ができる．

2.2.4　照度分布・輝度分布の目安
室内全体にわたって一定の視作業が行われる室内では，場所によって作業面の照度が大きく変動しないことが望ましい．照度の変動の大きさは最小照度と平均照度の比で表され，これを照度均斉度という．人工照明下のオフィスでは，作業面の照度均斉度が0.7以上あることが推奨されている．

輝度についても，大きすぎる変動を避けなければならないが，後述するように明るさ知覚と直接対応しないこともあり，定量的な目安はない．

2.3　測光量と明るさ
曇りの日の屋外が，水平面照度は数千lx以上あるにもかかわらず暗く感じるように，測光量と明るさの知覚は必ずしも一致しない．空間全体から感じる明るさの印象を（空間の）明るさ感といい，視対象のような小さな領域に対して感じる明るさを（対象の）明るさ知覚という．

明るさ知覚は，輝度と深い関係にあるが，同じ輝度でも周辺輝度によって知覚する明るさが変化するため〔明るさの同時対比／図3.1.3〕，輝度の値だけでは決まらない．しかし輝度が画像として測定できれば，輝度画像から変換される明るさ画像を用いて，同時対比を考慮した明るさ知覚を推定することができる．

2.4　紫外線量
2.4.1　紫外線の特性
紫外線（UV）とは，波長が可視光の波長より短い100～400nmの光放射をいい，CIE（国際照明委員会）で定義された次のような細分類で示される．

長波長紫外線：UV-A　315～400nm
中波長紫外線：UV-B　280～315nm
短波長紫外線：UV-C　100～280nm

紫外線は可視光や赤外線より光子エネルギーが大きく，物質に化学変化を起こさせやすいため，化学線とも呼ばれる．

2.4.2　紫外線強度
紫外線強度は対応する波長域のエネルギーで表され，〔W/m^2〕という単位を持つ．紫外線強度の測定には，帯域分光計測定器を通常用いるが，理想的な矩形の分光感度を実現できな

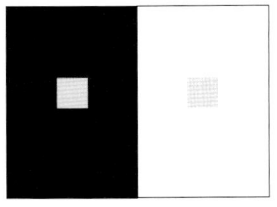

図3.1.3　明るさの同時対比

表3.1.5　UVインデックス

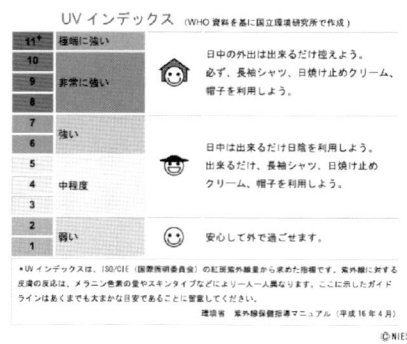

いため，測定器メーカーより提供される補正係数が必要となる．

紫外線量の目安として通常使われるUVインデックス（表4）は，2003年にCIEによって国際標準として世界に発信されたもので，次式で定義される．

$$I_{UV} = k_{er} \int_{250nm}^{400nm} E_\lambda S_{er}(\lambda) d\lambda \tag{3.1.9}$$

ただし，

E_λ は水平面の太陽スペクトル，
$S_{er}(\lambda)$ は ISO/CIE 参照紅斑スペクトル，
k_{er} は定数（40m²/W）である．

3．測定の準備
3.1　照度計

演習で使用する照度計はJIS C 1609-1 2006に規定される一般形A級以上のものとする．ただし室内光環境の正確な測定には，一般形AA級以上のものが望ましい．屋外では10万 lx，室内でも窓際では1万 lxに近い照度を得る場合があり，反対に暗い場所では1 lxを下回ることもあるため，あらかじめ使用機器の測定レンジに留意する．測定レンジを超えた照度を測定する場合は，適正な減光フィルタを用意する．

照度計には，本体と受光部が一体化したタイプと分離可能なタイプがある．また照度計単体で一点の照度を測定する場合と，複数の受光部を連結して多点照度測定システムを構築する場合がある．

受光部が分離したタイプの機器で，受光部サイズが直径1cm強程度の小さいものは，多点照度測定を行う場合や，模型内部など狭いスペースの測定を行う場合などに便利である．なお多点照度測定システムを構築する場合，受光部を繋ぐケーブルはノイズ対策が施されたシールドタイプとする．

データ記録は，表示を読み取って紙に記録する方法が基本ではあるが，データロガーやノートパソコンに照度計を繋いで，出力を継時的に記録させる方法も機器によっては可能である．いずれの場合も，接続用インターフェース（USB，RS232Cなど），使用アプリケーション・ドライバの対応OSなどに注意しながらシステムを構築する必要がある．

さらに測定の際は，測定位置・測定値の記録用紙，測定位置を正確に決めるための巻き尺，照度計の方向を制御するための水準器を用意する．

3.2　輝　度　計

輝度測定機器には，1点の輝度を測定するスポット型輝度計と，対象面の輝度分布全体を測定する面輝度測定システムがある．

3.2.1　スポット型輝度計

視野内の輝度を数点測定する場合は，携帯可能なスポット型簡易輝度計が便利である．測定角は0.1°～2°，測定レンジは$0.01 \sim 2 \times 10^6 cd/m^2$程度の輝度計が市販されている．演習では主として室内の視対象を現場で測定するので，測定角1°程度のものでよい．より微少面の測定をするために，オプションのクローズアップレンズが装着可能な機種もある．

データ記録は，表示を読み取って紙に記録する方法が基本だが，機種によってはデータロガーやノートパソコンに接続して連続測定記録を取ることも可能である．

なお測定の際には，輝度計の位置を固定する三脚，視対象の詳細を記録するためのカメラ（インスタントカメラがあると便利である）やスケッチブック，測定点と照明器具および視対象との位置関係を測定するための巻き尺などを用意する．

3.2.2　面輝度測定システム

視野内の輝度分布を一度に測定するには，デジタルカメラか，市販の面輝度計を用いた測定が可能である．いずれも原理的にはCCDやCMOSといったイメージセンサーで光を電気信号に変換するシステムである．

1）デジタルカメラ

デジタルカメラを用いた輝度測定では，撮影した画像の階調値から輝度を推定する．そのためあらかじめ以下の手順に則っておのおののシステムを構築しておく必要がある．なおデジタルカメラは，露出・ホワイトバランス・焦点距離・ピントをマニュアルで設定可能な一眼レフデジタルカメラあるいはそれに準ずる高性能レンズ一体型コンパクトカメラが望ましい．また視野内全体の輝度を測定するには広角レンズ，可能であれば円周魚眼レンズを使用するとよい．

システム構築手順を以下に示す．

① 人間の目に比べると，デジタルカメラで再現可能なラティチュード（露光範囲）は狭いため，露出設定を数段階用意する．

② 各露出設定ごとに，撮影画像の各画素の階調値（グレースケール0～255）と，それに対応する部位の輝度（校正済みのスポット型輝度計で測定）との対応をとる．

③ なお，レンズの特性により一般に周辺光量が減衰するため，必ず使用するレンズ・絞り設定ごとにその特性を確認し補正を行うこと．

④ 各露出段階ごとに求まった輝度値を合成し，輝度分布データを求めるためのプログラムを組む．

図3.1.4　照　度　計

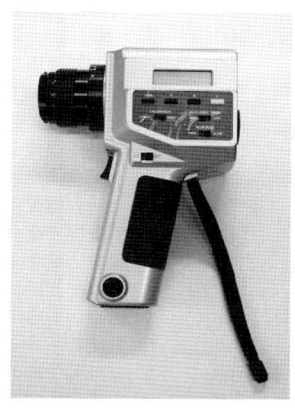

図3.1.5　スポット型輝度計

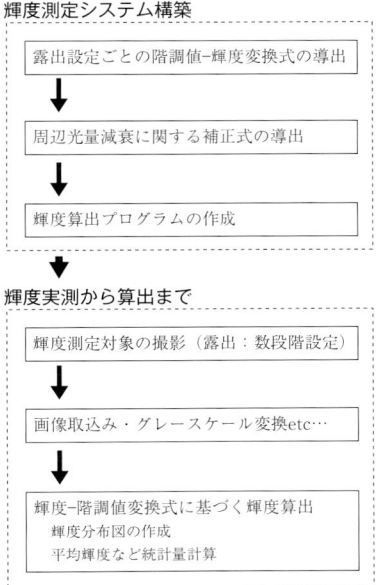

図3.1.6 輝度算出のフロー

以下に留意事項を挙げる.
① 同じ型番のカメラとレンズであっても個体差が大きいので,必ず個々のシステムごとに上記の調整を行うこと.
② 電源の周波数で点灯する旧来の蛍光灯やHIDランプでは露光時間により測定値が異なってくるため,シャッタースピードの設定に留意すること.原理的には発光周波数の整数倍であれば,露光量は一定となる.
③ レンズの射影方式によっては,画素あたりの立体角が異なるので,平均輝度などを求める際には,立体角補正を行う必要がある.
④ 高輝度部が含まれる場合,その近傍部分の測定値に大きな誤差が生じやすいので,精度の検討を行っておくこと.
⑤ イメージセンサーとレンズの分光特性が人間の目の特性とは異なっているため,本来は視感度補正フィルタを掛けることが望ましい.特に極端な分光特性を持った照明環境下では誤差が大きくなる可能性があることに留意されたい.
⑥ なお,以上の精度の検討が不十分である場合は,念のためスポット型輝度計で数点,同時計測を行っておくとよい.

2) 面 輝 度 計

市販されている面輝度計を用いれば,上記のような測定システム構築のための作業を行うことなく,比較的簡易に輝度分布測定を行うことができる.また,コンピュータ用ソフトと一体化していることが多く,平均輝度などの統計量も算出可能となっていることが多い.ただし,前項の留意事項で述べた点と同じ問題は抱えている場合が多いので,使用の際には保証されている測定精度に留意すること.

なお,測定の際には,デジタルカメラあるいは面輝度計の位置を固定する三脚,測定点と照明器具および視対象との位置関係を測定するための巻き尺,それらを記録する記録用紙・スケッチブックなどを用意する.

3.3 紫外線強度計

演習では,携帯型の帯域型紫外線強度計が便利である.測定波長域に留意する必要があり,建築環境においてはUV-BおよびUV-Aが測定可能な機種が望ましい.なお,UV-B/UV-AからUVインデックスを推定する方法はあるが,UVインデックスを直接計測する簡易な機器も市販されている.

4. 測定器の取扱い方

計器付属の取扱説明書を熟読し,使用法を正しく理解してお

図3.1.7 紫外線強度計

くことが必要であるが,以下の点には特に注意すること.
① 計器に強い振動や衝撃を与えないこと.
② 受光部や接眼レンズ部を清浄に保つこと.
③ 電源を必要とする機種では電源電圧が十分であることを確認すること(予備の電池やバッテリーを用意しておくことが望ましい).
④ デジタルカメラを用いる場合は,十分な容量の記録メディアを用意すること.
⑤ 照度計・輝度計は使用年数と共に精度が低下していくため,定期的な校正を行うこと.

4.1 照 度 計

4.1.1 ゼロ調整

照度計は使用前にゼロ調整を行う.方法は機種によって異なるので,取扱説明書を参照すること.

4.1.2 器差の検討

照度計は同じ機種であっても各測定器が示す値には通常個体差がある.演習に使用する測定器の器差を検討し,あらかじめ補正係数を求める簡易方法を以下に示す.
① 標準とする照度計を1台選ぶ.校正を済ませた機種を標準とするとよい.
② 標準照度計と比較照度計の受光部を同一平面上に隣接させて設置し,各照度計の値を記録し,標準照度計の指示値を基準として比較照度計の補正係数を求める.

4.1.3 測定にあたって注意すべき点

① 各照度計の受光部の位置は照度むらのない範囲内に設定すること.
② 照度計は測定する面方向に正しく設置する.少しでも傾きがずれると測定値が大幅に異なる場合があるので注意すること.特に直径1cm強の受光部が本体から分離したタイプの照度計を用いる場合は,受光部の向きの制御が手持ちでは難しいので,受光部を大きめの板などに固定するか,三脚に固定し水準器で方向を確認するなどの処置が望ましい.なお照度計は,受光部に対して水平方向に近い角度から入射する光に対しては測定誤差が大きくなる特性があるので,特に高度の低い直射光の影響が強い状況下での水平面照度の測定においては,その点に留意すること.
③ 照度計の受光面の上を余計なもので覆わないこと.特に測定者の身体が受光面より上方に出ないよう注意が必要である.
④ 測定レンジをマニュアルで調整する機種の場合は,その設定に合わせて目盛を読み取ること.
⑤ デジタル照度計の場合,機種によっては1桁目の数値が小さく示されることがある.読取りを間違えないように注意すること.
⑥ 応答速度が選択可能な場合,昼光・白熱電球・蛍光灯下などではFAST,ビデオプロジェクター・ダイナミック点灯のLEDなどフリッカー光下ではLOWに設定する.

4.2 輝度計

4.2.1 ゼロ調整

輝度計は機種によっては使用前にゼロ調整を行う必要がある．方法は取扱説明書を参照すること．

4.2.2 器差の検討

輝度計は同じ機種であっても各測定器が示す値には通常個体差がある．演習に使用する測定器の器差を検討し，あらかじめ補正係数を求める簡易方法を以下に示す．

① 標準とする輝度計を1台選ぶ．校正を済ませた機種を標準とするとよい．
② 測定環境下と同じ照明光源を用意する．始めに標準輝度計で光源の輝度を測定し，次に同じ位置から比較輝度計で光源を測定する．標準輝度計の指示値を基準として比較輝度計の補正係数を求める．なお，機種によって器差校正を容易とするオプション機能が付いている場合があるので，取扱説明書を参照すること．

4.2.3 測定にあたって注意すべき点

① 輝度計を通して太陽を直視することは，測定者の目に深刻な害を及ぼす可能性があるので，絶対に行ってはならない．
② 輝度計は視対象にピントを合わせ，ファインダー内に示されている受光領域に対象が収まるように位置を固定する．なお，測定領域外の有害光の影響を強く受けやすい機種もあるので，測定領域のすぐ近傍に高輝度部がこないように注意すること．
③ 応答速度が選択可能な場合，昼光・白熱電球・蛍光灯下などではFAST，ダイナミック点灯のLEDなどフリッカー光の環境下や低輝度測定ではLOWに設定する．
④ 数値を正しくすばやく読み取る．特に測定値が変動している場合，変動の平均値を正しく判断する必要がある．
⑤ 測定終了後は，受光素子を保護するために，スイッチ類を必ず切るとともに，キャップをして収納する．

4.3 面輝度測定システム

4.3.1 測定にあたって注意すべき点

① 必ずレンズ・カメラ部分を三脚に固定し，測定中動かないように注意すること．
② デジタルカメラの場合は，絞り・シャッタースピードのほか，あらかじめ決められたホワイトバランス・撮影画像記録形式・ISO感度・各種画質設定パラメータなどを間違いなく設定しておくこと．
③ シャッタースピードが比較的長めになる場合が多いので，測定中に極力視野内を動き回るものがないよう注意を払うこと．
④ 撮影・測定中に光の状態が大きく変動する状況下では，正確な測定は困難であることに留意すること．

4.4 持ち物リスト

照度測定	
	照度計
	巻き尺
	三脚
	水準器
	記録用紙/スケッチブック
	筆記用具
	予備電池
	連続測定用機材一式
輝度測定（スポット測定）	
	スポット型輝度計
	巻き尺
	三脚
	記録用紙/スケッチブック
	筆記用具
	インスタントカメラ
	予備電池
	連続測定用機材一式
輝度測定（面輝度測定）	
	デジタルカメラ
	レンズ
	面輝度計システム一式
	巻き尺
	三脚
	記録用紙/スケッチブック
	筆記用具
	予備電池/バッテリー
	記録メディア

5. 演習の進め方

演習では，さまざまな場所での測光量の違いを理解する．

5.1 さまざまな場所での測定と明るさの申告

次の手順で測定と明るさの申告を行う．ただし，後半（例えば⑤以降）の測定および申告は，状況に応じて行えばよい．

① 測定地点を決定する．
② 水平面照度，および紫外線放射量を測定する．
③ 測定地点の周辺を見回し，空間の明るさ感を申告する．
④ 水平面以外に重要な面が考えられる場合（鉛直面など），その面の照度を測定する．
⑤ 視線方向を決定し，その方向の鉛直面照度，視野内の数点の対象輝度を測定する．
⑥ その視線方向での空間の明るさ感を申告する．また輝度を測定した対象の明るさ知覚を申告する．
⑦ その視線方向で視野内の輝度画像を測定する．

演習を進めるに際には図3.1.8のようなシートを用意するとよい．

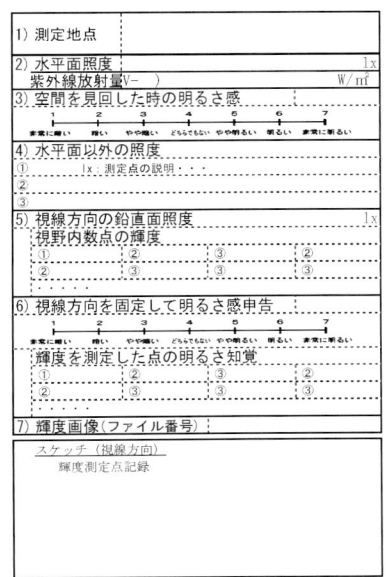

図3.1.8 演習用シート

5.1.1 屋外（日陰・日向）

屋外の測定地点は，少なくとも日陰と日向の2点を選択する．

屋外における光は太陽から放射されたもので，①大気層を正透過しての地表に達する直射日光と，②大気層で散乱された後地表に達する天空光，③それらが地物で反射した地物反射光からなる．ある点で測定される測光量は，これらの光の影響を受けるが，例えば天空の見えがかりの面積のみが変化した測定点などを加えると，天空光の影響の大きさを実感することができる．

日向においては，可能ならば測定面の方向を変化させ，直射日光の方向に垂直な面での照度（法線照度）がもっとも高くなることを確認する．

屋外の輝度は非常に高いので，まぶしく感じる部分の輝度は測定しないように注意する．特に太陽は測定してはならない．

5.1.2 屋内（室別，昼光と人工光）

室の用途によって設計照度が異なるため，教室と廊下など，用途の異なる複数の地点を選択する．

人工照明が施された室内では，照明器具と測定点の位置関係によって測定値が大きく変化するため，照明器具の直下，照明器具と照明器具の中間などを意識して測定地点を選択する．また室中央，室の周辺（壁から1m程度はなれた位置）という選択方法もある．

窓から昼光が入射する室内では，昼光が入る場合と昼光が入らない場合を意識して測定条件を選択する．また窓から昼光が入る条件では，測定点と窓との位置距離によって測定値が大きく変化することを意識し，測定点を決定する．

照度の測定は，室で想定されている作業面で行う．例えば教室では，設置された机の上で照度を測定すればよい．掲示板，黒板など，鉛直面の照度が重要であると考えられる部分については，鉛直面照度を測定する．

輝度の測定にあたっては，ハロゲン電球などの高輝度部分は避け，蛍光灯や窓面の輝度は測定する．輝度画像が測定できる場合は，室内全体を見渡せる位置から輝度画像を測定するとよい．また，コンピュータ・ディスプレイなどの発光面がある室内では，その輝度も測定する．

6．レポートのまとめ方

6.1 器差の検討

複数の測定器を用いる場合，同じ条件で同時測定をした結果を記録し，補正係数を併記する．紫外線強度を除けば，測光量の対数と感覚が比例するため，測定値の端数にこだわる必要はない．例えば，照度が数百lx程度の場合，数lxの違いは無視してよい．

6.2 場所・測定条件による測光量の違い

測定した各測光量など（水平面照度，鉛直面照度，輝度，紫外線量）について，下記の点から考察する．
① 屋外での測定について，日向，日陰など，測定条件の違いによって測定値がどのように変化したか．
② 室内での測定について，測定条件（照明器具との関係，窓との関係など），室の用途（教室や廊下など）によって，測定値がどのように変化したか．
③ 屋外と屋内で測定値がどのように異なるか．
④ 測定値が，2.2項に示された基準や推奨値，あるいは目安とどのような関係にあるか．
⑤ 各測光量などがどのような関係にあるか．

測光量の相互関係は例えば，水平面照度と紫外線放射量というように二つの物理量を取り上げ，グラフを作成して考察する．屋外と室内で分けて考えることは有効である．

6.3 測光量と明るさ申告の関係

明るさ申告は主観評価のため個人差が大きい．必要に応じて，複数人の平均や中央値を取る．

6.3.1 空間の明るさ感

測定した測光量，例えば水平面照度，鉛直面照度，視野内の主要な部分の輝度，輝度画像より得られる平均輝度などと，空間の明るさ感との関係を考察する．特に，屋内外の測光量の違いと空間の明るさ感の違いの関係に注意する．また，輝度画像より得られる明るさ画像の値（明るさ尺度値）との関係を考察してもよい．

6.3.2 対象の明るさ知覚

小領域の明るさ知覚については輝度との関係を考察する．特に，屋外での輝度と明るさ知覚との関係と，室内での両者の関係の違いに注意する．また明るさ画像が得られる場合は，その値と明るさ知覚の申告値との関係を考察してもよい．

参 考 文 献
1) 藤井修二ほか：建築環境のデザインと設備，p.104，市ヶ谷出版社，2004
2) Guide on Interior Lighting (second edition), CIE No. 29.2, 1986
3) 中村芳樹：ウェーブレットを用いた輝度画像と明るさ画像の双方向変換－輝度の対比を考慮した明るさ知覚に関する研究（その3）－：照明学会誌，Vo. 90, No. 2 pp.97～101, 2006

3.2 昼光の測定（基礎1）

1．演習の目的
昼光について測定し，その量や時間変動を知り，また昼光照明による室内の明るさの分布を把握する．

2．基礎事項
2.1 昼　光
昼光は，直射日光，天空光，地物反射光を含んでいる．直射日光は，太陽から地表面に直接到達する光で，天空光は太陽から天空を経て間接的に到達する光である．地物反射光は直射日光や天空光が地面や建物などで反射した光のことである．直射日光は変動が激しく，光源として扱いにくいため，採光設計では直射日光を除外し，主に天空光を昼光光源と考えて設計してきた．近年は直射日光の利用にも積極的だが，ここでは測定の簡便さを考えて，天空光による昼光照明を扱う．

2.2 直射日光
2.2.1 太陽位置
地表の観測地点を中心とする任意の半径の球面を，天球という．太陽の位置は，太陽と観測地点を結ぶ直線と，この天球との交点の高度 h と方位角 A で示される．

観測地点の緯度を φ，太陽の赤緯を δ，真太陽時 T_h を時角に換算したものを t とすれば，太陽の位置 (h, A) と，それらの関係は（3.2.1）式〜（3.2.5）式で表される．真太陽時は，観測地点の経度を L，日本における中央標準時を T_s，均時差を e として（3.2.6）式で示される．真太陽時の1時間は時角で15°に相当する．

$$\sin h = \sin\varphi \sin\delta + \cos\varphi \cos\delta \cos t \quad (3.2.1)$$

$$\sin A = \frac{\cos\delta \sin t}{\cos h} \quad (3.2.2)$$

$$\cos A = \frac{\sin h \sin\varphi - \sin\delta}{\cos h \cos\varphi} \quad (3.2.3)$$

$$\cot A = \sin\varphi \cot t - \frac{\cot\varphi \tan\delta}{\sin t} \quad (3.2.4)$$

$$\cos h \cos A = \cos\delta \sin\varphi \cos t - \sin\delta \cos\varphi \quad (3.2.5)$$

$$T_h = T_s + \frac{L - 135°}{15°} + e \quad (3.2.6)$$

太陽の高度 h，太陽の方位角 A，太陽の赤緯 δ，時角 t の基準と符号は，表3.2.1に示すとおりである．

太陽位置は，天球を平面に射影して太陽位置を示した図（太陽位置図）から読み取ることもできる．例として図3.2.1に，等距離射影（参考資料に述べる）によって表した北緯35度の太陽位置図を示す．各日時の太陽の位置が，高度は同心円で，方位角は放射状に伸びた線で示される．

2.2.2 直射日光照度
大気圏外において太陽からの放射エネルギーは法線面で年平均1 353 W/m²であるが，これは照度に換算すると133 700 lxとなる．大気圏内では，その一部が塵や水蒸気に吸収・散乱され，残りが直射日光として地表に到達する．地表に到達する光の量は以下のように示される．

法線面照度　$E_n = E_o P^{1/\sin h}$ 　(3.2.7)
水平面照度　$E_h = E_n \sin h$ 　(3.2.8)
鉛直面照度　$E_v = E_n \cos h \cos(A - Av)$ 　(3.2.9)
　ここで　E_o：大気圏外法線直射日光照度（133 700〔lx〕）
　　　　　P：大気透過率　　h：太陽高度
　　　　　A：太陽方位角　　Av：鉛直面の法線の方位角

2.3 天空光
2.3.1 天空状態と天空の輝度分布
天空の輝度は一様ではなく，天空状態によって輝度分布が異

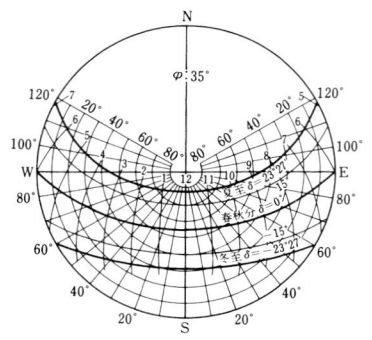

図3.2.1　太陽位置図（等距離射影）

表3.2.1　太陽位置に関する基準と符号

項　目	記号	基　準	符　号
太陽の高度	h	地平	天頂側を正 天底側を負
太陽の方位	A	子午線	天頂から見て時計回りを正 天頂から見て反時計回りを負
太陽の赤緯	δ	天球の赤道	天球の北極側を正 天球の南極側を負
時　角	t	子午線	午前を負 午後を正

なる．天空状態は大きく，完全に晴れ上がった晴天空，全天が厚い雲に覆われた曇天空，それらの中間状態の三つに分けて考えられる．日本では晴天空が5%程度，曇天空が25%程度，残りが中間天空と推定されている．晴天空，中間天空の輝度分布は太陽位置の影響を受ける．曇天空の天空輝度は次式によって表される．

$$\frac{L_\theta}{L_Z} = \frac{1 + 2\sin\theta}{3} \quad (3.2.10)$$

　L_θ：見上げ角 θ の天空要素（微小部分）の輝度
　L_Z：天頂の輝度

2.3.2 全天空照度（または天空光照度）
全天空照度は，天空を遮蔽する物がまったくない地表において，天空光によって生じる水平面照度であり，昼光率に対して定義される．したがって，昼光率を用いる昼光照明設計では重要な数値である．全天空照度は太陽高度（時刻），天気，大気の状態などによって大幅に変動する．例えば，北緯35°，東経135°の地点において，午前9時から午後5時を対象として推定した年間の全天空照度は，図3.2.2のように示すことができる．設計の目的に応じて累積出現頻度を設定し，全天空照度の設計用標準値を決めればよい．例えば，累積出現頻度0.4（40%）となるのは約20 000 lxで，これは40%の時間帯が20 000 lx以下の照度となることを示している．

2.3.3 天空の立体角と立体角投射率
都市部では，屋外のある地点で空を見上げたときに視野全体

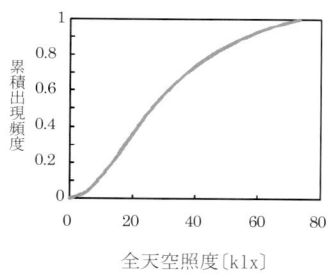

図3.2.2　全天空照度の累積出現率

が空になることはまれである．見た目の大きさは立体角〔3.1「照度・輝度・紫外線強度の測定」を参照〕で示される．半球の立体角は 2π〔sr〕であるが，天空の立体角が 2π〔sr〕となることはほとんどない．半球の立体角（2π〔sr〕）に対する観測地点から見える天空の立体角の比を，天空比ということもある．

一方，屋外のある地点の天空からの直接照度（建物などに反射した分を含まない）に関係するのは，天空の立体角ではなく立体角投射率である．図3.2.3に示すような面の立体角投射率 U は次式のように示される〔詳細は3.4「光環境の予測（応用1）」を参照〕．

$$U = \int_S \frac{\cos\theta \cos i}{\pi r^2} ds \tag{3.2.11}$$

ある地点での天空の立体角投射率は天空率と呼ばれる．天空比が1（天空の立体角が 2π〔sr〕）のときには天空率は1となる．天空比と天空率の関係を図3.2.4に示す．

ある地点の天空光による照度はこの天空率と天空の光束発散度の積から求められる．天空の光束発散度 M は，天空を輝度 L が一様な均等拡散面とすると $M = \pi L$ となる．

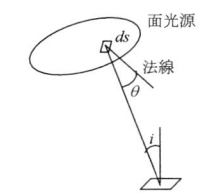

図3.2.3　立体角投射率

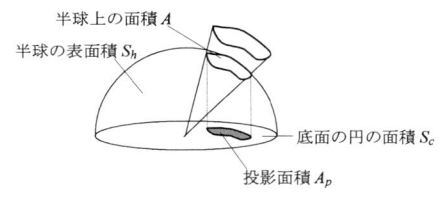

図3.2.4　天空比と天空率

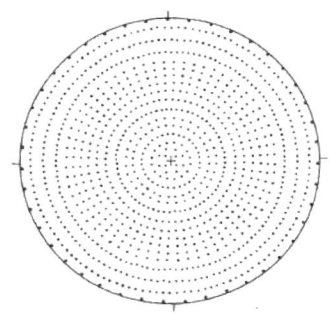

図3.2.5　等距離射影による天空比読取り図[1]

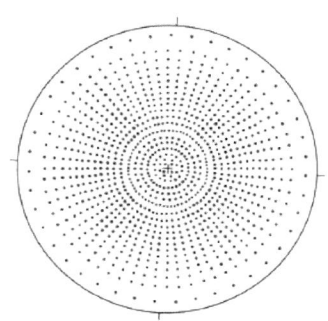

図3.2.6　等距離射影による天空率読取り図[1]

立体角や立体角投射率の測定には魚眼レンズを付けて撮影した写真を用いると便利である．魚眼レンズにはさまざまな射影方式がある〔参考資料参照〕が，ここでは等距離射影方式による画像からの読取り図を示す．

2.4　昼光率

昼光による照度は季節・天候・時刻などによる変動があるため，設計や評価のための基準として用いるには不適当である．そこで屋外照度とは無関係に室内の昼光の量を表す指標として昼光率が定義される．

$$\text{昼光率 } D = E/E_s$$
$$= (E_d + E_r)/E_s = D_d + D_r \tag{3.2.12}$$

（一般的には，上式を100倍して％で示すことが多い．）

ここで，E は室内対象点の水平面照度，E_s は全天空照度（周囲に障害物のない屋外における直射日光を除いた全天空による水平面照度），E_d は窓から見える天空などによる直接照度，E_r は室内各面での相互反射の結果得られる間接照度，D_d は直接昼光率，D_r は間接昼光率である．

また，受照点の照度を知るには E_s にこの昼光率を乗じれば求められる．

2.4.1　直接昼光率の計算法

実際には天空の輝度分布は複雑に変化しているが，簡易な方法としては全天空にわたって輝度が一様と考えて計算する．直接昼光率は（3.2.13）式のように計算される．

$$D_d = \frac{\tau m R \sum_i L_i U_i}{L_s} \tag{3.2.13}$$

分子は，受照面から見える窓外の各部分の輝度（窓材料を通さない）L_i に各部分の立体角投射率 U_i〔2.3.3参照〕を乗じて窓の内部すべての部分について足し合わせ，これに窓材料の透過率 τ，汚染を考慮した保守率 m，窓面積有効率 R を掛け合わせたものである．これを天空の平均輝度 L_s で除したものが，直接昼光率となる．天空の平均輝度 L_s は以下のように表される．

$$L_s = E_s/\pi \tag{3.2.14}$$

保守率 m は表3.2.2のような値になる．

2.4.2　立体角投射率

窓のような面光源からの直接照度は，立体角投射率を用いて計算する．光源面 S（一様輝度 L）による点 P の照度は，(3.2.15) 式のように示される．

$$E = \pi L U \tag{3.2.15}$$

ここで U は立体角投射率で図3.2.7に示すような長方形の窓

表3.2.2　ガラスの保守率

地域	分類	傾斜角		
		0～30°	30～60°	60～90°
田舎・郊外	清潔	0.8	0.85	0.9
	汚染	0.55	0.6	0.7
住宅地域	清潔	0.7	0.75	0.8
	汚染	0.4	0.5	0.6
工業地域	清潔	0.55	0.6	0.7
	汚染	0.25	0.35	0.5

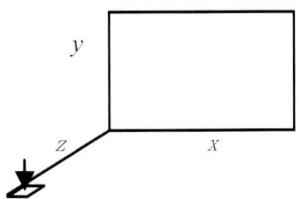

図3.2.7　長方形光源と受照点

に垂直な受照面上のP点から見た窓の立体角投射率 U_v は，以下のように計算できる．

$$U_v = \int_0^y \int_0^x \frac{zy}{\pi(x^2+y^2+z^2)} dx\, dy$$
$$= \frac{1}{2\pi}\left(\tan^{-1}\frac{x}{z} - \frac{z}{\sqrt{z^2+y^2}}\tan^{-1}\frac{x}{\sqrt{z^2+y^2}}\right) \quad (3.2.16)$$

なお(3.2.16)式の U_v の値を簡易に求めるために，図3.2.8のような算定図表もある．

2.4.3 間接昼光率の計算法

間接照度は窓から入射した光が室内表面で1回以上反射して受照面に入ることによって生じる照度である．室形状や室内表面の反射率の影響を受ける．直接照度に比べ，室内での分布は一様に近いとみなせる．精度よく計算しようとすると煩雑になるので，ここでは略算法を示す．

$$D_r = F_d \rho_m / (S_m(1-\rho_m)E_s) \quad (3.2.17)$$

D_r：間接昼光率
F_d：窓から室内に入射する光束
ρ_m：室内平均反射率
S_m：室内全表面積
E_s：全天空照度

F_d は窓面中央屋外向き鉛直面照度を E_{wv} とすると（3.2.18）式となる．

$$F_d = \tau m R E_{wv} S_w \quad (3.2.18)$$

τ：窓材料の透過率
m：保守率
R：窓面積有効率
S_w：窓面積

E_{wv} は，窓の中央（鉛直面）の空の立体角投射率を U_{sv} とすると

$$E_{wv} = L_s \pi U_{sv} + L_g \pi (1-U_{sv}) \quad (3.2.19)$$
$$\fallingdotseq E_s U_{sv} + E_s \rho_g (1-U_{sv}) \quad (3.2.20)$$

L_s：天空輝度
L_g：地物部分輝度

U_{sv}：窓の中央（鉛直面）での空の立体角投射率
E_s：全天空照度
ρ_g：窓から見える地表部分の反射率

3．測定の準備

3.1 魚眼レンズ付きデジタルカメラ

一般に，180°または，それ以上の画角を持つレンズを魚眼レンズという．射影方式がいくつかあるので注意する〔参考資料参照〕．昼光の測定には，射影の精度の高い魚眼レンズを使用しなければならない．また画角が180°以上のものもあるので画角に注意する．

魚眼レンズを取り扱うときは，一般の写真撮影における注意事項に加えて，特に次のことに注意する．

① レンズ面が鏡筒より前方に突出しているので，傷を付けないようにする．
② 突風などで，カメラを付けた三脚が倒れないように，三脚を固定する．

3.2 照度計

測定には照度計を用い，室内用と屋外用を用意する．〔詳細は3.1「照度・輝度・紫外線強度の測定」を参照〕

昼光率を調べるには，室内用1台と屋外用1台，最低2台の照度計が必要である．実際には，一回に測定対象室の数か所の照度を測定することが望ましいため，照度計が数台あるとよい．また，受講者数に応じて，照度計を数台準備する場合もある．いずれの場合にも，照度計の機種は，同一であることが望ましい．

照度計の取扱いについては，付属の取扱説明書を熟読し，使用法を正しく理解しておく必要がある．一般的には，照度計に強い衝撃を与えないようにし，受光部を清浄に保ち，安易に触らないようにする．

3.3 直射日光遮蔽装置

全天空照度は，天空を遮蔽する物がまったくない地表において，天空光によって生じる水平面照度であり，直射日光照度を含まない．したがって，全天空照度を晴天時に測定する場合は，照度計の受光部に直射日光が入らないような配慮が必要である．昼光率を調べるために全天空照度を測定する場合は，天候の変動が少ない曇天時に行うことが望ましい．

晴天時に，直射日光を除外して簡易に全天空照度を測定するには，遮光板や遮光球を用いて，その影を受光部に落とす方法がある．遮光物を簡易に作成するには，硬式テニスボールに支持棒を取り付けた後，つや消し黒色塗装を施すとよい．厚紙を重ねたものや板を円形に切り取り，支持棒を付けて，つや消し黒色塗装を施してもよい．

遮光物の位置が受光部に近すぎると，遮蔽される天空の量が多くなり，測定誤差が増える．受光部に落ちる影の大きさを見ながら遮光物を離し（1m〜2m程度），支持者の身体が受光面より上方に出ないよう注意する．

3.4 その他

測定対象室の平面図，断面図，展開図など，測定点と窓や光源の位置関係を明確にする資料，測定値の記録用紙を準備する．記録用紙には，測定年月日，天候，測定場所，測定者，測定機器，測定時間などを記載する欄を設ける．

また，正確な地形図（例えば，国土地理院の1/25 000の地形図など）を用いて，観測地点の緯度と経度を調べておく．

昼光率を調べるには，屋外の照度と室内の照度を同時に測定しなければならないため，時計やストップウォッチ，トランシーバなどを利用する．魚眼レンズを用いた撮影には，カメラ用三脚，水準器，方位磁針，方位指示棒を用意する．

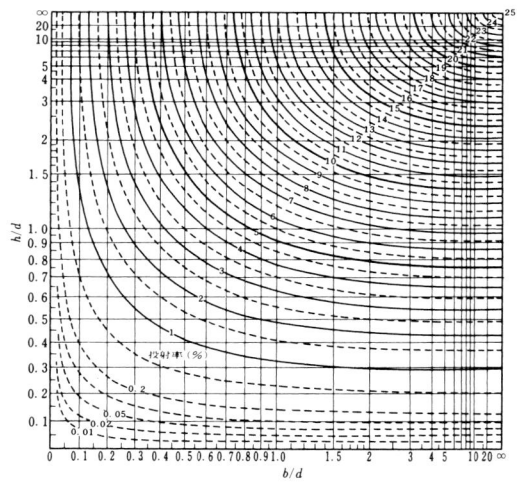

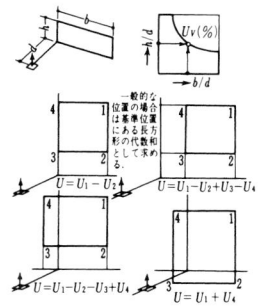

図3.2.8 立体角投射率の算定図の例

4. 演習の進め方

この演習ではまず、屋外照度の測定を行う。測定点の天空比、天空率を、魚眼レンズ付きのデジタルカメラを用いて測定する。昼光照度を測定し、デジタルカメラから求めた天空率を用いて全天空照度を算出する。また、室内照度の分布を測定し、昼光率の分布について考察を行う。

4.1 屋外昼光照度の測定
4.1.1 魚眼レンズを用いた天空比、天空率の測定

屋外昼光照度の測定には、できるだけ周囲に測定の障害となる建物や樹木等のない場所を選定する。例えば、建物の屋上や運動場などが適当である。選定した測定点の天空比、天空率を求めるため、魚眼レンズを装着したデジタルカメラで写真撮影を行う。

魚眼レンズを用いた写真撮影では、一般の写真撮影に加えて、次のことに注意する。

① 魚眼レンズを装着したデジタルカメラを、その光軸が正確に鉛直になるように、観測地点に設置する。
② 方位の記録には、方位を示す指針を設け、それを写し込むとよい。写真の像の中心や境界が正確に求められるように、それらを指示するものを、くふうして写し込んでおく。
③ 魚眼レンズの画角は広いので、その中に、輝度の非常に高いものや非常に低いものが含まれる。よって、露出は慎重に決定しなければならない。異なった露出で、数枚の撮影をしておく。
④ 太陽が画角の中に入ると、ゴーストやハレーションが生じる。これを防ぐために、適当な遮蔽物で太陽を遮る。

⑤ 撮影場所、撮影日時などを写真に写し込むか、または撮影メモを作成する。

4.1.2 昼光照度の測定
1）屋外水平面照度（直射日光、天空光、地物反射光による照度）の測定

直射日光照度と全天空照度の和を、グローバル照度という。直射日光照度とは、直射日光によって生じる地表上の水平面照度であり、天空光照度とは、天空光によって生じる地表上の水平面照度である。

天空を遮蔽する物がまったくない地表で測定できれば屋外水平面照度がそのままグローバル照度となる。周囲に建物や樹木などの遮蔽物がある場合の屋外水平面照度は、直射日光、天空光とそれらが遮蔽物（建物など）面で反射した地物反射光から作られる。

受光部が水平になるように照度計を設置し、晴天であれば直射日光が受光部に入射しないように適宜遮蔽して、天空光と地物反射光による照度を測定する。

2）変動の把握

直射日光照度および全天空照度の変動を詳しく知るには、直射日光を遮蔽しない状態と直射日光を遮蔽した状態の屋外水平面照度を同時に1分間隔で測定する。簡易な測定には、5分程度の間隔でもよい。設定した時刻に照度計の値を読み取り、記録用紙に記入する。また、測定ごとに天空状態（日照の有無、雲の状態など）について簡単なメモを取っておく。

4.2 室内昼光照度の測定
4.2.1 机上面照度の測定

窓の中心および窓端（または柱中心）の位置で、窓に垂直な奥行き方向に測定線を設定し、測定線上に測定点を選定する。測定点の間隔は、窓に近い部分で密に、室奥部分で粗に、0.5m～2m程度に設定すればよい。簡易な測定では、測定線上に均等間隔で測定点を設定する。測定面は、机上面または机上面と同じ高さ（床上70cm程度）に設定する。なお、測定中は人工照明が消えていることを確認する。

測定時刻は、屋外水平面照度の測定と同一にする。照度計の値を読み取り、記録用紙に記入する。

測定中の注意としては天候の変動による誤差を避けるため、測定は迅速に行う。また、昼光率には直射日光の影響が含まれていないため、直射日光が入射した測定点については、そのことを記録用紙に記入する。

4.2.2 机上面の天空率および窓面の天空率の測定
1）机上面から見える天空、地物の立体角投射率

直接昼光率 Dd を求めるためには、(3.2.13)式に示したように受照面（ここでは机上面）から見える窓外の各部の立体角投射率 Ui が必要である。机上面照度測定位置で、窓および窓から見える天空と地物の立体角投射率を求めるため、魚眼レンズを装着したデジタルカメラで撮影する。撮影上の注意は4.1.1と同様である。

写真3.2.1　デジタル照度計の例

写真3.2.2　直射日光の遮蔽

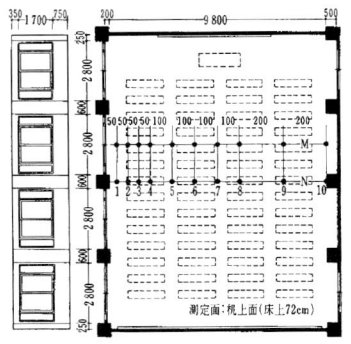

図3.2.9　室内昼光照度の測定点の選定例

2）窓面の天空率

間接昼光率 D_r を求めるためには（3.2.18）〜（3.2.20）式に示したように，窓面外向き鉛直面照度 E_{wv}，あるいは窓の中央（鉛直面）での空の立体角投射率 U_{sv} の測定が必要である．窓面外向き鉛直面照度 E_{wv} を測定する場合は変動するので机上面の照度測定の前後に速やかに行う．窓の中央（鉛直面）での空の立体角投射率 U_{sv} を測定するためには，窓から外向きに魚眼レンズの光軸が正確に窓面の法線方向になるようにして撮影する．

5．レポートのまとめ方
5.1 屋外昼光照度
5.1.1 天空比，天空率の算出

魚眼レンズの射影方式が等距離射影の場合，図3.2.5と3.2.6を用いて，天空比と天空率を求める．正射影の場合は，天空比の算出には図3.2.13を用い，天空率は円全体の面積に対するその部位の面積の比で求められる．等立体角射影の場合には，天空比は面積比から，天空率は図3.2.16を用いて求められる．レンズの画角が180°ではない場合には中心からの角距離が90°になる円を写真上に画いておく．図3.2.5と3.2.6を，外側の円がこの円と同じ大きさになるように拡大して，トレーシングペーパーにコピーする．写真の上にトレーシングペーパーにコピーされた図3.2.5と3.2.6を当てて，天空部分（あるいは建物などの遮蔽物部分）の中に入る点の数から，天空比および天空率を算出する．現在は，デジタルカメラの画像を用いてパソコン上で読みとる方法もある．

5.1.2 全天空照度の算出とその変動
1）全天空照度の算出

昼光率を求めるためには全天空照度を算出する必要がある．天空を遮蔽する物がまったくない地表で測定できれば，直射日光を遮蔽して測定した屋外水平面照度は，そのまま全天空照度とみなせる（直射日光遮蔽装置が十分小さいと仮定する）．そうでない場合（天空率が1でない場合）は，直射日光を遮蔽して測定した屋外水平面照度は天空光と地物反射光による照度なので，5.1.1で求めた天空率を用いて，以下の手順で全天空照度を算出する．

直射日光を遮蔽して測定した屋外水平面照度 E_h は，全天空照度 E_s，天空率 U_s，建物などの地物部分からの照度を E_g とすると

$$E_h = E_s \times U_s + E_g \times (1-U_s) \quad (3.2.21)$$

さらに地物部分の反射率を ρ_g とすると

$$E_g = \rho_g \times E_s \times (1-U_s) \quad (3.2.22)$$

と示すことができる．（地物部分に直射日光はあたっていないと仮定している）地物の反射率はおおむね0.1と考えて計算すれば，全天空照度 E_s が求められる．

2）直射日光照度（水平面）と全天空照度の変動

直射日光照度（水平面）を測定するには，特別な機器が必要であるが，ここでは簡易に直射日光を遮蔽しないで測定した水平面照度と遮蔽して測定した水平面照度から，次式によって直射日光照度（水平面）を求める．

〔直射日光照度（水平面）〕＝〔直射日光を遮蔽しないで測定した水平面照度〕−〔直射日光を遮蔽して測定した水平面照度〕

時刻に対する直射日光照度と全天空照度の計算値を，図3.2.10にならって図示する．

5.2 昼 光 率
5.2.1 室内照度と全天空照度による昼光率の測定値

同一時刻の室内昼光照度と全天空照度の測定値から，室内の測定点における昼光率を計算する．昼光率には，直射日光の影響が含まれていないため，直射日光が入射していた測定点の結果は除外する．各測定線上での昼光率の分布図を，図3.2.11にならって作成する．

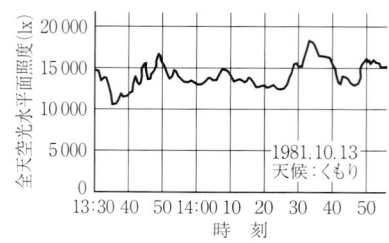

図3.2.10 屋外昼光照度の時間変化の例

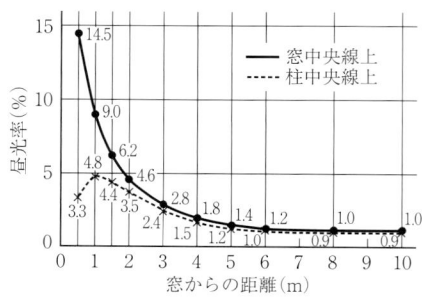

図3.2.11 昼光率分布の例

5.2.2 昼光率の計算値

直接昼光率 D_d，間接昼光率 D_r を計算によって求める．

直接昼光率 D_d は（3.2.13）式および（3.2.14）式を用い，（3.2.13）式中の $\Sigma L_i U_i$ は $L_s \times U_{sd} + L_g \times U_{gd}$ として計算できる．ここで，L_s と U_{sd} は机上面から見た天空の輝度と立体角投射率，L_g と U_{gd} は机上面から窓外に見える地物の輝度と立体角である．

間接昼光率 D_r は（3.2.17）〜（3.2.20）式を用いて求める．

5.3 考　　察

考察の要点は以下のとおりである．
① 屋外直射日光照度，天空光照度の時間変動
② 昼光率分布の特性
③ 昼光率の測定値と計算値との比較

6．参 考 資 料
6.1 昼光および昼光率の測定上の注意

昼光は，年，季節，日，時刻，天候，大気の状態などによって変動するため，ある限られた時間内の測定結果をもって，昼光の状態を一般化することはできない．例えば，天候による昼光の変動の違いについて，おおよその様子を知るには，少なくとも天候の異なる日を2〜3日選び，太陽高度が同一になる時間帯において，屋外昼光照度を測定する必要がある．

昼光率は，全天空照度に対する室内の昼光照度の比であるが，検討点から窓を通して望む天空の輝度が，直接，室内の照度に影響する．したがって，天候の変動が激しい場合は，同じ検討点における昼光率であっても，時刻によって得られる値は異なることがある．昼光率を調べる場合，天候の変動による誤差を避けるため，測定は迅速に行う必要がある．また，昼光率には直射日光の影響が含まれていないため，直射日光が入射した測定点については，そのことを記録用紙に記入する

6.2 魚眼レンズの射影方式と天空率

一般に，魚眼レンズの射影方式には，正射影，等立体角射影，等距離射影，極射影がある．

天球上の太陽の位置を P，高度を h，方位角を A．点 P の射影点を P_0，天球の半径を R とすると，射影点 P_0 と天球の中心点 O との距離 r は，射影方式によって異なる．ただし，いずれの射影方式でも，方位円の射影は，中心点 O と射影点 P_0 を通り，点 P と同一の方位を持つ直線であり，高度円は中心点 O を中心とする同心円である．

6.2.1 正射影

天球上の点を，射影面に垂直に下ろす方式を正射影という．

$$r = R\cos h \qquad (3.2.20)$$

この射影方式では写真上の面積比がそのまま天光率となる．この射影方式による天空比は以下の図から求められる．

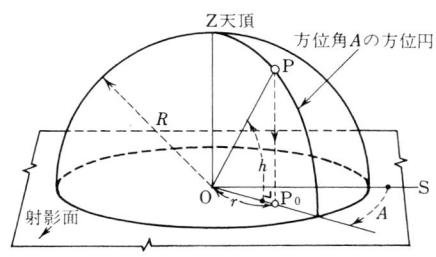

図3.2.12 正射影

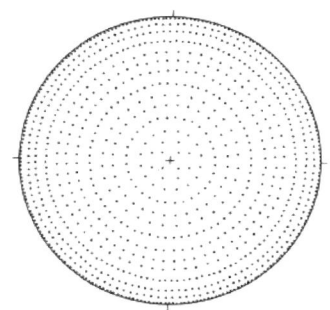

図3.2.13 正射影による天空比読取り図[1]

6.2.2 等距離射影

遮蔽半径が，天頂距離（$90°-h$）に比例するような方式を等距離射影という．

$$r = R\left(1 - \frac{h}{90°}\right) \qquad (3.2.23)$$

この射影方式による天空比，天空率の算定方法は図3.2.5, 3.2.6に示した．

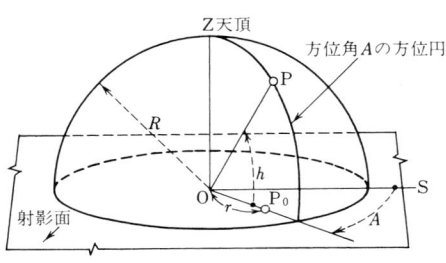

図3.2.14 等距離射影

6.2.3 等立体角射影

天球の中心に対する天球の部分の立体角と，その部分の射影面積が比例するような方式を等立体角射影という．

$$\begin{aligned}r &= \sqrt{2}R\sin\left(45° - \frac{h}{2}\right) \\ &= R\left(\cos\left(-\frac{h}{2}\right) + \sin\left(-\frac{h}{2}\right)\right)\end{aligned} \qquad (3.2.24)$$

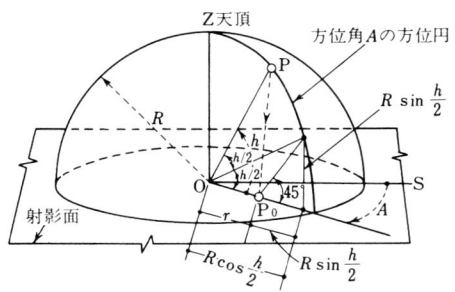

図3.2.15 等立体角射影

この射影方式では天光比は写真上の面積比からもとめられ，天空率は以下の図から求められる．

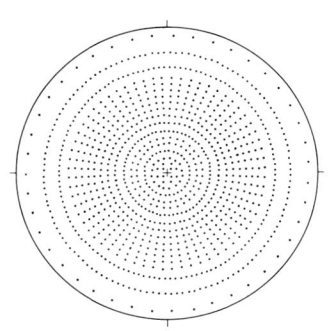

図3.2.16 等立体角射影による天空率読取り図[1]

6.2.4 極射影

天底 Z' を視点とし，天球の中心を通る水平面を画面として，天球上の点を透視する方式を極射影という．

$$r = R\tan\left(45° - \frac{h}{2}\right) = \frac{R\cos h}{1 + \sin h} \qquad (3.2.25)$$

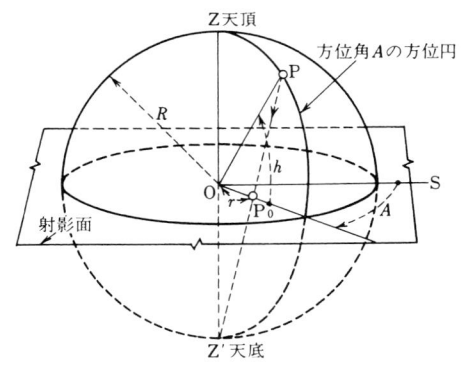

図3.2.17 極射影

参考文献

1) 日本建築学会編：日照の測定と検討，彰国社，1977

3.3 色の測定（基礎1）

1．演習の目的
建築空間の色彩は直接的，間接的に人間に大きな影響を及ぼしており，建築技術者や設計者は色彩環境を把握しておくことが求められる．また，仕上げ材料の色見本の色を把握し，これを正確に伝達することは大変重要である．色の測定は建築技術者や設計者にとって必須の技術であるといえる．

本演習では，建築表面における色の定量的な測定方法を習得することを目的とする．

2．基礎事項
2.1 色を感じる過程
色は光源，物体，人間（視覚）がそろってはじめて知覚される．図3.3.1にその概念図を示す．光源からの光が物体から反射され，それが網膜に届き，網膜によって変換された刺激が脳に伝達されることによって色が知覚される．このため，色には物理的側面と心理的側面があるが，物理的側面を強調して「色は光である」といわれたり，心理的側面を強調して「色は感覚である」といわれたりするが，この両者には心理物理的相関があり，分離して説明することは困難である．

2.2 光と色
2.2.1 色刺激
色刺激がなければ色は体験されない．色刺激とは「目に入って，有彩または無彩の色感覚を生じさせる可視放射である」とされている〔JIS Z 8105〕．可視放射は電磁波の一部分で，一般に波長が380nmから780nmの範囲の電磁波とされる．この範囲の電磁波を人間の目は感じ得るという意味で，可視光あるいは単に光という．この可視放射が生じさせる色感覚は波長によって異なる．

2.2.2 光源の種類と分光特性
色刺激の源は光源である．太陽，電球，蛍光灯などの光源からの光は，波長の異なる光が合成されたもので，光源によってその量と割合は異なり，各波長の強度分布が異なると，色の見え方が違ってくる．色刺激にとって重要なのは波長，強度，およびこれらの組合せとしての波長組成である．

光の特性は，各波長の放射量を測定することによって与えられ，分光組成と呼ばれる．色感覚は分光組成によって与えられるということができる．これをもとにして各波長の放射量の相対量を示したものが，分光分布である．図3.3.2に代表的な光源の分光分布を示す．

2.2.3 物体の分光反射特性
光源からの光は，直接目に入って色刺激となることもあるが，大部分の光は物体にあたった後，間接的に目に入る．物体は通常，みずから光を放つわけではなく，光を受けるとその一部またはほとんど全部を反射するが，特定の波長の光を多く反射する．物体の反射特性は，波長ごとの反射率で表され，これを分光反射率と呼ぶ．

図3.3.3に代表的な色の分光反射率を示す．赤は長波長側の成分を多く反射し，青は短波長側の成分を多く反射している．また，白，灰，黒の無彩色は，全体としての反射量は異なるが，各波長の光をそれぞれほぼ均一に反射している．白はあらゆる波長成分を100%近く反射する場合にあたり，黒はどの波長成分もほとんど反射しない場合に相当する．

一方，物体は光を透過または吸収もするのであるが，その場合にもある種の光を選択的に透過または吸収することが多い．その場合の透過特性および吸収特性をそれぞれ，分光透過率および分光吸収率と呼ぶ．

このように，物体から反射されて目に向かう光を考えると，その色刺激としての物理的特性は，光源からの光の分光分布と物体の分光反射率の積で与えられることになる〔図3.3.4〕．

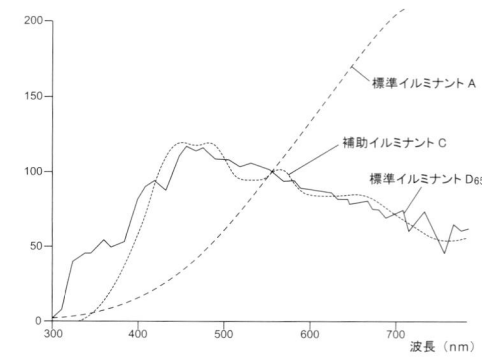
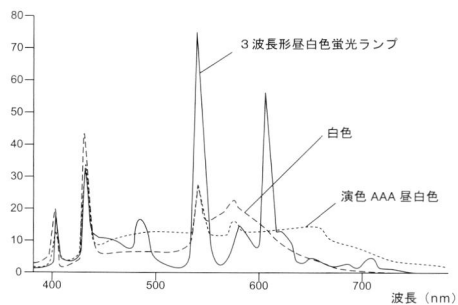

図3.3.2 代表的な光源の相対分光分布

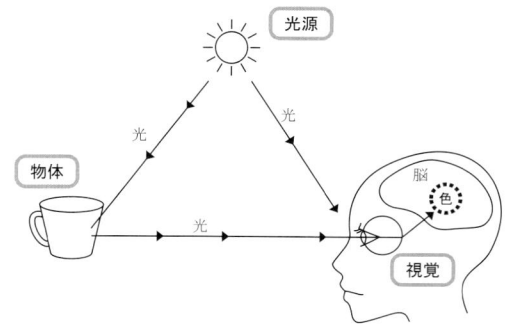

図3.3.1 色を感じる過程

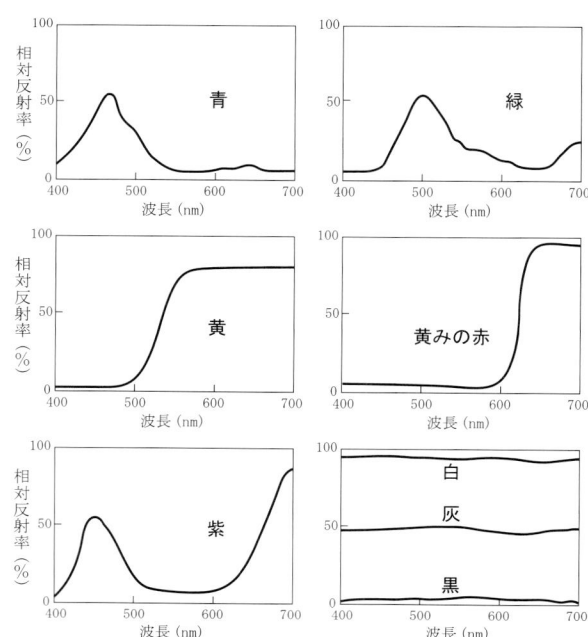

図3.3.3 代表的な物体表面の色の分光反射率

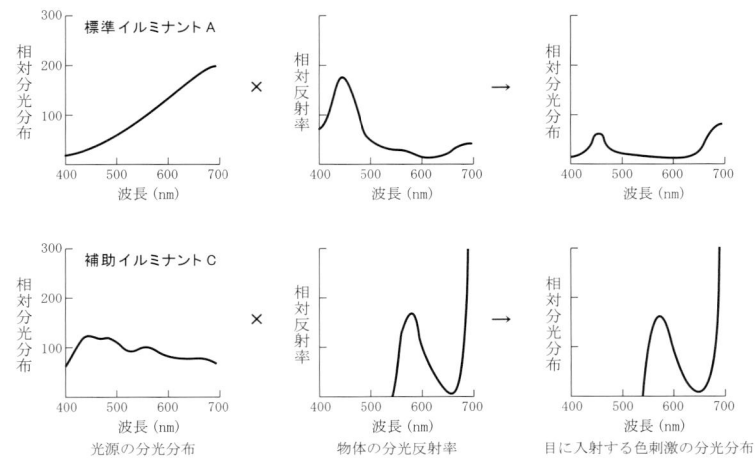

図3.3.4　光源，物体と目に入射する色刺激の分光特性の関係

2.3　色の定義

JIS Z 8105（色に関する用語）によると，色は知覚色と心理物理色に分けて定義されている．

知覚色は「有彩色成分と無彩色成分との組合せから成る視知覚の属性．この属性は，黄，オレンジ，赤，ピンク，緑，青，紫などの有彩色名，もしくは白，灰，黒などの無彩色名を明るい，暗いなどで修飾したもの，又はこれらの色名の組合せで記述される．」とされ，備考として，「知覚色は，色刺激の分光分布，刺激面の寸法，形，構成及び周囲条件，観測者の視覚系の順応状態並びに観測者が馴染んでいる類似の状況での経験に依存する．」，「知覚色は，幾つかの色の見えのモードで見える．種々の色の見えのモードの名称は，色知覚の質的及び形状，観察条件などの幾何学的な差を区別するためにある．」との説明が付記されている．知覚色は人間の頭の中にある感覚であり，その感じ方はさまざまな要因によって変化するということであろう．

一方，心理物理色は「三刺激値のように算出方法が規定された三つの数値による色刺激の表示」と定義されている．こちらは色刺激と，色知覚に作用するさまざまな要因を排除した場合のCIE1931測色標準観測者（以降，標準観測者）に生じる色感覚との関係を定量化することにより，三つの数値として色を表示するということである．標準観測者の色感覚を定めたことにより，心理物理色は網膜に届く色刺激の分光組成が与えられればその色を表示することが可能である．

2.4　表色系

色を定量的に表すことを表色といい，そのためのシステムが表色系である．これにより，色数値や記号での定量的な測定，指定および伝達が可能となる．表色系には大別して，顕色系と混色系とがある．

2.4.1　顕色系表色系

顕色系表色系は，系統的に知覚色を配列した標準色見本を有する体系（カラーオーダーシステム）によって定量的に表示される．多数の色票が系統的に配列してあるもので，マンセル表色系はその代表である〔建築環境工学用教材環境編 p.63，②，③，④参照〕．

マンセル表色系は，アメリカの画家で色彩教育家でもあったマンセル（A.H. Munsell 1858～1918）が1905年に発表し，後にアメリカ光学会（OSA）が1943年に修正を行い，修正マンセル表色系として公表したもので，日本やアメリカを中心に広く利用されている．色票を，色相（ヒュー，Hue），明度（バリュー，Value），彩度（クロマ，Chroma）の三属性に従って配列したものである．JIS Z 8721には色の表示方法の規格が定められている．また，これに準拠したJIS標準色票が日本規格協会から発行されている．

2.4.2　混色系表色系

一方，混色系表色系は，光の加法混色を基礎とした表色系であり，三つの数値により表示される．CIEのXYZ表色系はこの代表であり，JIS Z 8701として定められている．

CIE XYZ表色系の表示方法は光源の色や反射物体の色などに適用されるため，広い分野で利用されている．

光源の色の三刺激値XYZは次式で定義される．

$$X = k\int_{380}^{780} S(\lambda)\bar{x}(\lambda)d\lambda$$

$$Y = k\int_{380}^{780} S(\lambda)\bar{y}(\lambda)d\lambda$$

$$Z = k\int_{380}^{780} S(\lambda)\bar{z}(\lambda)d\lambda$$

ここで，$S(\lambda)$ は光源の放射量の相対分光分布，$\bar{x}(\lambda)$，$\bar{y}(\lambda)$，$\bar{z}(\lambda)$ はXYZ表色系における等色関数〔建築環境工学用教材環境編 p.64 ②参照〕，k は比例係数で，$k = 683\mathrm{lm/W}$ を用いる．これにより，標準観測者がある光源の色を見たときの感覚量を三つの数値に置き換えて表示することが可能となる．

また，反射物体の色の三刺激値XYZは次式で定義される．

$$X = K\int_{380}^{780} S(\lambda)\bar{x}(\lambda)R(\lambda)d\lambda$$

$$Y = K\int_{380}^{780} S(\lambda)\bar{y}(\lambda)R(\lambda)d\lambda$$

$$Z = K\int_{380}^{780} S(\lambda)\bar{z}(\lambda)R(\lambda)d\lambda$$

$$K = \frac{100}{\int_{380}^{780} S(\lambda)\bar{y}(\lambda)d\lambda}$$

ここで，$S(\lambda)$ は色の表示に用いる標準の光の分光分布，$\bar{x}(\lambda)$，$\bar{y}(\lambda)$，$\bar{z}(\lambda)$ はXYZ表色系における等色関数〔建築環境工学用教材環境編 p.64 ②参照〕，$R(\lambda)$ は分光立体角反射率である．これにより，標準光源の下で標準観測者がある物体の色を見たときの感覚量を三つの数値に置き換えて表示することが可能となる．

上記の，光源の色および反射物体の色について，XYZによるベクトル空間を考えれば，おのおのの色は原点を始点とするベクトルとして表される．この色のベクトルと，単位平面との交点は次式で表される．

$$x = \frac{X}{X+Y+Z}$$

$$y = \frac{Y}{X+Y+Z}$$

$$z = \frac{Z}{X+Y+Z} = 1 - x - y$$

この単位平面のXY平面へのZ軸方向からの射影をxy色度図と呼ぶ〔建築環境工学用教材環境編 p.64[5]参照〕．これに光源の色については輝度，反射物体の色について視感反射率を表すYを加えて（Y, x, y）により色を表示することが多い．xy色度図は，色の系統を把握するには便利であるが，明るさはYを参照しなければならない．

なお，このXYZ色空間は明らかに等歩度性が確保されておらず，この点を改良したCIELAB色空間（CIE(1976)L*a*b*色空間）などの多様な均等色空間が提案されている．

3．測定準備と測定器具の取扱い方法

色の認識は視感覚によっており，認識されるまでの過程によって，表面色，透過色などの物体色や光源色などに分類できる．このうち物体色は，建築の主要部分を構成するので，測定はこれを対象とする．物体色の測定にあたっては，光源から出る光の特性，物体表面の反射特性，物体表面からの反射光の特性，観察者の目の感度による違い，物体を見る方向，物体の大きさや周囲との対比などによって変化するので，これらの条件を可能な限り標準化しておくことが大切である．

3.1 視感測色と器械測色

色の測定方法には，色刺激相互の定量的比較を目によって行う視感測色と，物理的検出器を用いて行う器械測色がある．

視感測色の場合，光源からの光の標準化，照明光と受光方向との幾何学的関係の標準化，および物体の形状，質感，大きさ，位置，周囲との対比などの影響を排除するための観測方法の標準化が重要である．また，観測者が正常な色覚を持っていることが重要な要件である．

器械測色の場合は，これらの標準化はなされていると考えてよい．

視感測色と器械測色の方法はそれぞれ，JIS Z 8723およびJIS Z 8722に定められている．

視感測色は既存のカラーオーダーシステムが示す色記号や目盛りを読んで測定値とする方法である．

器械測色には分光測色方法と刺激値直読方法とがある．前者による器械を分光測色計，後者による器械を色彩計と呼ぶことが多い．建築空間の測色には，ポータブルで安価・簡易な色彩計がよく用いられる．

3.2 視感測色の方法

視感測色用にJIS標準色票を用意する〔以下，JIS標準色票解説より抜粋〕．

3.2.1 JIS標準色票

この標準色票は，JIS Z 8721に準拠して製作されたもので，色相ごとにチャートがあり，1枚のチャートには，その色相に属する色票が縦方向には明度別に，横方向には彩度別に，順序を整えて並べられている．

3.2.2 標準色票の構成

標準色票は，色相環，色相別カラーチャートおよび明度スケールから構成されている．色相環は，三属性による色の表示に用いられる色相を例示したものであり，色相の特性を顕著に示すことのできる高彩度色票（20色相），および明度，彩度をそろえた中彩度色票（10色相）によって構成されている．各色票は，色相の循環性に基づいて円環上に配置されている〔図3.3.5〕．

色相別カラーチャートは，各色相（等色相面）ごとに縦軸方向には明度が，横軸方向には彩度が変化するように規則的に配列された色票によって構成されている．明度については8段階（$V = 2, 3, 4, 5, 6, 7, 8, 9$）で構成され，彩度については0, 1, 2, 3, 4, 6, 8, 10, 12, 14, …となり，$C = 4$以下では1ステップごとに，$C = 4$以上では2ステップごとの色票が配置されている〔図3.3.6〕．

彩度については，製作に用いた塗料の再現可能な範囲の色票が配置されているため，収録している最大彩度の色票は色相お

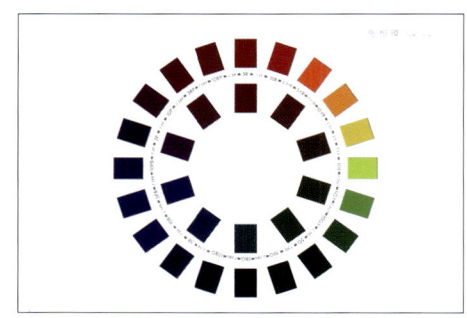

図3.3.5　色相環

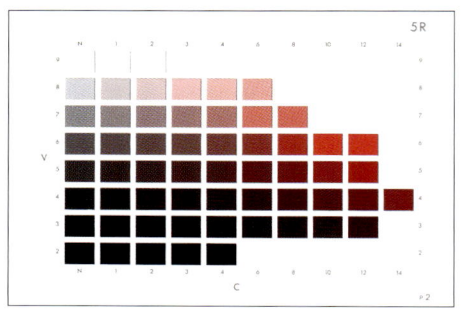

図3.3.6　色相別カラーチャート

図3.3.7　明度スケール

よび明度によって異なっている．また色相は，2.5, 5, 7.5および10の色相記号をもつ40色相になっている．そして，彩度$C = 0$を含めて収録されている色票数は2 163色となっている．色票の大きさは，明視の距離から観測したときに，ほぼ2度視野になるように天地15mm×左右20mmになっている．また，色相別カラーチャートの大きさは天地210mm×左右297mm（蛍光増白剤を含まない白色台紙）である．

明度スケールは，18段階（$V = 1.0$から9.5までの0.5ステップ）の無彩色の色票を配列したもので〔図3.3.7〕，色相別カラーチャートとは別になっている．

3.2.3 標準色票の使用方法

1）試料と標準色票の視感比較方法

試料と標準色票の色を比較する場合は，下記の条件のもとで色の比較を行うとよい．また，JIS Z 8723も参考にしていただきたい．

① 試料の並べ方

試料と標準色票は，観測者に対して左右方向に並べ，かつ隣接して比較することが望ましいが，試料によって隣接できない場合は，できるだけ色票との距離を小さくするようにして行う．

② マスクの使用方法

同一明度の無彩色のマスクを試料および標準色票の上において，周辺視野を整えることにより，色の比較が容易になり，かつ正確になる．この標準色票の附属品の中には，白，灰色および黒の3種類のマスクが各2枚ずつ添付してある．これは，高明度（明度8以上）の色の比較のときは白マスク，中明度（明度4〜7）のときは灰色マスク，低明度（明度3以下）のときは黒マスクを利用できるようにしたもので，1枚を標準色票に，もう1枚を試料に当てて比較する．また，隣接配置した場合は，同一マスクの穴に二つの色が同時に見えるようにして比較する〔図3.3.8〕．

自分でマスクを作る場合は，マスクの表面は無光沢に近くなるようにすること．また，試料と標準色票に別々のマスクを用いる場合は，二つのマスクの明度および穴の大きさ，形状が等しいもので比較する．

3.3 色の測定（基礎1）

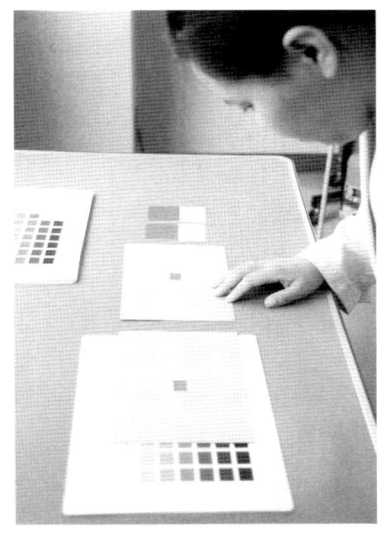

図3.3.8　マスクの使用例

③　照明に用いる光源

標準色票を見るための光源は，JIS Z 8720の3.2に規定する標準の光D65に相対分光分布が近似する常用光源D65を用いることが望ましいが，実用的にはJIS Z 8902に規定するキセノン標準白色光源やJIS Z 8716に規定する常用光源蛍光ランプD65を用いるか，あるいは日の出3時間後から日没3時間前までの北空昼光で，周辺の建物や部屋の内装などの影響を受けていない自然光を用いても差し支えない．また，蛍光を含まない試料との比較には，白熱電球と特定のフィルタを組み合わせて得られる標準光源Cを用いることができる．

照度は比較する面の照度むらがなく，1 000 lx以上であることが望ましい．

④　照明の方向と観測の方向

試料と標準色票の色を比較する場合，照明する方向と観測する方向については，試料面および標準色票面の法線に対して45度の方向から照明し，ほぼ垂直方向から観測する方法と，垂直方向から照明して45度の方向から観測する方法がある．あらゆる方向から照明されているような場合にも観測する方向は，上記の二方向のいずれかの方向から観測する．

この標準色票は光沢があるので，試料との比較の際には光沢の影響を受けないように，特に次の点に十分注意する必要がある．

垂直方向から観測する場合は，標準色票に顔が映らない程度にずらした位置より観測する．また，天井には黒のビロードなどの幕を張ると天井からの反射光が避けられる〔図3.3.9〕．

45度の方向から観測する場合は，観測する方向と逆方向（法線に対して対称になる方向）にある天井や照明器具などの像が映らないように注意する必要があり，もし映る場合は目の位置を少し移動するか，その方向に黒のビロードなどで幕を張るとその影響が軽減できる．45度の方向から比較を行う場合には，ボックス形の標準照明装置を用いると便利である〔図3.3.10〕．

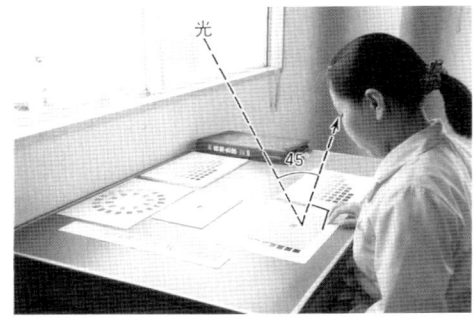

図3.3.9　垂直方向からの観察例

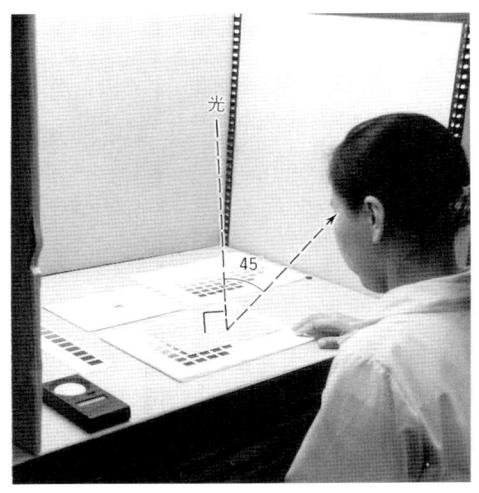

図3.3.10　45度方向からの観察例

2）三属性による色の表示記号の求め方

試料と標準色票を比較して，簡便に試料の三属性による色の表示をするために，表示記号（HV/C）を求める方法を以下に示す．その際の視感による比較方法は1）による．

①　明度スケールによる明度の補間

色相別カラーチャートと別に準備されている明度スケールは，0.5ステップの18段階のスケールになっており，色相別カラーチャートの明度段階より細分化されているので，明度の補間にはこの明度スケールを用いたほうが補間しやすい．

明度の補間は，明度スケールの色票から試料の明度に近い二つの色票を選び，試料の明度と二つの色票の明度を視感で比べて行う．例えば，試料の明度がN5とN5.5の間にあるとき，N5より明るいと思われる差と，N5.5より暗いと思われる差の比を求める．

仮に2：3であれば，この試料の明度は5.2と定める．試料が無彩色であればN5.2となる．

②　色相別カラーチャートによるHV/Cの求め方

試料の色を見て，各チャートの中からその色にもっとも近い色相のチャートを選びだす．そのチャートの中で，試料の色にもっとも近い色票に付けられている表示記号を試料のHV/Cとする．各チャートの色相記号は，チャートの右上に印刷されている．例えば，2.5Rと印刷されていれば，そのチャートは2.5Rの色相を表している．

明度は，縦軸でVと印刷されているほうの数値，例えば，5であれば試料の明度が5であることを表している．彩度は，横軸でCと印刷されているほうの数値，例えば，6であれば試料の彩度が6であることを表している．このようにして定めた試料のHV/Cは，2.5R5/6となり，2.5アール5の6と読む．

試料の色に近似する色票がなく，二つ以上の色票の間に位置するような色の場合には，次の手順によって視感で補間する．

手順1．試料の色相にもっとも近いと思われる色相別カラーチャート2枚，例えば2.5Rと5Rを選び出す．

手順2．2枚のチャートの中で，より試料の色に近似するチャート，例えば2.5Rを選ぶ．

手順3．選んだチャートの中から，試料の色にもっとも近い明度および彩度の色票を選ぶ．例えば5/6．

手順4．選んだ色票の上下の色票と試料の色の明度を比べ，選んだ色票と試料の色を挟む色票を選び，明度だけに関する差を視感により補間する．例えば，試料の明度が5/6と6/6の間にあり，5/6の色票より明るいと思われる差と，6/6より暗いと思われる差の比を求める．仮に1：4であれば，この試料の明度は5.2となる．

手順5．手順3で選んだ色票の左右の色票と試料の色の彩度

3．光環境分野

を比べ，選んだ色票と試料の色を挟む色票を選び，彩度だけに関する差を視感によって補間する．例えば，5/6と5/8を選び，試料の色が5/6の色票よりあざやかであると思われる差と，5/8よりにぶいと思われる差の比を求める．仮に2：3であれば，この試料の彩度は6.8となる．

手順6．手順1で選んだ別のチャートから手順3で選んだのと同一記号の色票を選び，この二つの色票と試料の色を比べ，色相だけに関する差を視感によって補間する．例えば，試料の色が2.5Rの色票よりも黄みがかっていると思われる差と，5Rの色票よりも紫みがかっていると思われる差の比を求める．仮に2：3であれば，この試料の色相は3.5Rとなる．

手順7．以上のようにして定めた色相，明度および彩度の値をまとめてHV/Cで表す．例えば，3.5R5.2/6.8と表示する．

3.3　器械測色の方法

建築空間の器械測色には，色彩計が用いられることがほとんどであるので，ここでは色彩計について述べる．

3.3.1　測色原理

色彩計は色フィルタと受光器をセットとして持つ測定器である．人間の目に対応する分光感度（等色関数）に近似させた三つのフィルタによって三刺激値を直接測定する．図3.3.11に色彩計（刺激値直読方法）の原理を示す．これらのフィルタの分光透過率が限定されており，分光感度を標準観測者の分光感度に完全に一致させることは難しい．

3.3.2　測色条件

1）照明および受光の幾何学的条件

物体の色は見る方向や照明する方向によって異なるため，器械測色においては次のようにセンサによる受光方向と光源による入射方向の条件を幾何学的条件として規定している〔図3.3.12〕．

条件aおよびbは一方向から照明する方式で，aは試料面法線に対し45±2°の角度から照明し法線方向（0±10°）で受光する．bは試料面の法線方向（0±10°）から照明し，法線に対して45±2°の角度で受光する．この方式は輝度計タイプの非接触式色彩計で守るべき条件である．

一方，条件c，dは，光をほぼ完全に拡散反射するように硫酸バリウムなどの白い塗料で内面を塗布した積分球などを使用し，試料をあらゆる方向から照明する方法である．この方式は接触式色彩計が具備すべき条件である．

2）照明に用いる光源（3.2.3の1）③に同じ）

3.3.3　色彩計の種類

色彩計には接触式と非接触式とがある．

接触式色彩計は，光源にはキセノンランプが，フィルタには色ガラスフィルタの組合せが，受光素子としてSiまたはSeが使用されている．光源が内蔵されているため，光源の種類と位置関係上の制約を気にする必要がなく，測色が簡単である〔図3.3.13〕．

一方，非接触式の色彩計は，輝度計タイプのもので，本来，光源の測色用の器械である．離れた場所から物体の色や光源の色の三刺激値の測定を行うことも可能であるが，光源の種類や位置関係上の条件が確保できるか否かが問題である〔図3.3.14〕．また，色の表示がYxyに限られる場合が多く，マンセルのHV/Cを表示する場合，変換のための計算を別途行う必要が生じる．

現在，建築空間の測色に使用されているのは接触式がほとんどであるため，本演習では，接触式色彩計を用いる．

3.3.4　接触式色彩計の取扱い方法

使用する色彩計によって，取扱い方法が異なるのでそれぞれの取扱説明書を熟読していただきたい．一般的な操作の留意事項は次のとおりである．

1）測定前の準備

① 電池により駆動するものは，バッテリーチェックを行い，必要であれば電池を交換する．

② 白色校正板によりできる限り測定条件に近い温度で白色校正を行う．

③ 接触式色彩計では，通常XYZで計測され，その後JIS Z 8721の付表および付図，付属書の付表および付図により標準の光Cおよび標準の光D65の下でのマンセルHV/C値を出力する．このほか，Yxy，L*a*b*などの多様な表

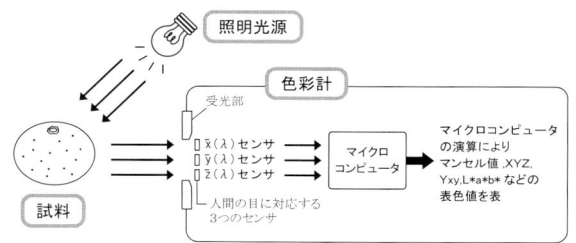

図3.3.11　色彩計（刺激値直読方法）の測定原理

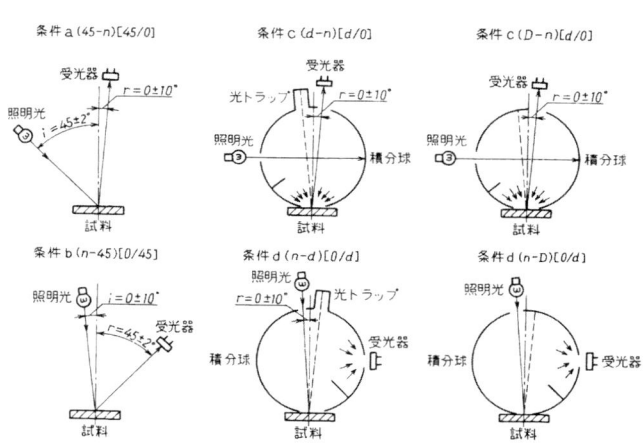

図3.3.12　幾何学的条件

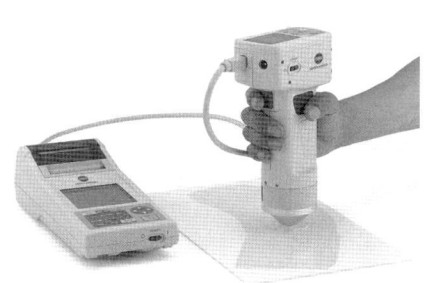

図3.3.13　接触式色彩計の外観例（写真提供：コニカミノルタセンシング株式会社）

図3.3.14　非接触色彩計の外観例（写真提供：コニカミノルタセンシング株式会社）

示モードが可能であるが，建築分野ではマンセル（HV/C）値による表示が多用されているのでこれに設定する．

2）測定時の注意
① 試料の測定ポイントに正確に測定ヘッドの測定開口部を垂直に当てる．測定開口全面に試料が接するように注意する．
② 色彩計に強い振動を与えない．
③ 測定開口からほこりなどが進入しないよう保護に努める．
④ 測定終了時に忘れずスイッチを切る．電池を使用した場合は電池を必ず取り外し，色彩計を保護ケースに格納する．

4．演習の進め方

実際の建築室内や建築外部における色の測定は，視感測色の場合，厳密に測色条件を守ることはかなり困難である．一方，器械測色の場合も，表面の模様やテクスチャによっては正確な計測ができない場合がある．

そこで，本演習でははじめに，できるだけ厳密な条件において，建築仕上げ材あるいは塗料の色見本を測色し，基本的な測色方法を習得する（第1回演習）．次に，実際の建築表面の測色を行う（第2回演習）．

4.1 第1回演習（建築仕上げ材・塗料色見本の色彩測定）

建築仕上げ材または塗料の色見本の色を測定する．色の測定にはJIS標準色票または接触式色彩計，あるいは両方を用いる．JIS標準色票による測色は必ず行うことが望ましい．測定はグループを構成し，グループごとに行う．JIS標準色票による測色は希望者を募り，その中から選んで行うこと．希望者が多い場合は，演習時間に応じて人数を決めること．

4.1.1 測色用試料の準備

建築表面の外装材，壁紙，床材などの仕上げ材，あるいは塗料用の色見本を準備する〔図3.3.15〕．表面に模様がないものを選び，テクスチャが粗いものは避ける．グループごとに試料として次の要領で15色程度を選ぶ．
① 色相に偏りがないよう中明度で，高彩度の色見本を10色程度
② 無彩色あるいはオフホワイトの色見本で高・中・低明度の色見本を各1色，計3色
③ 適当に2色程度

4.1.2 JIS標準色票による視感測色

1）測定条件

照明に用いる光源は，3.2.3の1）③に準じる．常用光源蛍光ランプD65は市販されており，これを用いるのがよい．光源の準備が困難な場合は窓からの直射のない昼光により測定する．観測位置での明るさは1 000 lx 程度を確保することが望まれる．また，観測位置の照度を測定しておく．観測者は白衣などを着用するか，色味のない服装を着用するものとする．

照明の方向は観測の方向は3.2.3の1）④に準じる．観測面の周囲はできるだけ無彩色の環境とする．

2）測定

測定方法は3.2.3の2）②により，HV/Cとも小数点1位まで計測する．測色結果は表3.3.1を参考に記入用紙を作成し，記入する．

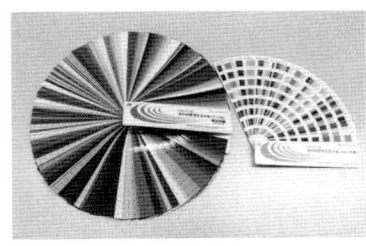

図3.3.15 色見本の例

表3.3.1 色彩測定の記入用紙例

試料・建築室内・建築外部の色彩測定
測定日時
測定場所
測色方法（JIS標準色票・接触式色彩計）
光源の種類（昼光・人工光）
光源の種類・型番（人工光の場合）
照度（視感測色の場合）

色見本試料 測定部位 測定建物	HVC	測定者						平均
		A	B	C	D	E	…	
1	H	7.5R	10R	5YR	10YR	2.5Y		5YR
	V	8	9	8.5	7.5	7		8
	C	4.5		3.5	5	4		4.4
2	H							
	V							
	C							
3	H							
	V							
	C							
⋮	⋮	⋮	⋮	⋮	⋮	⋮	⋮	⋮
14	H							
	V							
	C							
15	H							
	V							
	C							

4.1.3 接触式色彩計による器械測色

1）測定条件

光源が内蔵されているため，照明に用いる光源や照明の方向と観測の方向は考慮しなくてもよい．測定開口から外光が混入すると誤差が生じるので，テクスチャが粗い試料は避ける．

2）測定

測定方法は3.3.4による．測色結果は表3.3.1を参考に記入用紙を作成し，記入する．

4.2 第2回演習（建築表面の色彩測定）

建築室内あるいは建築外部いずれかの色彩測定を行う．時間があれば両方を行うことが望ましい．測色方法は，JIS標準色票による視感測色と，接触式色彩計による器械測色があるが，どちらか一方を用い，併用は避ける．測定はグループを構成して，グループごとに行う．JIS標準色票による測色は希望者を募り，その中から選んで行うこと．希望者が多い場合は，演習時間に応じて人数を決めること．

4.2.1 建築室内の色彩測定

1）測定場所および測定ポイント

測色を行う部屋を選定する．大学の講義室，演習室，住宅の居間など，測定に適した部屋を選ぶ．表面のテクスチャが粗くなく，模様のない部屋を選ぶこと．室内の測定ポイントは手が届く範囲とし，届かない部位の測定は行わない．床，壁，天井，幅木，ドア，建具，その他，室内構成要素を適宜選定する．高所作業も発生するため安全には十分注意して行う．

2）JIS標準色票による視感測色

測定を行う部屋の照明用光源が3.2.3の1）③の測定条件に定められている光源であることは皆無であろう．すなわち光源の標準化は困難であるので，その部屋の光源下でのHV/Cを求

めることになり，厳密には他の測定値と比較することは意味を持たないのであるが，実用的にはできるだけ演色性の高い人工光源のある部屋で測定を行うことが望まれる．光源の種類を記録しておくことも必要である．観測位置での明るさは500 lx程度を確保することが望まれる．室内の照度も記録しておく．観測者は，色味のない服装を着用するものとする．測定方法は3.2.3の2)②の手順1～7により，HV/Cとも小数点第1位まで計測する．測色結果は表3.3.1を参考に記入用紙を作成し，記入する．

3) 接触式色彩計による器械測色

接触式色彩計で器械測色を行う場合は，光源が内蔵されているため，照明に用いる光源や照明の方向と観測の方向は考慮しなくてもよい．このため，人工光源により照明されている室内空間の測色にはこの方法がより適している．測定開口から外光が混入すると誤差が生じるので，テクスチャが粗い表面の測定は行わない．測色結果は表3.3.1を参考に記入用紙を作成し，記入する．

4.2.2 建築外部の色彩測定

1) 測定場所および測定ポイント

測定を行う場所として，街路に沿った10棟程度の建築物を測定場所とし，ファサードの大半を占める色彩（基調色）を測定ポイントとする．通行に支障のなく，測色に安全な通りを選ぶこと．また，日の出3時間後から日没3時間前の時間帯を選ぶ．測定範囲は手の届く範囲とし，届かない部位の測定は行わない．

2) JIS標準色票による視感測色

JIS標準色票により視感測色を行う場合は，直射日光が当たらない状態で測色を行うこと．また，十分な明るさが確保できるよう，測定時間帯に留意する．測定方法は3.2.3の2)により，HVCとも小数点第1位まで計測する．昼光は変動が激しいので手際よく行う．測色結果は表3.3.1を参考に記入用紙を作成し，記入する．測色時間帯，天気なども記入する．

3) 接触式色彩計による器械測色

接触式色彩計で器械測色を行う場合は，光源が内蔵されているため，照明に用いる光源や照明の方向と観測の方向は考慮しなくてもよい．測定開口から外光が混入すると誤差が生じるので，明るい屋外での測定には注意が必要である．特に，直射日光が当たらない状態で測色を行うこと．測定は3.3.4による．測色結果は表3.3.3を参考に記入用紙を作成し，記入する．

5．レポートのまとめ方

測定結果とそれに関する考察をまとめて，グループごとにレポートを作成する．なお，HV/Cの平均値の算出方法は関連事項6.1項を参照のこと．

5.1 建築仕上げ材・塗料色見本の色彩測定
5.1.1 測定結果

測定結果に従って，複数の測定者による測定値の一覧表を作成し，各測定値について平均値を算出する．

5.1.2 考察
① 測定者によって測色値にどのような違いが生じたか考察する．違いが大きい場合は原因を考察する．
② JIS標準色票による視感測色と，接触式色彩計による器械測色両方を行った場合は，測定方法によって測定値にどのような違いが生じたか考察する．違いが大きい場合は原因を考察する．
③ 測定を体験しての問題点，感想などをまとめる．

5.2 建築表面の色彩測定
5.2.1 建築室内の色彩測定
1) 測定結果

測定結果に従って，複数の測定者による測定値の一覧表を作成し，各測定値について平均値を算出する．算出した平均値は

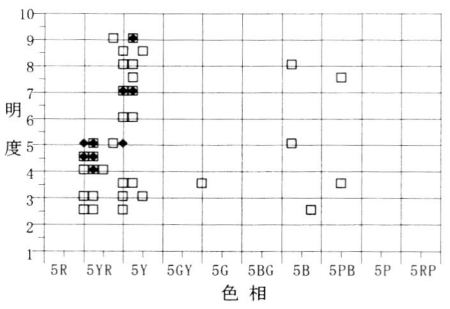

a) 色相(H)－明度(V)平面

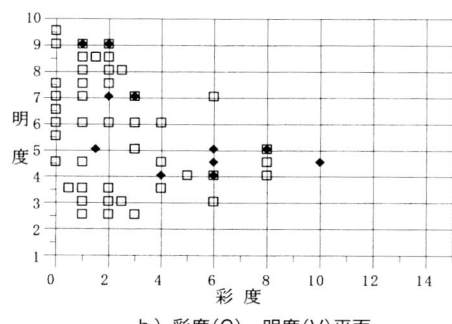

b) 彩度(C)－明度(V)平面

図3.3.16 色彩分布図

図3.3.16に示す色相（H）－明度（V）平面，彩度（C）－明度（V）平面を参考に図を作成しプロットする．

2) 考察
① 関連事項6.2に示す図3.3.17の建築室内の壁・床・天井の一般的な色彩傾向と比較して考察を行う．
② 測定を体験しての問題点，感想などをまとめる．

5.2.2 建築外部の色彩測定
1) 測定結果

測定結果に従って，複数の測定者による測定値の一覧表を作成し，各測定値について平均値を算出する．算出した平均値は図3.3.16に示す色相（H）－明度（V）平面，彩度（C）－明度（V）平面を参考に図を作成しプロットする．

2) 考察
① 関連事項6.3に示す図3.3.18の建築外部の基調色の一般的色彩傾向と比較して考察を行う．
② 測定を体験しての問題点，感想などをまとめる．

6．関連事項
6.1 HV/Cの平均値の算出方法

明度（V）および彩度（C）については，単純平均を行い，小数点以下第1位まで記載する．

色相（H）の平均値は，同一色相の場合は，数値のみを単純平均して小数点以下第1位まで記載する．

測定値が多色相にわたる場合は，色相ごとに次のそれぞれの数値（R：0，YR：10，Y：20，GY：30，G：40，BG：50，B：60，PB：70，PR：80，P：90）をプラスした後，単純平均を行い，その後，色相表現に戻す操作が必要である．

例：5つの測定値が，R，YR，Yの3色相にわたる場合の平均値の算出方法

測定値：7.5R，10R，5YR，10YR，2.5Y

7.5R → 7.5＋0＝7.5
10R ：10＋0＝10
5YR ：5＋10＝15
10YR ：10＋10＝20
2.5Y ：2.5＋20＝22.5

平均値：(7.5＋10＋15＋20＋22.5)÷5＝15 → 5YR

6.2 建築室内の色彩傾向

各種建築室内において,実測された色彩データを,天井,壁,床に分けて図3.3.17に示す.これより,建築室内の基調色の一般的な傾向を読み取ることが可能である.

6.3 建築外部の色彩傾向

街路の建築ファサードにおける基調色の色彩傾向を図3.3.18に示す.これより,建築外部の基調色の一般的な傾向が読み取ることが可能である.

6.4 分光放射輝度計

分光測色方法による非接触タイプの分光測色計.ある分光範囲にわたって,狭い波長幅内に含まれる放射の輝度を測定する器械である.

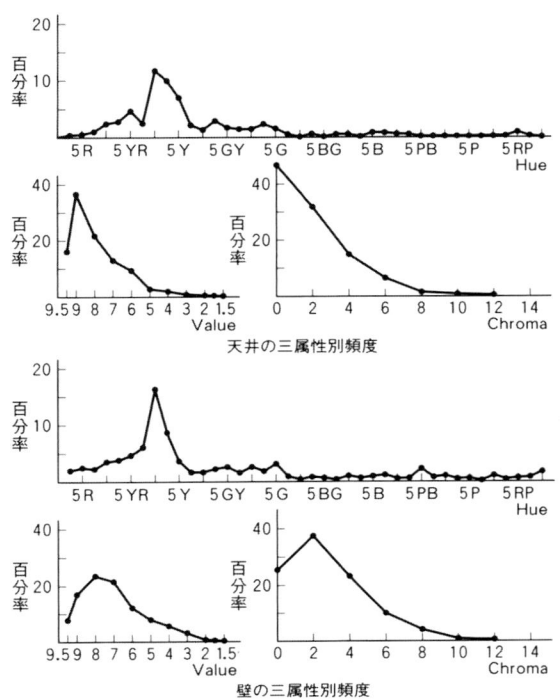
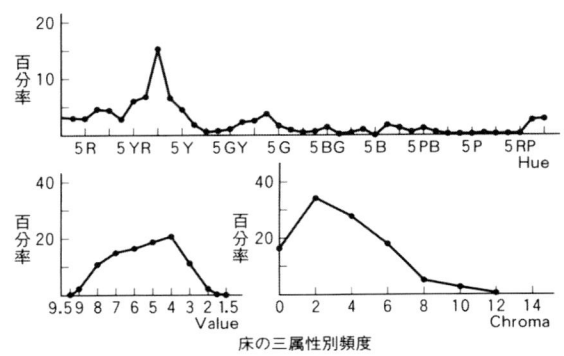

図3.3.17 建築室内の色彩傾向(天井・壁・床)

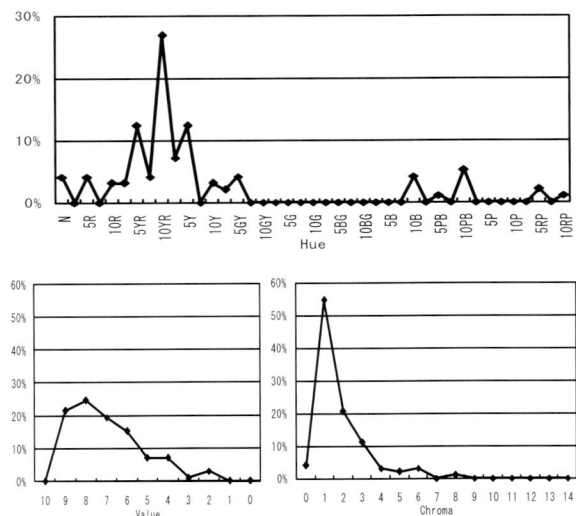

図3.3.18 建築外部の色彩傾向(基調色)

3．光環境分野

参 考 文 献

1) 日本工業標準調査会 JIS Z 8105：2000　色に関する用語
2) 日本工業標準調査会 JIS Z 8113：1998　照明用語
3) 日本工業標準調査会 JIS Z 8701：1999　色の表示方法－XYZ表色系及びX10Y10Z10表色系
4) 日本工業標準調査会 JIS Z 8721：1993　色の表示方法－三属性による表示
5) 日本工業標準調査会 JIS Z 8722：2000　色の測定方法－反射及び透過物体色
6) 日本工業標準調査会 JIS Z 8723：2000　表面色の視感比較方法
7) 日本工業標準調査会 JIS Z 8716：1991　表面色の比較に用いる常用光源蛍光ランプD65－形式及び性能
8) 日本工業標準調査会 JIS Z 8720：2000　測色用標準イルミナント（標準の光）及び標準光源
9) 日本工業標準調査会 JIS Z 8902：1984　キセノン標準白色光源
10) JIS色票委員会監修：JIS Z 8721準拠　標準色票　光沢版　第8版　解説，日本規格協会，2000
11) 中山和美ほか4名：街並の色彩構成に関する研究―日欧新旧九つの事例による街並色彩の現況，日本建築学会計画系論文集，第543号，pp.17〜24，2001.5
12) 佐藤仁人：建築ファサードにおける色彩と材料との関係，日本建築学会技術報告集　第13巻　第25号，pp.177〜180，2007.6
13) 稲垣卓造：都市の色彩分布に関する一考察，日本建築学会学術講演梗概集（環境工学），pp.429〜430，1987
14) 日本色彩研究所編：色の百科事典，丸善，2005
15) 平井敏夫：はかるシリーズ　色をはかる，日本規格協会，1992
16) 日本建築学会編：建築の色彩設計法，日本建築学会，2005

3.4 光環境の予測（応用1）

1．演習の目的

室内の光環境は，光源からの光放射や室内表面における光の反射・吸収特性を反映し，光束の伝達をモデル化することで予測することができる．測定による光環境の把握は，建築物の完成後でなければ行うことができないので，設計段階においてシミュレーションで光環境を把握しておくことはきわめて重要なことである．しかし，パラメータやアルゴリズムの問題等により，シミュレーション時の予測誤差は不可避であるので，計算手法に対する十分な知識を持ってシミュレーションを行う必要がある．本節は，光環境の予測に関する知識と基礎的な演習を行う技術を身に付けることを目的としている．

本節では，シミュレーションに必要な基礎事項について学んだ後に，①「さまざまな光源による直接照度を求める演習」②「室内の照度分布を求める演習」を行う．本節のフローは次のとおりである．

```
        基礎事項の学習
①  さまざまな光源による直接照度を求める演習
┌──────────────────────┐
│  点光源による直接照度の予測      │
│  面光源による直接照度の予測      │
│  一様な天空光による直接照度の予測 │
└──────────────────────┘
            ↓
②  室内の照度分布を求める演習
┌──────────────────────┐
│  直射日光による室内の照度分布の予測 │
│  天空光による室内の照度分布の予測  │
│  天窓による室内の照度分布の予測   │
│  間接光による室内の照度分布の予測  │
└──────────────────────┘
```

なお，光源による直接照度の演習は，数式で理論値を求めることができる基本的なケースを設定し，シミュレーション結果との整合性を検討するものである．実際の光環境シミュレーションは，建築空間内部を想定して行われることがほとんどであるため，本節の内容が割り当てられた演習時間を超える場合には，4.1のさまざまな光源による直接照度を求める演習を省き，4.2の室内の照度を求める演習のみを行うとよい．

2．基礎事項

2.1 設定するパラメータ

光環境のシミュレーションを行うためには，光が最初に出発する光源と，光が反射・透過などのふるまいを行う空間についてパラメータとして設定する必要がある．

光源については，光源から放出される光束の強さが重要であり，光源やランプシェードの影響により方向別に光束の強さが異なる場合は，方向別の光度や配光特性を与える必要があるが，方向別の光束の強さを考慮できないツールも存在する．また，光源色を考慮する場合は，原則としては波長ごとの光束の強さを考慮しなければならないが，多くのツールでは，後述の反射特性とともに，RGBの3バンドに分解した場合の光束の強さと反射率を与えるものがほとんどである．また，完成予想図を作成することを主目的としたツールでは，光束の強さは0から1の間で設定するなど，測光量に基づかないパラメータ設定が行われているものも存在する．このようなツールでは，照度や輝度などの値を得ることは難しい．

空間側で重要なパラメータは，空間形状と反射特性である．空間形状は，任意の形状を三角形要素や数式によって定義できるものが存在し，一部の簡易ツールでは形状の自由度に制約がある．反射特性は，厳密には入射方向（入射角，入射方位角），反射方向（反射角，反射方位角）ごとの強度が必要になるが，それではパラメータ設定やシミュレーションにおける計算が複雑になりすぎるため，多くのツールでは入射角反射角に依存しない反射率のみでパラメータ設定を行うことがほとんどである．また，前述のように，色の効果を考慮する場合には，RGBの3バンドに分けた場合の反射率を与えることが多い．

2.2 シミュレーションのフロー

光環境のシミュレーションのフローは次のとおりである．

```
    光源のパラメータ設定
    空間のパラメータ設定
          ↓
    シミュレーションに関する
       パラメータ設定
          ↓
    シミュレーションの計算
    （照度，輝度の算出）
          ↓
    計算結果の図化
```

まずは，2.1で説明したように，光源と空間のパラメータの設定を行う．光源のパラメータ設定は，光源ごとに行う必要がある．次に，シミュレーションに関するパラメータの設定を行う．これは，計算を打ち切る収束条件など，計算精度と計算時間にかかわるものである．一般に，パラメータを変化させて結果が大きく変化するようであれば，計算精度は十分ではないと考えられるため，より厳密な計算を行うようにパラメータを変更する必要がある．

シミュレーションの計算は，これら設定されたパラメータを基に，コンピュータが行うものである．これにより，空間を分割した小要素ごと，あるいは空間に設定された無数のポイントごとの照度，光束発散度，輝度などが求められる．

最終的に，計算された測光量を基に，コンターやCGパースなどの図化表現が行われる．この際，数字で表現されたコンターなどの場合は問題ないが，CGパースなどによる表現には注意が必要である．仮に精度の高いシミュレーションが行われていたとしても，CGパースでは，計算された輝度は0から255までの画素階調値で表現されるため，多くの場合ダイナミックレンジが圧縮されるが，圧縮の際の変換方法が明らかにされていないツールも存在する．シミュレーションの結果，模型を写真撮影したようなリアリティのCGパースが得られているのに，実際に完成した建築空間と印象が異なることがあるのは，計算精度の問題以外にこのような背景が関係している．予測された光環境を測光量を用いずに評価することは大きな問題がある．

2.3 直接照度と間接照度

昼光や人工光などの光源から対象面に直接入射する光による照度を直接照度といい，対象面が室内にあるような場合に光源から放射された光が床や壁などに反射した後に対象面に入射する光による照度を間接照度という．対象面の照度は直接照度と間接照度の和として表される．

$$E = E_d + E_r \tag{3.4.1}$$

E：対象面の照度
E_d：直接照度
E_r：間接照度

受照面の直接照度は，光源の光度や輝度との関係によって計算可能である．受照面の間接照度の計算は，室内表面の反射特性や室内表面で何度も反射を繰り返す相互反射を考慮する必要があり，簡単ではない．しかしながら，一般に間接照度は直接照度に比べて値は小さく，空間分布も一様に近いことから，略算可能である．

$$E_r = \frac{\rho F}{S(1-\rho)} \tag{3.4.2}$$

F：室内で放射される光束
ρ：室内平均反射率
S：室内全表面積

この式は3.2節の2.4.3「間接昼光率の計算法」〔p.38〕に記される（3.2.17）式の間接照度の計算式を書き換えた式である．この計算方法は，室空間を同じ内表面積を持つ球体と仮定し，内部の反射率を室内表面の平均反射率と同一として間接照度を計算したことになる．このため，形状が球体とは異なり室内表面に反射率の分布があるような空間を解析する場合には計算精度が低下する．

室形状や室内反射率の分布が複雑である場合に間接照度を含めた計算を行う方法として，次に説明するように，さまざまな大域照明計算のアルゴリズムが提案されている．

2.4 大域照明計算のアルゴリズム

大域照明計算のアルゴリズムは，光がさまざまな面で反射を繰り返す相互反射（透過も含まれる）を取り扱う必要があり，前述の室形状が球であるような特殊な場合を除いて解析的なアプローチを適用することが難しく，何らかの形で計算を離散化する必要がある．大域照明計算における離散化のプロセスは，図3.4.1のように，連続的な空間を離散的に扱う（要素に分割する）方法と連続的な光の流れを離散的に取り扱う（光線に分割する）方法の二つが提案されている．

2.4.1 空間を離散的に扱う方法

空間内表面を分割した面要素間の光束伝達を計算する光束伝達法（ラジオシティ法）が多くのツールで実装されている．この方法は，正反射を取り扱うことが難しいという欠点があるが，視点に依存しない拡散反射を中心に解析を行うので，視点の変更に際して再計算を必要としないため，アニメーションなどへの展開が容易である．

2.4.2 光の流れを離散的に扱う方法

最終的に求められる解像度に応じて視点から光線を逆に発し，計算対象空間と交差した場所の輝度（光束発散度）をその光線の方向の情報とし，一方で交差した場所の反射特性が正反射性を有する場合には正反射方向にさらに光線を発し，交差した場所の輝度（光束発散度）の情報を加えていく，という処理を繰り返す方法である光線追跡法（レイトレーシング法）が代表的である．光線追跡法は，正反射が支配的な空間を表現することに優れているが，計算負荷が大きく，また拡散反射による相互反射を考慮することができない．

これらの点を改良するため，視線からの光線が拡散反射面に交差した場合に複数の光線を発するパストレーシング法（発する光線の数は確率的に制御して計算負荷を軽減）や，光源から光線を発し，その情報を光線追跡法で回収して利用するフォトンマッピング法などが知られている．

一般に，光の流れを離散化する方法は，光の流れを拡散反射に限定する必要がなく，さまざまな光のふるまいを考慮することができる．その反面，計算負荷が大きく，また離散化が十分でない場合に明らかに不自然なノイズが発生することが知られている．

本節の演習は，拡散反射性の材料が中心となる室空間を対象としているため，大域照明計算のアルゴリズムとしては計算負荷が小さく計算結果が安定している光束伝達法を利用することとし，説明・演習を進める．

2.5 二面間の光束伝達

図3.4.2に示すような光束発散度 M_j〔lm/m²〕である面 j から面 i に伝達する光束を考える．面 j 上の微小面 dS_j による面 i 上の微小面 dS_i の照度 E_{idS} は点光源による照度の計算により式（3.4.3）で示される．

$$E_{idS} = \frac{I}{r^2}\cos\theta_i \tag{3.4.3}$$

I〔cd〕：微小面 dS_j の微小面 dS_i 方向の光度
r：微小面 dS_j と微小面 dS_i 間の距離
θ_i：微小面 dS_i における入射角

微小面 dS_j が均等拡散面であり輝度 L〔cd/m²〕であるとすると，光度 I は輝度の定義から次式の関係がある

$$L = \frac{I}{dS_j \cos\theta_j} \tag{3.4.4}$$

すなわち，

$$I = L dS_j \cos\theta_j \tag{3.4.5}$$

となり，微小面 dS_j による微小面 dS_i の照度 E_{idS} は次式で示される．

$$E_{idS} = \frac{L dS_j \cos\theta_j \cos\theta_i}{r^2} \tag{3.4.6}$$

面 j による面 i 上の微小面 dS_i の照度 E_i は，微小面 dS_j による照度 E_{idS} を面 j 全体について積分して得られる．

$$E_i = \int E_{idS} = \int \frac{L\cos\theta_j \cos\theta_i}{r^2}dS_j \tag{3.4.7}$$

面 j 内の輝度が均一で，微小面 dS_i に対する面 j の立体角投射率 U_{dS} とすると，面光源による照度の計算式が得られる．

$$E_i = L\int_{S_j}\frac{\cos\theta_j\cos\theta_i}{r^2}dS_j$$
$$= \pi L U_{dS} = M_j U_{dS} \tag{3.4.8}$$

M_j〔lm/m²〕：面 j の光束発散度（均等拡散面では $M = \pi L$）

立体角投射率 U_{dS} は次式．

$$U_{dS} = \int_{S_j}\frac{\cos\theta_j\cos\theta_i}{\pi \cdot r^2}dS_j \tag{3.4.9}$$

このとき面 j から微小面 dS_i に伝達される光束 $d\Phi_{ji}$ は次式となり，

$$d\Phi_{ji} = E_i dS_i = M_j U_{dS} dS_i \tag{3.4.10}$$

面 j から面 i に伝達する光束は光束 $d\Phi_{ji}$ を面 i 全体について積分して得られる．

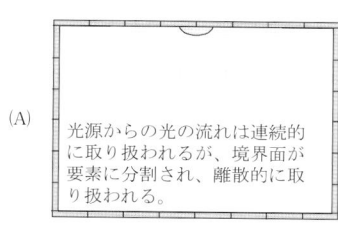

(A) 光源からの光の流れは連続的に取り扱われるが，境界面が要素に分割され，離散的に取り扱われる。

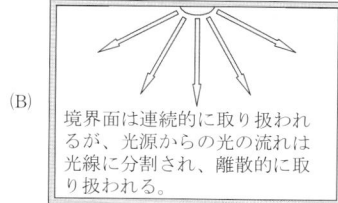

(B) 境界面は連続的に取り扱われるが，光源からの光の流れは光線に分割され，離散的に取り扱われる。

図3.4.1 (A)空間を離散的に扱う方法（上）と(B)光の流れを離散的に扱う方法（下）

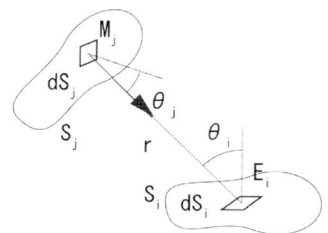

図3.4.2 二面間の光束の伝達

$$\Phi_{ji} = \int_{S_i} d\Phi_{ji} = M_j \int_{S_i} U_{dS} dS_i \qquad (3.4.11)$$

ここで，面 j の発散光束 $M_j S_j$ のうち，面 i に入射する光束 Φ_{ji} の割合を示す形態係数 F_{ji} は次式で示される．

$$F_{ji} = \frac{\Phi_{ji}}{M_j S_j} = \frac{1}{S_j} \int_{S_i} U_{dS} dS_i \qquad (3.4.12)$$

形態係数 F_{ji} は光の放射にかかわらず面 i と面 j との幾何学的な関係のみで定まる値であり，形態係数を用いることで面 j から面 i に伝達する光束の計算が容易となる．なお，光放射側の面 j の面積との積となる次式は i と j を入れ替えても成立する．

$$\begin{aligned} F_{ji} S_j &= \int_{S_i} U_{dS} dS_i \\ &= \int_{S_j} \int_{S_i} \frac{\cos\theta_j \cos\theta_i}{\pi \cdot r^2} dS_j dS_i \end{aligned} \qquad (3.4.13)$$

この関係から次の相反定理が成立している．

$$F_{ji} S_j = F_{ij} S_i \qquad (3.4.14)$$

任意の形状，任意の位置関係にある二面の形態係数を計算することは簡単ではない．しかし，矩形面が垂直または平行な限られた位置関係で面する場合の形態係数の計算式を用いて，垂直または平行な関係で面する任意の位置関係の形態係数は算出することが可能である．また，計算対象面を細分化する数値計算によって求めることが可能である．

形態係数を数値計算により求めるには，(3.4.12) 式を用いて面 S_i を分割した微小面 dS_i に対する面 j の立体角投射率 U_{dS} を面 i 全体について積算することで得られる．

$$F_{ji} = \frac{1}{S_j} \sum^{S_i} U_{dS} dS_i \qquad (3.4.15)$$

矩形面に対する立体角投射率は 3.2 節の 2.4.2〔p.37〕に示されている．図 3.4.3 に示す点 P に対する任意形状の面 S の立体角投射率 U は，面 S を半球に投影した面 S' をさらに底面に正射影した面 S" の面積と半球底面の面積の比となる．面 S" の面積は，面 S の境界要素の QR を半球に投影 Q'R' とし三角形 PQ'R' の面積 dA' を底面に正射影した dA" を面 S の境界全体について積分することで得られ，立体角投射率 U は次式で示される．

$$U = \frac{S''}{\pi} = \frac{1}{\pi} \int dA'' = \frac{1}{\pi} \int \frac{d\beta}{2} \cos\delta \qquad (3.4.16)$$

β〔rad〕：$\angle$ QPR，δ〔rad〕：面 PQR と面 T のなす角度

面 S が多角形で QR が直線である場合は，立体角投射率 U は次式で示される．

$$U = \frac{1}{2\pi} \sum \beta_i \cos\delta_i \qquad (3.4.17)$$

微小面 dS_i に対する任意形状の面 j の立体角投射率 U_{dS} はこれらの式を用いて計算可能である．なお，計算を簡略化し面 S_i 中の立体角投射率が中心の立体角投射率に等しいとして形態係数 F_{ji} を計算する場合もある．

2.6　光束伝達法による室内光環境の予測

図 3.4.4 に示すような室内表面を n 個に分割し面 i に入射する光束を考える．面 i に入射する光源から直接入射する光束 Φ_{di} は，面 i の面積 S_i と直接照度 E_{di} の積であり，$\Phi_{di} = E_{di} S_i$ となる．面 i に天井や壁面を経て間接的に入射する光束の内，面 j から入

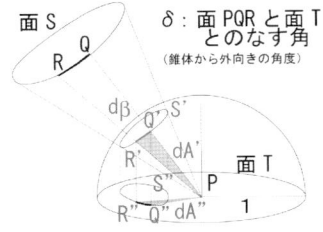

図 3.4.3　錘面積分による立体角投射率計算

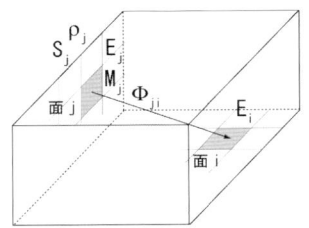

図 3.4.4　光束伝達法による室内光環境の計算

射する光束 Φ_{ji} は，形態係数 F_{ji} が面 j の放射光束のうち面 i に入射する光束の割合であり，次式となる．

$$\Phi_{ji} = M_j S_j F_{ji} \qquad (3.4.18)$$

M_j〔lm/m²〕：面 j の光束発散度，S_j〔m²〕：面 j の面積

面 i に間接的に入射する全光束は Φ_{ji} を全室内表面 j からの光束の総和となる．面 i に入射する全光束 Φ_i は直接入射する光束と，間接的に入射する全光束の和であり，次式となる．

$$\Phi_i = \Phi_{di} + \sum_{j=1}^{n} \Phi_{ji} \qquad (3.4.19)$$

(3.4.18) 式の関係，および (3.4.14) 式の相反定理から，次式が成立する．

$$\begin{aligned} \Phi_i &= \Phi_{di} + \sum_{j=1}^{n} M_j S_j F_{ji} \\ &= \Phi_{di} + \sum_{j=1}^{n} M_j S_i F_{ij} \end{aligned} \qquad (3.4.20)$$

式の両辺を面 i の面積 S_i で除すと，光束と照度との関係 $E = \Phi/S$，および光束発散度と照度との関係 $M = \rho E$ から，面 i と面 j の照度 E_i，E_j について次式の関係が成立する．

$$E_i = E_{di} + \sum_{j=1}^{n} \rho_j E_j F_{ij} \qquad (3.4.21)$$

面 i の直接照度 E_{di} は，光源の光度や輝度との関係によって計算可能である．未知数は室内表面を n 分割した各面 i（j を含む）の照度 E_i の n 個であるが，この式は n 個の各面について成立し，連立させることで照度 E_i を解くことができる．一般に分割数 n が多くなると手計算では無理があるが，計算機を用いることで解くことが可能となる．

3．予測計算の準備
3.1　予測計算のアルゴリズムと限界

光が流れ，境界面で反射を繰り返す現象においては，光の流れも境界面も連続的なものである．しかし，これを連続的に取り扱おうとすると，特殊なケース（球体の空間や無限平面が対向している場合等）を除けば，計算によって光環境を予測することができない．そこで，構造力学や熱環境工学等の他の分野の予測計算と同様，光環境の予測においても 2.4 で示したように数値計算的なアプローチが取られる．すなわち，連続的なものである光の流れや境界面を離散的に取り扱うのである．前述の光束伝達法は境界面を要素分割して離散的に取り扱うものであり，ほかに光の流れを有限の数の光線で扱うタイプのアルゴリズムも存在する．いずれにしても，離散化を行った時点で計算誤差は避けられないものであり，シミュレーションによる予測結果には必ず誤差が含まれることになる．

3.2　予測計算ツールについて

> 本演習は MicrosoftExcell で作成したプログラムを使用します．下記よりダウンロードしてください．
> URL　http://www.aij.or.jp/jpn/books/env-text/
> パスワード　3light4

ここでは，予測計算ツールを用いて演習を行う．測光量に対応している予測計算ツールであれば何を用いてもかまわないが，一部のコンピューターグラフィクスソフトのような測光量に対応していないツール（光源の強さを 0 から 1 の範囲で指定するものなど）は用いることができない．なお，本書では，測光量に対応しているツールとして，㈶建築環境・省エネルギー機構

において開発されたLVECS（Lighting and Visual Environment Consulting System）を用いて演習を行うこととする．LVECSは，光束伝達法で間接光の計算を行っている．LVECSの利用方法の詳細については，プログラム添付のマニュアルを参照されたい．なお，本節の演習でLVECSを用いた場合の一連の流れと「2.2シミュレーションのフロー」との関係については，6.2で「シミュレーションのフローとLVECSを用いた処理の流れの対応」として整理している．

3.3　天空光の取扱い

シミュレーションに用いる数値が測光量に対応しているツールでも，光源としての天空光に対応していないものもある．天空光に対応しているツールが入手できない場合は，前述のLVECSを用いて演習を行うとよい．LVECSでは，天空を細かく3角形要素に分割し，その要素に光束を与えることによって天空光を表現している．

4．演習の進め方

以下，演習の進め方を説明する．なお，実際に演習を行うにあたっては，事前に後述5．のレポートのまとめ方に目を通し，レポート作成時の留意点について理解しておくものとする．

4.1　さまざまな光源による直接照度を求める演習

はじめに，解析解を求めることができる極めて基本的なケースで予測を行う．以下の3つの演習は，すべて十分に大きな水平面における照度を求めるため，あらかじめこのデータを作成しておく．LVECSでのデータ作成の手順は，次のとおりである．

LVECSは，法線ベクトルと反射率が同一である連続した領域を「面」データとして扱い，これを四角形要素に分割することで計算が行われる．まずLVECSに付属のテンプレートの建築形状モデル.xlsを開き，図3.4.5のようにデータを作成するフォルダとファイル名を入力（ここでは「C:¥」と「演習用水平面.xls」し，要素分割サイズを500mmとする．次に原点を中心とする10m×10mの水平面を作成するため，図3.4.6のように面の数，頂点数，4頂点の座標を入力する．この演習は直接照度のみを求めるので，反射率は任意でよい）．

この後に「要素データ作成」ボタンを押すことで，演習で用いる水平面の面データと要素データの準備が整う．

4.1.1　点光源による直接照度の予測

予測計算ツールで高さゼロの位置に大きな水平面を設定し，原点の上の高さ1（m）の位置に全光束800（lm）の点光源（配光はすべての方向に一様）を配置する．このときに生じる照度分布を確認する．また，点光源の高さを変えたときの変化についても確認を行う〔図3.4.7参照〕．

	A	B	C	D	E	F	G	H	I	J	K	L	M	N	O	P
1	建築形状モデル フォルダ名 =				c:¥				建築形状モデル ファイル名 =			演習用水平面.xls				
2	要素分割サイズ =				500				地面要素分割サイズ =							
3	地面の面データの内容															

図3.4.5　面データの入力

6	形状モデルの面データの内容														
7	1	頂点数	v1x	v1y	v1z	v2x	v2y	v2z	v3x	v3y	v3z	v4x	v4y	v4z	反射率
8	1	4	−5000	−5000	0	−5000	5000	0	5000	5000	0	5000	−5000	0	0.7

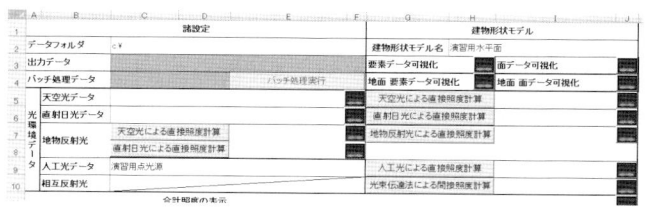

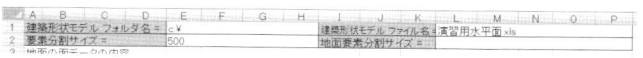

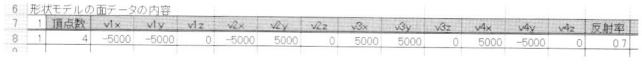

図3.4.6　要素分割の際のデータ入力

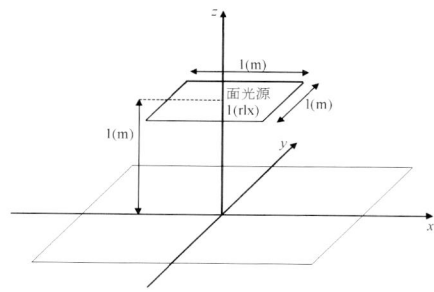

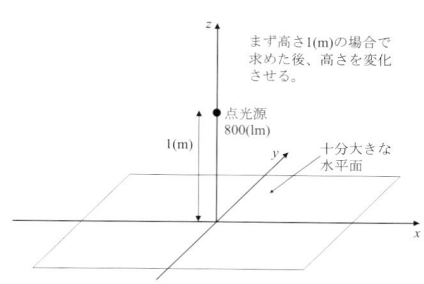

図3.4.7　点光源による直接照度の予測

LVECSのテンプレートのフォルダ内の「人工光データ_テンプレート.xls」をコピーし，別名を付ける（ここでは，「演習用点光源.xls」とする）．そして，このファイルを開き，図3.4.8のように，点光源の数と全光束，位置の座標を入力したうえでファイルを保存して閉じる．

このうえでLVECSを起動し，計算管理ワークシート〔図3.4.9参照〕で，データフォルダ，建物形状モデル名，人工光データの名前をそれぞれ正しく設定し，「人工光による直接照度計算」ボタンを押すことにより計算が行われる．計算結果は，要素データに数値として格納されるが，「人工光による直接照度計算」ボタン横のボタンを押すことにより可視化することも可能である．

4.1.2　面光源による直接照度の予測

4.1.1と同様に水平面を設定し，その水平面と平行，もしくは垂直に任意の大きさ，強さの面光源を設定する．まず，光源は1×1（m）の光束発散度1（lm/m^2）のものとし，平行配置の場合は面光源の中心を（0, 0, 1）とし〔図3.4.10参照〕，垂直配置の場合は面光源の法線ベクトルを（−1, 0, 0）として面光源の頂点のうち一つを（1, 0.5, 0）とし〔図3.4.11参照〕，原点における照度に着目する．次に，さまざまな位置に面光源を設置した場合の照度の変化を確認する．また，水平面上の照度分布

	A	B	C	D	E	F
1	1	点光源の場合 全光束(lm)	面光源の場合 光束発散度(rlx)	v1x	v1y	v1z
2	1	800		0	0	1000
3						

図3.4.8　点光源の設定

図3.4.9　統合操作パネル

図3.4.10　面光源による直接照度の予測（水平配置の面光源の場合）

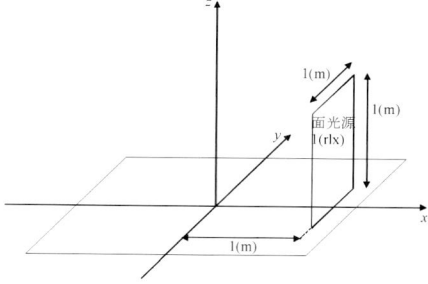

図3.4.11　面光源による直接照度の予測（垂直配置の面光源の場合）

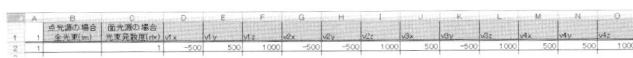

	A	B	C	D	E	F	G	H	I	J	K	L	M	N	O
1	1	点光源の場合 全光束(lm)	面光源の場合 光束発散度(rlx)	v1x	v1y	v1z	v2x	v2y	v2z	v3x	v3y	v3z	v4x	v4y	v4z
2	1		1	−500	500	1000	−500	−500	1000	500	−500	1000	500	500	1000

図3.4.12　面光源の設定

	A	B	C	D	E	F	G	H	I	J	K	L
1	640	v1x	v1y	v1z	v2x	v2y	v2z	v3x	v3y	v3z	天空輝度	15000
2	2	0	0	1	0.119245	0	0.992865	0.036849	0.113409	0.992865	4774.648	
3	6	0.119245	0	0.992865	0.251148	0	0.967949	0.166199	0.120751	0.978671	4774.648	
4	10	0.119245	0	0.992865	0.166199	0.120751	0.978671	0.036849	0.113409	0.992865	4774.648	
5	14	0.036849	0.113409	0.992865	0.166199	0.120751	0.978671	0.077609	0.238856	0.967949	4774.648	
6	18	0.251148	0	0.967949	0.389674	0	0.920953	0.307169	0.126519	0.943207	4774.648	
7	22	0.251148	0	0.967949	0.307169	0.126519	0.943207	0.166199	0.120751	0.978671	4774.648	
8	26	0.166199	0.120751	0.978671	0.307169	0.126519	0.943207	0.215248	0.253039	0.943207	4774.648	
9	30	0.166199	0.120751	0.978671	0.215248	0.253039	0.943207	0.077609	0.238856	0.967949	4774.648	

図3.4.13　一様天空の設定

についても確認を行う．

水平配置の面光源は，点光源の場合と同様に，「光源＿テンプレート.xls」をコピーして別名（ここでは「演習用面光源＿水平.xls」）を付け，図3.4.12のように設定する．

計算の方法も点光源の場合と同様である．垂直配置の際は，図3.4.12で行った設定を条件に応じて変更する．

4.1.3　一様な天空光による直接照度の予測

水平面を設定し，そこに任意の強さの一様な天空光を与える．このような，障害物が一切ない場合の天空光による照度の値を確認する．

LVECSのテンプレートのフォルダ内の「天空光データ＿テンプレート.xls」をコピーし，別名を付ける（ここでは，「演習用一様天空.xls」とする）．次に，このファイルを開き，１行目最終列に全天空照度を入力する．これで，このファイルは，入力した値を全天空照度とする一様天空となる〔図3.4.13参照〕．全天空照度ではなく，天空輝度で設定を行う場合には，輝度の列にすべて同じ値を入力する．

このうえで，LVECSの計算管理ワークシート上で，データフォルダ，建物形状モデル名，天空光データの名前をそれぞれ設定し，「天空光による直接照度計算」ボタンを押すことにより計算が行われる．

4.2　室内の照度分布を求める演習

図3.4.14に示す条件の空間を用いて演習を行う．

建物形状モデル作成.xlsを開き，「直方体」ワークシートで図3.4.15のように建物の寸法を入力する．なお，LVECSではyプラス方向が北である．ここで「面データ作成」ボタンを押すと，「面データ」ワークシートに面データが作成される．そこで，図3.4.16のように，データを生成するフォルダ名，データのファイル名，要素分割サイズを入力する．また，各面には反射率を入力する．さらに，南向きの面２には，反射率の列の後ろに開口部の情報を加える．開口部の情報は，開口部の幅と高さに加え，開口部を内側から見た場合に左下となる点の面の左下点からの幅と高さからなる．

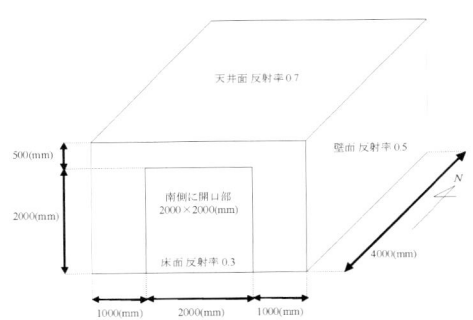

図3.4.14　室内の照度を求める演習で用いる室形状と反射率

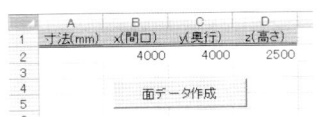

	A	B	C	D
1	寸法(mm)	x(間口)	y(奥行)	z(高さ)
2		4000	4000	2500
3				
4		面データ作成		
5				

図3.4.15　建物の寸法の設定

	A	B	C	D	E	F	G	H	I	J	K	L	M	N	O	P	Q	R	S
1	建築形状モデル フォルダ名 =				c:¥				建築形状モデル ファイル名 =			演習用建物形状モデル.xls							
2	要素分割サイズ =				250				地面要素分割サイズ =			1000							
3	地面の面データの内容																		
4	1	頂点数	v1x	v1y	v1z	v2x	v2y	v2z	v3x	v3y	v3z	v4x	v4y	v4z	反射率	建物_幅	建物_奥行き	[illegible]	[illegible]
5	1	4	−10000	−10000	0	−10000	10000	0	10000	10000	0	10000	−10000	0	0.2	4000	4000	8000	8000
6	形状モデルの面データの内容																		
7	6	頂点数	v1x	v1y	v1z	v2x	v2y	v2z	v3x	v3y	v3z	v4x	v4y	v4z	反射率	窓1幅	窓1高さ	[illegible]	[illegible]
8	1	4	−2000	2000	2500	−2000	−2000	2500	2000	−2000	2500	2000	2000	2500	0.7				
9	2	4	2000	−2000	0	2000	−2000	2500	−2000	−2000	2500	−2000	−2000	0	0.5	2000	2000	1000	0
10	3	4	−2000	−2000	0	−2000	−2000	2500	−2000	2000	2500	−2000	2000	0	0.5				
11	4	4	−2000	2000	0	−2000	2000	2500	2000	2000	2500	2000	2000	0	0.5				
12	5	4	2000	2000	0	2000	2000	2500	2000	−2000	2500	2000	−2000	0	0.5				
13	6	4	−2000	−2000	0	−2000	2000	0	2000	2000	0	2000	−2000	0	0.3				

図3.4.16　面データの編集と要素分割パラメータの設定

建築形状モデル作成.xls

	A	B	C	D	E	F	G	H	I	J	K	L	M	N	O	P
1	建築形状モデル フォルダ名 =				c:¥				建築形状モデル ファイル名 =			演習用建物形状モデル_対向壁面.xls				
2	要素分割サイズ =				250				地面要素分割サイズ =			1000				
3	地面の面データの内容															
4	1	頂点数	v1x	v1y	v1z	v2x	v2y	v2z	v3x	v3y	v3z	v4x	v4y	v4z	反射率	建物
5	1	4	−10000	−10000	0	−10000	10000	0	10000	10000	0	10000	−10000	0	0.2	40
6	形状モデルの面データの内容															
7	7	頂点数	v1x	v1y	v1z	v2x	v2y	v2z	v3x	v3y	v3z	v4x	v4y	v4z	反射率	窓1
8	1	4	−2000	2000	2500	−2000	−2000	2500	2000	−2000	2500	2000	2000	2500	0.7	
9	2	4	2000	−2000	0	2000	−2000	2500	−2000	−2000	2500	−2000	−2000	0	0.7	20
10	3	4	−2000	−2000	0	−2000	−2000	2500	−2000	2000	2500	−2000	2000	0	0.7	
11	4	4	−2000	2000	0	−2000	2000	2500	2000	2000	2500	2000	2000	0	0.7	
12	5	4	2000	2000	0	2000	2000	2500	2000	−2000	2500	2000	−2000	0	0.7	
13	6	4	−2000	−2000	0	−2000	2000	0	2000	2000	0	2000	−2000	0	0.7	
14	7	4	−2000	−6000	0	−2000	−6000	2500	2000	−6000	2500	2000	−6000	0		

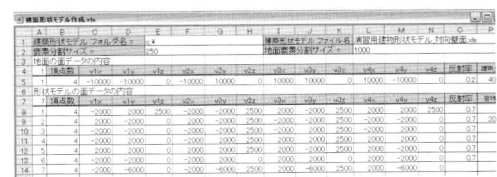

図3.4.17　面の追加

この後は，4.1と同様の処理で要素データを作成する．

4.2.1　直射日光による室内の照度分布の予測

任意の都市の春秋分，夏至，冬至の正午における太陽位置を想定し，室内各面の照度分布を求める．また，同じ寸法の建物が南側4 000〔mm〕の位置に存在した場合に照度分布がどのように変化するか確認する．直射日光データの作成は，テンプレートのフォルダ内の「直射日光データ＿テンプレート.xls」を利用し，適切な法線面照度，高度，方位角を入力する．また，対向壁面を入力する際は，建物形状モデル作成.xlsにおいて面データを作成する際に図3.4.17のように面を追加するとよい．

4.2.2　天空光による室内の照度分布の予測

一定輝度の天空光を想定し，照度分布を求める．また，直射日光の場合と同様に，同じ寸法の建物が南側4 000〔mm〕の位置に存在した場合に照度分布がどのように変化するか確認する．

4.2.3　天窓による室内の照度分布の予測

4.2.1および4.2.2のケーススタディのうち，障害物がない場合について，同じ寸法の窓を天井面の中央に移動し，直射日光・天空光それぞれの場合について照度分布を求める．

4.2.4　間接光による室内の照度分布の予測

4.2.1および4.2.2のケーススタディのうち，障害物がないものをそれぞれ１件ずつ選択し，相互反射計算を行い，間接照度の分布を確認する．また，内装の反射率を変化させた場合についても検討を行う．

5．レポートのまとめ方

5.1　結果の表示方法

各演習で得られた結果のうち，図のデータについてはすべて印刷し，求められた数値データと照合して確認する．

5.2　考察のポイント

5.2.1　計算された直接照度と理論値の比較

3.1で述べたように，シミュレーションによる予測計算は誤差を伴うものである．演習で行ったケーススタディのうち，理論値が求められるものについては，シミュレーションの際の設定に問題がなければ，計算結果と理論値の差がシミュレーションの精度を評価するものとなる．理論値は，点光源の場合は(3.4.22) 式により手計算でも求めることができる．

$$E=\frac{I}{r^2}\cos\theta \qquad (3.4.22)$$

E ：計算対象点の照度
I ：点光源の光度
r ：計算対象点と点光源の距離
θ ：点光源からの光の入射角

１）点光源の場合の比較

計算結果について，高さ１〔m〕，800〔lm〕の点光源を設置した場合に，照度が800〔lx〕となっていることを確認し，誤

差のある場合はその理由を考察する．
 2) 距離の逆二乗法則・余弦法則の確認
原点を通る半直線上の点における照度の計算結果を求め，その点と点光源の位置関係から，距離の逆二乗法則，余弦法則が成り立っているか，成り立っていない場合にはどのような位置で誤差が大きいか考察する．
 3) 面光源の場合の比較
理論値が求められるケースにおける計算結果と理論値の比較を行う．また，1×1〔m〕の光束発散度 1〔lm/m^2〕の面光源を，水平面に平行に $(0, 0, r)$ を中心として配置し，r を変化させた場合の原点における照度の変化について，点光源の場合と比較検討を行う．
 4) 天空光による照度の確認
一様な天空光が与えられた場合，障害物がなければ，天空の光束発散度（π×天空輝度）と水平面の照度は一致する．計算結果でこの関係が成り立っているか確認する．

5.2.2 季節，障害物，窓の位置が変化した場合の比較検討
 1) 直射日光による照度分布の確認
季節が変化した場合に，室内の照度分布がどのように変化するか考察する．また，季節による障害物による影響の違いについて，障害物を含めた断面図を作成して説明する．
 2) 天空光による照度分布の確認
障害物の有無による照度分布の違いについて，どの位置が影響を受けやすいかという観点から考察する．また，直射日光の場合との違いについて説明する．
 3) 窓の位置による比較
掃き出し窓の場合と天窓の場合について，照度分布の特徴や値の違いを考察する．
 4) 間接照度の分布の確認
間接照度の分布を独立して確認できる場合は，その分布の特徴（ピークの位置や大きさ，分布の傾向等）を確認し，直接照度の分布と比較する．また，内装の反射率を変化させた場合について，分布がどのように変化するか確認する．

6．関連事項・参考資料
6.1 特殊な位置関係にある要素間の形態係数の解析解
図3.4.18のように特殊な関係にある矩形要素間の形態係数は，$x = a/c$，$y = b/c$ として，それぞれ次式により計算可能である．
 ① 垂直関係の場合
$$F_{12} = \frac{1}{\pi}\begin{pmatrix} \frac{1}{y}\tan^{-1}x - \frac{\sqrt{1+y^2}}{y}\tan^{-1}\frac{x}{\sqrt{1+y^2}} + \tan^{-1}\frac{x}{y} \\ + \frac{1}{2xy}\ln\frac{\sqrt{1+x^2+y^2}}{\sqrt{1+x^2}\sqrt{1+y^2}} \\ + \frac{y}{2x}\ln\frac{y\sqrt{1+x^2+y^2}}{\sqrt{x^2+y^2}\sqrt{1+y^2}} + \frac{x}{2y}\ln\frac{\sqrt{x^2+y^2}\sqrt{1+x^2}}{x\sqrt{1+x^2+y^2}} \end{pmatrix}$$
(3.4.23)

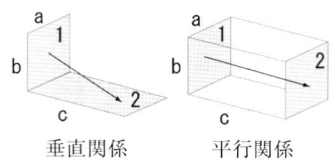

図3.4.18　形態係数算出式の矩形要素間の関係

 ② 平行関係の場合
$$F_{12} = \frac{2}{\pi}\begin{pmatrix} \frac{\sqrt{1+y^2}}{y}\tan^{-1}\frac{x}{\sqrt{1+y^2}} + \frac{\sqrt{1+x^2}}{x}\tan^{-1}\frac{y}{\sqrt{1+x^2}} \\ -\frac{1}{y}\tan^{-1}x - \frac{1}{x}\tan^{-1}y + \frac{1}{xy}\ln\frac{\sqrt{1+x^2}\sqrt{1+y^2}}{x\sqrt{1+x^2+y^2}} \end{pmatrix}$$
(3.4.24)

さらに形態係数計算の第二相反則を応用することで図3.4.4に示すような直方体の内部空間表面の任意の位置関係にある矩形要素間の形態係数を算出することが可能である．

6.2 シミュレーションのフローとLVECSを用いた処理の流れの対応
2.2で述べた一般的なシミュレーションのフローと，LVECSを用いた処理の流れの対応について，特にツールが自動的に処理する部分とマニュアルで設定する部分を分けて説明を行う．
 ① 光源のパラメータ設定
点光源，面光源，天空光に分けてマニュアルで設定．
 ② 空間のパラメータ設定
マニュアルでパラメータを設定するが，室形状の寸法から各面の座標を求めたり，面を分割して要素とする部分はLVECSが自動処理を行う．
 ③ シミュレーションに関するパラメータ設定
LVECSでは，シミュレーションに関するパラメータ設定は特にない．
 ④ シミュレーションの計算
LVECSでは，ユーザーの指示により各種の計算が自動的に行われる．
 ⑤ 計算結果の図化
LVECSでは，計算結果を基にした図化は自動的に行われる．ただし，凡例の最大値，最小値はマニュアルで設定することが可能．

参　考　文　献
1) 松浦邦男：建築照明，共立出版株式会社，1971
2) 伊藤克三・中村　洋・桜井美政・松本　衛・楢崎正也：建築環境工学，オーム社，1978
3) 宿谷昌則：数値計算で学ぶ光と熱の建築環境学，丸善，1993
4) 照明学会照明設計におけるCG画像の利用研究調査委員会報告書：コンピュータ・グラフィクス（CG）と照明設計 - 新しい照明設計法の可能性 -，2006

3.5 視環境の評価（応用3）

光環境の計画は，利用者の立場からは視環境の計画である．安全で快適な視環境とは，使用目的に応じた明視性を保証し，ふさわしい雰囲気をもたらす環境である．

適切な視環境を実現するためには，光（光環境），物（空間，視対象），人の三者が総合的に評価される必要がある．「光」の状態は，光量，分光特性，主光線の方向，時間的・空間的分布で説明される．「物」の条件は，大きさ，形状，反射特性である．これら物理量と，「人」の視認能力に応じて，細部や形・色・立体の見え方，明るさ，不快グレアなどの程度が決まる．さらにこれらが，空間の雰囲気評価に反映される．

本節では，視環境の評価方法を習得するとともに，物理量と視認能力や主観評価との関係を体験的に理解し，適切な光環境のあり方を考えることを目的とする．このために，明視性（1項），グレア（2項），立体感・陰影（3項），雰囲気（4項），および視環境の総合評価（5項）の計5課題を設けているが，演習時間に応じて適宜選択すればよい．

1. 明視性

1.1 演習の目的

照度や分光分布〔3.3節の2.2.2を参照〕などの光環境の変化が，視力や色の見えにどのように影響するのかを調べ，明視性を確保するための要件について学習する．また，演習を通して，視力や色弁別能力の測定方法を習得する．

1.2 基礎事項

1.2.1 明視要素

視対象物がよく見えることを明視といい，視環境の保証すべき要件である．明視のための主要要素は視対象寸法，視対象と背景の輝度対比，背景の輝度，観察時間，観察者の順応輝度であり，特に前者三つを明視三要素という．

1.2.2 輝度対比

輝度対比 C は，時間的・空間的に異なる二つの輝度（L_1，L_2）の量的差違を差または比で表したものであり，代表的な四つの式を以下に示す．なお，C_3 は輝度比と称する場合が多い．

$$C_1 = (L_1 - L_2)/L_{max}$$
$$C_2 = (L_1 - L_2)/L_1$$
$$C_3 = L_1/L_2 \tag{3.5.1}$$
$$C_4 = (L_{max} - L_{min})/(L_{max} + L_{min})$$
$$L_{max} = \text{maximum}(L_1, L_2)$$
$$L_{min} = \text{minimum}(L_1, L_2)$$

背景と視対象の輝度差がゼロであっても，両者の彩度や色相が異なれば，視対象の識別はできるが，視認性には輝度差に相当する明度差の効果が圧倒的に大きい[1]．

1.2.3 順応と順応輝度

視野の輝度や分光分布に応じて視覚が変化し，明るさに対する感度や識別閾が変化する現象を順応という．

視野輝度が一様な場合は視野輝度を順応輝度とし，視野輝度が一様でない場合は，これを観察しているときの目の感度と等しい感度となる一様な視野の輝度を順応輝度とするのが一般的である．

順応輝度が等しい場合，視対象寸法や周囲との輝度対比（輝度差）が大きいほど，視対象は見やすい．順応輝度が高くなると目の感度は低下する．そのため自発光体など，輝度が周囲の明るさによって変化しない視対象は，周囲が暗く順応輝度が低いほど見やすい．視対象が反射物体の場合，暗い場所より明るい場所のほうが見やすいと感じるのは，視対象と背景の輝度差が，照明光量の増加に伴う目の感度低下を補う以上に増加するからである．

暗い環境から明るい環境へ移行する時の明順応は瞬時に行われるが，明るい環境から暗い環境へ移行する暗順応では，そのときの光量や変化量によって数分〜30分以上を要する．

色に対する順応を色順応といい，有彩色光下であっても，照明光の色度に対応して白色点がずれるため，順応完了後には白色光照明下での見え方に近づく．

1.2.4 視認能力と個人差・年齢差

視環境の評価は，観察者の視認能力によって変化する．視認能力は，視機能と，知覚や認識といった心理反応が総合された能力である．視機能には，視細胞数，眼球内散乱特性，毛様筋などの筋力（調節力），視物質生成機能，有効視野が挙げられる．

視認能力には，細部識別能力，輝度差弁別能力，色弁別能力，立体視能力（奥行き知覚）などがある．このうち，細部識別能力は，輝度差弁別能力との互換性があり，一般には視力として知られている．

視認能力は個人差が大きく，加齢に伴い視機能が衰えることによって顕著に低下する．図3.5.1に若齢者と高齢者の視力を示す[2]．年齢層の違いにより視力の80％レンジ値が異なるだけでなく，同じ年齢層内の個人差が大きいことがわかる．図3.5.2は色相の弁別能力と年代の関係を示したものであり[3]，図の縦軸の数字がゼロに近いほど弁別能力が高いことを意味している．20代がもっとも弁別能力が高く，それ以降は加齢に伴い弁別能力が低くなることがわかる．類似の年齢変化が視力にも認められる．

1.2.5 視力

視力は視認能力のうち細部識別能力，すなわち，二次元的に広がったものの形を細かく見分ける能力の代表的なものであり，実用上は非常に近接した2点を見分ける能力をいう．国際眼科学会では，5mの距離からランドルト環の1分の切れ目を判定できる場合を視力1.0と定め，視力（V）は，かろうじて見分けられる輝度対比0.9以上のランドルト環の切れ目幅（α）〔分〕の逆数で表す．

$$V = 1/\alpha \tag{3.5.2}$$

視力は各種条件の影響を受け変化するが，主な影響要因は①視軸と視線の間の角度と②背景輝度である．視線からの角度が大きくなるほど視力は急減する．このような周辺視野の視力を「周辺視力」という．通常，単に視力という場合は，視線中心の「中心視力」を意味する．また，まぶしさが生じない範囲で

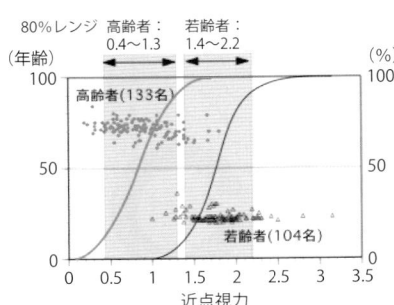

図3.5.1 視力と年齢の関係[2]

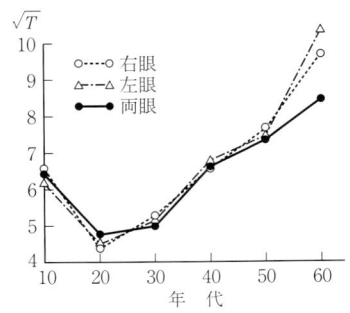

図3.5.2 色相の弁別能力と年代の関係[3]

3．光環境分野

あれば，背景輝度が高いほど視力は高くなる．このため，視力検査は500 lx 以上の十分明るい環境で実施することとされている．

幼児用にはひらがな視力表，欧米ではスネレン視力表〔「1.5 関連事項」1.5.1参照〕も用いられることがある．使用する視力表によって視力値は若干異なる．

1.2.6　色覚検査法

色覚検査法は①色光による検査法と②表面色による検査法の2種類に大別される[3]．①には専用検査機器のアノマロスコープ，②には石原表やSPP表などの色覚検査表と，FM 100 Hue test やパネル D-15 などの色相配列検査器がある〔1.5「関連事項」1.5.1参照〕．いずれも色覚の正常・異常およびその類型や程度を判定する．

わが国で簡便な色覚検査によく用いられているのは石原色覚検査表である．判定方法が明瞭であり，多少光環境が変化しても結果には大きく影響しない．100 Hue test は，微妙な色の識別能力を調べるものであり，識別能力の訓練にも適している．判定には専門的な知識を要する．光環境によって結果が異なるため，光環境評価にも利用できる．

1.3　演習1：細部の見え（視力）

1.3.1　評価の準備

1）必要機器類

視力表を呈示する環境を設定するために，照度計，照度計固定用三脚，視距離を設定するためのメジャーを準備する．

2）ランドルト環視力表

ランドルト環視力表を自作する．自作できない場合は市販の視力表を準備する．近距離用から遠距離用まで数種類ある．入手した視力表の設定距離と実際の観察距離Dが異なる場合は，Dに応じた視力値Vを算出しておく．

視力表は以下の条件で作成する．被験者の視距離D〔m〕に対して，視力Vとなる切れ目幅の寸法s〔mm〕を(3.5.3)式で求め，ランドルト環〔図3.5.3〕を作成する．

$$s = 2\,000\,D \cdot \tan(1/120V) \tag{3.5.3}$$

視力表には，切れ目方向が上下左右と斜め45度を含む8方向に設定した同じ寸法のランドルト環8個を一列に配する．切れ目方向はランダムに配置する．

視力値の間隔は，通常の視力検査表では0.1～1.0まで0.1間隔，その後は1.2，1.5，2.0に設定されているが，演習では適宜設定すればよい．

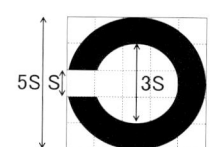

図3.5.3　ランドルト環

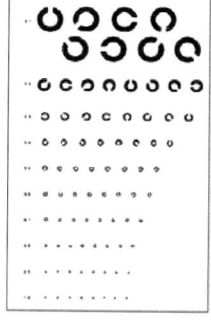

図3.5.4 ランドルト環視力表の例

ランドルト環の輝度対比が十分高い状態となるよう白上質紙に黒インクで印刷する．ランドルト環視力表の作成例を図3.5.4に示す．実験時の視距離$D=1.5$mの場合，図3.5.4の視力表は，A4用紙1枚に納まる．

時間的余裕がある場合は，ランドルト環の黒インク濃度を変えて，輝度対比の異なる視力表を作成し，これによる測定も行い，輝度対比の効果について検討するとよい．

3）実験環境

実験は，室外からの光が遮蔽でき，調光可能な人工照明が設置された室で行う．内装壁は明度5～8程度の無彩色が望ましい．

壁面または衝立の中央部に，ランドルト環視力表を配置する．被験者の姿勢は立位でも椅座位でもよいが，いずれも視線中央となる高さに視力表の中心部を合わせる．視力表と正対する方向に，視力表設置面から観察距離Dm離れた地点を被験者の観察位置としマークする．

ランドルト環視力表中心の鉛直面照度を数段階設定する．できるだけ等比的に変化させ，4条件程度設定するとよい（例えば1.0，10，100，1 000 lx）．また視力表の鉛直面照度分布を測定し，照度の最大値と最小値が平均値に対して±10%以内であることを確認しておく．それよりも照度分布が大きい場合は，視力表を分割するなどして分布を調整する．

4）記録用紙

視力測定結果を記入する記録用紙には，切れ目方向を被験者が正しく回答できたかを○×式で記入する欄をランドルト環の個数分設け，視力値ごとの正答率，照度の記入欄も設けておく．図3.5.4の視力表に対応した記録用紙を表3.5.1に示す．

1.3.2　検討に必要な物理量

ランドルト環視力表の鉛直面照度（または背景輝度），ランドルト環の輝度対比，ランドルト環視力算出のための視距離Dmである．

1.3.3　演習の進め方

① 実験条件として設定したランドルト環視力表の鉛直面照度E lx に被験者を3～5分順応させる．

② 順応後，観察位置に被験者を配置して，同じ寸法のランドルト環8個（市販の場合はその個数）の切れ目方向が，すべて正しく回答される視力値からすべて誤答される視力値まで回答させ，実験者は結果を記録用紙に○×で記入する．

③ 回答が終了すれば，眼を休めることを兼ねて次の照度条件に3～5分順応させる．

④ 鉛直面照度を何段階か設定した場合は，①～③を繰り返す．

なお，明順応は短時間で完了するため，低照度から始めて順に照度を高くすれば，順応時間を短く設定することができ，実習時間が短縮される．

1.3.4　レポートのまとめ方

1）集計方法

ランドルト環の寸法ごとに，(3.5.4)式を用いて真の正答率Pを算出する．Nはランドルト環の切れ目方向のパターン数（図3.5.4の視力表の場合は8），P'は偶然正答した確率を含む見かけ上の正答率，すなわち記録用紙の視力値ごとにつけられた○の比率である．

$$P = (NP' - 1)/(N - 1) \tag{3.5.4}$$

鉛直面照度ごとにすべての大きさのランドルト環について真の正答率を算出し，ランドルト環視力値と正答率の関係図を作成する〔図3.5.5〕．

図3.5.5から真の正答率Pが0.8となる視力値を読み取り，これを鉛直面照度E lx での視力値とする．正答率の値が上下して読み取りにくい場合は，ロジスティック回帰などを行う．すべての鉛直面照度について視力値を求め，これを用いて鉛直面照度と視力の関係図を作成する．

表3.5.1 視力測定結果記録用紙の例

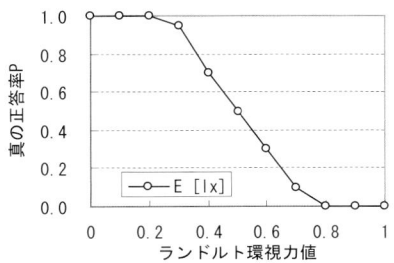

図3.5.5 ランドルト環視力と正答率の例

2) 考察のポイント
① 被験者によって結果がどのように異なるのかを比較検討する．また視力の絶対値を，もっとも鉛直面照度が高い条件での視力値に対する比率[2]に変換した場合，被験者間の差異や傾向がどのようになるのかを検討する．
② JIS照度基準[4]の各室の照度レベルはどの程度の作業内容に相当するのかについて，保証される視力の観点から考察する．
③ ランドルト環の輝度対比を変化させた場合は，同じ視力値になる鉛直面照度と輝度対比の関係について考察する〔「1.5関連事項」1.5.2参照〕．

1.4 演習2：色の見え
1.4.1 評価の準備
1) 必要機器類
非接触式色彩輝度計，色彩照度計，分光放射輝度計など，色度や分光測色が可能な測光機器を準備することが望ましい．また検査を行う作業台の水平面照度を測定するために，照度計を準備する．
2) 100色相配列検査器（100 hue test）[5]
100色相配列検査器を用いるが，入手できない場合は，演色性検査カード[12]や複数の色紙を用いて，見かけの色の記述や，色の印象評価を行ってもよい．
検査器の検査色は，標準光Cのもとで明度6のCIE 1964均等色空間（$L^*u^*v^*$）[3]の円周上に等間隔に選ばれた100色である．25色ずつ No.1〜No.4 の4本のさお型操作板に分割されている．主波長780nmの色を（1）として順に番号を付されており，それぞれの操作板には色コマが27個ずつ入っており，左右両端の色コマは固定されている（括弧内の数字）．
No.1（100） 1 〜 25 （26） 赤〜緑
No.2（ 25）26〜 50 （51） 緑〜青
No.3（ 50）51〜 75 （76） 青〜紫
No.4（ 75）76〜100 （ 1） 紫〜青
3) 実 験 環 境
使用する室の条件は視力測定の場合と同様である〔1.3.1の3)〕．光源には以下のものを使用する．
① 色検査用D65蛍光ランプAAA型（入手困難な場合は，北側の天空光で代替できるが，変動するため照度設定に難がある）
② 3波長型蛍光ランプ（さまざまな光色のものがあるので，演習時間に応じて複数用いる）
③ 白 熱 電 球
被験者は椅座位の姿勢で作業を行う．さお型操作板（長さ60cm）での作業がしやすいように作業台は十分なスペースを確保する．台面は明度5〜8程度の無彩色が望ましい．
基準とする光源（できれば①，入手困難な場合は②）では，作業台の水平面照度を数段階設定する．できるだけ等比的に変化させ，3条件以上設定するとよい（例えば，10，100，1 000 lx）．その他の光源については色識別が容易な最大設定照度で検査する．作業台の照度分布はできるだけ均一になるように設定する．
4) 記 録 用 紙
100色相配列検査結果の記録用紙は検査器に付されている．
演色性検査カードや複数の色紙を用いて，見かけの色の記述や色の印象評価を行う場合は，照明条件，評価視標，評価結果などの必要な項目の記載欄を設けた記録用紙を準備する．

1.4.2 検討に必要な物理量
作業台の水平面照度，光源の色温度〔4.7.3を参照〕・色度，検査器の色コマの色度が評価に関連する物理量である．使用光源の色度・色温度・分光分布は，実測またはランプカタログ等によって，あらかじめ調べておくとよい．
また，色コマを等間隔に10個程度選択し，各光源の下で非接触式の色彩輝度計を用いて色度を測定し，光源によって色度やコマ間の色差がどのように変化しているのかを把握しておくことが望ましい．色差算出のためには，色彩輝度計付属の白色板の色度も同時に測定しておく．

1.4.3 演習の進め方
① 検査者はそれぞれの操作板の仮置側に色コマの並びがランダムになるようにしっかりと混ぜておき，実験開始の合図までふたを閉じて被験者の前に置く．
② 設定した照度に被験者を5分以上順応させる．
③ 順応後，検査者の「はじめ」の合図とともに被験者は操作板のふたを開き，仮置側にある25個の色コマの色相が順次変化するように配置側並べる〔図3.5.6〕．
④ 2分経過したら，検査者は「やめ」と合図し，被験者は操作板を閉じて検査者に渡す．
⑤ 検査者は被験者が並べた色コマの番号を記録する．
⑥ 残り3本の操作板についても，①〜⑤の手順で検査を行う．
⑦ 照度および光源を変化させ，①〜⑥を繰り返す．
複数の被験者について同時に検査する場合は，準備時間を短縮するため，被験者に色コマの番号を記録する作業や，他の被験者が使用する操作板の色コマを混ぜて，ランダムに並べる作業を行わせても問題はない．
また，慣れによって正答率が良くなるので，事前に十分明るいところで練習させたり，最初の条件を最大設定照度とし，被験者に色の微細な違いを理解させておくことが望ましい．

1.4.4 レポートのまとめ方
1) 集 計 方 法
① 検 査 結 果[5]
集計は操作板ごとに行う．検査後に配置された番号が本来の番号とどの程度順序がずれるか（偏差点）によって色覚の状態を把握する．偏差点の計算方法は検査器説明書に記載されている．計算例を表3.5.2に示す．
100色相の偏差点の分布を把握するため，付録のパターング

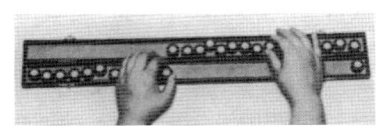

図3.5.6 100 Hue Test の並び替え作業[5]

ラフに偏差点を記入する．記入例を図3.5.7に示す．パターングラフの中央部の数字は色コマ番号であり，同心円が偏差点目盛りである．もっとも内側の同心円が偏差点ゼロを示し，外に向かうほど偏差点が大きくなる．

② 色の測定結果

各種光源下での色コマの色度が測定できている場合は，結果を $u'v'$ 色度図[3]（CIE1976UCS色度図）上にプロットしておく．また，均等色空間上（CIELUV色空間，$L^*u^*v^*$）での色差[3]を算出し，条件別に各竿の平均色差を算出しておく．完全拡散反射面には色彩輝度計付属の白色板を代用する〔「1.5関連事項」1.5.5〕．

③ グラフの作成

光源の違いや作業台水平面照度の違いによる結果を比較検討するために，総偏差点，操作板ごとの偏差点，もしくは色コマごとの偏差点と，照度や色温度，色差との関係図を作成する．

2) 考察のポイント

① 水平面照度の違いによって偏差点がどのように変化するのかを把握し，視力検査（演習1）も実施していればその結果と合わせて考察する．

② 光源によって偏差点が異なるのはなぜか．光源の分光分布や光源による色コマの色度や色差の変化を考慮しながら説明する．

③ 被験者によって結果がどのように異なるのかを比較検討する．特にどの色相の偏差点が高くなるのかについて考察する．

1.5 関連事項・参考資料

1.5.1 さまざまな視力表と色覚検査機器

視力表には，ランドルト環の代わりに，ひらがなやカタカナを用いたものがある．また，文字が読めない子供などのために，双魚や動物の絵を用いた視力表もある．

欧米ではランドルト環視力表の代わりにスネレン視力表〔図3.5.8〕が使用されることが多い．これはEやCのアルファベット視標を用いて，識別できた視標No./検査距離20フィート（約6m）で表す．例えば視標No.20が識別できたとき20/20と表し，これがランドルト環視力表の1.0に相当する．

アノマロスコープは赤緑色覚異常の評価に用いられ，赤光と緑光の混合比を調整させて黄光に見えるように被験者に設定させることで，色覚異常を判断するものである．

石原色覚検査表は，学校などでも利用されているもっとも一般的な色覚検査表である．本やカードの形式をとり，多色斑点の中にある数字や曲線を読み取るものであり，色覚異常の種類を判断する〔図3.5.9〕．

パネルD-15は100色相配列検査器に良く似たもので，連続した色相の15個のチップを，色が連続的に変化するように並べるものである．

1.5.2 等視力曲線

明視性確保のためには，視対象物の条件が視認閾以上になるように明視三要素（視対象寸法，視対象と背景の輝度対比，背景輝度）の関係を保つことが必要である．

背景輝度が視対象輝度よりも高い場合について，等しい視力となる背景輝度と輝度対比の関係を示したものが図3.5.10であり，標準等視力曲線と呼ばれている[6]．背景輝度が高く輝度対比が大きいと，得られる視力も大きいことを示している．

図3.5.11は図3.5.10の実験結果を基に，視標と背景の輝度差と

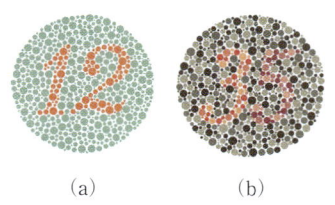

図3.5.9　石原色覚検査表
(a) 異常の有無にかかわらず，同じ数字が読める
(b) 異常の内容により，読める数字が異なる

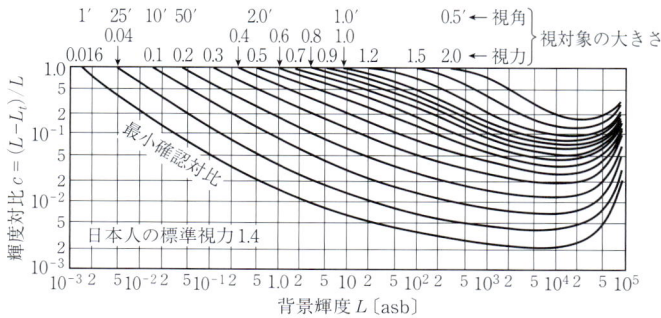

図3.5.10　標準等視力曲線[6]

表3.5.2　記録用紙での偏差点計算例[5]

順　位	100	1	2	3	4	5	6	7	8	…
テスト順	(0)	1	2	3	4	5	6	7	8	…
差		1	1	1	1	2	1	2	1	…
加える		2	2	2	3	3	3	2		
2を引く		0	0	0	1	1	1	0		

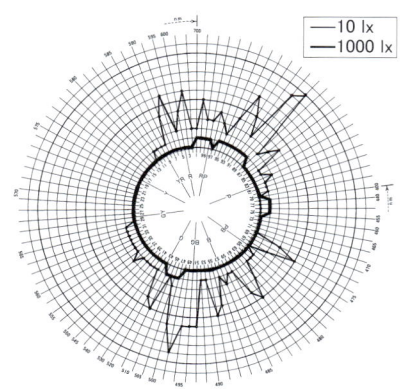

図3.5.7　パターングラフの記入例[5]
（蛍光ランプ3 000 K 使用の場合）

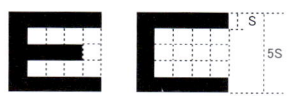

図3.5.8　スネレン視標

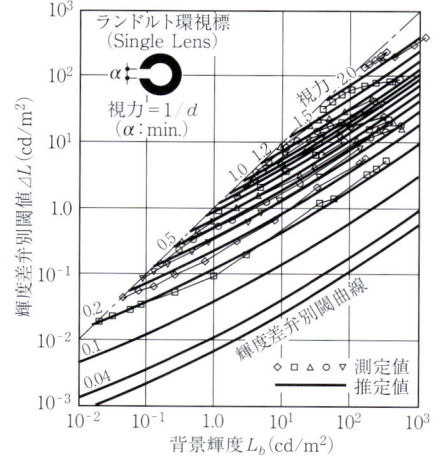

図3.5.11　輝度差弁別閾による等視力曲線[7]

背景輝度の関係で示したものである[7]．背景輝度が高くなるほど同じ大きさの視標を識別するために必要な輝度差（輝度差識別閾）も大きくなる．また輝度差弁別閾と背景輝度の関係は，視力値にかかわらず平行な曲線で回帰されている．このことは，視対象寸法の輝度差弁別閾値への影響が背景輝度によらず一意的であることを示している．

1.5.3 視力変化の個人差の取扱い[2]

視力表の輝度対比が十分ある場合（対比0.9以上），視標輝度を高くすれば視力は高くなり，図3.5.12(a)に示すように，1 000 cd/m²付近で最大となり（最大視力），それ以上高くなるとまぶしさを生じて視力が低下する．最大視力が低い人（主に高齢者）に比べて，高い人（主に若齢者）の方が，背景輝度の変化に対する視力の変化量が大きい．このように個人差の大きい視力の変化を，900cd/m²での視力に対する比（視力比）で表すと〔図3.5.12(b)〕，背景輝度と視力比の関係の個人差は小さくなり，背景輝度に対する視力の変化率には個人差や年齢差はないと考えられる．

1.5.4 文書の読みやすさ評価

明視三要素と文書の読みやすさについて示したものが図3.5.13である[8]．例えば，輝度対比が低く文字寸法が小さい文書の場合，背景輝度（順応輝度と等しい）を十分高くしないと，その文書より文字寸法が大きい文書の読みやすさ評価と等しくならないことがわかる．

明視三要素，最大視力と文章の読みやすさ評価とは互いに強い相関が認められ，同じ最大視力の場合，年齢が違っても読みやすさ評価は等しくなる〔図3.5.14〕．明視環境を設計する際に取り扱うべき主要な要素を合理的に結合する指標として，文字寸法と最大視力の比率（相対視力）等も有効である[9]．

1.5.5 コントラスト感度[10]

視野の輝度分布について，明暗を交互に繰り返す波として捉えたときの，その繰返しを空間周波数という．空間周波数が低いと明暗縞の幅は広くなり，逆に空間周波数が高いと明暗縞の幅は狭くなる．縞を識別できる最小コントラスト（コントラスト閾値）の逆数をコントラスト感度という．コントラスト感度特性を図示する場合，通常横軸に空間周波数〔cycle/deg〕，縦軸にコントラスト感度（あるいは閾値）を表示する．例として年齢別コントラスト感度曲線[10]を図3.5.15に示す．

1.5.6 順応過渡時の視認能力[11]

順応には時間を要するため，順応過渡の状態では，視野に十分に順応した場合に比べて視認能力が低下している．図3.5.16は急に視野が暗くなった場合の輝度差弁別閾値の時間経過（暗順応直線）である．変化前の順応状態が同じであれば，変化後の視野輝度にかかわらず同一の順応直線を辿って順応していく．また，その時点の順応輝度以下であれば，視野輝度がどのように変化しても，順応過程には影響しないことも確認されている．すなわち，視野輝度を段階的に切り替えることで，明視性，安全性を確保したうえでの暗順応が実現する．

1.5.7 CIE1976UCS 色度図[3]

輝度の等しい色の感覚差が色度図上の距離に比例することを意図して目盛りを定めた色度図（u', v'）である．XYZ表色系の三刺激値（X, Y, Z）または色度座標（x, y）から次式によって得られる．

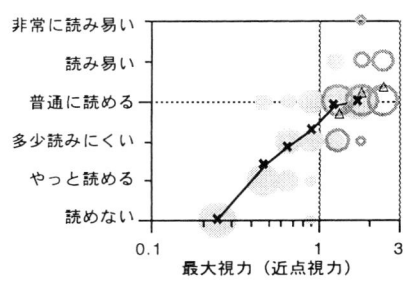

図3.5.14 最大視力と読みやすさ（文字寸法31.6分・背景輝度8.3cd/m²・輝度対比0.93）[9]

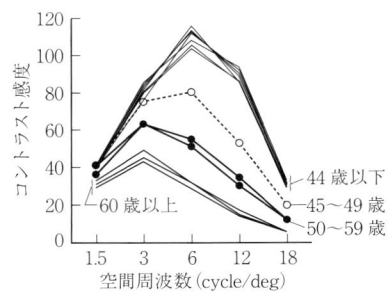

図3.5.15 年齢別コントラスト感度曲線[10]

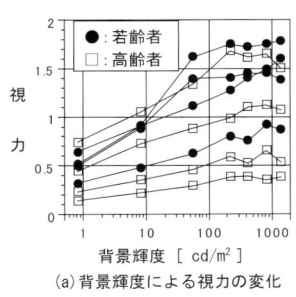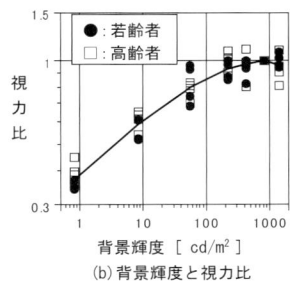

(a) 背景輝度による視力の変化　(b) 背景輝度と視力比

図3.5.12 背景輝度と視力比

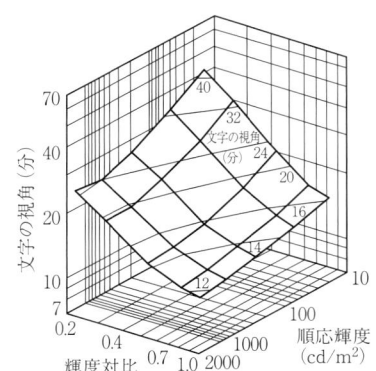

図3.5.13 等読みやすさ曲面（苦労せずに読めるの評価確率50%）[8]

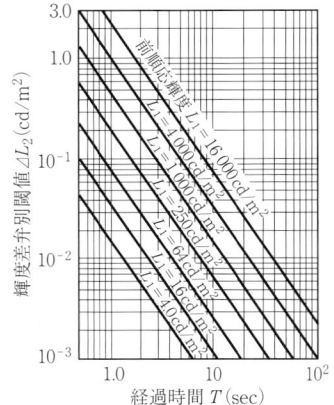

図3.5.16 暗順応直線[11]

3．光環境分野

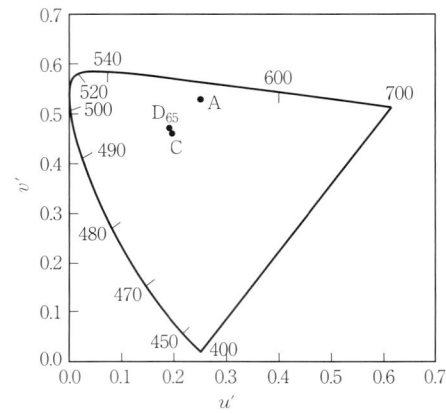

図3.5.17　CIE1976UCS 色度図[3]
(図中の各点は CIE 標準の光 A, C, D_{65}の色度)

$$u'=\frac{4X}{X+15Y+3Z}=\frac{4x}{-2x+12y+3}$$
$$v'=\frac{9Y}{X+15Y+3Z}=\frac{9y}{-2x+12y+3}$$
(3.5.5)

UCS色度図を三次元に拡張して，輝度が異なる場合も含めて等しい大きさに知覚される色差が色空間内の等しい距離に対応するように意図した色空間を均等色空間という．均等色空間には，$L^*a^*b^*$，$L^*u^*v^*$がある．

$$L^*=116(Y/Y_n)^{\frac{1}{3}}-16, \quad Y/Y_n \leqq 0.008856$$
$$L^*=903.3(Y/Y_n), \quad Y/Y_n \leqq 0.008856$$
$$u^*=13L^*(u'-u_n')$$
$$v^*=13L^*(v'-v_n')$$
(3.5.6)

Y_n，u_n'，v_n' は同一照明下の完全拡散反射面のCIE1976色度座標である．色差ΔEuv は次式による．

$$\Delta Euv=[(\Delta L^*)^2+(\Delta u^*)^2+(\Delta v^*)^2]^{1/2}$$
(3.5.7)

文　献

1) 原　直也・野口太郎：無彩色背景有彩色文書の文字の明度，彩度，色相が読みやすさと等価輝度対比に及ぼす影響，照明学会誌，88-11, pp.866〜873, 2004
2) 秋月有紀・井上容子：個人の最大視力に対する視力比の概念の導入－個人の視力に配慮した視認能力評価における背景輝度と視距離の影響の取り扱いについて－，照明学会誌，86-11, pp.819〜829, 2002
3) 日本色彩学会：新編色彩科学ハンドブック第2版，東京大学出版会，1998
4) JIS Z9110-1979, (照度基準), 1979
5) 日本色彩研究所：100 HUE TEST 日本色研100色相配列検査器 (ND-100) 取扱説明書
6) 中根芳一・伊藤克三：明視照明のための標準等視力曲線に関する研究，日本建築学会論文報告集，Vol.229, pp.101〜109, 1975
7) 野口太郎・井上容子・伊藤克三：各種視標への実効輝度の適用による等視力曲線の検討，日本建築学会論文報告集，Vol.346, pp.124〜131, 1984
8) 原　直也・佐藤隆二：文書の読みやすさについての多様な設計水準に対応する明視三要素条件を示す「等読みやすさ曲面」，日本建築学会環境系論文集，Vol.575, pp.15〜20, 2004
9) 秋月有紀・井上容子：明視性評価における年齢の取り扱い及び相対視力の適用範囲に関する検討，日本建築学会計画系論文集，Vol.562, pp.15〜21, 2002
10) 近藤　勉：よくわかる高齢者の心理，ナカニシヤ出版，2001
11) 井上容子：不均一な照明環境下での視認閾値，JIER-099不均一な照明環境下での視認性に関する研究調査委員会報告書，照明学会, pp.29〜39, 2008.3
12) http://www.daicolor.co.jp/users/cpc/f-card.html

2．グレア

2.1 演習の目的

室内空間に光を取り込む採光窓や照明器具は，観察者と視対象の位置関係によって，まぶしさなどの不快感が生じたり，視対象の見やすさに悪影響を及ぼしたりする場合がある．これをグレアという．いずれも明らかな障害を伴うので，完全に防止することが求められる．本節ではグレアの原因と防止策を習得する．

2.2 基礎事項

2.2.1 グレア

視野の中に，光源など目が順応している輝度より著しく高い部分や輝度対比の大きい部分があることによって，まぶしさなどにより不快を感じる現象を不快グレア，視対象の見やすさが損なわれる現象を減能グレアという．視対象表面や周辺に高輝度光源等が映り込み（これを反射映像という），反射された光によっても同様の現象が生じる．

グレア源からの光が直接目に作用する場合を直接グレア，反射映像による場合を反射グレアという．

2.2.2 光源によるグレアの程度

グレアの程度は，図3.5.18に示す4項目に影響される．

2.2.3 不快グレアの基本式

不快グレアの評価法は種々提案されているが，不快グレア指数を求め，評価基準と照合するという方法が主である．(3.5.8)式は不快グレア指数Iの基本式であり，図3.5.18に示した影響要因が包括されている．

$$I=\frac{L_S{}^a \cdot \omega^b}{L_b{}^c \cdot p^d}$$
(3.5.8)

L_b　：環境の輝度〔cd/m²〕
L_S　：グレア光源の輝度〔cd/m²〕
ω　：光源の立体角〔sr〕
p　：光源の位置指数
$a〜d$　：各変数のべき定数

2.2.4 減能グレア[2]

減能グレアは，グレア源による順応輝度の増加と見かけの輝度対比の低下に起因する．

1) 順応輝度の上昇

視野内に高輝度物があると，目に入った強い光が眼球内で散乱して一様な光の幕（光幕）となり視野全体に重畳し，順応輝度を上昇させ，目の感度が低下する．この光幕と等価な作用を持つ輝度を等価光幕輝度という．次式は点光源による等価光幕輝度L_V〔cd/m²〕の基本式である[3]．

$$L_V=\frac{K \cdot Ev}{\theta^2}$$
(3.5.9)

Ev　：観察者の目の位置での視線の方向に対する鉛直面照度〔lx〕
θ　：観測者の視線方向と光源の方向とのなす角〔°〕
K, n：実験定数（一般的に $K=9.2$, $n=2.0$ が用いられる）

2) 見かけの輝度対比の低下

グレア源によって生じた眼球内の光幕が網膜上の像に重畳することで，以下に示すように，視対象と背景の見かけの輝度対比C'を低下させる．

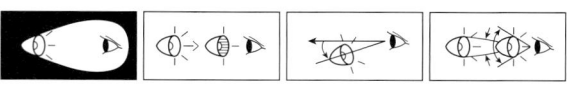

(a) 目の順応輝度　(b) 光源輝度　(c) 光源の離角　(d) 光源の立体角

図3.5.18　グレアの程度を左右する条件[1]

(a) 周囲が暗く，目が暗さに慣れているほどグレアを生じる
(b) 光源輝度が高いほどグレアを生じる
(c) 視線となす角度が小さいほどグレアを生じる
(d) 見かけの大きさが大きいほどグレアを生じる

$$C=\frac{L_b-L_t}{L_b} \tag{3.5.10}$$

$$C'=\frac{(L_b+L_V)-(L_t+L_V)}{L_b+L_V} \tag{3.5.11}$$

$$\therefore C'=C\times\frac{L_b}{L_b+L_V}<C \tag{3.5.12}$$

C：視標と背景の輝度対比
L_b：背景輝度〔cd/m^2〕
L_t：視標面輝度〔cd/m^2〕
L_V：等価光幕輝度〔cd/m^2〕

この見かけの対比の低下は，高輝度面の視対象への映り込み（反射映像）によっても同様に生じる．その場合 L_V は反射映像の輝度である．

2.3　評価の準備

2.3.1　必要機器類

グレア光源輝度測定用の輝度計，評価環境測定用の照度計，測光機器固定用の三脚，視距離や観察地点を設定するためのメジャー，グレア光源用の移動可能なランプ（調光可能な白熱灯），延長コード，視標設置のための掲示板（直接グレア用），移動可能な机と透明ガラス（反射グレア用），評価条件記録のためのデジタルカメラ，被験者用の椅子を準備する．

2.3.2　評　価　室

昼光など外部からの光が遮蔽でき，人工照明が天井に設置されている室を用いる．天井照明は調光可能であり，設置するグレア光源による周壁からの反射光が条件によって大きく変化しないように，大空間や壁面反射率の小さな空間が望ましい．

2.3.3　評 価 対 象

人工光源を評価対象として，直接グレアと反射グレアの評価を行う．

減能グレア評価用に文書視標を準備する．明視性の変化が把握できる視対象（図形，ランドルト環視標など）であればよい．

2.3.4　記 録 用 紙

評価項目と設定条件をまとめた評価用紙を準備する〔表3.5.3および表3.5.4〕．

2.4　検討に必要な物理量

目の順応輝度，光源輝度，光源の離角（視野内での位置），光源の立体角（見かけの大きさ）である．

演習では眼の順応輝度は，顔面鉛直面照度で代替する．床面平均照度や，視標の平均背景輝度でもよい．

2.5　演習の進め方

2.5.1　直接グレア

１）評 価 視 標

評価視標とする文書視標を印刷する．印刷用紙は光沢のない白紙とし，黒インクを使用し，輝度対比が十分に大きいものを作成する．記述内容は特に問わないが，主観評価尺度を用いるとよい．文字寸法は，見かけの文字高さが30分程度となるように（視距離5.0m に対して43.6mm の文字高さに相当），実験時の視距離 Dm から実寸を算出する．行間や字間は適度なものとし，字体は明朝体とする．視標の例を図3.5.19に示す．評価尺度を視標にしたものである．

２）評 価 条 件

外部からの光を遮蔽し，平坦な鉛直面に文書視標を取り付ける．視標から距離 Dm の地点を観察位置とする．被験者は椅座位で視標と正対し，目の高さと視標の中心高さを一致させる．

観察位置を原点として，半径 Dm の円周上15° 30° 45° 60° 75° の地点，また30° 地点から原点に向かって $3D/4$m，$D/2$m，$D/4$m の地点をグレア光源設置位置とし〔図3.5.20〕，これをマークしておく．

グレア光源による周壁からの反射光の影響が条件によって大きく変化しないように室内での配置，壁面反射率，光源の配光に十分に配慮する．

天井照明の出力とグレア光源の出力を調光によって段階的に変化させ，目の順応状態や光源輝度を変化させる．調光段階は出力値（照度または輝度）にして０，25，50，75，100％程度が望ましい．

表3.5.3評価条件の例を示す．評価条件 No. とグレアの程度への影響要因〔図3.5.18(a)～(d)〕との対応を以下に示す．

(a)　目の順応状態　：No.3，14～17
(b)　光源輝度　　　：No.3，10～13
(c)　光源の離角　　：No.1～６
(d)　光源の立体角　：No.3，７～９

３）記 録 用 紙

表3.5.3は記録用紙の例である．条件ごとの各評価値，顔面鉛直面照度の記入欄を設ける．

４）評 価 手 順

① 条件の呈示順序を決め，最初の条件を設定する．
② 被験者は指定された位置に立ち，視標位置に視線を固定する．
③ 数分間順応した後に，記入用紙に評価を記入する（図3.5.19の視標を用いる場合は，該当する評価尺度の番号を記入）．
④ 顔面鉛直面照度を測定する．
⑤ 観察者の視野をデジタルカメラで記録する．
⑥ 条件を変えて②～⑤を繰り返す．

2.5.2　反射グレア

１）評 価 視 標

評価に用いる文書を移動可能な机の上に置き，これに透明ガラスをかぶせたものを評価視標とする．文書は被験者の視距離 Dm に基づいて，直接グレア視標と同様に作成する（被験者は椅座位の状態で机の文字視標を観察する）．

２）評 価 条 件

天井の照明器具が机の上のガラス面（その下には評価視標を置く）に映り込む位置（地点Ａ）と，完全に映り込まなくなる位置（地点Ｂ）を，机を移動させながら見つけ，マークする．そのとき，天井の器具の配置を考慮して，机の移動方向を決定する．地点Ａから地点Ｂの間を３区分程度に分割し，分割地点をさらにマークし，これらの地点で評価を行う．

３）記 録 用 紙

表3.5.4のような，条件ごとのグレア評価の記録用紙を作成す

読みやすさ	眩しさ	不快感
1 読めない	1 眩しくない	1 不快でない
2 やっと読める	2 あまり眩しくない	2 あまり不快でない
3 多少読みにくい	3 やや眩しい	3 やや不快
4 普通に読める	4 眩しい	4 不快
5 読みやすい	5 非常に眩しい	5 非常に不快
6 非常に読みやすい		

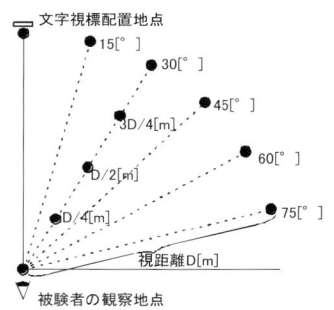

図3.5.19　評価尺度を用いた文書視標の例

図3.5.20　光源設置位置（●がマーク地点）

表3.5.3 直接グレア評価記録用紙の例

評価条件 No.	環境条件（物理量）				主観評価値		
	視距離 [m]	離角 [°]	天井照明照度 [%]	グレア光源輝度 [%]	顔面鉛直面照度 [lx]	読みやすさ	まぶしさ	不快感
1	D	0	50	100				
2	D	15	50	100				
3	D	30	50	100				
4	D	45	50	100				
5	D	60	50	100				
6	D	75	50	100				
7	$3D/4$	30	50	100				
8	$D/2$	30	50	100				
9	$D/4$	30	50	100				
10	D	30	50	75				
11	D	30	50	50				
12	D	30	50	25				
13	D	30	50	0				
14	D	30	0	100				
15	D	30	25	100				
16	D	30	75	100				
17	D	30	100	100				

表3.5.4 反射グレア評価記録用紙の例

評価条件 No.	環境条件（物理量）			主観評価値			机上面の反射映像の状況
	視距離 [m]	反射映像輝度 [cd/m²]	背景輝度	顔面鉛直面照度 [lx]	読みやすさ	まぶしさ	不快感
1 (A)							
2							
3							
4							
5 (B)							

る．条件ごとの顔面照度，天井の照明器具の机上面（ガラス面）への映り込みの状態とその輝度の記入欄も設ける．

　4）評価手順

地点 A から地点 B までのマークの位置に机を順次移動し，以下の手順で評価と測定を行う．

① 被験者は机に着席し，視標位置に視線を固定する．
② 被験者の顔面鉛直面照度を測定する．
③ 数分間順応した後に，読みやすさ，まぶしさ，不快感の評価を記録する．
④ 照明器具の映り込みの程度を観察し記録する．
⑤ 被験者の観察方向から，照明器具の反射映像輝度，視標背景輝度（映り込みのない部分）を測定する．
⑥ 視標の状態をデジタルカメラで記録する．

2.6 レポートのまとめ方
2.6.1 直接グレア
　1）集計方法

① 全員の評価結果を集計し，平均値や回答率を算出する．評価尺度間の等間隔性が保障されているとは限らないため，相加平均だけでなく，評価値ごとの回答率（被験者人数に対してその評価値を選択した人の割合）も計算するとよい．ただし回答率は，被験者人数が十分確保できる場合に有効である．
② グレアの程度への影響要因［図3.5.18］別に，視距離・離角・天井照明照度・グレア光源輝度・眼前照度と，評価結果の関係をグラフに示す．

　2）考察のポイント

① 順応輝度，光源輝度，光源位置，光源の見かけの大きさとグレアの程度について検討し，どのような条件下で不快グレアや減能グレアが生じるかを考察する．
② 室内外で不快グレアや減能グレアが生じる現象や場面を列挙し，①の結果を踏まえて，その対策について論ずる．

2.6.2 反射グレア
　1）集計方法

① 平均値や回答率を算出する．
② 評価視標とした文字の見かけの輝度対比を計算する〔(3.5.12) 式〕．
③ 照明光の入射角と，各評価，反射映像輝度，および顔面照度の関係を，それぞれグラフに示す．
④ 光源，視対象，観察眼位置の幾何学的関係を図に表す．

　2）考察のポイント

① 見かけの輝度対比と読みやすさの関係を考察する．
② 反射映像の位置とまぶしさや不快感の関係を考察する．
③ 直接グレアの演習を行う場合は，その結果との比較を行う．
④ 照明光および視線，それぞれの視標面への入射角と，照明器具の映り込み（反射映像）の程度との関係について考察し，反射グレアの防止策を考える．

2.7 関連事項・参考資料
2.7.1 照明器具のグレア分類

不快グレアと減能グレア防止のために，それぞれに対し照明器具の G 分類と V 分類が設けられている[4), 5)]．

2.7.2 反射グレアの防止

光源などの高輝度面が視対象面に対して視線の正反射方向に設置されていると，特に光沢のある視対象を観察するときには反射グレアが生じる可能性が高い．

近年では VDT 作業が一般的になっているため，VDT 表示面に照明器具の高輝度面が映り込まないような対策が，一般事務所や教室等においても必要となっている．VDT 表示面に映りこみが生じやすい器具の設置範囲を図3.5.21に示す．

美術品などの展示照明に際しては，反射グレアの防止とともに，微細な凹凸による陰影を生じさせないために，入射角70°以上になる場所への照明設置も回避すべきである．

ガラス製の展示ケースに生じる反射映像による障害を抑制するためには，ガラス越しに見える展示物の輝度 L_g に対してガラスに映る反射映像の輝度 L_G を十分に低くする必要がある（目安は $L_g > 20 L_G$）．

2.7.3 不快グレアの評価方法

不快グレアの評価方法は多種あり，国によっても実用化の方法が異なる．イギリスを除くヨーロッパ各国では不快グレアの程度に基づく照明器具の輝度規制値を定めていた（輝度規制法という）[1)]．

表3.5.5　照明器具グレアのG分類[4]

グレア分類	鉛直角における最大輝度[cd/m²]			説明	代表的なオフィス照明器具の例
	65°	75°	85°		
G0	2400以下	1500以下	1500以下	ルーバなどでグレアをより厳しく，十分制限した照明器具。	OAルーバ
G1	5300以下	2700以下	2700以下	拡散パネル、プリズムパネル又はルーバなどによりグレアを十分制限した照明器具。	拡散パネル
G2	24000以下	7100以下	7100以下	水平方向から見たとき、ランプが見えないようにグレアを制限した照明器具。	下面開放型
G3	制限なし			ランプが露出してグレアを制限しない照明器具。	逆富士型

表3.5.6　照明器具グレアのV分類[4]

分類	鉛直角60°～90°の範囲
V1	50〔cd/m²〕以下
V2	200〔cd/m²〕以下
V3	2 000〔cd/m²〕以下 （1 500〔cd/m²〕以下が望ましい）

【適用例等】V1：VDT画面への映り込みはほとんど生じない．壁面上部や天井面が暗くなりがちである．V2：VDT作業があまり長く伴わないオフィスに適用できる．V3：反射防止処理が施してあるVDTを使用するオフィスに適用できる．室全体が陰気な感じにならない．

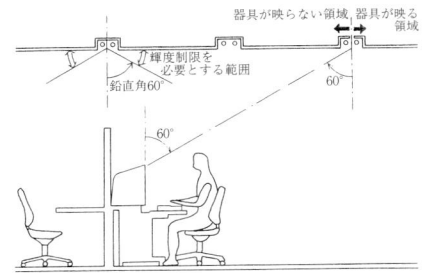

図3.5.21　VDT画面に映りこむ器具の位置[1]

現在は屋内作業場の照明の不快グレア評価指標としてUGR（Unified Glare Rating）[6]がJIS Z 9125で用いられている．UGR制限値は室の用途・作業・活動の種類によって定められており，例えば一般事務所は19以下となるよう求めている．

なお，側窓の不快グレアのように，大光源に対するグレア評価については，DGIやPSGVが検討されている．

$$UGR = 8\log\left(\frac{0.25}{L_b}\sum\frac{L^2 \cdot \omega}{p^2}\right) \quad (3.5.13)$$

　　L_b　：背景輝度〔cd/m²〕

　　L　：グレア光源の輝度〔cd/m²〕
　　ω　：光源の立体角〔sr〕
　　p　：光源の注視点からの位置を示すGuthの指数（ポジション・インデックス）

2.7.4　グレアと順応

眼が暗いところになれている状態で，明るい光源を見た直後には，まぶしさや不快さを強く感じるが，眼が周囲や光源の明るさに慣れるに従ってまぶしさの程度は緩和されていく〔図3.5.22〕．この目の順応過渡状態の取扱いは，今日のグレア評価法には組み込まれていない．これからの課題といえる．

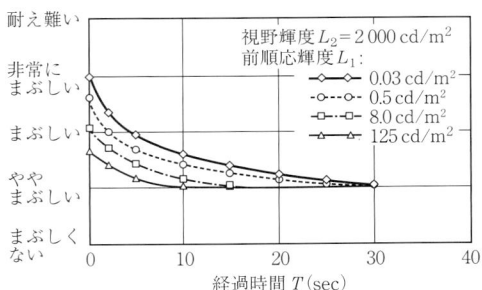

図3.5.22　まぶしさ感の時間変化[7]

文　献

1) 環境工学教科書研究会編著：環境工学教科書第二版，彰国社，2001
2) 照明学会編：ライティングハンドブック，オーム社，1987
3) 例えば146 CIE TC 1-50 reports：CIE equations for disability glare, CIE Collection on Glare, pp.1～12, 2002
4) 照明学会編：オフィス照明設計技術指針，JIEG-008，2001
5) 公共施設用照明器具，JIL5004，日本照明器具工業会規格2007.
6) Lighting of Indoor Work Places, CIE Standard S008/E, 2001
7) 井上容子・伊藤克三：まぶしさ感の動的評価法，日本建築学会計画系論文報告集，Vol.398，pp.9～19, 1989

3．立体感・陰影
3.1　演習の目的

光のあたり方によって，陰影のでき方が変わり，対象物の立体感や材質感が異なってくる．また，光の照射方向によっては，手暗がりなど周囲の物体からの影が障害となって，対象物が見えにくくなることもある．不適切な立体感や陰影は，安全性や作業性の低下を招来する．そのため，対象物が適切な立体感，材質感をもって見られるために，また，不適切な影を生じさせないためには，光の方向性と拡散性に十分に配慮した照明計画が必要である．

この演習では，光の拡散性・指向性，主光線の方向によって，対象物の見え方がどのように変化するのかを体験的に学習し，適切な立体感を得るための影響要因を理解することを目的とする．まず，光の指向性と影の関係を理解したうえで，モデリング，シルエット現象がどのような状況で生じるのかを実際に確認し，適切な照明方法について考える．

3.2　基礎事項
3.2.1　モデリング

モデリングとは，人の顔などの立体感や材質感など，光の照射方向や指向性の程度によって変化する見え方の総合評価のことをいう．図3.5.23に光の指向性を調整した場合の顔の見え方の変化を示す．表3.5.7にモデリングの評価カテゴリーの例を示す．

3.2.2　シルエット現象

シルエット現象とは，明るい窓などを背景にした場合に，そ

の窓の前にある物体の正面が影になり，その部分が見にくくなる現象をいう．周囲の明るさに目が順応してしまうためであるが，背景をグレア源とした減能グレアでもある．図3.5.24にシルエット現象の例を示す．表3.5.8にシルエット現象防止に必要な光量バランスの目安を示す．

3.2.3 ベクトル・スカラー比

モデリングやシルエット現象を考える場合，一方向のみの照度ではなく空間の照度を把握することが重要となる．ベクトル・スカラー比VSR〔(3.5.14) 式〕とは，ベクトル照度とスカラー照度の比であり，モデリングやシルエット現象を評価する際の指標となる．

$$VSR = |\vec{E}|/Es \quad (3.5.14)$$

$\vec{E}$：ベクトル照度
Es：スカラー照度

ベクトル照度とは，ある点に仮想した微小面の表面の照度と裏面の照度との差の最大値である〔(3.5.15) 式〕．

$$\vec{E} = Max(E_A - E_B) \quad (3.5.15)$$

E_A：仮想微小面の表面の照度
E_B：仮想微小面の裏面の照度

スカラー照度は，平均球面照度ともいい，ある点に仮想した微小球面上の平均照度である〔(3.5.16) 式〕．

$$Es = \frac{1}{4\pi} \int_{4\pi} E d\omega \quad (3.5.16)$$

(4) 円筒面照度，半円筒面照度[3]

一般の室内では視線が水平になることが多いため，物体の鉛直面の照度が明るさの印象に対して支配的になる．このため，平均円筒面照度や平均球面照度が水平面照度よりも主観的印象とよく一致する．中でも，人の顔の見え方には平均半円筒面照度が適している．

円筒面照度E_cとは，垂直に立てた十分に小さい円筒の側表面上の平均照度である〔(3.5.17) 式〕．

$$E_c = E_n \sin\beta/\pi \quad (3.5.17)$$

E_n：放線面照度
β：光の入射方向の頂点角

半円筒面照度E_{sc}とは，垂直に立てた十分に小さい円筒を観察方向に垂直で，円筒の中心を通る平面で半円筒にしたときの円筒側表面上の平均照度である〔(3.5.18) 式〕．

$$E_{sc} = E_n(1 + \cos\alpha)\sin\beta/\pi \quad (3.5.18)$$

E_n：放線面照度
α：観察方向を基準とした光の入射方向の水平角
β：光の入射方向の頂点角

3.3 評価の準備

3.3.1 必要機器類

必要な機材は，物理量を測定するための照度計，輝度計，これらを設置するための三脚，記録用のデジタルカメラである．

3.3.2 評価対象

評価対象物は，人物または石膏像・マネキンなど人の顔が適しているが，準備できない場合は立体的なものを選ぶ．

3.3.3 評価尺度

表3.5.7，表3.5.8，図3.5.31を参考にモデリングやシルエット現象の評価尺度を選定する．

3.3.4 記録用紙

記録用紙には，設定条件ごとの評価値と測光値の記入欄，および観察中に気付いたことをメモする自由記述を設けておく．表3.5.9に例を示す．

3.4 検討に必要な物理量

評価と対応させるために測定しておきたい主な物理量は，モデリングでは評価対象の輝度，評価対象に入射する照度，照明器具の位置（高度）である．シルエット現象では，評価対象と評価対象の後方壁面輝度，評価対象の位置での室内向き鉛直面照度と屋外向き鉛直面照度，室内の照度分布である．

(a) 改善前　　　(b) 改善後

図3.5.23　モデリングの例

表3.5.7　顔のモデリング評価カテゴリー[1]

1	顔に立体感がなく平面的に見える （顔面の影が薄すぎて，陰影は非常に乏しい）
2	顔の立体感はかなり物足りない （顔面の影がかなり薄く，陰影もかなり乏しい）
3	顔の立体感はやや物足りない （顔面の影がやや薄く，顔面に陰影がやや乏しい）
4	顔の立体感は適当で好ましい （顔面の影の濃さは適当で，目鼻立ちもはっきりわかる）
5	全体としてややどぎつい感じである （顔面の影がやや濃いが，顔の暗い部分の目鼻立ちはわかる）
6	全体としてかなりどぎつい感じである （顔面の影がかなり濃いが，顔の暗い部分の目鼻立ちは微かにわかる）
7	全体として非常にどぎつい感じである （顔面の影が濃すぎて，顔の暗い部分の目鼻立ちがわからない）

表3.5.8　顔のシルエット現象防止に必要な顔面照度[2]

段階		顔面照度／背景輝度 $\left(\frac{lx}{cd/m^2}\right)$
I	シルエットに見えないための下限	0.07
II	目鼻が見えるための下限	0.15
III	やや良い	0.30

(a) 改善前　　　(b) 改善後

図3.5.24　シルエット現象の例

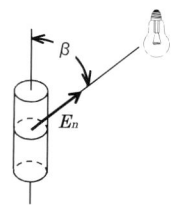

図3.5.25　円筒面照度

3.5 視環境の評価（応用3）

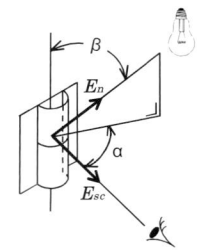

図3.5.26 半円筒面照度

表3.5.9 モデリング評価記録用紙の例

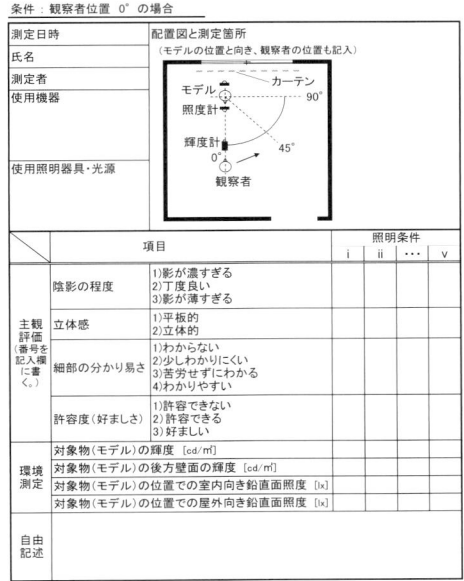

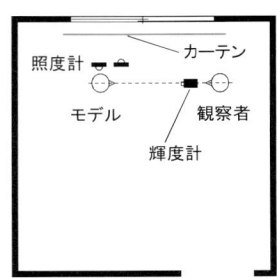

図3.5.27 モデルと観察者の配置（モデリング）

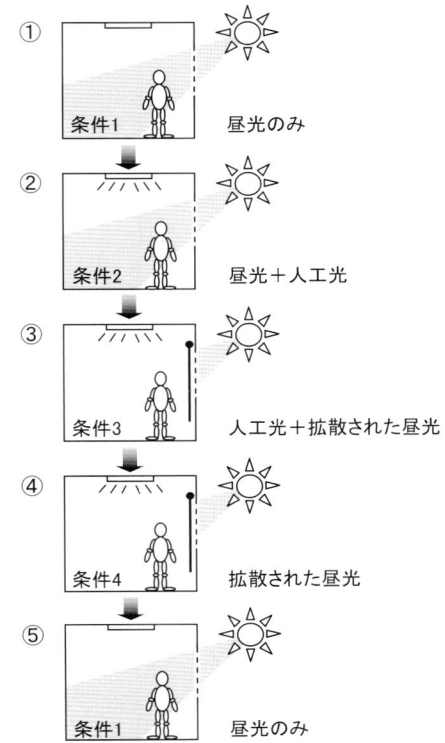

図3.5.28 照明条件の設定フロー

3.5 演習の進め方

モデリングとシルエット現象の評価方法を分けて示すが，条件設定をくふうして同時に評価を行うのもよい．

3.5.1 モデリング

1) 条件の設定

人工照明と窓があり，窓にはカーテンやブラインドなどの遮光装置がある室で行う．遮光装置により拡散された昼光を利用するので，暗幕は不適当である．晴天の日に直射の差し込む室で行うことが望ましい．人工照明は蛍光灯による全般照明などの拡散性の高いものが望ましい．スポットライトなどの光をモデルに照射してもよい．

窓を横にして窓際にモデルを1人（石膏像やマネキンでも可）座らせる．観察者はモデルと正対するように立つ．図3.5.27にモデルと観察者の配置を示す．

モデリングの状態を変化させるために，照明を図3.5.28に示すように条件1〜条件4に順次変化させる．最後に再び条件1に戻す．

① 人工照明を消灯し，カーテンまたはブラインドを開けて外の光が入るようにする（条件1：昼光のみ）．
② 室内人工照明を点灯する（条件2：昼光＋人工光）．
③ カーテンなどを閉める（条件3：人工光＋拡散させた昼光）．
④ 室内人工照明を消灯する（条件4：拡散させた昼光）．
⑤ カーテンなどを開ける（条件1：昼光のみ）．

人工照明が調光できる場合は，光量を何段階かに変化させるとよい．また，窓の代わりにスポットライトを用いる場合は，スポットライトとモデルの間に布など光を拡散させるものを挿入したり，ライトの高さを変化させて検討するとよい．

2) 評価と測定

照明条件ごとに以下の手順で実施する．

① モデリング評価を行う．
② モデルの位置で室内向きと室外向きに照度計を向けて鉛直面照度を測定する．
③ 顔面の陰影をデジタルカメラで撮影し，記録する．フラッシュは用いない．

昼光は時々刻々と変化するので，窓からの昼光を用いる場合は，必ず各条件の評価終了直後に，それぞれ光の状態を測定しておく．

3.5.2 シルエット現象

1) 条件の設定

室の条件はモデリングの場合と同様である．モデルは，窓を背にして窓際に座らせる．観察者はモデルと正対するように立つ．図3.5.29にモデルと観察者の配置を示す．時間に余裕があれば，観察者の位置を45°，90°に変化させて検討するとよい．

シルエットの状態を変化させるための照明条件は図3.5.28に示すモデリングの場合と同様である．したがって，モデリング評価と同時に行うこともできる．また，内装反射率や，窓からのモデルの距離を変えて検討するのもよい．

2) 評価と測定

照明条件ごとに以下の手順で実施する．

① シルエットの程度，目鼻立ちや表情のわかりやすさについて評価する．

3．光環境分野

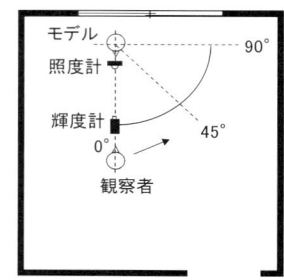

図3.5.29　モデルと観察者の配置（シルエット現象）

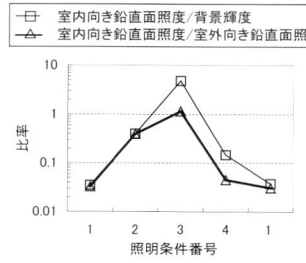

図3.5.30　照明条件による輝度比の変化例（照明条件：図3.5.28）

② モデルの位置で室内向きと室外向きに照度計を向けて鉛直面照度を測定する．
③ モデルの顔面の輝度と背景の輝度を測定する．
④ 顔面の陰影をデジタルカメラで撮影し，記録する．フラッシュは用いない．

昼光は時々刻々と変化するので，必ず各条件の評価終了直後に，それぞれ光の状態を測定しておく．

3.6　レポートのまとめ方
3.6.1　モデリング
① 室内向きと室外向き鉛直面照度，および両者の比と主観評価の関係をグラフにして考察する．
　　スポットライトを用いて，照射高さを変化させた場合は，照射高度，照度比，評価の3者関係も考察するとよい．
② 適度なモデリングが得られる方策を考える．
3.6.2　シルエット現象
① 室内条件や観察方向による室内向きと室外向きの鉛直面照度の比率，およびモデルの顔面照度（または輝度）と背景輝度の比率の変化を検討する．図3.5.30に条件による比率の変化例を示す．

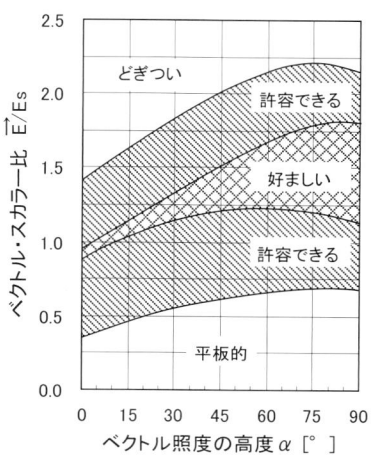

図3.5.31　モデリングの評価図[4]

表3.5.10　モデリング評価のための照度比[2]

段階	顔の両側の鉛直面照度の比
I　どぎつい	10
II　好ましい	2〜6

図3.5.32　六面照度計

② 照度比や輝度比と評価との関係をグラフにして，物理量と主観評価の関係を考察する．
③ シルエット現象の改善の方策を考える．

3.7　関連事項・参考資料
3.7.1　モデリングの評価法
ベクトル照度の高度とベクトル・スカラー比からモデリングを評価する方法〔図3.5.31〕や，側壁に窓などの大光源がある場合の顔の両側面照度比の目安〔表3.5.10〕が提案されている．

3.7.2　各種照度の測定装置
ベクトル照度ならびにスカラー照度を測定するには，多方向の照度を測る必要がある．また，昼光の射入など光量の時間変動要因がある場合は，時間差なく同時に測る必要がある．そのため，ベクトル照度ならびにスカラー照度を近似的に測定するには，同時に6方向の照度が測定できる六面照度計が便利である．図3.5.32に六面照度計の例を示す．

文　　献

1) 村上泰浩・矢野　隆：見かけの明暗割合を考慮した人の顔のモデリング評価：窓際での人の顔のモデリングに関する研究　その5，日本建築学会環境系論文集，Vol.587，pp.9〜14，2005.1
2) 日本建築学会編：建築環境工学用教材　環境編，第3版，1995
3) 照明学会編：ライティングハンドブック，オーム社，1987
4) C.Cuttle et al.：BEYOND THE WORKING PLANE CIE PROC. Washington, vol. 8, p.480, 1967

4．雰　囲　気
4.1　演習の目的
目的に応じた適切な雰囲気の形成に光環境計画は大きくかかわる．

光色，光量，照射方向など光のあて方，空間の輝度分布，および観察者の順応状態によって活動性，力量感，快適性などの空間の雰囲気は大きく変化する．この演習では，空間の雰囲気形成と光環境要因との関係を理解することを目的とする．

4.2　基　礎　事　項
4.2.1　明 る さ 感
空間の明るさ感は，その印象に大きく影響する．明るさの感じ方は光量とその分布に依存するが，光量をはじめとする光環境が一定であっても，順応している状態が異なることで主観的な明るさは異なってくる．

順応レベルを考慮して，実際に感じる明るさを尺度化したものに，アパレントブライトネスがある．

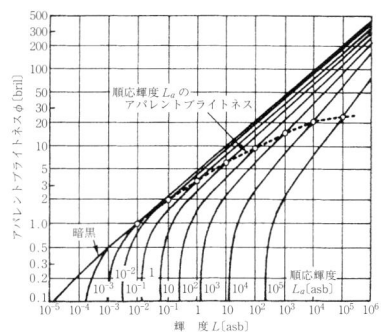

図3.5.33 アパレントブライトネス[1]
〔1asb＝$(1/\pi)$cd/m^2〕

4.2.2 SD法（Semantic Differential法，詳細は9.3節〔p.174〜〕参照）

複数の相反する形容詞の対を用いて，対象の印象やイメージを評価する際に用いられる．多変量解析により，印象への影響要因を抽出することができる．視覚だけでなく，味覚，嗅覚，聴覚，触覚の五感から得られる感覚を評価することができる．

4.3 評価の準備
4.3.1 必要機器類

測光に必要な機材は，色彩照度計（または照度計），色彩輝度計（または輝度計），これらを設置するための三脚・雲台である．デジタルカメラや面輝度計を用いて輝度分布を把握してもよい．計測器は複数準備できると測定時間が短縮される．

壁面反射率変更用のカーテン・壁紙（色紙），照明用蛍光ランプ（低色温度と高色温度のもの）を準備する．白熱電球は調光によって，色温度が変化するので適当ではない．

4.3.2 評価空間

調光やランプ交換の可能な室，または器具を使用する．

開口部には遮光幕などを引き，室外からの光によって評価空間の条件が乱されないようにする．

居室を想定し，ソファやテーブル，植物などを置く．また，青や紫の色紙を置いておくと見た目の色の変化がわかり，光源の演色性と雰囲気の関係が理解しやすくなる．

室模型などを利用してもよいが，実際の室を使用して臨場感をもって体感しておくことが望ましい．

図3.5.34に評価箱の例を示す．一辺50cm程度以上の大きさとし，中にミニチュアの家具，人形，本などを設置しておくと，評価しやすい．調光可能な蛍光ランプを光源挿入口にセットする．光源挿入口の寸法調節や拡散板によって光の広がりを調節する．

4.3.3 実験条件

雰囲気には光量（照度），光色，室内の輝度分布，主光線の方向，内装や装備品，観察者の順応レベルなど視環境計画の主要因がすべてかかわる．これらの条件をどのように設定するのかを決める．表3.5.11に条件設定と呈示順序の例を示す．室内輝度分布（照明光の指向性），照度，光色，内装（反射率）を

表3.5.11 条件設定と呈示順序の例

	配光	照度	色温度	壁面色彩
条件1	拡散	400 lx	3 000 K	黒
条件2	拡散	400 lx	3 000 K	白
条件3	スポット	400 lx	3 000 K	白
条件4	拡散	400 lx	6 700 K	白
条件5	拡散	4.0 lx	6 700 K	白

表3.5.12 雰囲気評価記録用紙の例

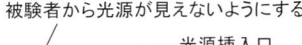

変化させた例である．演習時間に応じて，変化要因を増減するとよい．

4.3.4 評価尺度

SD法を用いる．評価に用いる形容詞対を表3.5.12や雰囲気や色彩に関する既往研究を参考に選定する．

4.3.5 記録用紙

記録用紙には，設定条件ごとのSD得点（各形容詞対の評価値）の記入欄，室内装備品の（色の）見え方，観察中に気付いたことをメモする自由記述欄，測光値の記入欄を設けておく．表3.5.12に例を示す．

4.4 検討に必要な物理量

視環境計画要因となる主要な物理量の把握が必要である．演習では顔面鉛直面照度，床または机上の水平面照度，照明光の色温度（測定できない場合はランプのカタログ値でよい），装備品や壁などの輝度・色度を測定するとよい．可能であれば室内の輝度分布も測定する．

4.5 演習の進め方

順応や先入観を排除するために，条件を呈示する者（験者）と評価者（被験者）の役割分担を行うほうがよい．

演習の流れを①〜⑧に示す．実際の室空間も評価箱も同じである．

① 机上面（床面）照度，評価者位置での鉛直面照度，評価者の視線方向からの輝度を測定するために，（色彩）照度計と（色彩）輝度計を設置する．
② 室内のスケッチを描き，測定箇所を明記しておく．
③ 験者は呈示照度（机上面または床面水平面照度）を設定する．
④ 被験者は実験前の影響をなくすために，別室で一定の明

図3.5.34 評価箱の例

るさに5分程度順応する．部屋の照度は，順応した状態よりも明るい部屋に入った場合と暗い部屋に入った場合の両者が体験できるように，評価室の設定照度の相加平均値を目安に設定するとよい．表3.5.11のように設定する場合は40 lxである．
⑤ 被験者は，評価室に入室した直後と数分経って室内の状態に慣れてからの計2回，室内全体の雰囲気評価をあらかじめ定めた形容詞対を用いて行う（5段階または7段階SD法）．
⑥ 被験者は，装備品や壁の（色の）見え方についても記述する．
⑦ 装備品や壁の輝度・色度，床面や机上面の照度（設定照度の確認），被験者顔面位置での鉛直面照度を測定する．可能であれば，照明光の色温度や室内輝度分布を測定する．
⑧ 験者は次の呈示条件を設定する．その間，被験者は一定の明るさ（例えば40 lx）の別室で待機する．験者の合図で評価室に入室し，⑤〜⑦を繰り返す．

4.6 レポートのまとめ方
4.6.1 集計方法
① 評価を数値化（SD得点）し，複数人で評価を行った場合は，平均値ならびに標準偏差を算出する（便宜的に等間隔尺度として取り扱う）．
② 平均SD得点を用いて，平均値プロフィール〔図3.5.35〕を作成し，条件により評価がどのように変化しているのかを把握する．
③ 雰囲気評価には個人差が大きいため，結果の代表値の選択は慎重に行う必要がある．多人数の評価が得られている場合は，中央値，パーセンタイル値，各評価値の度数を算出し，平均値との違いを考察するとよい．

さらに，SD得点を用いて因子分析や重回帰分析を行えば，雰囲気への影響要因が明瞭になり，室内計画変更時の予測も可能となる．

4.6.2 考察のポイント
① 照度・輝度
設定照度の変化，壁面輝度の変化によってSD得点がどのように変化したのかを検討する．顔面鉛直面照度とSD得点の関係も検討し，評価と対応する物理量は何かを考察する．
② 色
ランプや壁面色彩の違いにより，色温度や装備品・壁の色度がどのように変化し，色の見えやSD得点がどのように変化したのかを考察する．
③ 照度分布・輝度分布

照明方式の違いによる室内輝度分布や顔面鉛直面照度の変化と，SD得点の変化との関係を考察する．
④ 順応輝度
照度によりSD得点がどのように変化したのかを検討する．また，入室直後の評価と，十分に明るさに慣れてからの評価との違いを検討する．

図3.5.33から各対象物のアパレントブライトネスを求め，SD得点との関係を考察する．ここでは，便宜的に顔面鉛直面照度Eを用いて順応輝度Lを次式より求める．画像による輝度分布測定を行った場合は，その平均輝度を順応輝度としてもよい．
$$L = E/\pi \tag{3.5.19}$$

4.7 関連事項・参考資料
4.7.1 適正照度
生活行為に応じて好ましいと感ずる照度や輝度は異なってくる．これは，視作業の難易度が異なり，必要とされる視力が変化するためである．空間の用途や行為を考慮した雰囲気形成のための適正照度については，今日のところ設計の目安となる資料は少ない．表3.5.13にくつろぎのための適正照度の例を示す．

4.7.2 照度と順応
環境条件が一定であっても，順応している状態が異なることで主観的な明るさ〔図3.5.33参照〕は異なってくる．順応には時間を要するため，順応輝度とは異なる視野輝度の空間に入った場合には，快適であると感ずる照度や輝度は時間とともに変化していく．図3.5.36にその一例を示す．一定時間ごとに評価者が調光したときのものである．最初の順応状態や在室（経過）時間によって満足する照度が変化している．

4.7.3 照度と色温度
色温度は，光の色を表示するもっとも簡単な方法で，光をその色度〔3.3節の2.4.2，3.5節の1.5.7を参照〕，あるいはそれに近い色度をもつ完全放射体（黒体）の絶対温度で示したものである．単位はケルビン〔K〕である．

照明光の色温度，すなわち光色によって空間全体の視対象の印象は変化するが，その適・不適は照度に依存するといわれている．照度と色温度の許容できる関係として，図3.5.37に示すような関係があることが経験的にも認められている．なお，この関係には，作業内容（生活行為）が影響することが指摘されている[5),6)]．

表3.5.13 団らん・くつろぎのための照度[2),3)]

	照度 (lx)	場所	備考
団らん	400〜600	机上面	
くつろぎ	200〜400	机上面	
	10〜40	顔面鉛直面	視作業なし

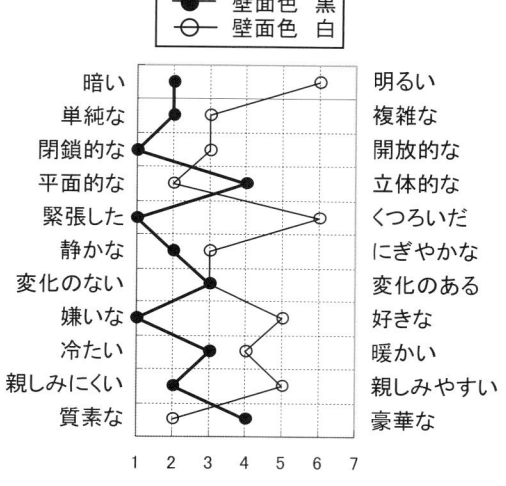

図3.5.35 SD得点平均値プロフィールの例

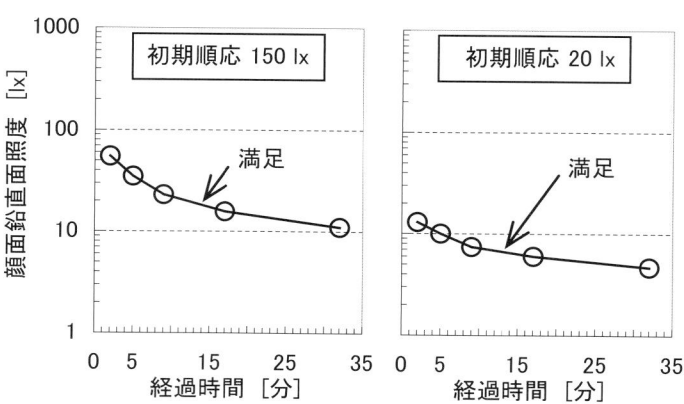

図3.5.36 適正照度の時間変化（ブラケット照明の場合）[3)]

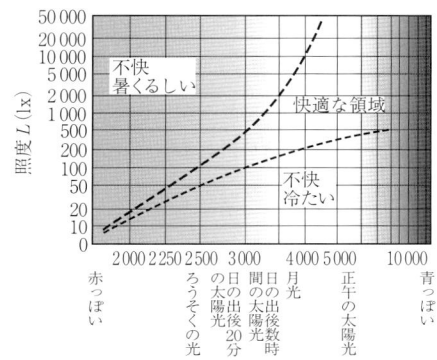

図3.5.37　照度と色温度の関係[4]

文　献

1) J.C. Stevens and S.S. Stevens: Brightness function: Effects of adaptation, J. Opt. Soc Am, 53, pp.375～385, 1963
2) 中村　肇・唐沢宜典：照度・色温度と雰囲気の好ましさの関係, 照明学会誌, 第81巻, 8A号, pp.69～76, 1997
3) 石田享子・井上容子：くつろぎのための明るさに関する研究 －初期順応レベルと経過時間の影響－, 照明学会誌, 第89巻, 第8A号, pp.819～829, 2005.8
4) A.A. Kruithof: Tubular Luminescence Lamps for General Illumination, Philips Technical Review 6, pp.65～96, 1941
5) 石田享子・井上容子：壁面色彩とランプの色温度のくつろぎに求められる明るさへの影響, 光天井の場合, 日本建築学会計画系論文集, Vol.606, pp.9～14, 2006.8
6) 大井尚行・笠尾　円・高橋浩伸：生活行為を想定した室内照度・色温度の好ましさに関する模型実験, 日本建築学会計画系論文集, Vol.614, pp.87～92, 2007.4

5．総合評価

5.1　演習の目的

不快のない光環境を提供するには，光の量と分布，拡散性，分光分布が適切であることが求められる．これによって，適正な明るさ感，明視性（細部や色の見え），陰影・立体感が得られ，グレア制御も行うことができる．ここでは，チェックリストを用いて，これらの視環境計画に際しての主要要因の充足度を評価し，視環境の総合的な良否判定を行う方法を習得する．

5.2　基礎事項

5.2.1　評価の視点

視環境評価の視点は，以下の項目に分類される．
① 空間の条件：寸法，内装，装備，用途
② 視対象の条件：形・大きさ，反射率，色
③ 利用者の条件：年齢，視力など
④ 光の性状：光量，分布，主光線の方向，分光分布
⑤ 視認性に関連する心理評価：明視性，明るさ，グレア，立体感・陰影，演色性
⑥ 印象に関連する評価：美観，雰囲気
⑦ 管理・経済性：エネルギー効率，コスト，維持管理

また計画的視点から，人工照明計画，採光計画，色彩計画に分けて項目を設けるという方法もある．

5.2.2　チェックリストの形式

チェックリストには，以下の形式がある．評価法の詳細については9.3節を参照する．
① 良否やYes/Noの二者択一方法
② 項目の程度を段階的に設定し該当するものを選択させる尺度法
③ 複数ある項目から該当するものを選択させる多肢選択法

5.3　評価の準備

5.3.1　必要機器類

光の状態を測定するために照度計・色彩輝度計（輝度計），内装色や反射率を測定するために接触式色彩色差計など基本的な測光・測色機器，評価室の各部位の寸法を測定するメジャー，評価室の状態を記録するためのデジタルカメラ等を準備する．

5.3.2　評価環境

使用用途や室内装備の異なる室を複数選定する．同一の室で照明状態や採光状態を変えてチェックしてみたり，日頃気になっている場所をチェックするとよい．

5.3.3　チェックリスト

光と物の状態と，それによって生じる見えや快不快にかかわる評価，エネルギー効率，維持管理など，視環境計画の要因が不足なく評価されるように項目を選び，チェックリストを作成する．作成に際しては，本項5.2, 5.7や前項〔1.～4.〕までの内容を参考にする．

記録用紙にはチェックリストのほかに，物理環境や天空条件等の必要項目の記入欄も併せて設けておく．

5.4　検討に必要な物理量

① 測定日時と天候
② 光の条件：室内の照度，輝度，その分布，分光分布，主光向線の方向
③ 室条件：室の用途，室の大きさ，内装や什器の色・反射率など
④ 窓の条件（採光状況）：大きさ，方角，太陽光の遮蔽装置
⑤ 人工照明の条件：灯数，設置位置，配光，使用光源など

5.5　演習の進め方

各空間を複数人数で評価し，評価は個別に行い，物理測定は全員で分担して行う．
① 測光・測色については，3.1～3.3節の演習内容を参考に，測定項目を決めておく．必ず，室ごとに主観的項目の評価を行った後に，物理環境測定を行う．
② 室に入った直後に評価するのか，それともある程度室環境に慣れてから評価するのかなど，評価時点を統一する．

5.6　レポートのまとめ方

5.6.1　集計方法

細分類項目や大分類項目ごとに集計を行い，ヒストグラム等で表現する．

5.6.2　考察のポイント

① 各室の特徴を明らかにし，室間の比較をする．
② 特に評価が悪い項目について，その原因を考察する．前項までの演習で使用した空間を評価対象とした場合は，その時の結果を参考にする．
③ 改善の方法を検討する

5.7　関連事項・参考資料

5.7.1　照明設計における採点表

総合的評価に関しては，古くは1936年にMoon & Spencerが適切な照明設計を行うための8要素を提案し，これに基づく採点表を作成している〔表3.5.14〕[1]．正しく照明された室は，疲労を最小にして最良の視覚を与えるという考えのもとに項目が設定され，採点表には項目別・目的別点数が設けられ，総合的な評価を行ううえでの基本的な考え方が盛り込まれている．

5.7.2　人工照明の評価表

CIE（国際照明委員会）では，繰り返し照明環境評価用の質問紙が検討されてきた[2]．表3.5.15はその一例である．第一印象，分析，修正，調整の4部から構成されている．照明の専門家を対象として，空間評価やリフォームの訓練に用いられるものである．

3．光環境分野

表3.5.14 照明設計の採点表

要素	内容		点数	
			実利的	装飾的
1．照度	(a) デロス*γ≧0.9		10	5
	0.9＞γ≧0.8		5	5
	0.8＞γ		0	0
	(b) 主要面上の照度変化 ≦3：1		5	0
	(c) 作業面上の照度変化 10％未満		5	0
	(d) 鉛直面照度と水平面照度の比≦3		5	0
	照度総点数		25	5
2．光束発散度分布（輝度分布）	光束発散度比の限界		3：01	10：01
	壁		5	5
	天井		5	5
	床		5	5
	机，テーブル		5	0
	視野内の光源		5	5
	光束発散度総点数		25	20
3．正反射	光束発散度比の限界3：1		10	0
4．影	影による照度減少10％以内		10	0
5．スペクトル分布（光源色）	(a) 発光体の適当な色		2	5
	(b) 放射照度≦68W/m²		3	0
	スペクトル分布総点数		5	5
6．心理的効果（快適性）	優		5	20
	良		3	10
	劣		0	0
7．美的効果	(a) 良い幾何学的配置		5	20
	(b) 満足な色の調和		5	20
	美観に対する総点数		10	40
8．経済性	(a) 器具効率≧0.75		5	5
	(b) 固有照明率≧0.5		5	5
	経済性総点数		10	10
完全な設計に対する総合点			100	100

＊デロス：評価空間での視認域値に対する最上の場における閾値の比

表3.5.15 室内照明環境の評価

【第一部】第一印象：室内の大まかな評価		
A		部屋：この部屋を快いと感じるか，不快と感じるか
B		材料と色彩：部屋の材料と色彩は快いか，不快か
C		光：照明の全体的効果は快いか，不快か
【第2部】分析：第一部の意見の分析		
部屋	A1	この部屋の大きさとプロポーションは好きか
	A2	家具とその配置の仕方は好きか
	A3	この部屋の材料のキャラクターは好きか
	A4	光源の見え方と配置は好きか
材料と色彩	B1	室内の色彩は好きか
	B2	家具や備品の色は好きか
	B3	ランプの演色性は好きか
	B4	彩色されているために視覚的に重要となっている表面や対象物を（重要な順に4つ）列挙
光	C1	作業面上の照明は，a) 量的に十分か，b) 適当か
	C2	水平面上の平均照度を見積もる
	C3	光源を含む室内表面の明るさの分布は良いか
	C4	(a) 光源のきらめき (b) 表面の鏡面反射を感じるか，感じるとしたら，それらは快いか，不快か
	C5	明るさが十分，または欠けるがために，視覚的に重要な表面や対象物を（重要な順に4つ）列挙
	C6	室内で光の方向はどちらに流れているか
	C7	人の顔のモデリングは好きか
	C8	室内表面や家具などのモデリングは好きか
【第3部】修正：視覚的環境改善のための修正		
D1		室内表面や対象物の明るさ・反射率を変えることで，室内の明るさ分布を変えるとしたら
D2		室内の色彩を変更するとしたら
D3		室内の光の量を変更するとしたら
D4		室内の光の方向を改善するとしたら
【第4部】調整：視環境を改善する再設計（部屋と部屋にある家具はそのままあるものとして）		
a		照明だけを変更して
b		照明と室内表面を変更して

評価に際しては，次の設問を見ない順番通りの評価，部屋のスケッチプラン，照明設備の簡単な描写，視作業の記述が求められている．また，各項目 Yes/No ではなく，自由記述による回答が求められている．

5.7.3 照明施設の審査表

住宅・事務所・店舗・ホールをはじめとした屋内照明施設から，屋外・交通・スポーツ照明施設まで広範な施設を対象とした，優秀な照明施設の表彰制度がある[3]．表3.5.16は，この事前審査用に関西照明技術普及会が用いている審査表の例である．

5.7.4 住宅性能表示制度

平成19年4月1日に国土交通省住宅局住宅生産課が住宅性能表示制度の概要[4]を報告し，光・視環境に関しては開口部の「日照，採光」「眺望，開放感」などの物理的，心理的効果に着目しているものの，性能表示は居室開口部の面積（単純開口率）と位置（方位別開口比）に留まっている．

しかし，快適な視環境の要件を満足するには，表3.5.17に示すような建築室内空間の光環境の観点に基づく性能評価が必要である[5]．

5.7.5 室内光環境の評価

建築室内環境の総合評価のために，光環境だけでなく熱・音・空気環境も含めたチェックリストの開発が試みられた[5]．その中で分野別評価として光環境については，照明，通路・階段，案内表示，外部色彩に対する視環境の観点からの評価表が提案されている．評価表は，以下の構成となっている．

① 物理的状態の判断・評価（例えば，明るい⇔暗い，容易⇔困難，5段階評価）
② 価値的評価（良い⇔悪い，満足⇔不満足，快適⇔不快，5段階評価）
③ 評価の決め手となった要因（多肢選択法）
④ 総合評価（点数評価，同時に評価の要となった①の項目

表3.5.16 照明施設の審査表

項目		評価			メモ記載欄
		良い	普通	悪い	
視覚	照度				
	グレア				
	輝度				
	演色性				
	雰囲気・美観 (施設見合い)				
	照明効果				
技法	光源				
	照明器具・制御				
	普及性				
総合評価	独創性				
	経済性				
	保守点検				
	寸評 特に優れた点, 問題点など 評価の具体例を 記載				
	採点	A 10点 9点 8点	B 7点 6点 5点 4点	C 3点 2点 1点	

表3.5.17 光環境の観点に基づく建築室内空間の性能評価項目

(a) 人工照明の状態	
1	視作業が十分に行えるか
2	明るさの分布が適切か
3	省エネルギーを達成しているか
4	視覚機能が低下しないか
5	暗さの効用も考慮しているか
(b) 昼光照明の状態	
1	十分な日照を確保できているか (基準昼光率を達成しているか)
2	心理的快適感を得る窓があるか
3	窓際における見やすさが適切か
(c) 色彩の状態	
1	演色性が十分確保されているか
2	色彩計画が十分行われているか

をチェックし,各項の重要度評価を行う)
表3.5.18に照明に関する評価項目を示す.

表3.5.18 照明の評価項目

1) 部屋全体の明るさ
2) 雰囲気
3) 作業面の明るさ
4) 明るさの分布
5) まぶしさ
6) 視対象の見やすさ
7) 演色性
8) 陰影・立体感
9) 人工光と昼光のバランス
10) 照明器具の形と配置
11) 人工光の調整のしやすさ
12) 窓からの光による明るさ
13) 窓からの光の室内での分布
14) 窓からの光の調整のしやすさ
15) 維持管理のしやすさ
16) 経済性

文献

1) Parry Moon & D.E. Spencer:照明設計,黒沢涼之助校閲,藤原義輝・斎藤辰彌共著,技報堂,1955
2) 照明学会編:ライティング・ハンドブック,オーム社,1987
3) 照明学会普及部では,毎年,その年に竣工した優秀な照明施設を「照明普及賞・優秀施設賞(1957年・昭和32年創設)」として表彰している.
4) 国土交通省住宅局住宅生産課:新築住宅の住宅性能表示制度ガイド,2007
5) 環境と性能規定とアカデミック・スタンダード,日本建築学会全国大会環境工学部門研究協議会,1999
6) 日本建築学会環境心理生理小委員会:シンポジウム「心理・生理研究から見た建築デザインの評価」資料,2000

4．熱環境分野

4.1 外気気象要素の測定（基礎2）

1．外気気象要素とは

建築物の屋内環境は，建築構造・建設地域とその使用方法で決定される．使用者の望む，あるいは社会的に望ましいとされる屋内環境を限られたエネルギーで実現するためには，使用方法ならびに建設地域の条件に基づき建築構造を決定することが重要であり，これが建築計画の基本であることはいうまでもない．

建設地域の条件として第一に知るべきものが外気気象要素である．屋内環境ならびに建築物の耐久性に影響の大きいものとして，外気温度・外気相対湿度・日射量・大気放射・風向および風速などが挙げられる．本節では，これらの概念と計測手法の基本を学ぶ．

2．基礎事項

2.1 外気温度

大気の温度は外気温と呼ばれる．大気は，地球をくるむ空気層のことであり，季節・大気圧配置でつねに変化する．加えて，地表との熱収支による変化があるため，高度によって変わり，さらに建築物周辺においては，道路や建築物そのものの影響により変化する．一般的には，周囲に障害物のない状態で，地表面上1.2～1.5mの高さで測定し，℃（摂氏，Celsius）単位の10分位までの値で表示する．かつては，後述する湿度とともに，百葉箱内に設置した通風乾湿計の示度に器差補正を加えて記録する方式によっていたが，百葉箱内に独特に形成される温湿度条件の影響を少なくなく受けるため，強制通風式に変更されている．具体的には，1971年以降，通風筒付き白金抵抗温度計と風雨保護筒付き塩化リチウム露点温度計を組み合わせた隔測温湿度計を用いる方式に順次切り替えられた．

温度の測定には種々の方法があるが，すべて測温部が固体である．断熱材やコンクリート，土壌の内部温度を測定するような場合には，測温部は周囲の固体の温度をおおむねとらえる．これとは異なり，空気の温度を測定する場合には，測温部は，周囲空気の温度とともに，周囲の離れた固体表面からの熱放射の影響を受ける．周囲の固体表面は，日射や自身の発熱，内部からの貫流熱により，独特の温度を持っているため，周囲からの放射熱の影響がある温度は外気温度とは異なる．したがって，外気温度の計測には，周囲放射温度の影響を排除することが重要である．

測温部の表面温度（計測温度）をθ_s，外気温度をθ_{air}，周囲の平均放射温度（周囲の表面温度の，放射率と立体角の積による重み付け平均）をθ_{MRT}とすると，測温体表面において次の熱収支式が成り立つ．

$$\alpha_c(\theta_{air}-\theta_s)+\alpha_r(\theta_{MRT}-\theta_s)=0 \quad (4.1.1)$$

ここで，α_cは対流熱伝達率，α_rは放射熱伝達率である．これより，計測温度は，以下となる．

$$\theta_s=\frac{\alpha_c\theta_{air}+\alpha_r\theta_{MRT}}{\alpha_c+\alpha_r} \quad (4.1.2)$$

本式において，$r=\alpha_c/(\alpha_c+\alpha_r)$とおくと，

$$\theta_s=r\theta_{air}+(1-r)\theta_{MRT} \quad (4.1.3)$$

よって，θ_sをθ_{air}にできるだけ近づけるためには，
① α_cをできるだけ大きくする．
② α_rをできるだけ小さくする．

の二つであることが明らかである．測温部表面の放射をできるだけ小さくすること，すなわち反射率を大きくすることが②に対応する．強制対流で測温部周囲の風速を大きくすることで対流熱伝達率を大きくすることが①に対応する．室内や建築壁体・小屋裏空間などの温度を測定する際には，測温部に風を当てることは，周囲の環境自体を乱すことになるため，②の放射率をできるだけ小さくする手法がとられる．外気温の場合は，多少の気流を起こしても場自体が乱れることが極めて小さいため，強制通風式の計測が外気温計測に用いられている．

測温部は，従来は水銀などの熱膨張率の大きい液体の伸縮による方式が用いられていたが，自動記録に不適であるため，白金抵抗体や熱電対などの，周囲温度によって電気抵抗や起電流が変わるものを用いることが多くなった．

従来の方式は，精度がもっとも確かなため，自動記録式の測温センサーの校正に有用である．湿度と合わせて，図4.1.1に示すアスマン（Assmann）通風乾湿球温度計と呼ばれる計測器は気象計測の基本である．

上部の小径のファンと，2本の水銀熱膨張式の温度計から構成される．温度計の一方の測温部は，水で濡らした薄い布で覆われており（こちらを湿球温度，もう一方を乾球温度と呼ぶ），ファンによって，両方の測温部に周囲の空気が5m/s程度の気流で接触するようになっている．

自動記録の典型例として，熱電対が用いられる．異種金属の接合部に，周囲の温度に応じた起電流が生じる"ゼーベック効果"を利用している．気象要素の計測では，JISでT型と分類される，コンスタンタンという合金と，銅との2種類の金属線によるものがもっともよく利用される．この場合でも，強制気流をあてるなどの，放射の影響を排除するくふうが必要である．

2.2 外気湿度

建築に関係する地表付近の大気は，窒素78% vol・酸素21% volを主成分とする「乾燥空気」にH_2Oの気体である「水蒸気」を加えた「湿り空気」として扱われる．水蒸気は，低温になるほどその量は小さくなるが，地表大気には多かれ少なかれ必ず含まれる．大気中の水蒸気の含有程度を「湿度」と呼び，寒暖指標である気温とともに，大気の状態量を示す重要な指標の一つである．

湿度は，海からの蒸発と陸上での降雨という大きな循環に加え，大陸間規模で移動する気団によってその量が時々刻々変化する．農耕から産業，社会活動全体に極めて影響の大きい気候の主要因であり，建築においては，気温とともに暖冷房・湿度制御エネルギーに大きく関連する．

湿り空気の温度と湿度は互いに密接な関連があるので，同一箇所で同時に測定することが原則である．特に湿度の計測の際には，温度も合わせて測定する必要がある場合がほとんどである．

湿度の表示方法には，表4.1.1に示すように数多くの種類があるが，温度ならびに大気圧の情報があれば，すべて互いに変換可能である．もっとも一般的に用いられるのは，相対湿度である．建築環境工学では，水蒸気圧もしくは絶対湿度が用いられることが多い．

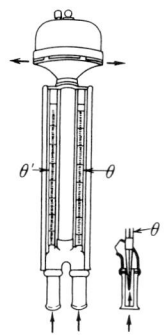

図4.1.1 アスマン通風乾湿球温度計

乾燥空気中に含まれることのできる水蒸気の量は温度に依存し、高温になるほどその量が増える。ある温度のときの最大水蒸気量に対応する水蒸気圧を飽和水蒸気圧と呼ぶ。相対湿度は、これに対する実際の水蒸気圧の比であり、100%で飽和を意味する。結露とは、飽和に達した湿り空気により、空気中に存在できない水蒸気が水に変わる現象である。過度な水分は建築の耐久性を減じ、人の健康を損なう。相対湿度は結露の可能性を直接表す指標である。

水蒸気圧、絶対湿度などは、空気中に存在している水蒸気の量そのものを示す。建築内で、異なる空間で、空気の移動がある場合、温度は異なっていても、水蒸気の量は同じ程度であることが多い。すなわち、水蒸気の量を知ることで、空気の大略の移動を把握することが可能である。

アスマン通風乾湿計は、湿度の測定の基本である。乾球温度により気温が測定され、これと湿球温度から水蒸気圧が求められる。単純な原理ゆえ、適切な手順に基づけば安定した精度で温湿度の計測が可能となる。一方で、長時間の変動を記録するにはあまり適しているとはいえない。このような場合には、湿度センサーと呼ばれる特殊な計測器を用いる。

湿度センサーは、薄膜の電気抵抗もしくは静電容量が、周囲空気の水蒸気圧に応じて変化する特性を利用したものである。電気的に測定するため、自動計測・長期計測に適しているが、長期の時間経過で薄膜自体の特性が変化するため、計測の前後で、アスマンなどによる補正を行うことが望ましい。

2.3 日射量および天空放射の測定

光は波と粒子流の二つの性質を併せ持つが、建築に関係する面では、波としての理解で十分である。すべての固体は表面から温度に応じた光を発しており、温度が高いほど、波長が短くなる。また、波長によって色が変わる。

太陽光の波長は、大気圏外ではおよそ10^{-3}から$10^8 \mu m$の範囲に及ぶ。対応する色は、短いほうから、紫、青、水色、緑、黄、橙、赤と虹の七色そのものである。紫より短い波長の光を紫外線、赤より波長の長い光を赤外線と呼び、より波長が長くなると電波となる。

短い波長の光は、空気中に漂う微粒子などで散乱する。よって昼間の空は波長の短い青い光が散乱するため、青く見える。朝・夕は太陽光が大気を通過する距離が長くなるために、赤い光も散乱し、朝焼け・夕焼けの赤みがさす。地表における標準的な太陽光の波長分布を図4.1.2に示す。

日射量とは、大気を通過して太陽から受ける熱量のことである。建築にとっては、日射に含まれる大量の熱と紫外線の影響が極めて大きい。熱は冬期には暖房負荷の軽減、夏期には冷房

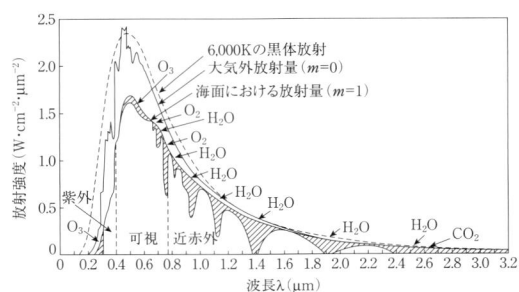

灰色の部分は大気中の水蒸気やオゾンに吸収された量を示す。
出典：日本太陽エネルギー学会編 『太陽エネルギー読本』10頁〔村井潔三〕（オーム社1975）

図4.1.2　太陽光の波長分布

表4.1.1　湿り空気中の水蒸気含有量の表示方法と相互の関係式

		記号	単位	定義	換算式
1.	水蒸気圧 vapor pressure	P_v	Pa	湿り空気中の水蒸気の分圧	
2.	湿球温度 wet bulb temp.	θ'	℃	乾球温度計の球部を水で濡らした薄い布で包んだ湿球温度計の示度。湿球にあたる気流速度が約5m/s以上であれば断熱飽和温度に等しい。	$P_v = P_{vsat}(\theta') - 4.97 \cdot 10^{-6} \times P_{air}(\theta - \theta')$ $P_{vsat}(\theta')$：飽和水蒸気圧[*1] P_{air}：大気圧（通常101,325Pa）
3.	露点温度 dew point temp.	θ''	℃	湿り空気中の水蒸気圧を飽和水蒸気圧とする仮想の温度	$P_v = P_{vsat}(\theta'')$
4.	絶対湿度 humidity ratio	x	g/kg'	乾き空気1kgと共存する水蒸気の質量	$P_v = xP_{air}/(622+x)$
5.	容積絶対湿度 absolute humidity	y	kg/m³	湿り空気1m³中の水蒸気の質量	$P_v = yR_v T$ R_v：水蒸気のガス常数47.06 T：絶対温度（K）
6.	比湿 specific humidity	q	kg/kg	湿り空気の質量に対する水蒸気の質量	$P_v = qP_{air}/(0.622+0.378q)$
7.	モル濃度 molecular concentration	χ	mol/mol	湿り空気のモル数に対する水蒸気のモル数の比	$P_v = \chi P_{air}$
8.	エンタルピー enthalpy	i	J/kg'	ある温度（一般には0℃）を基準にした、乾き空気1kg'を含む湿り空気の熱量	$i = 1004.88\theta + x(2.5009 \cdot 10^6 + 1.84647 \cdot 10^3 \theta)$
9.	化学ポテンシャル chemical potential	μ	J/kg'	自由水基準、すなわち等温過程における飽和水蒸気圧を基準にした湿り空気に含まれる水分のエネルギー	$\mu = R_v T \log_e (Rh)$
10.	相対湿度 relative humidity	R_h	%	湿り空気中の水蒸気圧と、これと温度が等しい場合の飽和水蒸気圧の比の値	$R_h = P_v / P_{vsat}(\theta)$

[*1]　飽和水蒸気圧　温度によって空気中に含まれる水蒸気の最大量が決まっている。最大のときの水蒸気圧を飽和水蒸気圧と呼ぶ。温度の関数として、次式（Sonntagの式）で示される。
$\log_e(P_{vsat}(T)) = -6096.9385 T^{-1} + 21.2409642 - 2.711193 \cdot 10^{-2} T + 1.673952 \cdot 10^{-5} T^2 + 2.433502 \log_e T$

負荷の増大を意味するため，日射の量を知ることは適切な暖冷房設備計画に重要である．紫外線は有機系素材の劣化を促進する．

一方，大気は，透過する日射や気団や地表との熱のやり取りにより，独自の温度を持つ．これからの放射を大気放射と呼ぶ．本来は大気は気体であるが，十分な厚みがあるため固体とみなされる．大気放射は太陽光より温度が低く，波長が長い領域に分布するため，長波長放射ともいう．対応する波長はおおむね，3〜30μm 程度，最大値は10μm 付近である．

日射を地表で測定するためには，日射の波長域に対応した約0.3〜3μm の波長域の光に対してほぼ一様な透過特性を有するガラスを通じて熱量を計測する．これによって，大気を通じて宇宙から到達する太陽光以外の影響を排除することができる．

日射は，太陽から直接射入する直達日射と，大気で拡散してから地表に達する天空拡散日射の二つに分けられる．前者は明確な方向性を持ち，後者は方向性を持たないとみなすことができる．直達日射と天空拡散日射を合わせたものを全天日射と呼ぶ．水平な面における全天日射量を，水平面全天日射量といい，垂直面，例えば南面に射入する日射量を南面垂直日射量と呼ぶ．

図4.1.3および写真4.1.1に全天日射計の構造と外観を示す．小型のもので直径15cm 程度，より安定した大径のもので直径30cm ほどになる．気象計測として，何もない空間に設置する際には大径のものを用いて安定性・精度を重視し，建物の各面にじかに取り付けて，その面に射入する日射量を測定する際には，計測器が建物への日射を邪魔するため，できるだけ小径のものを用いる．直達日射量計は，太陽の位置を自動で追尾する機械に取り付けられる．写真4.1.2に外観を示す．

大気放射については，波長域だけに対応する透過素材がないため，一般的にはポリエチレンなどの透過帯域の広い材料を取り付けて測定し，これから日射量成分を分離するという間接的な手法が用いられる．図4.1.4，写真4.1.3は，受感部熱流計の上側を薄膜ポリエチレンドームで半球状に覆い，下側に表面温度検出端を有するアルミニウムドームを装着した全波長放射計の構造と外観である．

大気放射は，厳密には天頂距離の増加とともにその放射距離は増加するが，天空拡散日射と同様に，工学的には方向性はないとみなされる．

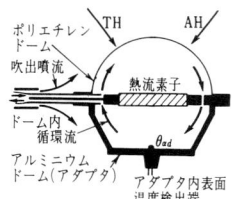

図4.1.4　受感部模式図

写真4.1.3　下側アダプタ付き通風式風防型全波長放射計

2.4　風向および風速

風向および風速は，建物内の通風・換気性状ならびに建物周囲の外部環境形成に大きな影響をもつ．後者には，ビル風のような風の性状自体の問題と，建物からの排熱による独特の外部環境形成の問題がある．

一般に，地上気象観測においては，風向・風速は地表10m以上の高さにおける水平な大気の流れを観測時刻前10分間の平均値として，瞬間最大風速と合わせて記録する．風向は風の吹いてくる方向を16方位または32方位で表し，風速はm/sの10分位までの値で示す．

建築物および建築群に作用する一般風は通常，建物屋上の測風台や塔に2m以上に支柱を設け，その先端に測器受幹部を取り付けて観測する．写真4.1.4は光電発信型の矢羽根式風向計・三杯式風速計の設置状況を示す．

超音波式の風向風速計は，微小な風速のみならず，三次元方向の気流が計測できる．図4.1.5に受感部の代表例を示す．30センチ程度離れた超音波発信部と受信部のセットが1軸をなし，これが3セット組み合わさったもの，もしくは2セットの結果をベクトル変換して3軸に分解・合成するものの2種類がある．発信と受信の周期のずれがドップラー効果で示される風速の影響を表す．すなわち，発信部と受信部の距離に応じた空間全体の風速・風向を測定していることになる．この距離内で分布がある場合は，正確な測定はできないことになるが，外界気象の計測には問題はないと考えられる．

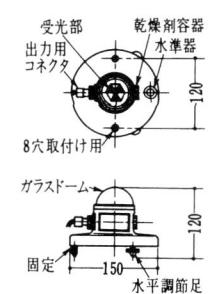

図4.1.3　全天日射計の構造　　写真4.1.1　全天日射計

写真4.1.4　風向・風速計の設置状況

写真4.1.2　太陽追跡装置付き直達日射計

図4.1.5　三次元超音波式風向風速計

3. 測定の準備と主要測器の取扱い

気温・湿度・日射・大気放射・風向・風速などの気象要素の測定には多くの方法があり，そのための測定機器も多岐にわたる．本演習では，時間的な制約からも，以下の三つに限定する．

(1) アスマン通風乾湿計による温湿度の計測

アスマン通風乾湿計は，前述のように気温と湿度測定の基準となるものであり，屋内外を問わず温湿度を測定することが可能である．自動記録ができないため，長期間の連続測定には不向きであるが，電気式の湿度センサーは示度の精度に経時変化があるため，これを補正する目的などに重要である．

2本の温度計の示度を目視により読み取り，湿度は換算表，もしくは後述の変換式から求める．2本の温度計はそれぞれ，乾球，湿球温度を測定するもので，湿球温度計には温度受感部にガーゼが巻かれており，そこを付属のスポイトで湿らせる．乾球，湿球とも一定の速度で上部に付属するファンにより3 m/s以上の風速で通風されており，湿球温度はそのときの湿度の状態に依存してある湿球温度で定常状態となる．温度感部は日射・放射から断熱された筒で保護されている．

準備として，以下を前もって行っておく．
① 吊下げ用の三脚を固定する．
② アスマン本体を吊り下げる．
   アスマンの吸込み口を1.5 mの高さにする．
③ その状態で，温度示度を読み取る．
④ ファンの電源を投入する．ゼンマイ式の場合は，ゼンマイを巻く．
⑤ 温度示度の変化を読み取る（このときの変化の原因を考える）．
⑥ 湿球のガーゼにスポイトで水を付ける．
   スポイトで多めにガーゼに水を付ける．その後，水を捨てたスポイトで，余分な水をガーゼから吸い取る．
⑦ 湿球温度が下がり，ある温度で安定することを確認する（原因を考える）．
⑧ 受感部に息を吐きかけると示度が変化することを確認する．
⑨ そのまま放置し，再び湿球温度が上昇し始めるのを確認する（原因を考える）．

(2) T型熱電対による温度計測

種類の異なる二つの金属を接触させると，金属内の自由電子の密度差による拡散が生じ，電流が流れる．この電流は，接点の温度に応じて大きさが変化する．ゼーベック効果と呼ばれ，金属の組合せによって感応する温度域が異なる．建築の外部環境や室内環境を計測するには，銅とコンスタンタン合金（銅約55%，ニッケル約45%からなる）の組合せが一般的に用いられる．この組合せはJIS C 1602でT型と示される．（以前は，CC型と呼称されていた）

金属どうしの接続の模式図を図4.1.6に示す．閉じた回路となり，温度とは二つの測温点間の温度差を意味する．いずれかの測温点を温度があらかじめわかっている状態に維持することで，もう一方の測温点との温度差に応じた電流が回路全体に流れる．このときの電位差を電圧計で測定し，回路の特性値を乗じることで，温度が求められる．

したがって，熱電対による温度計測では，図4.1.6の測温点の一つ，通常は低温側測温点温度が分かっている必要がある．従来は，ゼロコンと呼ばれる水の結氷温度（= 0℃）を利用した基準温度装置が用いられていたが，近年では，熱電対を接続して温度に変換する記録計（データ収録器，もしくはロガーと呼ばれる）自体にその機能を内蔵していることが多い．

T型熱電対は前述のように，銅とコンスタンタンの2種の金属線で構成される．一般に，T型熱電対線というと，この2線，それぞれのビニル被覆線（銅が赤色，コンスタンタンが白色）がさらにビニル被覆で一本にまとまっているものをいう．

熱電対の計測準備は以下による．
① 計測点と記録計の間の距離を考慮して，熱電対線を切断する．
② 計測点側の端部のビニル被覆を外す．
   赤色の銅線は切れやすいので，一層の注意を要する．被覆を外すには，専用の工具（ケーブル・ストリッパーと呼ばれる）を用いることが望ましい．
   空気温測定の場合は，最終的な金属部の被覆は1 cm程度でよい．表面温度を測定する場合は，表面の温度分布が許す範囲で，できるだけ長く金属線部を表面に沿って貼り付け，表面温度を乱さないように配慮する．
③ 金属2線を簡単により合わせ，できるだけ小さくハンダ溶接する．
   ハンダが大きいと，測定部の熱容量が大きくなり，周囲空気の温度変動に追随しにくくなる．
④ 記録計側の端部のビニル被覆を外し，記録計に接続する．赤色（銅）を＋，白色（コンスタンタン）を－に接続する．
⑤ 測温部を指でつまんだり離したりして，記録計の示度がこれに合わせて変化することを確認する．

(3) 全天日射計による水平面全天日射量の測定

図4.1.4に示した全天日射計は，白・黒に塗られた円を6分割する円弧の部分で熱量を感知する．白面には反射率の高い塗料が，黒面には吸収率が高い塗料が塗られている．白面・黒面に日射があたって生じる温度差を熱電堆により検出し，日射受熱として測定する．気象庁ならびにこれの指定を受けた機関が検定を行っているため，検定済のものを用いるか，新規検定済の測器を標準器として利用する．

水平面全天日射量を測定する場合の手順は以下である．
① 測定する場所に水準器により測器を水平に設置する．
② ガラスドームの汚れをふき取る．
③ 測器と記録計を専用の接続線で結線する．
   距離が長くなるときや，周囲に電磁波の漏れがある場合は，ノイズとして計測示度に影響を受けるため，シールドケーブルを用いる．
④ 記録計の示度が妥当な値であることを確認する．

4. 演習の進め方

4.1 第1回演習

前節で述べた要領で，測定箇所に各測器受感部を設置し，熱電対・日射計を記録計に接続して連続測定を開始する．本来，外気気象は30分から1時間ごとの計測が基本であるが，本演習では，授業時間に対応して，1分間隔で20分間の測定を行う．

アスマン通風乾湿計による外気温湿度の計測手順は以下である．
① 計測する場所を選択する．
   直射日射や，建物空調設備室外機の影響を受けない場所であることを確認する．また，壁面などの熱放射の影響も少なくなく受けるため，できるだけ距離をおく．
② 本器吊下げ用の三脚を固定し，強風などで転倒しないことを確認する．

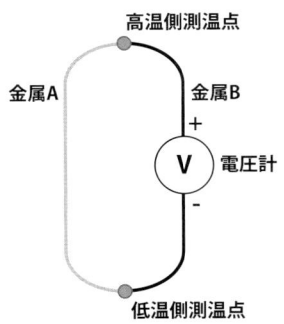

図4.1.6 熱電対の測定原理

4. 熱環境分野

表4.1.2 計測結果一覧表例

学籍番号			氏名				
観測開始日時	年　月　日（　） 時　分		終了日時		年　月　日（　） 時　分	計測間隔 分	
測定場所			参考気象台地点				
測定回数	時刻	乾球温度 ℃	湿球温度 ℃	水蒸気圧 Pa	相対湿度 %	熱電対 温度℃	日射量 W/m²	気象台計測値	
								気温℃	相対湿度%
1	:								
2	:								
3	:								
4	:								

③ アスマン本体を吊り下げる．
　一般的な気温，湿度の観測の場合，アスマンの吸込み口を1.5mの高さにする．
④ ファンの電源を投入する．ゼンマイ式の場合は，ゼンマイを巻く．
⑤ 湿球のガーゼにスポイトで水を付ける．
　スポイトで多めにガーゼに水を付ける．その後，水を捨てたスポイトで，余分な水をガーゼから吸い取る．
⑥ アスマン通風乾湿計から離れ，温度が安定するまで，3分間，待機する．
⑦ 速やかに乾球，湿球の値を読み取る．
　乾燥時は湿球の水分が蒸発するので，ガーゼの水分が蒸発してなくなる前に読み取る．読取り中に湿球の温度が上昇し始めたら，水分が不足しているので再度⑤から繰り返す．
　人体も発熱体の一つであり，アスマン示度に影響を与えるため，事前に大略の温度を読み取っておき，実際に読むときは息を止め，一瞬で読み取る（吸込み口が口の近くにあるので，体温や吐息で0.1～0.2℃は簡単に上昇してしまう）．
⑧ 乾球温度（TD），湿球温度（TW）を記録する．
⑨ これを5分ごとに4回繰り返す．
演習終了後は，各計測器を指導教員の指示に従って元の状態に戻す．ケーブル類は，次に使用することを想定して，ほぐれやすいようにできるだけきれいに巻き取る．
アスマン通風乾湿計は，ファンの電源スイッチを切った後，電池を抜き取る．また，ガーゼが乾燥していることを確認して，もしくは湿ったガーゼを廃棄して，ケースに収納する．
以上の準備から，実施，片付けに至る一連の手順をまとめ，感想とともにレポートにまとめることが望ましい．

4.2 第2回演習

前回の測定結果に基づき，記録データの整理を行う．
アスマン通風乾湿計による外気温度・湿度，熱電対による温度，日射量計による水平面全天日射量を時間ごとに整理し，表4.1.2に示すような一覧表にまとめる．水蒸気圧などの変換は，表4.1.1を参考にする．
インターネットで，以下のHPにアクセスし，前回の測定と同じ日時の最寄の気象台計測値（ないしはAMeDAS計測値）を求め，参考値として一覧表に記載する．
　http://www.data.jma.go.jp/obd/stats/etrn/index.php
以上を感想とともにレポートにまとめることが望ましい．

文　　献

1) 日本建築学会編：建築環境工学実験用教材，I　環境測定演習編，1.1外界気象要素の測定，1982
2) 東京天文台：理科年表，丸善
3) クリマテック㈱HP，「アスマン通風乾湿計」http://www.weather.co.jp/catalog_html/CYS-SY8.htm
4) 日本太陽エネルギー学会編：太陽エネルギー読本，p.10　村井潔三，オーム社，1975
5) 計測自動制御学会：温度計測，1981

4.2 室内気候の測定（基礎2）

1．室内気候とは

室内気候は，外界気象条件，建物の熱性能，空調の状況，室内の在室者等の状況によってさまざまに変化し，そこに滞在する人々の暑さ寒さの感覚（温熱感あるいは温度感覚という．体感温度ということもある）に影響を及ぼす．温熱感に影響を及ぼす環境を温熱環境といい，それを形成する物理的環境要素を温熱要素という．その要素は①気温（空気温度），②湿度，③気流速度，④熱放射（周壁表面の温度等）の四つであり，これらが総合的に影響する．

室内気候の設計（あるいは評価）の目的は，室内の温熱環境の適切な形成であり，在室者の安全・健康ばかりではなく，至適・快適性の創造に不可欠なものである．また，至適・快適環境と省エネルギーとの両立は，今日の温熱環境創造の本質的目的であり，その測定および評価手法を身に付けておくことは，大変重要なことである．

本演習では，温熱環境4要素の測定法を習得するとともに，実際の室内での測定を行い測定値の処理方法について理解することを目的としている．

2．基礎事項

2.1 室　温

室内の空気温度（気温）は室温とも呼ばれる．この室温は，在室者の温熱環境を主としたときは居住域（居住域とは，「床と床上180cmの高さの間にあって，壁，窓または固定された空調設備から60cm離れた鉛直面で囲まれた空間」と定義されている[1]）の平均的な空気の温度として取り扱うことができる．一方，室内の熱負荷を計算・検討するときには室空間全体の平均の空気温度として取り扱う．

ここでは，温熱環境要素としての室温として取り扱うこととする．測定位置は，平面的にはその空間の中央を基本とする．測定高さについては，床上110cmの位置を基本とする．この高さは椅座時の頭部，立位時の腹部にあたるが，椅座時には10cm（足首付近）および60cm（腹部付近），立位時には10cm（足首付近）および170cm（頭部付近）においても測定することが望ましい[1]．

室内の温度は水平（平面）方向および垂直方向に分布がある．分布の程度は，気流分布および在室者分布等により大きく異なる．また，壁面・ガラス窓・出入口近傍では温度の変化が著しい．さらに暖冷房機器（空調機）の近傍，その吹出し口の近傍も同様に変化が顕著である．したがって，室内の全体的な室温の状態を知るためには，室内の数か所で温度を測定する必要がある．

2.2 湿　度

ここで取り扱う湿度は，相対湿度である．相対湿度（以下，湿度と記す）と温度は互に密接な関係があるので，同一箇所で同時に測定する必要がある．室内の湿度の測定は4.1「外気気象要素の測定（基礎2）」で示したように，温度・湿度ともに精度高く，携帯可能で，かつ安価で取扱いが容易なアスマン（Assmann）通風乾湿球温度計を用いることを基本とする〔その原理等については4.1「外気気象要素の測定（基礎2）」の項を参照のこと〕．

2.3 気流速度

室内の気流は，窓などを通しての通風や，換気設備（空調）の吹出し・吸込みとの関係が大きい．温度と同様に温熱環境を主とするときは居住域の気流を対象とする．

居住域の気流は，その温度が室温より低くかつ速度が大きいときは，在室者に対して局部的な冷却を行うことになり，不快感などを与えることになる（コールドドラフトという）．一般的に室内の気流速度は遅い（おおむね0.5m/s以下）ため，気流速度の測定にあたっては微風速が測定できることが必要となる．

気流の方向については，特に測定器による測定を必要としないが，在室者に対して低温で速度の大きい気流が予想されるときは，絹糸（タフトという）や煙などによる観測を行う必要がある．

2.4 熱　放　射

熱放射とは電磁波による熱の移動形態である．すべての物体は，その表面の温度に応じた電磁波を放射している．その放射量は，ステファン・ボルツマンの法則に従い，表面の絶対温度の4乗および放射率に比例する．放射率は，表面からの熱放射のしやすさを示す数値で一般的に1.0〜0.0までの数値で表せられる．この数値は，表面の材質や状態によって異なり，理論上もっとも放射しやすい物体を完全黒体（放射率は1.0）という．通常の室内空間を構成する面（壁，床，天井，窓ガラスなど）や家具等の表面は，灰色体と呼ばれ，0.85〜0.99の数値が与えられることが多い．一方，放射しにくい面としては金属の光沢面（0.02〜0.6）などがある（熱放射しにくい表面は，逆に熱吸収しにくいという性質をもっているため，光沢面をもつアルミ箔などは気温測定時の測温センサーを周囲からの熱放射から遮蔽する場合に用いられることがある）．

温熱環境では，室内を構成する面（壁面，床面，天井面，窓など）が外気の気象条件（例えば外気温，日射，雪）によって加熱（あるいは冷却）されていたり，ストーブ，暖炉，パネルヒーターなどの熱放射源（暖房装置）があったり，天井面に電灯が多数設置されている場合など，表面温度が気温と顕著に異なると考えられる場合には，熱放射の影響を検討する必要がある．

在室者に対する熱放射の影響は，在室者と周囲面（壁面や熱放射源等）との位置関係および両者の表面温度により決まる．

室内において，熱放射の影響を総合的に測定するためにはグローブ温度計が使用される．グローブ温度は，グローブ温度計を取り巻くすべての面（周囲面や熱放射源等）との熱放射の交換量を，総合して温度としてとらえるものである．すなわち，表面温度の異なる周囲面を，それら全体と等しい熱放射交換を行うような均一な周囲面が存在すると仮定するものである（直感的には，表面温度の異なる面を平均化することであるが，単に面積平均することではないので注意する）．

このように均一に仮定した周囲面の表面温度（仮想の平均表面温度）を平均放射温度MRT（Mean Radiant Temperature）といい，次式で求めることができる．

$$MRT = \theta_g + 2.35\sqrt{v}(\theta_g - \theta_a) \ [℃] \tag{4.2.1}$$

MRT　：平均放射温度〔℃〕
θ_g　：グローブ温度〔℃〕
θ_a　：室温〔℃〕
v　：気流速度〔m/s〕

（4.2.1）式において，気流速度vが0.18〔m/s〕（静穏な気流状態と見なすことができる）のとき，次のように表すことができる．

$$MRT = 2\theta_g - \theta_a \ [℃] \tag{4.2.2}$$

$$\theta_g = \frac{MRT + \theta_a}{2} \ [℃] \tag{4.2.3}$$

この（4.2.3）式は，静穏気流状態下では，グローブ温度がMRTと室温の平均値であることを示している．

MRTと室温を総合した温度指標を作用温度OT（Operative Temperature）といい，人体が周囲面との熱放射と室温を総合した温熱感を示す指標（体感温度）として用いられる．作用温度OTは，グローブ温度とほぼ等しい（$OT \fallingdotseq \theta_g$）と見なせるの

4．熱環境分野

で，(4.2.3) 式から，

$$OT = \frac{MRT + \theta_a}{2} \ [\text{℃}] \tag{4.2.4}$$

となる．（グローブ温度および作用温度 OT は，理論上，平均放射温度 MRT と室温をそれぞれの熱伝達にかかわる熱伝達率で重み付け平均したものである．）

3．測定の準備と計測器の取扱い方法

室内気候の測定は，長時間連続して測定する必要がある場合と短時間で測定を終了させる必要がある場合とに大別できる．連続測定を行う場合には，主として電気的な方法が用いられる．

一方，室内の水平分布または垂直分布を測定する場合には多数の測定点について短時間に測定を行う必要がある．本演習では短時間で測定を行う方法を主に説明する．

3.1 温湿度の測定

3.1.1 アスマン通風乾湿計

温度計として液体封入ガラス温度計を利用したもので，湿度測定方法〔JIS Z 8806〕にて規定されている．

その構造は前節4.1「外気気象要素の測定（基礎2）」に示すように，2本の温度計のうち，1本にはガーゼを巻き水で湿らせたものを用意し，両方の温度計の球部に一定の気流をあてる通風装置より構成されている．乾湿計の乾球温度の示度は室温である．また，湿度は乾球・湿球温度計の示度により，計算式または付表によって求められる．乾湿計は，水の蒸発による温度低下を利用して湿度を測定するもので，温度計が正確であれば原理的には校正を必要としない．したがって，他の湿度計（特に電気式温湿度計）の校正用装置として使用されることがあるので，乾湿計の取扱い方には注意する必要がある．

3.1.2 電気式温湿度計

電気式温湿度計は，アスマン乾湿計のように測定器自体が水蒸気を出すことはないので，比較的狭い室内での湿度測定が可能である．また，センサー（感温・感湿素子）部分が小型であること，相対湿度を直示すること，データロガー等の記録計に接続して連続測定が可能であることなど長所も多い．近年では，写真4.3.1に示すような，測定データを記録できる電池式の小型の温湿度計（以下，小型温湿度計と記す）も比較的安価に入手できるようになった．このような小型温湿度計を複数使用することにより，効率よく空間の水平・垂直分布を測定することが可能である．

小型温湿度計は上記のように温湿度を簡便に測定できるなどの長所を持つが，安易な活用には注意が必要である．特に，センサー部分には熱放射に対する考慮（放射遮蔽）がほとんどなされていないので，日射や室内に強い熱放射源がある場合は，アルミはく等で遮蔽する必要がある．また，センサー（特に感湿部）は長期間使用すると変質・劣化を起こし，正常な数値を示さないことがあるので，アスマン乾湿計等との比較を行って，校正する必要がある．また，室内分布等を同時に測定する場合など，複数の小型温湿度計を使う場合は器差を把握しておく必要があり，顕著な差を示す温湿度計は使用しないようにする．

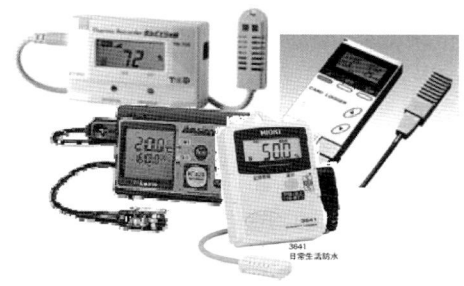

写真4.3.1 電気式小型温湿度計

3.1.3 電気式温湿度計の校正方法[1]

湿度計の感湿センサーの性能は，経時変化（劣化）するため適当な周期で校正する必要がある．校正の周期は感湿センサーによって異なり，実験前に校正することはもちろんであるが，長期間連続して使用する場合も1年に3〜4回行うことが望ましい．校正にはその湿度計を使って測ろうとする空間，精度や応答時間を考慮して行う．ここでいう「校正」とは，真値（あるいは基準値）を示す装置と個々の測定装置との差を求めて，校正直線（または曲線）を作成することであり，センサーや表示装置を機械的に調整するものではない．

① アスマン通風乾湿計による方法

電気式湿度計の校正の簡便な方法は，アスマン乾湿計との比較によるものである．校正に際して，注意することは低湿度域での校正と，狭い室内での校正である．乾湿計の測定可能範囲は10% rh 以上となっているが，20% rh 程度以下の周囲空気での測定では，湿球のガーゼの状態や水の供給の仕方などの影響を受けやすくなるので，操作に注意が必要である．また，湿度が一定な空気が比較的大量に必要とするため，狭い空間内や密閉された空間で校正しようとすると周囲空気の湿度が徐々に上昇して，校正ができない場合が多い．また，感湿センサーが熱的に不安定になる状態，つまり日射や強い熱放射源が近くにあったり，センサー付近を手で持つことがないようにする．校正の湿度範囲は，測定しようとする湿度範囲とその範囲の低湿側，高湿側の少なくとも3点（例えば，50% rh，60% rh，70% rh 付近）以上で校正することを推奨する（3点あると校正直線を引くことができる）．

② 飽和塩による方法

低湿度域での校正や特定の相対湿度を再現して校正する場合のもっとも簡単な方法は，飽和塩を用いることである．これは，塩（えん）の飽和水溶液と平衡状態にある空気の相対湿度は，塩の種類と空気の温度で定まるという性質を利用するものである．

代表的な塩の飽和水溶液と平衡状態にある空気の相対湿度を表4.3.1〔図4.3.1〕に示す．この表からもわかるように，塩によっては，常温付近での温度依存が小さく，熱放射の影響に注意を払う以外は温度設定を厳密に要求しなくても良いものもある．一方，塩化リチウムのように20℃以下では不安定になるものや，特定温度以外では校正用に使えないものもあるので注意が必要である．

湿度計1個を校正する場合は小さな容器を使って可能である．図4.3.2に示すように，まず，密閉できるふたつきの透明ガラス製の広口瓶（大きめのジャム瓶などが利用できる）を用意し，

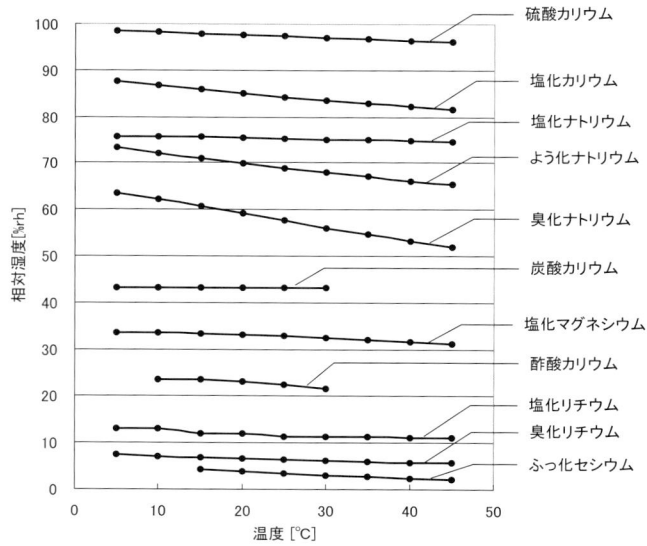

図4.3.1 飽和塩による湿度定点

表4.3.1 塩の飽和水溶液と平衡にある空気の相対湿度

	温度〔% rh〕								
	5	10	15	20	25	30	35	40	45
ふっ化セシウム			4.3 ± 1.4 (5)	3.8 ± 1.1	3.4 ± 1.0	3.0 ± 0.8	2.7 ± 0.7	2.4 ± 0.6	2.2 ± 0.5
臭化リチウム	7.4 ± 0.8	7.1 ± 0.7	6.9 ± 0.7	6.6 ± 0.6	6.4 ± 0.6	6.2 ± 0.5	6.0 ± 0.5	5.8 ± 0.4	5.7 ± 0.4
塩化リチウム	13（6）	13（7）	12（8）	12（9）	11.3 ± 0.3	11.3 ± 0.3	11.3 ± 0.3	11.2 ± 0.3	11.2 ± 0.3
酢酸カリウム		23.4 ± 0.6	23.4 ± 0.4	23.1 ± 0.3	22.5 ± 0.4	21.6 ± 0.6			
塩化マグネシウム	33.6 ± 0.3	33.5 ± 0.3	33.3 ± 0.3	33.1 ± 0.2	32.8 ± 0.2	32.4 ± 0.2	32.1 ± 0.2	31.6 ± 0.2	31.1 ± 0.2
炭酸カリウム	43.1 ± 0.5	43.1 ± 0.4	43.2 ± 0.4	43.2 ± 0.4	43.2 ± 0.4	43.2 ± 0.5			
臭化ナトリウム	63.5 ± 0.8	62.2 ± 0.6	60.7 ± 0.6	59.1 ± 0.5	57.6 ± 0.4	56.0 ± 0.4	54.6 ± 0.4	53.2 ± 0.5	52.0 ± 0.5
よう化カリウム	73.3 ± 0.4	72.1 ± 0.4	71.0 ± 0.4	69.9 ± 0.3	68.9 ± 0.3	67.9 ± 0.3	67.0 ± 0.3	66.1 ± 0.3	65.3 ± 0.3
塩化ナトリウム	75.7 ± 0.3	75.7 ± 0.3	75.6 ± 0.2	75.5 ± 0.2	75.3 ± 0.2	75.1 ± 0.2	74.9 ± 0.2	74.7 ± 0.2	74.5 ± 0.2
塩化カリウム	87.7 ± 0.5	86.8 ± 0.4	85.9 ± 0.4	85.1 ± 0.3	84.2 ± 0.3	83.6 ± 0.3	83.0 ± 0.3	82.3 ± 0.3	81.7 ± 0.3
硫酸カリウム	98.5 ± 1.0	98.2 ± 0.8	97.9 ± 0.7	97.6 ± 0.6	97.3 ± 0.5	97.0 ± 0.4	96.7 ± 0.4	96.4 ± 0.4	96.1 ± 0.4

ふたに感湿センサーやプローブが入る孔をあけ、アルミ粘着テープなどの断湿性のテープでふさいでおく．次に，この瓶とは別のビーカなどで，塩と蒸留水とで飽和水溶液を作る．このとき必ず結晶が相当量残っている状態，すなわちシャーベット状になるようにしておく（この飽和水溶液を作る際に，かなりの反応熱を出す塩があるので注意する．特に塩化リチウムの水溶液を作る場合は，蒸留水に少しずつ粉末を入れて溶かすようにすること）．次に，この飽和水溶液の塩結晶を非金属のスプーンのようなもので瓶に入れ，底に2～3cm程度の深さになるようにする．

ふたのアルミテープをはがして，素子を入れ，孔のすき間をアルミテープなどでふさぐ．30分から1時間程度経てば平衡状態となり校正は終了する．

校正終了後は，水溶液および結晶をポリエチレン製のようなさびない密閉容器に移し，校正に使用した瓶は水洗いして良く乾燥させておく．塩および処理排水の廃棄する場合は，所定の手続きが必要な場合があるので注意が必要である．

また，複数の湿度計を同時に校正するためには，市販の樹脂製透明デシケータ（内容積45リットル程度，大きさ30×30×50cm程度）を利用して恒湿装置とすることができる．図4.3.3に示すように飽和水溶液を入れた浅い容器を設置した密閉空間とする．飽和塩を入れる容器は浅くて面積が広いほうが早く平衡状態になる．装置内にファンを置き，飽和液面に送風するように撹拌すると30分から1時間程度で平衡状態となる．ファンはモータ部がデシケータの外側にあるほうが，モータの熱によって装置内の温度が不安定にならないので良いが，発熱の影響が無視できるようなファンモータ（例えば，コンピュータ用の小型ファン）であれば，飽和水溶液の皿の上から液面に向かって送風するように設置してもよい．

ビンやデシケータのいずれを使うにしろ，それを置く室内の温度の時間変動が小さいことや，強い熱放射源が近傍にないことが重要である．

これらの飽和塩を用いた湿度定点による校正についても，測定しようとする湿度の範囲を含めた，低湿側と高湿側の少なくとも3点の湿度定点による測定を行って，校正直線を作成することを推奨する．

3.2 気流速度の測定

一般的な室内居住域での気流速度は微風速（おおむね0.5m/s以下）であるため，測定器も0.1m/s程度の微風速が測定できるものが望ましい．熱式風速計は，風速センサー部分を電気的に加熱し，室内気流がこれにあたって冷却され温度が下がるのを，元の温度に保つように電流量を調整することを利用したものである．センサー温度を一定に保つために必要な電流量は風速値と対応しているので，この計測器が電流量を計って風速値を表示する．

風速センサーは，センサーの形状によって，風速を検出しやすい方位と苦手とする方位があり，このような性質を指向特性と呼んでいる．センサーの指向特性の例を図4.3.4に示す．室内気流は微風速であることが多いので，必然的に風向が特定されにくく，センサーの指向特性としては，全方位からの風速を同様にとらえられる特性（無指向特性）が望ましい．また，風速はつねに変動しているため，瞬時に数値が変わってしまう．風速計がアナログ式（メータの針の指示値による読み取り）の場合は，メーターの針の速度を slow と fast に切り替えられるスイッチがあるので，slow に切り替えて読み取る．デジタル表

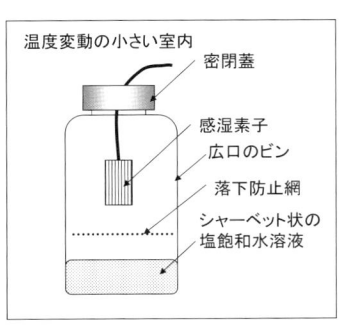
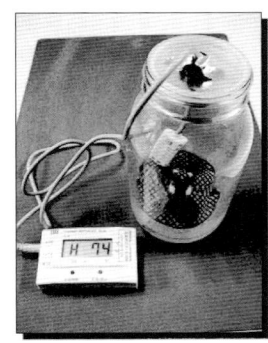

図4.3.2 飽和塩による湿度センサーの校正

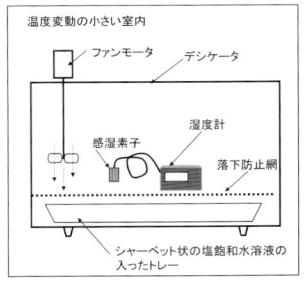
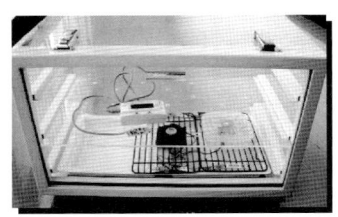

図4.3.3 飽和塩による湿度センサーの校正

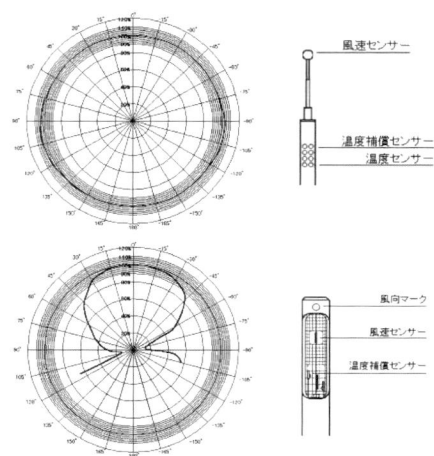

図4.3.4 熱式風速計の指向特性

示の場合は，瞬時値の変動状況を観察したうえで，平均値を計算して表示する機能を利用して読み取ることが望ましい．詳細は5.2「室内気流分布の測定（基礎1）」を参照すること．

3.3 熱放射（表面温度）の測定

グローブ温度計を使用して測定を行う．これはVernonにより考案されたもので，図4.3.5に示すように薄銅板製の直径15cmの中空球体である．表面は黒色つや消し塗りとし，内部に棒状温度計の感温部が中心になるように挿入し，ゴム栓にて栓をして固定する．

測定上の手順と注意事項を次に述べる．
① 棒状温度計は，グローブ温度計に付属している専用のものを使用する．（できれば，アスマン乾湿計と同等のものが良い）
② グローブ温度計を室内の測定点に設置した後，約15分経過後棒状温度計の温度を読み取る．
③ グローブ温度計の表面は汚さないように清浄に保つようにする．また，落下等の衝撃により表面が変形（凹み）しやすいので，保管・運搬には気をつける．

熱放射の測定に際して，室内の主要な面（壁，床，天井，窓など）の表面温度を測定しておくと熱放射に対する理解が深まる．表面温度の測定は，正確にはその面の表面に熱電対などを貼り付けて測定する必要があるが，天井など簡単に届かない部位があるので，赤外線を利用した非接触のスポット型放射温度計によって測定する．放射温度計は，測定対象物の放射率の設定が可能であるものが望ましい．

演習では，この放射温度計による表面温度の測定値はあくまで参考値として取り扱うこととする．なぜなら，測定対象表面からの熱放射量はその面の放射率の影響が大きく，その放射率があらかじめ判明していないと正確な表面温度が測定できないからである．特に，金属光沢面などは放射率が顕著に小さく，表面温度が著しく低く表示されることがあるので注意が必要である．一方で，通常の建築材料（コンクリート，木材など）や塗料のほとんどは，放射率0.85～0.99の範囲にあるので，金属光沢面等以外であれば通常の室内表面の放射率を0.95程度に設定して測定することとする．各面の測定位置は面の中央付近一か所を基本とするが，温度分布が著しい場合は，中央を含めた数か所を測定することが望ましい．

4．演習の進め方
4.1 第1回演習

室内気候の測定は，もっとも基礎的なものであり，応用されることが多い．したがって，測定方法を理解し（取扱説明書，手引き書等の熟読），取扱いに慣れるだけでなく，測定器の保守整備ができるように心掛ける．

第1回演習は，実習室内の中央部分1か所において各要素の測定について実習を行う．測定高さについては，床上110cmの位置を基本とする．

1）温 湿 度

温湿度測定はアスマン乾湿計および電気式温湿度計を使用して測定実習を行う．まず，測定の準備として，アスマン乾湿計の点検を次の要領で行う．
① 乾球・湿球温度計は最小目盛0.2℃の水銀封入ガラス温度計（二重管）で検定品であることが望ましい．検定の有効期間が過ぎたものは再検定する．
② 通風装置は温度計の球部に十分な気流（2.5m/s以上）を与えることのできるものであること．ゼンマイ式よりも電動式（電池式）による通風装置が安定した気流が得られやすい．
③ 通風筒の外筒，内筒は二重で，いずれもめっきがなされていて熱放射の影響を防ぐようになっている．めっきがはげてしまっている場合は交換すること．

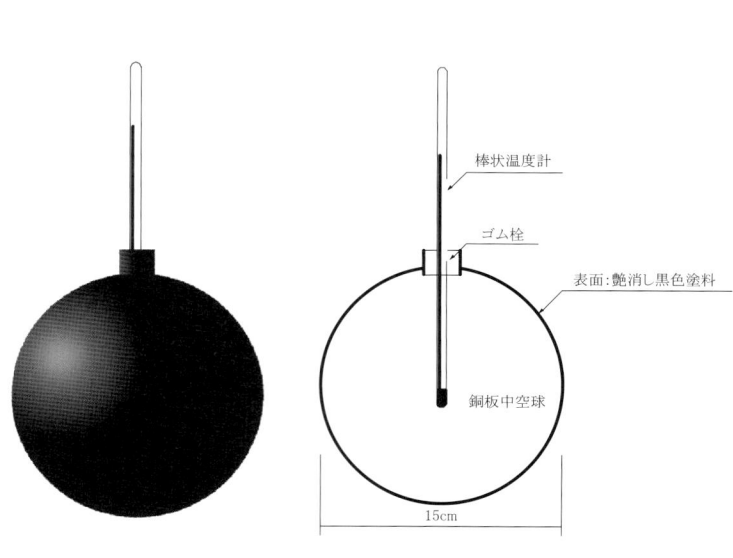

図4.3.5 グローブ温度計

④ 通風筒の差し込む部分から空気が吸い込まれないようにしてあるパッキンに，すき間がないことを確認する．すき間があると，温度計の感温部に十分な気流速度が得られなくなり，正確な測定ができない可能性が生じる．
⑤ 湿球温度計のガーゼは長時間使用している間に汚れてくる．汚れていると正しい測定ができなくなるので，新しいものと取り替えること（使用頻度が高いときは1週間ごとに交換）．ガーゼおよび木綿糸は石けん水で煮沸した後，きれいな水でよく洗い，糊や油気を除いてから用いる．
　ガーゼの巻き方は図4.3.6に示すように，あらかじめガーゼを適当な大きさ（25mm×100mm）に切り，きれいな水で濡らした後，球部を一重半巻くように包むとうまく取り付けられる．
⑥ 通風装置を作動させ（電動式の場合はスイッチを入れる．ゼンマイ式の場合はゼンマイを巻く），ファンの回転にむらがなく，通風量が十分あるか確かめる．通風量のチェック方法として熱式風速計で吸引口での風速測定を行うとよい．電動式（電池式）のファンの場合は，新品の予備電池を用意しておく．通風量が不足したときは電池交換を行う．
　次に，電気小型温湿度計の準備を次のように行う．
① 取扱説明書を熟読し，使い方を理解する．
② 電池を入れ，スイッチを入れて，正常に表示されることを確認する．

以上のように整備されたアスマン乾湿計および電気式小型温湿度計を，床面上110cmになるように（アスマン乾湿計は通風口がその高さになるように），スタンド（あるいは三脚）に固定し，空気の温湿度を4.1「外気気象要素の測定」で示した方法で測定実習を行う．

2）気 流 速 度
　気流速度測定は熱式風速計を使用して測定実習を行う．用意するものおよび事前準備は次のとおりである．
① 熱式風速計の取扱い説明書を熟読し，その特性（測定風速範囲，指向特性等），使用方法および注意事項（特にプローブ先端のセンサー部分は非常に壊れやすいので注意する）を把握する．
② 風速計に電池を入れ，スイッチを入れて，正常に表示されることを確認する．また，風速計の機能を使って電池残量を確認する．少なくなっている場合は新品に交換する．
③ 風速計固定用スタンド（または三脚）

3）熱　放　射
　放射熱測定はグローブ温度計を使用して測定実習を行う．用意するものは次のとおりである．
① グローブ温度計（直径15cm）
② 風速計固定用スタンド（または三脚）

③ アスマン乾湿計およびスタンド
④ 熱放射パネルまたは放射型電気ストーブ
⑤ スポット型放射温度計（必要に応じて）
　測定対象室の測定位置にスタンド（または三脚）を置き，グローブ温度計，アスマン乾湿計を設置する．通常の実習室では熱放射は弱いので，ここでは実習の意味で電気式の放射パネルまたは放射型電気ストーブ〔図4.3.7〕を利用する．放射パネルは大きなもの（90cm×180cm）であれば，壁面と見なして設置する．放射型電気ストーブ等で表面温度が高くなるものであれば，測定点から数m離した位置に設置する．
　3.3に記述した測定手順に従って測定する．測定回数は同一設定条件であれば1回でよい．
　測定値から2.4の（4.2.1）式により MRT を求める．このとき，代入する風速 v は本来，熱放射がある条件で測定すべきものであるが，風速計のセンサー部分に熱放射が当たると風速の指示値が変わる可能性があるので，センサー部分への熱放射を遮蔽して測定するか，熱放射がない条件での測定値（測定対象室の気流状態に顕著な変化が認められない場合）を使用する．
　なお，参考値として主要な面（壁面，天井面，床面，放射パネル表面，家具など）の表面温度をスポット型放射温度計で測定しておくとよい．

4.2　第2回演習（水平分布，垂直分布）

　実際の室内での測定実習を行い，測定値の処理方法・評価方法について理解できるようにする．
　教室（あるいは事務室等）を測定対象とする．空調設備の有無および方式については問わないが，窓を開放したままの室内は実習の性格上あまり適当でない．
　室内の平均的な温熱環境要素を求めるためには室内の数か所で測定を行う必要がある．一方，測定点を数多くとると詳しい分布状況を知ることができるが，測定に時間がかかり過ぎる．
　測定点を決める際の目安として，次のようにする．
① 室内の在室者が座っている範囲を測定範囲とする．〔2.1で示した居住域の定義を参考とすること〕
② 室内の中央（あるいは測定範囲の中央）を代表点とし，測定範囲全体を測定できるように格子上に測定点を設ける．
③ 測定点は床上110cm（椅子に座っている状態でおよそ頭部の高さ）を基準とする．
　測定する環境要素ならびに測定器は次のものとする．
① 温湿度：電気式温湿度計（またはアスマン乾湿計）
② 気流速度：指向特性のない熱式風速計
③ 放射熱：グローブ温度計
　温湿度をアスマン乾湿計のみで測定する場合は，アスマン乾湿計，風速計およびグローブ温度計を，同じ測定点で同時に測定するのではなく，アスマン乾湿計の測定が終えたら風速計による測定を行い，アスマンは次の測定点に移動させて測定するというように，順次移動する方法で測定していく．電気式温湿度計を複数使用して同時に測定する場合は，温湿度計を測定点

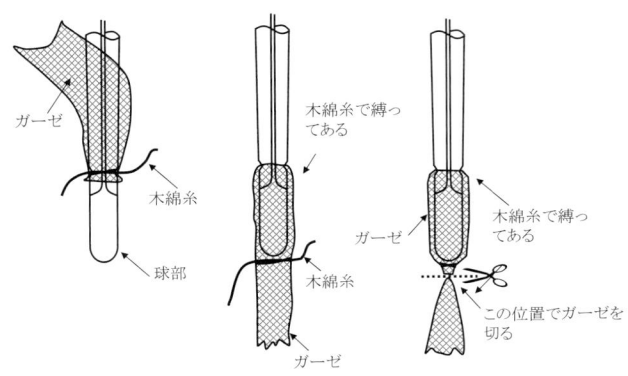

図4.3.6　湿球温度計のガーゼの巻き方

図4.3.7　熱放射源（ハロゲンヒーター）

に配置し測定を開始させる．そのうえで，気流速度，放射熱を，測定点を順次移動する方法で測定する．アスマン乾湿計と複数の電気式温湿度計を併用する場合は，アスマン乾湿計を測定域の中央点に固定した状態で，室内の代表点として測定することとしてもよい．なお，窓際など日射があたる場所や，強い熱放射源（パネルヒーターなど）がある場合での測定では，電気式温湿度計のセンサー部を，アルミはく等によって通気を十分に確保しつつ放射遮蔽するような対策が必要である（アスマン乾湿計は放射遮蔽されている）．

測定する室内の位置が決まったら，平面図に机・椅子・家具などの配置を記入し，測定点を決め，測定を開始する．必要に応じて数グループで分担して測定を行ってもよい．

測定結果より温熱環境要素の分布図を描くことにより，室内の状況が明確になるので，図4.3.8に示すようにして室内全体の分布図を描くとよい．描き方は測定値の間を比例配分して同じ値を結ぶようにする．途中に不連続な点がないようにし，かつ等温度線は交差しないと考えて描く．

室内の垂直温度分布（冬季の暖房時は上限温度差が顕著になりやすい）を測定する場合は，測量用の箱尺（スタッフ）等を利用すると便利である．測定高さに電気式温湿度計のセンサー部を粘着テープ等で取り付けて，測定点を移動させながら測定する．測定高さは，2.1項で示した高さ（床上10cm，60cm，110cm，170cm）を基準とする．加えて天井面付近を測定する場合は，移動中に箱尺を天井や照明等にぶつけないようつねに注意するとともに，照明からの放射に対して温湿度計のセンサー部分の放射遮蔽が必要となる．

5．レポートのまとめ方

第2回演習を中心としたレポートのまとめ方が中心になる．測定には表4.3.2に示すような記入用紙を用意するとよい．測定結果から平均放射温度MRTを求め記入する．また，新有効温度ET^*等を他資料より求めてもよい．測定値の取りまとめ方として，表4.3.2の下側の表のような方法をとる．室内の温度分布図を図4.3.9のように描く．他に，湿度，気流速度および新有効温度などの分布図も描くと室内の状況をよく把握することができる．さらに垂直温度分布〔図4.3.10〕についても描くと，空間全体の温熱環境の状態が理解できる．

最後に室内の環境を他の基準値と比較してみる．その方法として，図4.3.11のように湿り空気線図上に記入してみるとよい．

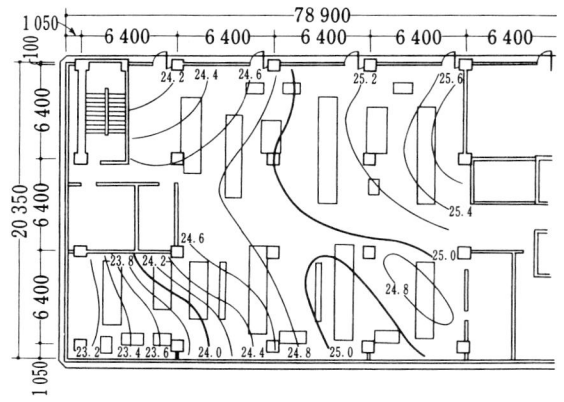

表4.3.2 記入用紙（実測例）

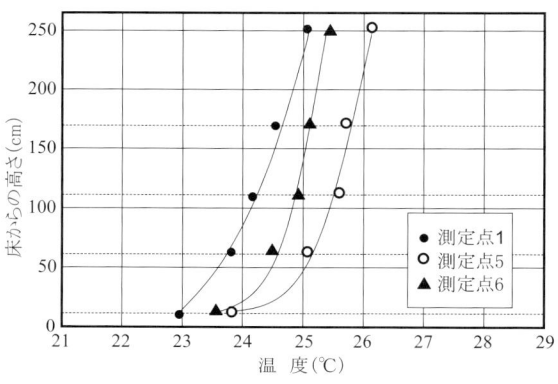

図4.3.9 温度分布図（実測例）

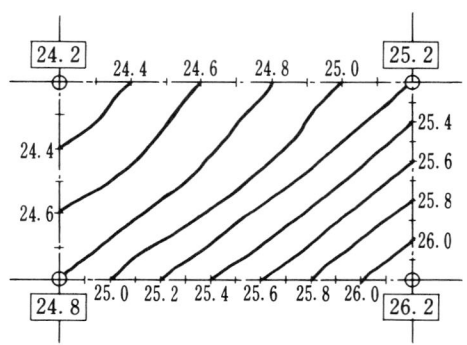

図4.3.8 等温度線の描き方例

図4.3.10 垂直温度分布図（実測例）

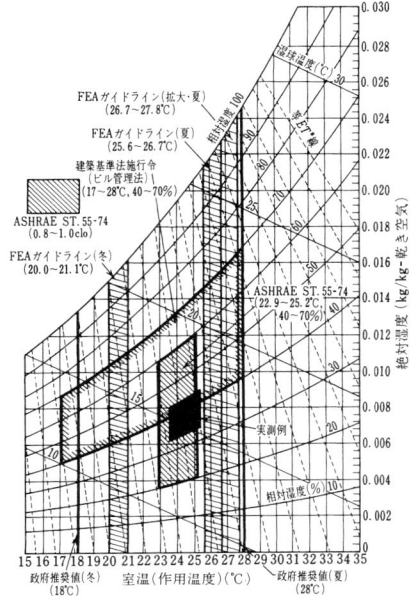

図4.3.11 空気線図上における実測結果と他の基準との比較

文　献

1）日本建築学会編：室内温熱環境測定規準・同解説，2008

5. 空気環境分野

5.1 建物周辺気流の測定(基礎1)

1. 演習の目的

高層建物の周辺に発生する強風をビル風といい,このビル風による環境障害を一般に風害と呼んでいる.この風害は1960年代に超高層建物の建設が始まったころから顕在化した社会問題であり,現在でも高層マンション等の建設に伴う風害の問題が全国各地で起きている.一方近年では,建物の密集化に伴い都市内部での風通しが悪化し,ヒートアイランド現象や汚染物質の滞留を助長しているという問題,あるいは住戸内の通風障害といった弱風の問題も指摘されるようになっている.このように建物によって風は強くなったり弱くなったりする.本演習では,市街地風に関する基礎事項ならびに屋外の風速・風向の測定方法とその表示方法を習得するとともに,建物周辺あるいは建物群の中の風の流れ方を理解する.

2. 基礎事項

2.1 市街地風の性質

2.1.1 建物まわりの風の流れ

図5.1.1は建物周辺における風の流れ方のパターンや乱れの発生の仕方を模式的に示したものである.これらの流れは,基本的には,上空の速い流れが建物にぶつかり遮られる結果,建物前面の圧力の高い部分(正圧)と側面や背面の圧力の低い部分(負圧)が発生し,圧力の高い部分から低い部分に風が流れるというメカニズムで説明される.

(1) はく離流と吹き降ろし

風が建物にあたると,建物高さの2/3くらいの高さの場所で,上下左右に分かれて流れる.この点をよどみ点と呼ぶ.分かれた風は壁に沿って流れるが,建物の隅角部で壁からはがれていくとき,この部分で発生する強い負の圧力に引き寄せられて縮流するため,流速が周囲よりも速くなる.これがはく離流である.また建物の側面では,上方から下方に斜めに向かう速い流れが発生する.これが吹き降ろしである.高層建物の隅角部では,はく離流と吹き降ろしが一緒になるため非常に速い風が吹くことになる.

(2) 逆流と循環流

よどみ点から下方へ向かう風は,一部は小さな渦をつくって左右に流れ,一部は地面に沿って上空の風とは逆の方向に流れる.これは逆流と呼ばれる.この流れは,一般にはそれほど強くはないが,建物高さが高い場合や風上側にある建物の大きさや位置との関係により,強い風が吹く場合がある.またはく離した後に建物後方にまわり込んだ風は,建物背面の負圧領域に引き寄せられ,比較的風速の弱い大きな渦領域を形成する.これは循環流と呼ばれる.

(3) 谷間風と街路風

隣接した高層建物の間では,それぞれの建物からのはく離流,吹き降ろしが重ね合わさるために,非常に強い風が発生する場合がある.このような強い風は,谷間風と呼ばれる.また建物が密に立ち並ぶ市街地では,風は,抵抗がなく流れやすい街路上に沿って吹こうとする.すると両側に規則正しく建物が並んでいる広い道路上などでは,強い風が吹く場合がある.これを街路風と呼ぶ.

(4) ピロティ風

建物の下層部分にピロティのような開口部が設けられていると,風上側の正圧領域から風下側の負圧領域への流れがこの部分に集中するため,強い風が発生する.これはピロティ風などと呼ばれる.

(5) 風速増加域と風速減少域の例

ある建物が建設されたことによる風環境の変化を表す簡易な指標としては風速増加率が用いられる.これは建物が建設された場合の風速を建物がない場合の風速で除したものである.つまりこの値が1を超えていれば,建物建設により風速が増加したことを表す.またこのような領域を風速増加域(1以下の領域は風速減少域)と呼ぶ.図5.1.2に風洞実験により得られた建物高さによる風速増加率の変化の例を示す.一般的には,はく離流や吹き降ろしの影響により風向に対して建物の側面で風速増加域が発生する.また風に対して建物の見つけ面積が大きいものほど,建物高さの高いものほど風速増加領域は大きくなる.一方,建物の風上側や背後の領域では,風速は減少する.

2.1.2 市街地風の統計的性質

(1) 瞬間風速と平均風速,最大瞬間風速と乱れの強さ

風は風速と風向によって表されるベクトル量である.図5.1.3に示すように,風速は絶えず変化しており,瞬時瞬時の風速を瞬間風速と呼ぶ.この瞬間風速は,平均値と変動量に分けて,次式のように表示される.

$$u = <u> + u' \qquad (5.1.1)$$

ここに,u:瞬間風速〔m/s〕,$<u>$:平均風速〔m/s〕
u':平均風速からの変動量〔m/s〕

平均風速$<u>$は次式で定義される.

$$<u> = \frac{1}{T}\int_0^T u(t)dt \qquad (5.1.2)$$

平均時間Tは観測時間と呼ばれることもあり,目的に応じてさまざまに選ばれるが,わが国で平均風速といえば,一般に

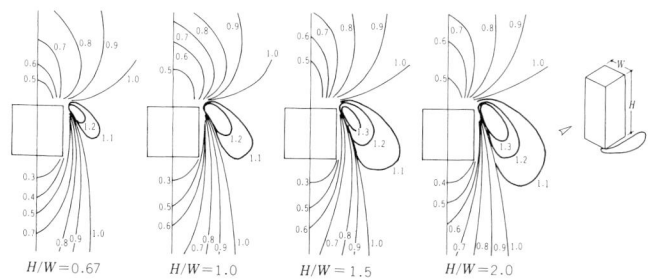

図5.1.2 建物高さによる風速増加率の変化[2]

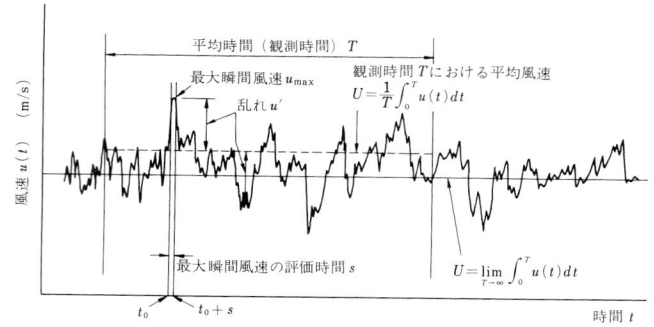

図5.1.3 平均風速,瞬間風速と評価時間[1]

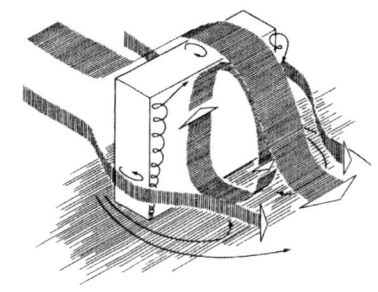

図5.1.1 建物まわりの基本的な風の流れ[1]

$T=10$分間の平均風速を指す.ある観測時間内の瞬間風速の最大値を最大瞬間風速(u_{max})と呼ぶ.定常的な乱れを持つ風では,基本的には観測時間が長くなるほどu_{max}の値は大きくなる.また図5.1.3に示したように,u_{max}は瞬間値とはいっても計測機器の応答性に依存する微小時間〔s〕内の平均値であり,この平均時間を評価時間〔s〕と呼ぶ.

風速変動の平均的な大きさは,通常,標準偏差$\sigma=\sqrt{<u'^2>}$で表される.また$\sqrt{<u'^2>}/<u>$を乱れの強さといい,これを100倍して〔％〕で表示することが多い.

(2) ガストファクター

最大瞬間風速u_{max}の平均風速$<u>$に対する比を,ガストファクター(G.F., gust factor)と呼び,次式で定義する.

$$G.F.=u_{max}/<u> \qquad (5.1.3)$$

G.F.の値は,風の乱れの強さと密接に関連しており,乱れの強さが大きいほどG.F.は大きくなる傾向にある.乱れの強さが小さい上空ではG.F.は1.3〜2.5程度.地面との摩擦や建物などの障害物によって乱れの強さが大きくなる地表付近では,G.F.は1.6〜4.0程度の値をとる.高層建物の近傍などでは,G.F.の値は,風速が速くなるとともに小さくなり,ある風速以上でほぼ一定の値に収れんしていく傾向がある.

(3) 風向

風向は図5.1.4に示すように16方位で表すのが一般的である.風向Nとは北から南へ向かって吹く風の向きを表す.風向も時間的に変化するが,乱れの小さい上空では比較的変化が小さく風向は安定している.また風速が速くなると風向は安定する傾向がある.

2.1.3 風速の鉛直分布

地表付近を吹く風の強さは,地表面との摩擦によって鉛直方向に変化し,地表付近ほど風速は減少する.この鉛直方向の平均風速の変化は,地表面の状況により図5.1.5のように異なり,べき指数分布または対数分布で表される.建築物の耐風設計に関する基準では,次式で表されるべき指数分布を用いている国が多い.

$$<u_z> = <u_r>(z/z_r)^\alpha \qquad (5.1.4)$$

$<u_z>$:高さz〔m〕での平均風速〔m/s〕
$<u_r>$:基準となる高さz_r〔m〕での平均風速〔m/s〕

べき指数αは地表付近での平均風速の減少の度合いを表し,αが大きいほど(地表面粗度が大きいほど),地表付近の風速は低くなる.また,地表面粗度による摩擦の影響が上空まで及ぶ範囲を境界層といい,この範囲を地面からの高さで表し,これを境界層の厚さという.境界層の厚さはαが大きいほど厚くなる.これまでの数多くの自然風の観測結果と地表面状況との関係から,本会編「建築物荷重指針・同解説」[3]では,地表面の状態(粗度区分)と,べき指数αおよびZ_G(おおむね境界層の厚さに相当する高さ)との関係を表5.1.1のように示している.

2.1.4 地上レベルの観測点と上空の基準観測点との風速比

地上レベル(例えば,人の高さ1.5m)のある測定点において,ある時間帯に風速を測定した場合,その風速が大きいものなのか,あるいはその測定点は風が強い位置なのかなどを,その測定値だけから判断することは困難である.測定の日時によって,上空の風速は大きい場合も小さい場合もあり,それに伴い地上レベルの風速も変化する.また,測定の日時によって上空の風向も変化する.地上レベルの測定点は上空の風向によって,図5.1.2で示したような強風域に位置する場合もあれば弱風域に位置する場合もある.このように,地上レベルの測定点の風速は,上空の風速と風向の両方によって変化する.したがってこれは,上空の風向風速と関連付けて表さなければ一般性がない.上空の風向風速としては,一般に建物などの地上の地物の影響を受けないような高い位置に基準点を設けて,その位置での測定値を基準風向風速とする.基準点はできるだけ高い位置が望ましく,高い建物の屋上に高いポールを建てて,その上に風向風速計を設置することが多い.この基準風向風速を,地上レベルの風向風速と同時に観測する.

ある時間帯における上空の基準観測点rにおける風向をi,平均風速を$<u_{r,i}>$とし,それと同時に測定した地上レベルの観測点の平均風速を$<u>$とすると,それらの比$R(i)$,

$$R(i)=<u>/<u_{r,i}> \qquad (5.1.5)$$

を,風速比または無次元風速という.上空の基準風速がある程度大きく(経験的には5m/s程度以上),上空の風向も安定しているときには,風速比$R(i)$は,上空の風速によらずほぼ一定の値になる.ただし,地上レベルの観測点の風速は,上空の風向と周辺建物との位置関係によって変化するため,風速比

表5.1.1 地表面粗度区分の概要[3]

地表面粗度区分		建設地および風上側地域の地表面の状況	α	Z_G (m)
滑 ↑	I	海面または湖面のような,ほとんど障害物のない地域	0.1	250
	II	田園地帯や草原のような農作物程度の障害物がある地域,樹木・低層建物などが散在している地域	0.15	350
	III	樹木・低層建築物が多数存在する地域,あるいは中層建築物(4〜9階)が散在している地域	0.2	450
	IV	中層建築物(4〜9階)が主となる地域	0.27	550
↓ 粗	V	高層建築物(10階以上)が密集する市街地	0.35	650

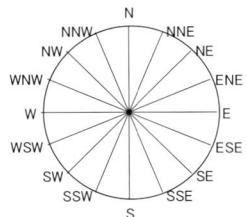

図5.1.4 風向の表し方

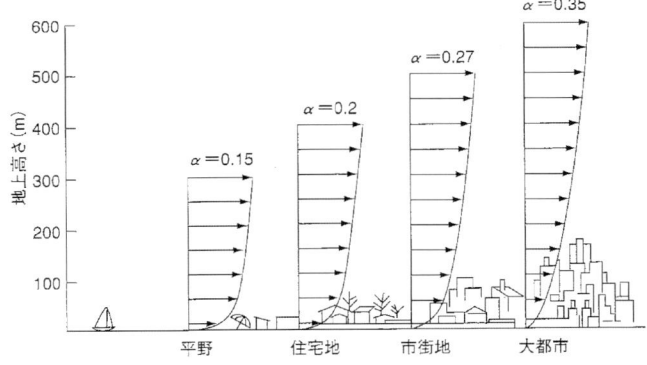

図5.1.5 高さによる平均風速の変化と地上の様子[2]

風車型風向風速計

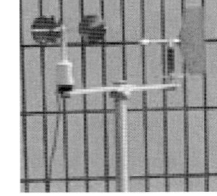
三杯型風速計と矢羽型風向計

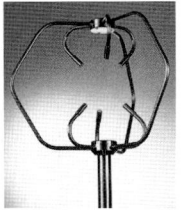
超音波風向風速計

図5.1.6 代表的な風向風速計

$R(i)$ は，上空の風向 i ごとに異なる値をとる．例えば，ある地上レベルの観測点において，上空の風向がSのとき $R(S)=0.2$，Nのときには $R(N)=0.4$ が得られたとする．この観測点では，上空の風向がSのときには，つねに上空の基準点の20％程度の風速となり，Nのときにはつねに40％程度の風速となると考えてよい．さらにこの例を用いて具体的に述べると，上空の基準点の風向がSで平均風速が10m/sである場合，あるいは20m/sである場合には，この地上レベルの観測点の平均風速はそれぞれ，2m/s，4m/s程度となり，上空の基準点の風向がNのときには，地上レベルの観測点の平均風速はそれぞれ4m/s，8m/s程度になると考えてよい．とはいうものの，実際には風速比のデータはばらつくので，長期間にわたって風速比のデータを蓄積し，上空の基準点の風速がある程度大きく風向も安定しているデータを抽出したうえで，平均化することが望ましい．

この風速比を用いれば，観測日時が異なる他の測定点における風速比との比較も可能となり，風の強い地点か弱い地点かといった判断も可能となる．

3．風向・風速の観測機器

建物周辺の風の測定には気象用の風向風速計が用いられる．風向風速計にはいくつかの種類があるが，代表的なものとして，①風車型風向風速計，②三杯型風速計＆矢羽型風向計，③超音波風向風速計がある．それらの形状を図5.1.6に示す．

4．演習の進め方
4.1　測定点の選定

測定対象地域の平面図（地図）を用意し，地上レベルの測定点数点を選んでおく．測定点の数は演習時間を考慮して決める．10分間の平均風向風速を測定するので，記録時間や次の測定点への移動時間を含めると1点あたり15分程度を要する．測定点の選定に際しては，建物群との位置関係や上空の風向を考慮して，はく離流や谷間風などの強風域，建物背後の弱風域（循環域），街路風が吹きそうな場所など，いくつかの特徴的な流れが観測できるように選定するとよい．

基準風向風速の測定点は，その地域上空の風向風速を代表すると考えられるできるだけ高い位置とし，そこに風向風速計を設置する．それができない場合には，その地域の気象官署やアメダス観測点等の10分間平均風速のデータを後日入手する．

4.2　使用測定機器

使用する風向風速計は気象庁の検定を受けたものが望ましいが，本演習ではそこまでの精度は要求しない．メーカーの較正済みのものであれば，安価な簡易型の風向風速計を選定して問題ない．ただし移動測定を行うことを考えると，小型軽量で三脚等に設置でき，電池で作動するものが望ましい．このような条件を満たす最近の製品は，風向風速計と小型データレコーダを組み合わせ，瞬間風速や平均風速をデジタル表示するとともに，データをメモリーカード等に記録するものが多い．

4.3　測定方法

選定した地上レベルの測定点および上空の基準点の両方で10分間平均風速の同時測定を行う．

基準点では，演習開始から終了まで連続して風向風速データを記録しておく．

地上レベルの測定点では，まず風向風速計を三脚等の上に設置し，方位磁石を用いて風向風速計の方位を合わせる．測定高さは地上1.5mとする．測定を開始したら，測定者は風を遮ることのないように，しゃがむか，風向風速計から離れた場所にいるかして，10分間経過するのを待つ．各測定点での測定開始時刻を記録しておくこと．10分間経過するのをただ待つだけではなく，風の強さや向きを注意深く観察し，建物周辺をどのように風が流れているのか想像力を働かせながら待つとよい．また測定点から離れた場所で草などを飛ばしてみて，測定していない場所でも，どのように風が流れているのか観察してみるのもよい．平均風速や平均風向（機種によっては最多風向の場合もある）等が表示される機種を用いる場合には，10分経過後，その場で値を読み取ってノートに記録する．その後，次の測定点に移動して同じことを繰り返す．測定結果が表示されずにメモリーカード等に記録される機種を用いる場合は，すべての測定点での測定終了後，PCを使って記録されたデータを読み出す．

5．レポートのまとめ方

① 各測定点での測定結果一覧表を作成する．例えば，表5.1.2のように整理する．10分間の最大瞬間風速や風速変動の標準偏差も表示または記録できる機種を用いた場合には，それらの値とともにガストファクターや乱れの強さ〔2.1.2参照〕も表に欄を設けて記入する．
② 地上レベルの平均風向および風速比に基づく風速ベクトルを平面図上に描く．図5.1.7にその例を示す．
③ 測定結果について考察を行う．各測定点における風向の違いや，風速の強弱の理由を，上空の風と建物との関係を考慮して論じる．

6．関連事項・参考
6.1　風速の発生頻度（風速の超過確率）

風速の観測値は，離散的な量であり，ある観測期間内の多数の観測値を用いて頻度分布を描くことができる．この頻度分布に対して，しばしば理論的な確率分布があてはめられて，強風の出現頻度の予測等の各種の分析に用いられる．風速の発生頻度は，次式のワイブル分布で表されることが多い．

$$P(u>u_1)=\sum_{i=1}^{16}\left[A_i\times\exp\left\{-\left(\frac{u_1}{C_i}\right)^{K_i}\right\}\right] \quad (5.1.6)$$

ただし $P(u>u_1)$：ある点の風速 u が u_1 を超える頻度
　　　A_i：風向 i の出現頻度
　　　K_i, C_i：風向 i におけるワイブル係数
上式において風向 i について1～16までの総和をとっている

表5.1.2　建物周辺気流の測定結果一覧表

測定点No.	測定時間帯	地上レベルの風向風速		同時刻の基準点の風向風速		風速比
		10分間平均風向または最多風向	10分間平均風速	10分間平均風向または最多風向	10分間平均風速	
1						
2						

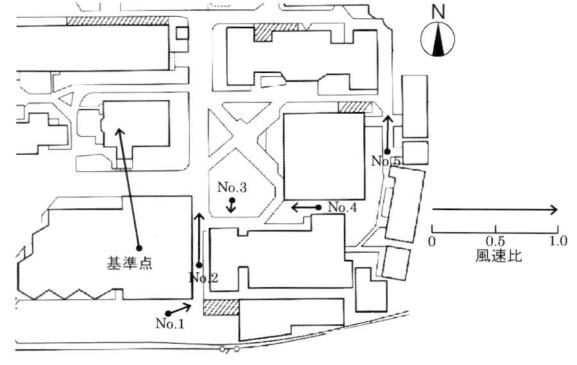

図5.1.7　建物周辺の気流ベクトル

が，これは各風向における風速の超過確率を，16風向分足し合わせて，全風向の風速超過確率としているのである．

一方，年最大風速のような極大値の分布については，次式のグンベル分布（極値Ⅰ型分布）が用いられる場合もある．

$$P(u > u_1) = \sum_{i=1}^{16}[1-\exp\{-\exp(-\alpha_i(u_1-\beta_i))\}] \quad (5.1.7)$$

ただし α_i, β_i：風向 i におけるグンベル係数

グンベル分布は風速の高い領域の観測値によく合う傾向があり，日最大平均風速や年最大風速の超過確率に適用される．

6.2 風環境の評価方法

建物建設等の要因によって風環境が変化した場合，どの程度なら許容できるのか，またどのような風環境レベルなのかなどを判断する必要がある．また影響そのものの有無についても検討しなくてはならない．その評価方法としては，目的に応じて，①許容風速，②風速比，③風速の発生確率に基づく3種類の方法が考えられる．

6.2.1 許容風速による評価

快・不快あるいは危険などの限界について提案されたある風速値と予測された風速値とを比較し，ビル風の有無や許容限度を判断するものである．よく利用されるのは，Penwardenにより発表されたビューフォート風力階級に基づいたものである．これを表5.1.3に示す．

6.2.2 風速比による評価

建物の建設に伴う風速の増減を調べ，ビル風の影響を判断するものである．風速は直接比較せず，風速比という形に直して評価する．風速比の求め方は2通りあり，一つは，2.1.4で述べた上空の基準観測点との風速比である．この方法は，客観的に建設前・後の風の状態を比較することができる．もう一つは2.1.1(5)で述べたように建設前と建設後の風速比を求めるものである．この場合，風速の増減は示しているが，風速の強弱は示していないので，この点を十分念頭にいれておく必要がある．

6.2.3 風速の発生確率による評価

風が強い場所，弱い場所という日常的表現は，単にその場所における風速値の大小だけを示しているのではなく，風の吹く頻度も含まれている．したがって，ビル風の影響をより正確に評価するためには，どのぐらいの風速の風が，どのような頻度で発生するのかをその評価に組み入れる必要がある．国内外でさまざまな方法が提案されているが，現在，日本においてよく使われている風環境評価尺度は二つある．一つは対応する空間の用途別に許容される強風のレベルを定め，影響の程度をランク分けした尺度〔表5.1.4〕と，もう一つは市街地の状況（住宅地，市街地，事務所街などの区分）で観測された風速の発生頻度を基に提案された評価尺度〔表5.1.5〕である．異なる点は，

表5.1.3 人体に対する風の影響[1),5)]

ビューフォート階級	地上10mの風速（m/s）	影響
0	0.0〜0.2	
1	0.3〜1.5	まったく目立たない風
2	1.6〜3.3	顔に風を感じる．木葉・衣服がさらさら音をたてる．
3	3.4〜5.4	髪が乱れ，衣服がばたつく．新聞が読みにくい．
4	5.5〜7.9	小枝を一定の運動でゆすり，風が軽い旗を広げさせる．ごみが巻き上がる．紙がちらばる．髪がくずれる．小枝が動く．
5	8.0〜10.7	体に風の力を感じる．強風域に入るとつまづく危険がある．
6	10.8〜13.8	木葉を付けた小さな木が揺れ始める．傘がさしにくい．髪がまっすぐに吹き流される．まともに歩くのが困難．
7	13.9〜17.1	横風の力が前進する力に等しくなる．風の音が耳にさわり，不快を感じる．歩くのに不便を感じる．
8	17.2〜20.7	一般に前進を妨げる．突風でバランスをとるのが困難．
9	20.8〜24.4	人が吹き倒される．

表5.1.4 日最大瞬間風速に基づく風環境評価尺度（村上らの評価尺度）[4)]

ランク	強風による影響の程度	対応する空間用途の例	評価する強風のレベルと許容される超過頻度		
			日最大瞬間風速（m/s）		
			10	15	20
			日最大平均風速（m/s）		
			10/G.F.	15/G.F.	20/G.F.
1	もっとも影響を受けやすい用途の場所	住宅地の商店街 野外レストラン	10%（37日）	0.9%（3日）	0.08%（0.3日）
2	影響を受けやすい用途の場所	住宅地 公園	22%（80日）	3.6%（13日）	0.6%（2日）
3	比較的影響を受けにくい用途の場所	事務所街	35%（128日）	7%（26日）	1.5%（5日）

（注1）日最大瞬間風速：評価時間2〜3秒
　　　　日最大平均風速：10分間平均風速
　　　　ここで示す風速値は地上1.5mで定義する．
（注2）日最大瞬間風速
　　　　10m/s…ごみが舞い上がる．干し物が飛ぶ．
　　　　15m/s…立看板，自転車等が倒れる．歩行困難．
　　　　20m/s…風に吹き飛ばされそうになる．
　　　　等の現象が確実に発生する．
（注3）G.F.：ガストファクター（地上1.5m，評価時間2〜3秒）
　　　　密集した市街地（平均風速は小さいが乱れが大きい）…2.5〜3.0
　　　　通常の市街地…2.0〜2.5
　　　　風の強い場所（高層ビル近傍の増速域）…1.5〜2.0
　　　　程度の値をとると考えられる．

表5.1.5 平均風速に基づく風環境評価尺度（風工学研究所の方法）[2)]

領域区分	累積頻度55%の風速	累積頻度95%の風速
領域A：住宅地としての風環境，または比較的穏やかな風環境が必要な場所	≦1.2m/s	≦2.9m/s
領域B：住宅地・市街地としての風環境，一般的風環境	≦1.8m/s	≦4.3m/s
領域C：事務所街としての風環境，または比較的強い風が吹いても我慢できる場所	≦2.3m/s	≦5.6m/s
領域D：超高層建物の足元で見られる風環境，一般には好ましくない風環境	>2.3m/s	>5.6m/s

5．空気環境分野

前者が地上1.5mでの日最大瞬間風速の超過頻度を用いるのに対して，後者は地上5mでの平均風速の累積頻度に基づいている点である．

文　　献

1) 村上周三：風論，新建築学体系（8）自然環境，彰国社，1984.1
2) 風工学研究所：ビル風の基礎知識，鹿島出版会，2005.12
3) 日本建築学会編：建築物荷重指針・同解説（2004），2004.9
4) 村上周三・岩佐義輝・森川泰成：市街地低層部における風の性状と風環境評価に関する研究Ⅲ 居住者の日誌による風環境調査と評価尺度に関する研究，日本建築学会論文報告集，第325号，pp.74～84，1983.3
5) A.D.Penwarden：Acceptable wind speeds in town, Building Science, 8,3, pp.259～267, 1973

5.2 室内気流分布の測定（基礎1）

1．演習の目的
空調・換気を行っている室内の気流性状を風速測定により把握する．空調・換気時の室内気流の原動力は，吹出し口からの気流であるため，まず吹出し気流性状を把握したうえで，室内温熱環境と室内空気環境に影響を及ぼす居住域の気流性状を把握する．

2．基礎事項
図5.2.1に示すとおり，室内の流れには，空調や換気の吹出し口から吹き出された，風速が比較的高く風向が明確な気流となる領域と，その気流が拡散・混合しながら，風速が低く風向がさほど明確でない気流となる領域の，性状の異なる二つの領域での流れが見られる．前者は，吹出し口からの噴流に支配されるため吹出し気流域や噴流域と呼ばれる．対して後者は，混合気流域と呼ばれ，一般的に人の存在する領域（居住域）で風速がさほど高くならないよう，すなわち居住域が混合気流域となるように設計されることが多い．よって本節ではこの二つの領域の気流である吹出し気流と居住域気流に分けて室内気流性状の把握を行う．測定に際しては，流れの性状の異なる二つの領域を対象とするため，それぞれの領域に適した特性と精度を持つ測定機器と測定方法を選択することが重要となる．

2.1 吹出し気流の特徴
吹出し口からの気流は噴流であり，高風速で吹出し口から吹き出された噴流は，吹出し口から離れるに従って周囲の空気を誘引して混合しながら広がることにより風速が低くなっていき，最終的には周辺の室内気流と同程度の風速となる．図5.2.1に示すとおり，居住域気流は吹出し気流の性状に伴って二次的に形成されるため，吹出し気流がどのような性状を示すか，具体的にはどの場所にどの程度到達するのかが，室内気流にとって重要となる．

噴流の性状は，図5.2.2に示すとおり吹出し口の形状によって異なる．軸流吹出し口からの噴流は軸対称噴流，スロット吹出し口からの噴流は二次元の平面噴流，ふく流吹出し口からの噴流はスロット吹出し口と同様の噴流が円形に広がる放射噴流となる．無限に広い空間に対して吹き出された噴流を自由噴流と呼び，壁面等の周囲の境界により制限を受ける噴流を制限噴流と呼ぶ．もっとも基本的な，等温すなわち吹出し空気温度と室内空気温度に差がない場合の自由噴流の特性は古くから知られており，図5.2.3に各種吹出し口について吹出し口からの距離と中心軸速度との関係を示す．吹出し口定数 K は，吹出し口ごとに異なる値を持ち，表5.2.1にその例を示す．図5.2.3に示すとおり，例えば円形開口の場合，吹出し口直径の3～10倍の距離までは吹出し風速と同じ風速を保った後，吹出し口からの距離が大きくなるに伴い風速は小さくなる．

図5.2.3の読取り方の例として，直径0.1mのノズルより $V_0 = 5.0\text{m/s}$ で吹き出した噴流の，吹出し口から5mの位置での中心軸速度 V_x を求める．$D_0 = 0.1\text{m}$ であるから $X/\sqrt{A_0} = \sqrt{(4/\pi)} \times /D_0 = 56$，表5.2.1より $K = 5.0$ を用いて，図5.2.3より $V_x/V_0 = 0.09$ となる．よって $V_x = 0.09 \times V_0 = 0.45\text{m/s}$ となる．

表5.2.2に，非等温噴流すなわち冷房時や暖房時に吹出し空気温度と室内空気温度に差がある場合の自由噴流の特性についてまとめて示す．図5.2.3で示した等温噴流は，表中で温度差がない場合，すなわちアルキメデス数（Ar）が0の場合である．

2.2 居住域気流の特徴
居住域気流は，一般に混合気流であり風速の低い領域であるが，居住者の快適性に直接影響するため，重要である．建築物における衛生的環境の確保に関する法律（通称：建築物衛生法）では，0.2m/s以上の気流を測定できる風速計を用いて，床上75～120cmにおいて0.5m/s以下の風速となることと規定されており，これは居住域で風速が高い気流があることによるドラフト（望まれない局部気流）を生じさせないことを目的としている．夏期には風速の高い気流によって涼感を得ることができるが，空調・換気を行っている一般室内では，冷房時の下向き

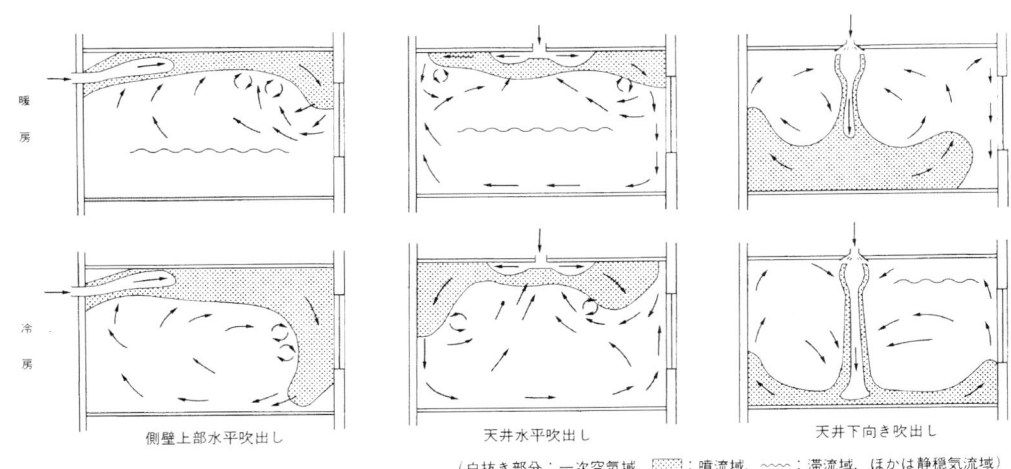

図5.2.1　各種吹出し方式による室内気流の違い[1]

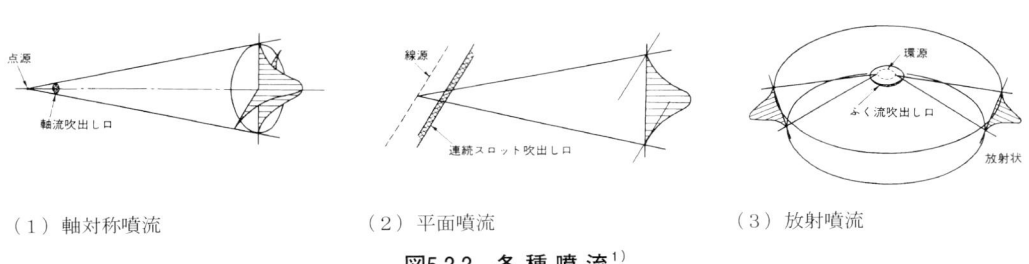

（1）軸対称噴流　　　（2）平面噴流　　　（3）放射噴流

図5.2.2　各種噴流[1]

5. 空気環境分野

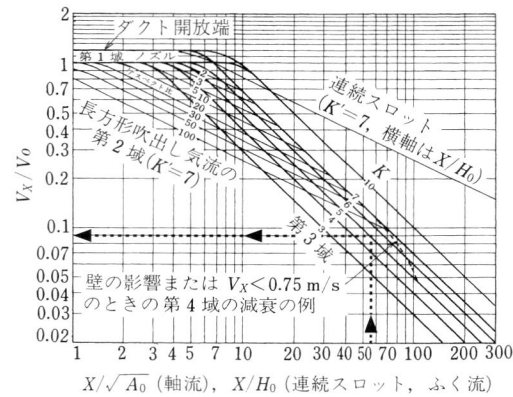

図5.2.3 等温自由噴流の中心軸速度[2]〔記号は表5.2.2参照〕

表5.2.1 各種吹出し口の吹出し口定数[3]

吹出し口種類		K	K'
円形・正方形開口（ノズルなど）		5.0	5.7
スロット形吹出し口（アスペクト比40以下）			4.9
多孔板	開口比3〜5%		
	開口比10〜20%		3.0
円形スロット（軸流・ふく流）		4.0	
ベーン（羽根格子）吹出し口（アスペクト比3）			3.9
ベーン開角	0°	5.1	
	45°	2.6	
	60°	1.5	
	90°	1.1	
一般市販品	壁上部グリル 曲りなし	5.0	5.7
	壁上部グリル 広角度曲り	3.7	4.2
	壁上部線上吹出し口 コア高さ100mm以下	3.9	4.4
	壁上部線上吹出し口 コア高さ100mm以上	4.4	5.0
	床吹出し口 広がりなし	4.1	4.7
	床吹出し口 広拡大	1.4	1.6
	天井ふく流吹出し口（360°水平吹出し）	1.0	1.1
	天井線上吹出し口（1方向水平吹出し）	4.8	5.5

吹出し口の直下の冷風が寒すぎることが見られるように，風速の高い吹出し気流が居住域まで到達することによりドラフトを生じることがある．

居住域気流は，ドラフト防止のために低風速であることが望ましいが，逆に居住域において極端に大きな風速分布があり低風速の領域が見られる場合，空調吹出し口からの暖房・冷房気流が到達しないことによる温熱環境の悪化や，空気汚染物質の停滞による空気質環境の悪化が懸念される．

表5.2.3に，給排気口の種類と位置関係による室内全体の気流分布の違いに関して，暖房時と冷房時のそれぞれについて，単純化したスケッチとその特徴を示す．温熱環境の悪化の原因となるドラフトと，空気質環境の悪化の原因となる気流の停滞について，居住域において大まかにどの領域に発生する可能性が高いかがわかる．

3. 測定機器

風速計には多種多様あり，求められる空間的・時間的な分解能と精度によって，使い分ける必要がある．実験室や現場で一般に使用されることの多い風速計としては，以下が挙げられるが，詳細は参考文献6）を参照されたい．
① 圧力式風速計（ピトー管など，圧力差を利用したもの）
② 翼車形風速計（ビラム風速計など，回転を利用したもの）
③ 熱式風速計（熱線風速計，熱膜風速計，サーミスタ風速計，トランジスタ風速計など，熱放散を利用したもの）
④ 超音波風速計（音波の伝搬速度差やドップラー効果を利用したもの）
⑤ レーザ流速計（光のドップラー効果を利用したもの）

熱式風速計は，取扱いが比較的容易なポータブル型のものから，多点同時測定の可能なものまで種々の機器が市販されており，室内気流の現場測定において多く用いられるため，以下，熱式風速計を中心に説明する．また，三次元の風速成分測定には，比較的小型の超音波風速計が用いられることもあるため，これに関しても簡単に紹介する．

3.1 熱式風速計

加熱された物体を空気中に放置すると熱放散により冷却され，十分な時間を経た後には周囲空気と同じ温度になる．このとき，気流が存在すると冷却は早められることから，風速と冷却力の関係が分かれば風速計として利用できる．電流を用いた加熱によって周囲より高温に保たれた物体をセンサとして，センサを流れる電流を一定に保ったときの物体の抵抗値から風速を求める方法と，センサの抵抗値がつねに一定になるよう電流を流し（このとき，物体の温度も一定になる），その電流値から風速を求める二通りの方法があり，前者は定電流型，後者は定温度型と呼ばれる．

金属製（ニッケル，タングステン，白金など）の細線をセンサとして用いるものを熱線風速計といい，石英などの固体表面に金属の薄膜をコーティングしたものを熱膜風速計という．サーミスタ風速計は，温度によって電気抵抗が変化する感温半導体であるサーミスタをセンサとして用いるもので，トランジスタ風速計は，トランジスタをセンサとして用いるものであるが，すべて加熱したセンサの気流による冷却力を用いることから，まとめて熱式風速計と呼ばれる．

現在，一般に用いられているものの多くは，定温度型熱線風速計であるが，用途に応じて熱線の径やプローブ中での熱線の取付け方が異なっている．実験室実験や風洞実験などで用いられる熱線風速計は，直径が数μm〜$10\mu m$程度で長さ1〜$2mm$の熱線を用いることが多く，センサが小さいために気流を乱すことが少なく，時間的・空間的な分解能も高く，数kHz〜数$10kHz$の応答性を持つため，気流の乱流特性の測定にも適している．しかしながら，センサが破損しやすいことや，頻繁に較正を必要とするなど，取扱いがさほど容易ではない．

室内気流の現場測定では，センサが堅ろうで，取扱いも比較的容易であることが求められるため，円筒状や球状の石英などに直径が数10〜数$100\mu m$の熱線を巻き付けたうえで，細管に入れたりガラスコーティングしたりすることによってセンサを構成しているタイプが多い．

熱式風速計に使用されている風速素子の例を図5.2.4に示す．これはセラミックパイプ（一例として，直径0.6mm，長さ7mm）に$25\mu m$の白金線を巻き，その上に特殊コーティングを施したものである．コーティングによって，じんあい（塵埃）による出力の影響を少なくするとともに素子の洗浄も可能にし，長期にわたる安定性を確保している．この風速素子を組み込んだ受感部の例を図5.2.5に示す．受感部には風速素子の他に温度素子および温度補償素子があり，それぞれ温度検出と温度補償に用いられている．このような受感部を組み込んで，図5.2.6に示すような棒状の金属製のプローブが構成される．センサが球状のタイプ，針状のタイプ，センサ周りに金網を付けてセンサを保護するとともに，続いて述べる指向性を少なくすることを意図したタイプなどが見られる．

プローブは，一般に流れに対する受感部の向きにより感度が異なり，これをプローブの指向性という．吹出し気流の風速の大きな領域のように風向が安定している場合は，指向性をもつプローブを用いても問題は少ないが，居住域気流のように風向

表5.2.2 吹出し気流の計算方法[4]

吹出し口の種類	中心軸の速度・温度差・軌道	断面速度・誘引流量比（等温のとき）
軸流吹出し口	$\dfrac{V_x}{V_0}=K\dfrac{D_0}{X}\left\{1\pm 1.9\dfrac{Ar}{K}\left(\dfrac{X}{D_0}\right)^2\right\}^{1/3}$ $\dfrac{\Delta t_x}{\Delta t_0}=0.83K\dfrac{D_0}{X}\left\{1\pm 1.9\dfrac{Ar}{K}\left(\dfrac{X}{D_0}\right)^2\right\}^{-1/3}$	$\dfrac{V}{V_x}=\exp\left\{-2\left(K\dfrac{r}{X}\right)^2\right\}$ $\dfrac{Q_x}{Q_0}=2\dfrac{V_0}{V_x}=\dfrac{2}{K}\dfrac{X}{D_0}$ $K=5\sim 6$
軸流吹出し口	$\dfrac{V_y}{V_0}=K\dfrac{D_0}{X}$ $\dfrac{\Delta t_x}{\Delta t_0}=0.83K\dfrac{D_0}{X}$ $\dfrac{Y}{D_0}=\pm 0.42\dfrac{Ar}{K}\left(\dfrac{X}{D_0}\right)^3$	
スロット型吹出し口	$\dfrac{V_x}{V_0}=\sqrt{K\dfrac{H_0}{X}\left\{1\pm 1.6\dfrac{Ar}{\sqrt{K}}\left(\dfrac{X}{H_0}\right)^{3/2}\right\}^{1/3}}$ $\dfrac{\Delta t_x}{\Delta t_0}=\sqrt{0.83K\dfrac{H_0}{X}\left\{1\pm 1.6\dfrac{Ar}{\sqrt{K}}\left(\dfrac{X}{H_0}\right)^{-3/2}\right\}^{1/3}}$	$\dfrac{V}{V_x}=\exp\left\{-\dfrac{\pi}{2}\left(K\dfrac{y}{X}\right)^2\right\}$ $\dfrac{Q_x}{Q_0}=\sqrt{2}\dfrac{V_0}{V_x}=\sqrt{\dfrac{2}{K}\dfrac{X}{H_0}}$ $K\fallingdotseq 4$
スロット型吹出し口	$\dfrac{V_x}{V_0}=\sqrt{K\dfrac{H_0}{X}}$ $\dfrac{\Delta t_x}{\Delta t_0}=\sqrt{0.83K\dfrac{H_0}{X}}$ $\dfrac{Y}{V_0}=\pm 0.42\dfrac{Ar}{\sqrt{K}}\left(\dfrac{X}{H_0}\right)^{5/2}$	
ふく流吹出し口	$\dfrac{V_R}{V_0}=\sqrt{\dfrac{K(H_0/R_0)\cos\theta\{K(H_0/R_0)\cos\theta+1\}}{(R/R_0)\{(R/R_0)-1\}}}$ $\dfrac{\Delta t_R}{\Delta t_0}=\sqrt{\dfrac{0.83K(H_0/R_0)\cos\theta\{K(H_0/R_0)\cos\theta+1\}}{(R_R/R_0)\{(R/R_0)-1\}}}$ $\dfrac{Y}{H_0}=\pm 0.26\dfrac{Ar\cos\theta}{\sqrt{K\cos\theta\{K\cos\theta+(R_0/H_0)\}}}\left(\dfrac{R}{H_0\cos\theta}\right)^3$	$\dfrac{V}{V_R}=\exp\left[-\dfrac{\pi}{2}\left(K\{K(H_0/R_0)\cos\theta+1\}\cos\theta\dfrac{Y}{R-R_0}\right)^2\right]$ $\dfrac{Q_R}{Q_0}=\sqrt{2}\dfrac{V_0}{V_R}=\sqrt{\dfrac{2(R/R_0)\{(R/R_0)-1\}}{K(H_0/R_0)\cos\theta\{K(H_0/R_0)\cos\theta+1\}}}$ $K\fallingdotseq 4$

X	：吹出し点（≒吹出し口）からの距離	[m]	V	：断面上のrまたはyの流速 [m/s]
R	：ふく流吹出し口中心からの距離	[m]	Δt_0	：吹出し口温度差 [℃]
r	：中心軸からの距離	[m]	Δt_X	：Xにおける最大温度差 [℃]
y	：中心面からの距離	[m]	Δt_R	：Rにおける最大温度差 [℃]
Y	：軌道の下降または上昇距離	[m]	Q_x/Q_0	：誘引流量比
D_0	：吹出し口有効直径	[m]	K	：吹出し口定数
H_0	：吹出し口有効幅	[m]	A_r	：アルキメデス数（$=g\beta\Delta t_0 D_0/V_0^2$）
R_0	：ふく流吹出し口直径	[m]		スロットとふく流ではD_0の代わりにH_0
V_0	：吹出し口流速	[m/s]	g	：重力の加速度（$=9.8$） [m/s^2]
V_x	：Xにおける最大流速	[m/s]	β	：気体熱膨張率（$\fallingdotseq 1/300$） [℃$^{-1}$]
V_R	：Rにおける最大流速	[m/s]		

注1）（±）の記号は冷房時下向きおよび暖房時上向きのとき（＋），冷房時上向きおよび暖房時下向きのとき（－）．
 2）天井・壁などの面に沿うときはV_x/V_0，$\Delta t_x/\Delta t_0$はともに自由空間中の$\sqrt{2}$倍となる．
 3）軌道が曲線となる場合の各式は，曲率が比較的小さいときに対する近似式である．

の変化が大きな領域では，指向性の小さいプローブを用いることが望ましい．各種プローブの指向性の例を図5.2.7に示す．球状，針状のセンサを持つプローブは指向性が小さいことから無指向性プローブと呼ばれるが，図中の金網付きプローブで例に挙げるように，0°の風向で最大の感度を持ち，±90°の風向で出力がほぼ0となる指向性を持つタイプも見られる．このタイプのプローブは，感度の高い方向を，卓越する気流の方向に対して直交する向きで接地する必要があり，プローブに風向を指示するマークが付いていることが多いので，注意する必要がある．

これら種々のプローブを目的に応じて使い分けることが必要であり，図5.2.8に示すように，市販されているポータブルタイプの風速計では，プローブのみを入れ替えることが可能となっているものもある．

5. 空気環境分野

表5.2.3 給排気口の配置と室内気流の特徴[5]

		暖房時	冷房時	備考
天井給気・床排気方式	理想状態			温風は給気によって徐々に下方に向かい，ピストン流を形成する．換気は良好でドラフトも生じない．冷風は集合流を形成しやすく，局所的にドラフトを生じやすい
	同一壁給排気			温風は天井に沿って流れ，冷却されて下方に向かう．換気は良好である．冷房時は短絡流を生じやすく，換気も悪い．室の後方に停滞域を生じる
	対向壁給排気			温風は天井に沿って流れ，冷却されて下方に向かう．給気口寄りの居住域が停滞域となりやすい．冷風は床面に降下しやすく，ドラフトを生じる．室の後方に停滞域を生じやすく，換気は悪い
	多孔板天井			暖房時の空気分布は極めて良好である．換気も良く，ドラフトも生じない．冷房時の空気分布も良好であるが，天井高が低い場合，ドラフトを生じるおそれがある
	アネモスタット			温風は放射状に広がり下方に向かう．換気は良く，ドラフトも生じない．冷風は拡散せずに下方に向かい，暖房時に比べ，空気分布は悪い．天井付近に停滞域を生じ，ドラフトのおそれもある
天井給気・天井排気方式	同一壁給排気			温風は天井に沿って深く入り込むが，換気は悪く，短絡流も生じる．冷風は直ちに床に降下し，ドラフトを生じやすく，室の後方が停滞域となり，換気は悪い
	対向壁給排気			温風は天井に沿って流れ去り，停滞域を生じ，換気は悪い．冷風は下方に向かって徐々に温まる．ドラフト・停滞域を生じやすく，換気は悪い
	天井給排気（アネモスタット）			温風は放射状に広がり下方に向かう．流速が遅いと短絡流を生じやすいが，一般に換気は良い．冷風時は温風時と同じ空気分布であるが，天井付近に停滞域を生じやすく，ドラフトも生じやすい

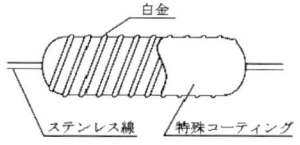

図5.2.4 風速素子の例[7]

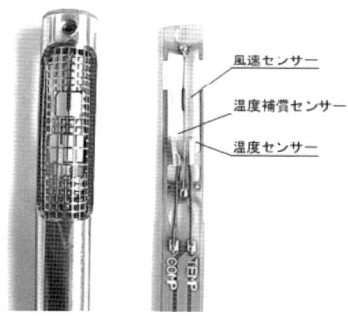

図5.2.5 受感部の例[7]

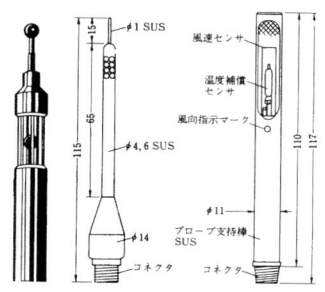

図5.2.6 風速プローブの例[5]

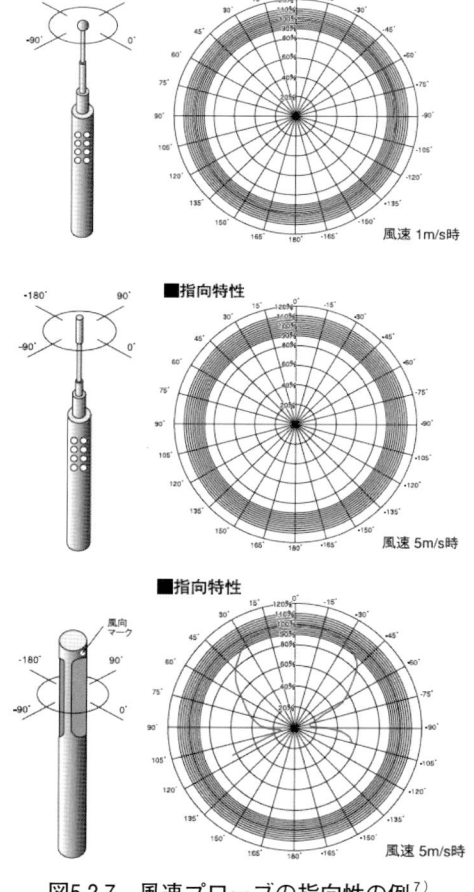

図5.2.7 風速プローブの指向性の例[7]

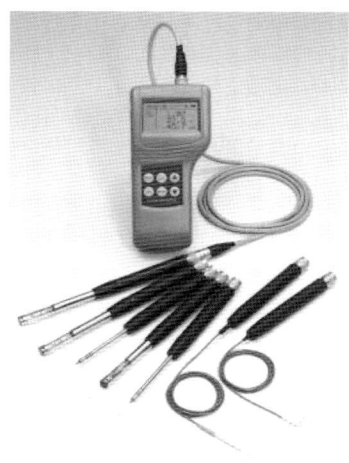

図5.2.8 ポータブル風速計の例[7]

3.2 超音波風速計

超音波が流体中を伝搬する際に，流体がある流速で流れていると超音波の伝搬速度が変化することを利用して流体の流速を求める方法であり，現在，多く用いられている方法は，伝搬時間差法と呼ばれるものである．2組の送波器と受波器を流体中に対向設置し，一方は流れと同方向に，他方は流れと逆方向に超音波を放射すると，流れと同方向の超音波は，静止流体中の音速より流体の流速分だけ速く受波器に到達し，逆方向は遅く受波器に到達する．この到達時間と，送・受波器間の距離から流体の流速を逆算するものである．

図5.2.9に，市販されている超音波風速計の例を示す．3セットの送・受波器を用いることにより，三次元の風速成分測定が容易に可能となる．

超音波風速計は，機械的可動部がなく，長期間安定して使用できること，また測定原理上からは0m/sからの風速成分を直接測定できるために検定を必要としない．しかしながら，微少な超音波の伝搬速度差を検出する必要があるため，送・受波器間の距離を小さくすることに限界があり，最低でも5～10cm程度の距離を必要とする．どのような風速であれ，風速は受感部サイズによって空間的に平均されるため，超音波風速計では，熱式風速計と比べてはるかに広い領域の平均風速を測定していることになる．

4．測定の準備
4.1 風速計の較正

熱式風速計の場合，風速素子にゴミ（粉じん，ばい煙）や機械油などの汚れが付着すると素子部の熱は奪われにくくなるため，多くの場合，放散熱量は減少し，風速値は低下する．また，プローブの種類によっては保護金網またはメッシュがあり，同様にゴミなどで金網が目詰まりを起こすと風速値が低下する原因になる．

現在，一般に市販されている風速計の多くは，メーカーからの出荷時には，国家標準・国際標準に対してトレーサビリティを持つ標準器を使用して較正されている．トレーサビリティとは，「不確かさがすべて表記された切れ目のない比較の連鎖によって，決められた基準に結び付けられ得る測定結果または標準の値の性質．基準は通常，国家標準または，国際標準」（JIS Z 8103：2000「計測用語」）と定義され，標準器または計測器がより高位の測定標準によって順に較正され，国家標準・国際標準につながっていることを示し，測定機器の不確かさ（精度）を保証するものである．

すなわち，どのような測定機器でも同様であるが，メーカー出荷時にはその精度が保証されているものの，その後は種々の状況により精度が保証されなくなるということであり，信頼できる測定機器での測定結果との比較を行うことにより，使用機器の特性を確認して調整・補正する，いわゆる較正作業が必要となる．具体的には，使用機器での出力と，信頼できる測定機器での出力（正しい測定結果と見なす）との関係を，出力電圧と正しい風速との関係や，出力風速と正しい風速との関係として表す作業となる．

較正には，図5.2.10に示すような較正用風洞や通常の風洞を用いて，安定した一方向の均一な流れの中で風速を変化させることによって行う．安定した一方向流れの中で正しい風速を得るための信頼できる測定機器としては，ピトー管や超音波風速計を用いる．これらの測定機器と較正対象とする使用機器で，風速を変化させたうえで，同一位置で順に測定する．もしくは，位置による風速に差がないことを確認したうえで，両機器を並べて測定する．風速を変化させたうえで，正しい風速結果と，使用機器の出力との関係をグラフにして回帰式を算出する．これが，いわゆる較正曲線を得る手順である．複数台の測定機器を用いる場合の測定機器間の特性の違い（器差）なども，同様に較正によって確認しておく必要がある．

現場測定などにおいて，精度は悪くとも簡易な較正やチェックを行う必要がある場合，空調吹出し口や掃除機の吸込み口などで安定した均一な風を得られることが可能ならば，基準となる測定機器と使用機器とを交互に設置して測定を行うこともある．ただし，あくまで便宜的な手段であり精度が悪いことを認識しておく必要がある．

実験室実験や風洞実験などで用いられる直径が数μm～10μm程度の熱線による熱式風速計では，リード線系統やリニアライザなどでの電気的な特性変化も大きく，毎日の実験前に較正を行うことが一般的である．図5.2.6に示した，現場測定で用いられることの多い比較的大きな風速素子を持つ熱式風速計は，特殊コーティングしている素子を用いることでじんあい（塵埃）の影響を小さくしているため，その特性変化は比較的小さく，頻繁に較正を行う必要はない．

超音波風速計は，送・受波器の位置関係が重要であり，衝撃などにより位置関係が変化することがなければ，その特性が変化することは少ない．

図5.2.9 三次元超音波風速計の例[8]

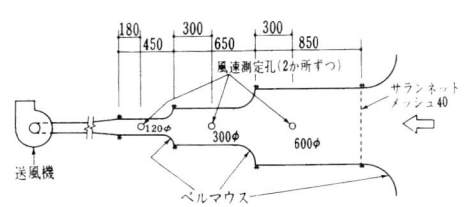

図5.2.10 較正用風洞の例[3]

4.2 風速測定点

吹出し気流は，図5.2.2に示したとおり噴流であり，測定点は噴流の性状を推定したうえで設定する必要がある．吹出し流量と吹出し口の面積から吹出し風速は算出でき，空調吹出しの設定から吹出し温度がわかれば，図5.2.2や表5.2.2から，吹出し気流がどの程度広がり，どのあたりまで到達しているかの噴流の挙動を推定することは可能である．しかしながら，可能な場合は煙を用いた可視化などにより，大まかな噴流の挙動を把握したうえで測定点を設定することが望ましい．図5.2.11は，吹出し気流の可視化の例であり，天井に沿って吹き出された室温よりも低い温度の気流が拡散している状況がわかる．

吹出し気流の測定点の例を図5.2.12と図5.2.13に示す．図5.2.12は円形のノズル吹出しからの理想的な自由噴流を想定しており，吹出し口中心軸と垂直な断面内風速分布を測定する．吹出し口の有効直径 D_o の整数倍の距離の位置を3～5か所程度選び（図では2，5，10倍の距離），その位置での断面内分布を測定するために，10数点の測定点を設定する．図は軸対称噴流となる理想的な状態であり，実際は壁や天井の影響があるため，図5.2.12における紙面に垂直な方向の断面内の分布も同様に測定する．図5.2.13はスロット型ディフューザからの平面噴流の挙動を把握するため，三次元の格子状に測定点を設定した例である．これらの測定点の点数や間隔は，中心軸上の速度減衰や拡がりの程度が把握できるように設定する必要があり，前述の気流の可視化や，予備的に風速計を移動しながら測定して，おおよその流れの性状を推定したうえで，設定することが望ましい．

居住域気流の測定点の例を図5.2.14に示す．ドラフトや気流の停滞が発生していないことを確認するためには，居住域をまんべんなく測定する必要があり，平面で格子状に測定点を設定する．ただし，ドラフト発生の確認のためには，必要に応じてファンコイルや吹出し口の近傍にも測定点を追加する．2.2項で述べたとおり，建築物衛生法の観点からは床上75～120cmでの測定が必要であり，最低限，この高さでの平面分布の測定を行う．居住者の温熱環境の鉛直分布の詳細を測定対象とする場合は，床上0.1m（くるぶし，足元），0.6m（座っている人の腰），1.1m（座っている人の首筋，立っている人の腰），1.6～1.7m（立っている人の首筋）での測定も追加する．

4.3 その他の準備

本節では平均風速のみを対象としているが，実際の気流は乱れており変動成分がある．また風速や風向も絶えず変化しているために，測定時間や平均化時間には注意する必要がある．多数の測定点を同時に連続して測定できるのが望ましいが，数10台の風速計を用意できることは少なく，実際には，少数の測定機器で測定点を変更しながら順番に測定していくことが多い．

図5.2.11 吹出し気流の可視化の例

この場合，1か所での測定時間や平均化時間を決定する必要がある．使用する風速計の応答時間よりも十分に長く，かつ空調吹出しや外乱による変動よりも長く，十分に長い測定時間をとることが基本である．気流の安定している噴流域では30秒程度の比較的短時間での測定から安定した平均値を得ることが可能であるが，風速の絶対値が低いために気流の変動も相対的に大きくなる居住域では1～数分程度の測定を行ったうえで平均値を得る必要がある．現場実測においては，種々の外乱が存在するため，その変動が推定できない場合も多く，可能な限り，吹出し気流と居住域気流の測定点それぞれで数点の代表的な測定点において，予備的に数10分の測定を行い，変動の状況を把握したうえで，測定時間を決定することが望ましい．

また，現場測定では，多数の吹出し口からの吹出し気流があるため，基本的な情報として各吹出し口での風量を測定しておく必要がある．これは，5.3「換気量の測定」での方法を用いて測定される．

5．演習の進め方

対象室の空調・換気の状況，使用可能な測定機器によって，演習の進め方は異なるものの，一般的な空調吹出しを有する教室・事務室の室内気流を対象として，演習の手順を示す．

5.1 第1回演習

5.1.1 風速計の較正

1）較正用風洞に，基準とする風速計（ピトー管，超音波風速計など）と測定に用いる風速計を設置し，風速計の測定範囲の最小値から最大値の間で10数段階，風速を変化させる．

・基本的に風速計は低風速での精度が悪くなるので，例えば，0.05～5m/sの測定範囲を持つ風速計を使用する場合，1.0m/s以下の風速では細かく（0.1m/s間隔），それ以上の風速では粗く（0.5～1.0m/s間隔）風速を変化させることが望ましい．

・較正用風洞が用意できない場合，送風機に簡易なダクトを接続した装置を作成して，比較的安定した均一な流れを作成する．

2）基準とする風速計と測定に用いる風速計のそれぞれの出力（もしくは出力から算出される風速）を記録する．

・較正用風洞の仕様によっては，まず基準とする風速計で風速を変化させた測定を行い，その後，測定に用いる風速計での測定を順番に行う．

3）使用する風速計が，指向性タイプ〔図5.2.7参照〕の場合，較正用風洞内でプローブを回転させることにより，図5.2.7と同様の指向性の結果を得る．

・このときの風速は，少なくとも低風速（0.5m/s）と高風速（5.0m/s）の2段階に設定するのが望ましい．

5.1.2 測定対象室の気流性状の把握

測定対象室において，空調吹出し口から煙を発生させ，吹出し気流がどのようにどの場所へ広がっていくのか，大まかな性状を把握する．

・煙発生器からダクトで吹出し口近傍へ煙を導入するなどにより，図5.2.11に示したように気流性状を把握する．

・スケッチやビデオ撮影によって，記録をしておくことが望ましい．

5.1.3 測定点の決定

把握した気流性状に基づいて，図5.2.12～5.2.14などを参考にしたうえで，測定点を決定する．

5.2 第2回演習

5.2.1 吹出し気流の測定

較正済みの風速計を用いて，決定した測定点において風速測定を行う．

・測定時間は，予備測定によって決定しておくこと．

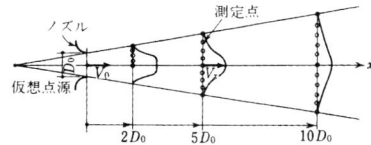

図5.2.12 吹出し気流の測定点例(ノズル吹出しの場合)[3]

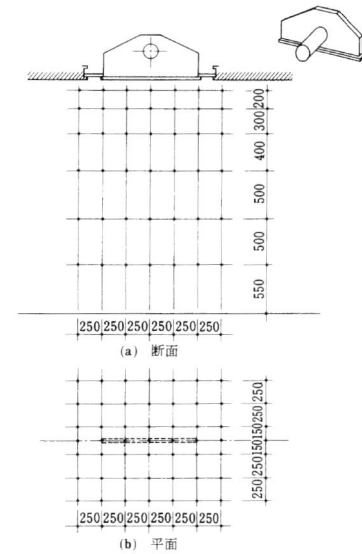

図5.2.13 吹出し気流の測定点例(スロット吹出しの場合)[5]

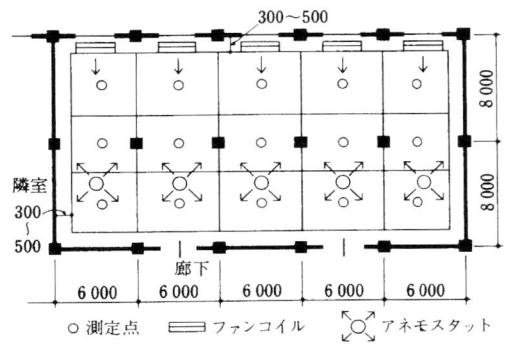

図5.2.14 居住域気流の測定点例[3]

・複数台の風速計がある場合,同時に測定可能なようにセッティングする.

5.2.2 居住域気流の測定

較正済みの風速計を用いて,決定した測定点において風速測定を行う.

・測定時間は,予備測定によって決定しておくこと.
・複数台の風速計がある場合,同時に測定可能なようにセッティングする.

6. レポートのまとめ方
6.1 較正曲線
① 測定結果を表計算ソフトなどで処理して,図5.2.15のようなグラフを描き,較正曲線を得る.
② 表計算ソフトの機能を用いるなどにより,較正曲線の回帰式を得る.

6.2 吹出し気流の測定結果
① 測定結果を表計算ソフトなどで処理して,中心軸速度の減衰に関して図5.2.16のようなグラフを描く.
② 測定結果を表計算ソフトなどで処理して,断面内の風速

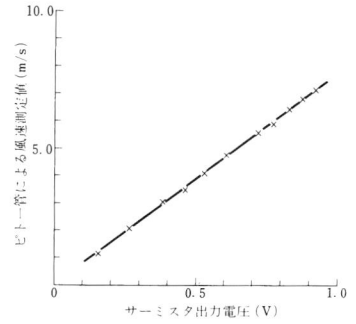

図5.2.15 サーミスタ風速計の較正曲線の例[3]

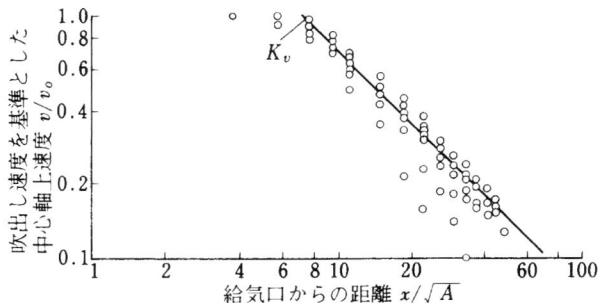

図5.2.16 吹出し気流の中心軸速度の測定例[5]

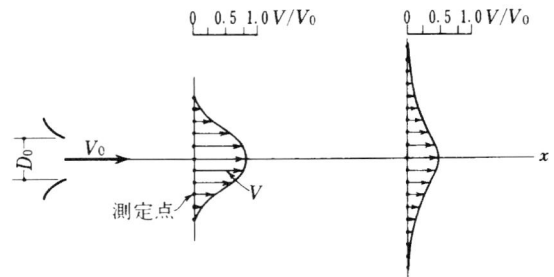

図5.2.17 吹出し気流分布の測定例[3]

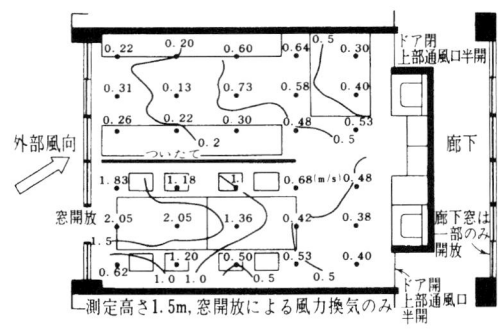

図5.2.18 居住域気流分布の測定例[3]

分布に関して図5.2.17のようなグラフを描く.
③ 吹出し気流の挙動の理論値〔図5.2.3,表5.2.2〕と測定値を比較し,その差異について考察を行う.

6.3 居住域気流の測定結果
① 測定結果を表計算ソフトなどで処理して,居住域気流の風速分布に関して図5.2.18のようなグラフを描く.
② 建築物衛生法の基準値との比較,ドラフトや気流の停滞が生じているか否かなどに着目した考察を行う.

5．空気環境分野

文　献

1）日本建築学会編：建築環境工学用教材 環境編，1988
2）ASHRAE：ASHRAE Handbook, Foundamentals, 1985
3）日本建築学会編：建築環境工学実験用教材Ⅰ環境測定演習編，1982
4）空気調和・衛生工学会編：空気調和衛生工学便覧，第13版，第3巻，空気調和設備設計，p.286, 2001
5）長澤佳明・半澤 久：環境計測の実際(2)室内気流，空気調和・衛生工学，第62巻，第7号，pp.611-623, 1988
6）日本機械学会編：技術資料 流体計測法 基礎編 第3章，1985
7）日本カノマックス：技術資料およびカタログ（http://www.kanomax.co.jp/）
8）カイジョーソニック：カタログ（http://www.kaijosonic.co.jp/）

5.3 換気量の測定（基礎1）

1．換気量測定と演習の目的
シックハウス問題を契機として建築基準法の改正が行われ，2003年より，新築住宅では24時間換気が義務付けられるようになった．また，大型建築においても，竣工時に設計目標どおりの性能が確保されているかどうかの検査，いわゆるコミッショニングの実施が一般化するようになった．

したがって，換気量や風量を正しく測定し，評価する技術の習得，また，より少ない風量で室内の空気を良好に保つ，いわゆる効率の良い換気を評価する方法の習得はますます重要になっている．

2．用語と定義
図5.3.1にトレーサガス実験の概念図を，(5.3.1)式にトレーサガス濃度の変動式を示し，用語と記号も併せて説明する．

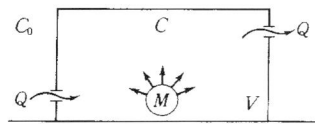

図5.3.1 単一ゾーンにおけるトレーサガスの発生の様子

$$C = C_0 + (C_S - C_0)e^{-\frac{Qt}{V}} + \frac{M}{Q}(1 - e^{-\frac{Qt}{V}}) \tag{5.3.1}$$

① ゾーン
換気を対象とする空間．単独の室や間仕切りを取り除いて一室と見なせる複数の室．ゾーン（あるいは室）の容積をV〔m³〕とする．

測定対象室が事務室や教室など大きいと時間を要するのでできるだけ小さな会議室などを選ぶとよい．

② 換気量，排気量 Q
ゾーンから外へ，外からゾーンへ入れ替わる空気の流量，風量〔m³/h〕．

③ 濃度 C
空気1m³中のトレーサガス量〔ppm〕．重量表示〔mg/m³〕と体積表示〔m³/m³〕の二通りあるので混同して使わないよう気をつける．図5.3.1でC_0は外気中の濃度．C_Sは$t=0$のときのゾーン濃度，Cはガスを放出し始めてからの濃度上昇で，(5.3.1)式で表せる．ただし以後，本項では各濃度は外気濃度基準，すなわち外気濃度C_0との差で表現する．

④ 換気回数 N
時間あたりの換気量の有効混合容積V_{emz}（あるいはゾーン容積V）に対する割合，回数．$N = Q/V_{emz}$〔1/h〕．

⑤ トレーサガス M
見えない空気に色付けをするため放出されるガス．空気と混合して希釈される状態を測定して換気量を求めたり，ある点の濃度変化を調べて局所的な換気効率を求めたり，濃度分布から換気効率を求めたりするのに用いる．放出に際しては濃度C_M，放出量M〔m³/h or g/h〕がわかっていなくてはならない．

⑥ 有効混合容積 V_{emz}
トレーサガスが均一に混合しているゾーンの容積．ゾーン内が完全混合の状態であれば$V_{emz} = V$．

3．トレーサガス法による換気量（換気回数）測定
3.1 基本原理
換気が行われているゾーンに性質のわかっているトレーサガスを一定量放出し続けて，定常あるいは定常近くになった時点の濃度から換気量を求める方法（定常濃度法）や，放出を停止した後の濃度減衰状態から換気回数，換気量を求める方法（濃度減衰法）がある．表5.3.1に代表的な測定法を適用条件と得られる解とともに示す．換気の安定状態，測定ポイントの選定，濃度分布の存在の可否で選ぶ方法が異なってくる．

なお，ゾーンの容積が大きいと試験開始状態に達するまでに長時間かかるのであらかじめ(5.3.1)式で必要時間を推定しておく必要がある．

3.1.1 定常濃度法
トレーサガス連続発生（供給）法の一つである．平均排気濃度が測定可能で，換気量が時間変化しない場合に適用可能な方法である．

(5.3.2)式を用いてトレーサガス発生（供給）量を定常濃度で除して，換気量が得られる．

測定対象の中で，「換気回数」を対象とするものでも，有効混合容積が既知であれば，それと測定された換気回数を乗じることによって換気量に換算可能である．

$$Q = \frac{m}{C_E} \tag{5.3.2}$$

ここに，
m ：トレーサガス発生（供給）量〔m³/h〕
C_E ：平均排気濃度（取入れ外気濃度との差）〔m³/m³〕

3.1.2 濃度減衰法
測定対象ゾーンにトレーサガスを放出して，初期濃度を高めた後に，放出を停止して以後のガス濃度減衰過程を測定する方法であり，次の手順のステップを踏む．

① ステップ1 トレーサガスを供給／放出してかくはん（撹拌）し，空間的な濃度分布確認と，減衰の初期濃度の測定のためのデータを収集する．

② ステップ2 減衰過程の室代表点あるいは排気口の濃度データを連続，もしくは10回程度収集する．

③ ステップ3 減衰過程最後の濃度測定と，そのときの空間的な濃度分布データを得る．なお，濃度減衰法の基本である，ゾーン内のトレーサガスの保存量の変化は式(5.3.3)で示される

$$\frac{dV_{gas}(t)}{dt} = -C_E(t)Q(t) \tag{5.3.3}$$

ここに，
$V_{gas}(t)$：時刻tに対象空間に滞留しているトレーサガス量

$$\left(= \iiint_V C(x, t)dV\right) \text{〔m³〕}$$

$C(x, t)$ ：t, xにおける濃度 〔m³/m³〕

表5.3.1 代表的な測定法，適用条件と得られる解

測定方法		適用条件				測定対象	
	適用条件・測定対象	初期のみ室内濃度を一様にできる	常時室内濃度を一様にできる	平均排気濃度が測定できる	換気量の時間変化が無視できる	換気回数 換気量または換気回数	用性 換気量変動への適
濃度減衰法	濃度減衰二時点法		○			換気回数	△
	濃度減衰多時点法		○		○	換気回数	
	ステップダウン排気濃度法	○		○		換気回数	
連続発生（供給）法	定常濃度法			○	○	換気量	

t ：時刻〔h〕
x ：空間位置
$Q(t)$ ：t における排気風量〔m³/h〕
$C_E(t)$ ：t における平均排気濃度〔－〕

(1) 濃度減衰二時点法

測定開始時点から終了時点までの時間平均換気回数を求める．換気回数は測定時間中，一定である必要はないが，拡散促進用の送風機などを用いてゾーン内濃度がつねに一様になるように努める．

時間平均換気回数 $\overline{N}$ は（5.3.3）式を変形して（5.3.4）式で求まる．

$$\overline{N}=\frac{1}{t_2-t_1}\log_e\frac{C(t_1)}{C(t_2)} \quad (5.3.4)$$

ここに，
$\overline{N}$：時間平均換気回数
$\left(=\frac{1}{t_2-t_1}\int_{t_1}^{t_2}\frac{Q(t)}{V_{emz}}dt\right)$〔1/h〕
t：時刻，t_1：測定開始時点，
t_2：測定終了時点〔h〕

（5.3.4）式を常用対数で表現すると

$$\overline{N}=\frac{2.303}{t_2-t_1}\log_{10}\frac{C(t_1)}{C(t_2)} \quad (5.3.5)$$

測定開始時点と終了時点の濃度差が濃度計の測定誤差より十分に大きいことが換気回数の正確な測定のために必要となる．なお，t_1, t_2 は任意の組合せで選べばよい．また，（5.3.5）式において，$C(t_1)/C(t_2)=10$ となる時間を $T(=t_2-t_1)$ とすると，（5.3.6）式となる．

$$\overline{N}=2.303/T \quad (5.3.6)$$

(2) 濃度減衰多時点法

ステップ2で得た多くのデータを図5.3.2に示すように横軸に時間を，縦軸にガス濃度をとり，片対数グラフに記入することにより，（5.3.5）式を適用して簡便に換気回数 N を求めることができる．ただし，各時刻の測定値から最小二乗法で得られる近似直線の精度が高くない（測定値が直線上に並ばない）と換気量一定の前提が崩れて，正しい測定とは言えない．その場合は二時点法で評価する．

(3) ステップダウン排気濃度法

平均排気濃度が測定可能であり，測定開始時点において室内濃度分布が一様，かつ換気量が時間変化しない場合の換気回数が求まる．測定開始後は，室内濃度に分布が生じる場合も適用できる．換気効率の指標の一つである平均空気齢の空間分布との同時測定が可能である．

（5.3.3）式で換気量を一定として時刻を∞まで積分すると，（5.3.7）式を得る．

$$\int_{t_1}^{\infty}dV_{gas}(t)=-Q\int_{t_1}^{\infty}C_E(t)dt \quad (5.3.7)$$

測定開始時点に室内濃度が一様とすれば，$V_{gas}(t_1)=V_{emz}\cdot C(t_1)$ となり，十分時間経過後には $V_{gas}(\infty)=0$ となることから，（5.3.8）式を得る．

$$N=\frac{C(t_1)}{\int_{t_1}^{\infty}C_E(t)dt} \quad (5.3.8)$$

ここで右辺は排気口における局所平均空気齢 τ_e の逆数である．局所平均空気齢は換気効率の指標の一つであり，新鮮空気が供給されてから排出されるまでの平均滞留時間を表している．（5.3.8）式の具体的な計算方法は後の（5.3.10）式を参考にして進める．

3.2 実験の方法

3.2.1 トレーサガスの種類

表5.3.2に良く使われるトレーサガスを示す．その他にもヘリウム（He），や一酸化二窒素（N_2O）などがあるが，在室者や実験者の安全，健康あるいは実験精度などを考えて選ぶことになる．CO_2 がもっとも扱いやすく，JIS[2] の方法として採用されているが，外気には400ppm程度含まれることや人間からの供給が続くので測定精度を高めるのに注意する必要がある．

3.2.2 トレーサガスの発生と分配

ガスを一定濃度で，一定量を安定して，室の吹出し口や拡散しやすい位置から放出し，室内が一様な濃度分布になるように努める．濃度の分かったガスのボンベに圧力調整器を設け，定流量装置を介して，チューブに接続し，放出位置まで導く〔写真5.3.1〕．

SF_6 の場合はビニールチューブでもよいが，C_2H_4 はビニールチューブからも放出されるので使ってはならない．慎重を期す場合はフッ素コーティングされたチューブ，いわゆるテフロンチューブを用いるとよい．さらに，放出されたガスが均一に混

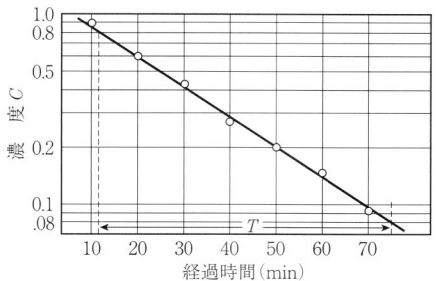

図5.3.2 片対数グラフによる換気回数 N の算出

表5.3.2 よく使われるトレーサガス[2]

ガスの種類	二酸化炭素		六フッ化硫黄		エチレン	
化学記号	CO_2		SF_6		C_2H_4	
測定法	赤外線ガス吸収法	GCなど*	赤外線ガス吸収法	GCなど	赤外線ガス吸収法	GC FDI
検出下限の例	1×10^{-6}	70×10^{-6}	0.001×10^{-6}	0.001×10^{-6}	0.1×10^{-6}	
許容濃度	$5\,000\times10^{-6}$		$1\,000\times10^{-6}$		－	
空気に対する密度比	1.545		5.302		0.974	
地球温暖化係数（GWP）	1		23 900		－	
備考	CO_2 は水に溶解し，建材や家具などに吸着するので精密な測定には向かない．しかし，精度があまり要求されない場合，CO_2 はよく利用される．これは測定法が簡易でまた測定結果が容易に得られるからである．また，居住者がいる状態では人が CO_2 を放出するので適用できない．		SF_6 は地球温暖化係数が大きいので，大量の使用は控えるべきである．また，SF_6 は不活性ガスである．しかし，500℃まで熱せられると有毒ガスを生成する．したがってファンヒータなどの機器を使用している部屋では避けるべきである．		エチレンは可燃性ガスであるので，取り扱いには十分注意が必要である．爆発限界は2.7-36.0 vol％（空気中）．	

〔注〕＊：表中のGCはガスクロマトグラフィー法（Gas Chromatography）全般を意味する

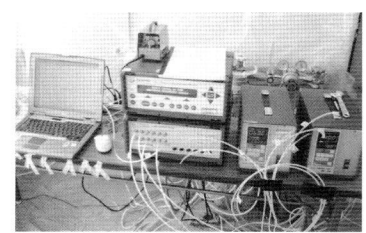

写真5.3.1　ガスの定流量発生と濃度測定システム

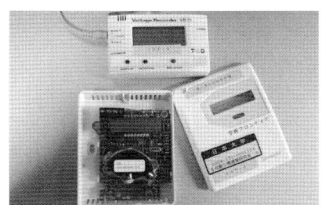

写真5.3.3　CO_2センサーと記録針

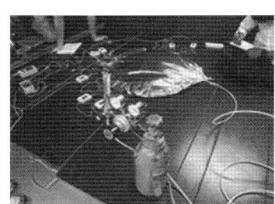

写真5.3.4　濃度計の較正風景例

合・拡散するよう扇風機や送風機で撹拌する．

放出量はあらかじめ（5.3.1）式で計算するが，100% CO_2ガスで10〜50l/min．100% SF_6や10% C_2H_4で0.03〜0.1l/min．などの目安もある．なお，CO_2をこの数量で放出する際は圧力調整器が凍結するので必ずヒーター付きのものを用意する必要がある．また，定流量装置も流量範囲が決まっているのでこれを守らねばならない．

教室や講堂など大勢の居住者がいる場合，測定開始時に全員速やかに退去してもらい，その後の濃度減衰を計測することでも可能である．

3.2.3　標本空気の捕集

室内の代表点，通常は居住域（床から2mの高さまで）の中央1点と排気口，できれば等面積に分割した区域の中心点数か所を測定点に選ぶ．

標本空気のサンプリングにはチューブで多点切替機まで導く方法が一般的であるが，SF_6など人間の影響が及ばないガスはポータブルポンプを使って，サンプリングバッグに貯めることも多い．チューブやバッグの材質はやはりテフロンコーティングしたものが望ましいが，利用する分析計の精度によってはビニールチューブでもかまわない場合もある．写真5.3.1に自動的にサンプリング，分析する濃度計を，写真5.3.2にポータブルポンプとサンプリングバッグの例を示す．

3.2.4　トレーサガスの分析装置

分析機器については表5.3.2を参照．赤外線ガス吸収法が多く使われ，較正を行えば精度は高い．次いでガスクロマトグラフィーや，エチレンの場合FID（Flame Ionized Detector）方式が使われる．多くの場合，3.2.3で述べたように多点切替装置までチューブで標本空気を集めるが，炭酸ガス測定では安価で精度のよい，換気制御用センサーと小型電圧記録計を組み合わせて各測定ポイントに配置する方法もあり，チューブの配線の手間やトラブルが防げる．ただし，これらは20V程度の直流電源を必要とする場合があるが，パソコン用の電池などを転用することで対応できる〔写真5.3.3〕．

なお，濃度計の較正は，アルミ風船の中に上述の分散型濃度計を入れ，いったん真空引きした後，微量の基準ガスで加圧・換気する，あるいは中のガスをチューブで濃度計に導くとよい〔写真5.3.4〕．

3.2.5　データシート

CO_2をトレーサガスとして用いた場合の例を表5.3.3に示す．時々刻々の濃度変化の記録とともに，測定対象の室情報，ガス濃度を体積で扱う場合に備えての内外の温度情報，風力換気の

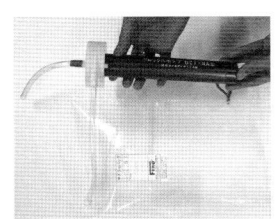

写真5.3.2　携帯ポンプとバッグ

表5.3.3　測定項目と測定結果の記録[1]

測定日時	平成　年　月　日　時　分〜　時　分	測定項目					
場所		天候					
測定者		室気積と床面積					
測定場所（位置）略図		換気方式					
		CO_2ガス発生方法					
		CO_2濃度測定器					
		被験空気捕気方法					
		温度湿度（測定器：　　）	屋外				
			室内				
		屋外風向，風速（測定器：　　）					

区分		室内CO_2濃度（%）				外気CO_2濃度（%）	備考
回数	位置 時刻	①	②	③	平均		
1	時　分						
2	時　分						
3	時　分						
4	時　分						
5	時　分						
6	時　分						
7	時　分						

影響を調べるための風の情報なども記録する．

3.3.　結果の分析

3.3.1　換気回数，換気量

（5.3.2）式，（5.3.5），（5.3.6）式，図5.3.2，（5.3.8）式を用いて換気量や換気回数を求める．

換気回数が求まればそれにゾーン有効容積（通常は室容積V）を乗じて換気量を推定することができる．

3.3.2 換気効率

換気効率にはさまざまな評価法がある．代表的なものには吹出し口からの新鮮空気がある点Pまでに到達する時間 τ_p（局所空気齢）を換気回数の逆数 τ_N（名目換気時間）と比較して，すなわち完全混合のときの換気に比べてより早く新鮮空気が到達するか否かを評価する．この指標を局所空気交換効率 ε_P と呼ぶ．したがって，室内が一様濃度での評価は余り意味がなく，換気量実験との併用が難しい場面がある．

通常はステップダウン排気濃度法を適用し，換気効率を評価したい箇所P点の濃度 $C_P(t)$ を一定時間間隔 Δt ごとに計測し，(5.3.9) 式にしたがって計算する．

$$\tau_P = \frac{\int C_P(t)dt}{C_P(0)} \qquad (5.3.9)$$

$$= \sum\left\{\frac{C_P(t+\Delta t)+C_P(t)}{2C_P(0)}\right\}\Delta t \qquad (5.3.10)$$

$$\tau_N = 1/N \qquad (5.3.11)$$

$$\varepsilon_P = \tau_N/\tau_P \qquad (5.3.12)$$

局所空気交換効率 ε_P は給気口近くでは τ_P が小さくなるため，非常に大きい値になる．また，滞留部分では 1 より小さくなる．完全混合では室内のすべての点で $\tau_P = \tau_N$ となり，ε_P は室内どの点でも等しく，1 になる．

室内の居住域各点の τ_P を求めることができると，その平均値（空間平均）$\bar{\tau}$ を呼吸域の平均空気齢という．これを用いて(5.3.12) 式に相当する (5.3.13) 式で示すように，居住域の平均空気交換効率 E を表することができる．

$$E = \tau_N/\bar{\tau} \qquad (5.3.13)$$

あるいは定常濃度法における排気濃度 C_e と居住域濃度 C_P の比 ε_v も清浄度指数と呼び，濃度基準の換気効率を意味する．ε_v が大きいと換気量 Q_v は (5.3.14) 式，(5.3.15) 式により，完全混合の場合の換気量 Q を低減できる．

$$\varepsilon_v = C_e/C_P \qquad (5.3.14)$$

$$Q_v = Q/\varepsilon_v \qquad (5.3.15)$$

3.4 レポートの作成

表5.3.4に順に記入することにより，濃度減衰二時点法での換気量評価が行える．全データを図5.3.2のように片対数グラフ上にプロットすると多時点法による換気量の評価が行える．

報告事項としては
① 外気温，風向，風速，室内温度
② 時刻ごとの濃度測定結果とグラフ
③ 換気量計算表あるいは作図
④ 予想換気量あるいは設計換気量との比較
などがある．

3.5 注意事項

① トレーサガスは健康や安全性に及ぼす影響を無視できない．事前によく確認して取り扱う．
② ガス発生装置周辺でガスが漏洩することが多い．必ず，石けん液でのチェックや周辺の濃度測定も行い監視すること．
③ バランスのとれた測定精度を確保するため，使用ガスの濃度，機器の使用範囲，指示値の分解能，指示値の誤差を確認して放出量などを決める．

3.6 測定例

濃度減衰による換気回数と換気効率を同時に求めた事例を紹介する[5]．試験室の概要と諸元を図5.3.3に示す．

ガスの発生を停止してからの排気口における濃度減衰を表5.3.5に示す．

排気口濃度が測定データそのものである．116分経過したときの濃度が外気濃度と同じと考え，$C_0 = 432.96$ とみなす．外気との差の常用対数を各時刻ごとに求め，経過時間（時間単位）を横軸に，片対数グラフ上にプロットする．図5.3.4がその結果で，みごとに直線上に載っているので換気量が変化していないことがわかる．

3.6.1 換気回数の求め方

近似直線は物理的には

$$\log(C(t)-C_0) = a \times t + \log(C_1 - C_0) \qquad (5.3.16)$$

で表せられる．変形すると，

$$a = \frac{1}{t_2 - t_1}\log\frac{C_2 - C_0}{C_1 - C_0} \qquad (5.3.17)$$

(5.3.5) 式の右辺と比較すると

$$\bar{N} = -2.303 \times a \qquad (5.3.18)$$

勾配 a は図5.3.4より，-1.0 と分かるので $\bar{N}$ は2.3回と求まる．したがって換気量 $Q = 2.3 \times V = 75.5 \text{m}^3/\text{h}$ が得られる．

3.6.2 換気効率の求め方

排気口における局所空気齢 τ_P [h] と局所空気交換効率 ε_P [-] を求めてみよう．

まず，排気口濃度の減衰曲線を図5.3.5のように描く．

局所空気齢は濃度で重みづけした平均時間である．図5.3.5の C_s と C_f で囲まれた面積 A に相当する $\tau \times (C_s - C_f)$ を求めるこ

表5.3.4　換気量計算表（例）[1]

測定回数	経過時間 $f(h)$	室気積 V (m³)	$2.303 \times \dfrac{V}{t}$ (イ)	C_1 (%)	C (%)	$\dfrac{C_1 - C_0}{C - C_0}$	$\log_{10}\dfrac{C_1 - C_0}{C - C_0}$ (ロ)	換気量 Q (m³/h) (イ)×(ロ)	換気回数 N (回/h)
1						−	−	−	−
2					−				
3									
4									
5									
6									
7									
平均									

$$Q = 2.303 \times \frac{V}{t} \times \log_{10}\frac{C_1 - C_0}{C - C_0}, \quad N = \frac{Q}{V}$$

諸元
測定室：5.4（長さ）×2.7（奥行き）×2.25m（高さ）
室容積：$V = 32.85\text{m}^3$（有効混合容積 V_{emz} とみなす）
給排気口：内径107mm
トレーサガス：CO_2
吹出し風量：0.018m³/s（換気回数 2 回）
吹出し空気温度：18.5℃（測定時平均）
室温：23.5℃（測定時平均）
測定法：ステップダウン法
測定点：室中央（床上0.9m）および排気口

図5.3.3　換気実験対象室

表5.3.5　実験結果とデータの整理

時間〔min〕	排気口濃度 C〔ppm〕	外気との差 $C-C_0$〔ppm〕	時間〔h〕	$\log(C-C_0)$
0	3 087.73	2 654.77	0.000	3.42
4	2 465.71	2 032.75	0.067	3.31
8	2 188.43	1 755.47	0.133	3.24
12	1 963.91	1 530.95	0.200	3.18
16	1 759.13	1 326.17	0.267	3.12
20	1 565.72	1 132.76	0.333	3.05
24	1 388.45	955.49	0.400	2.98
28	1 318.51	885.55	0.467	2.95
32	1 147.97	715.01	0.533	2.85
36	1 086.9	653.94	0.600	2.82
40	980.343	547.38	0.667	2.74
44	893.208	460.25	0.733	2.66
48	820.075	387.11	0.800	2.59
52	775.363	342.40	0.867	2.53
56	747.498	314.54	0.933	2.50
60	701.498	268.54	1.000	2.43
64	658.164	225.20	1.067	2.35
68	626.411	193.45	1.133	2.29
72	585.076	152.12	1.200	2.18
76	554.83	121.87	1.267	2.09
80	532.35	99.39	1.333	2.00
84	508.055	75.09	1.400	1.88
88	512.878	79.92	1.467	1.90
92	486.793	53.83	1.533	1.73
96	470.129	37.17	1.600	1.57
100	469.704	36.74	1.667	1.57
104	455.369	22.41	1.733	1.35
108	439.555	6.59	1.800	0.82
112	445.771	12.81	1.867	1.11
116	432.961	0.00		

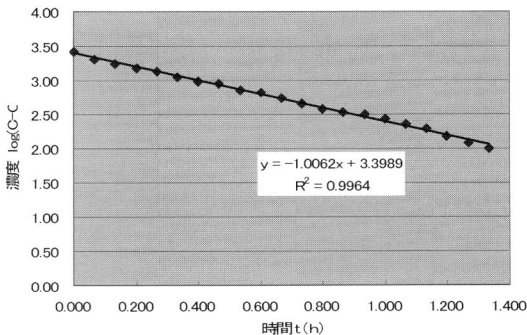

図5.3.4　片対数グラフと回帰直線

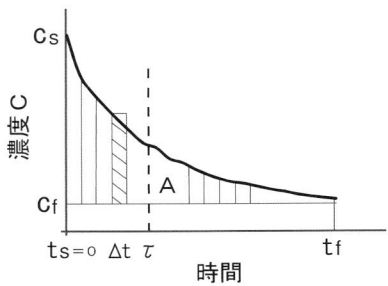

図5.3.5　局所空気齢計算図

とになる．

したがって，表5.3.5の「外気との差 $(C-C_0)$」と Δt（4分）との積を集計して S を求め，これを再び $(C-C_0)$ で割れば τ_p が求まる．本例では25.7分と得られる．また，換気回数が2.3回なので τ_n は26分となり，排気口における $\varepsilon_P=1.0$ が得られる．すなわち，本例の場合，完全混合に近い状態であるといえる．

文　献

1) 日本建築学会編：建築環境工学実験用教材Ⅰ　環境測定演習編, pp.60～67, 1982
2) 空気調和・衛生工学会規格　SHASE-S116-2003　トレーサガスを用いた単一空間の換気量測定法
3) 空気調和・衛生工学会規格　SHASE-S115-2011（予定）　室内換気効率の現場測定法・同解説
4) JIS A 1406-1974（屋内換気量測定方法（炭酸ガス法））
5) 松本　博：居室模型を用いた換気効率の測定．住宅・オフィスにおける換気効率の測定例と問題点，空気調和・衛生工学会シンポジウム平成6年3月　より抜粋して筆者の責任で編集．

5.4 設備の風量測定（応用1）

1．風量測定の目的
5.3節に記されているように、空気調和設備や換気設備の風量測定は施工時の性能検証や定期的な検査の一つとして重要となっている。本節では、主に端末部材における風量測定について述べるが、設備のさまざまな部位で測定を実施することにより、測定値が設計風量に満たない場合には原因の特定が容易となるため、ファン、ダクト、端末部材において実施することが望ましい。

2．端末部材における測定方法
ここでは、空気調和設備や換気設備の室内端末部材（空気調和設備や換気設備の吹出し口や吸込み口）において風量測定を実施する場合に使用される手法と測定器の原理および特徴について記述する。

2.1 吹出し条件
JIS A 1431では、吹出し口の測定に、図5.4.1に示したような手法を用いることが示されている。この手法は、吹出し端末を完全に覆うようにフードを設置し、その中の圧力が室内圧力（大気圧）と等しくなるように補助ファンを運転させ、風量を測定するものである。風量測定部分はダクト面積に断面の平均風速を乗じる方法による。この手法は図5.4.1のように測定部位の前面に長いダクトが必要となり、大がかりな装置となるため、現場では簡便な手法が採用されることが多い。

2.2 吸込み条件
JIS A 1431では、図5.4.2のように端末部材の内法と同断面の補助ダクト（ダクトの直径または長辺の2倍）を接続して中央1点で風速を測定すると記されている。風量への換算は以下の式による。

風量＝測定風速×ダクト断面積

3．風量測定に用いる測定器
上述のように、JISに示されている風量測定方法は風速計を測定器として用いている。しかしながらその他にも風量測定用の測定器が市販されており、その精度と簡便性から特に住宅の分野では多く使用されている物がある。ここでは、風量測定に使用する測定器についてその仕組みと事例を示す。

3.1 風 速 計
風速計にはいくつかの種類があり、一般には熱線風速計が多く用いられている。熱線風速計は熱式風速計とも呼ばれ、風速を検知するための素子の温度が一定となるように電気で加熱を行い、供給された熱量から風速に換算するものである。また風速から風量への換算は前述のように測定部の面積に風速を乗じることとなる。測定精度の向上のためには測定点の数を増やし、なるべく長い時間の測定により平均的な風速を測定することが必要となる。

3.2 フード付き風量計
フード付き風量計は、測定対象部にフードをかぶせて排気または給気される空気をとらえ、測定部に導き、風量を測定する機器であり、SHASE-S 117ではフード利用測定法に用いられる。測定部として、一般的に熱式、圧力式、プロペラ式などがある。一般に吹出しよりも吸込み条件での測定は誤差が小さい〔図5.4.4、5.5.5および写真5.4.1を参照〕。また風量検知部が1点のものよりも多点や面で行うタイプの測定器は誤差が小さい傾向にある。また、上述のJISと同様にフード内部が室内と同等の圧力となるような補助ファンを有する測定器〔写真5.4.2〕もある。

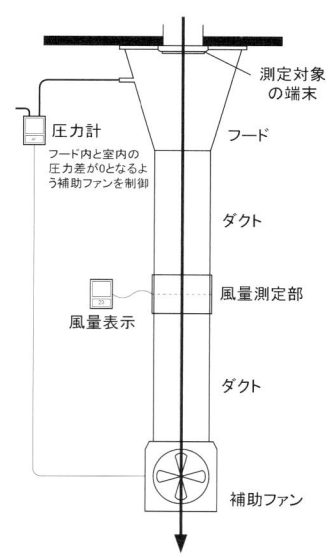

図5.4.1 吹出し口の風量測定（JIS A 1431）

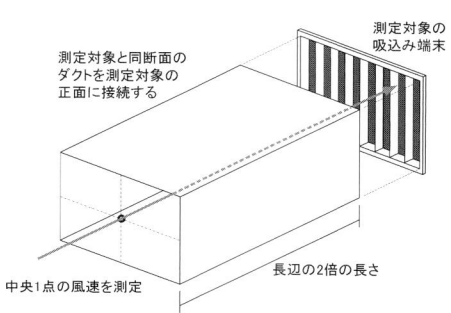

図5.4.2 吸込み口の風量測定（JIS A 1431）

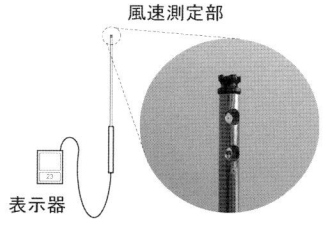

図5.4.3 熱線風速計の構成と風速測定部分の例

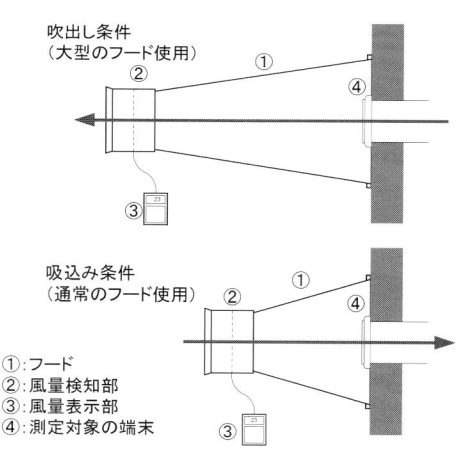

図5.4.4 フード付き風量計による測定

5.4 設備の風量測定(応用1)

写真5.4.1 フード付き風量計による測定

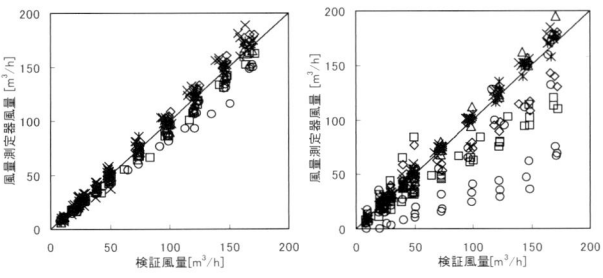

図5.4.5 フード付き風量計の測定結果
(左:吸込み条件 右:吹出し条件)

写真5.4.2 圧力補償式風量計の例
(SHASE-S 117では圧力補償測定法に分類されている)

4. 実験の方法

空気調和設備もしくは換気設備を対象とした風量測定の実験は以下の手順で行う.

4.1 測定対象の選定

教室や実験住宅などに設けられた空気調和設備もしくは換気設備を測定対象として選定する.

4.2 測定方法の決定

4.1項で選定された設備に適した測定方法や実験に使用できる測定器から,測定方法を決定する.可能な限り2種類以上の測定方法を選択する.(例えば,実験住宅に設置された住宅用換気システムの端末風量を風速計とフード付き風量計で測定する)

4.3 測定器および測定の準備

測定器の組立てや充電等の準備を行う.また測定対象の図面や設計風量等情報を整理し記録用紙も用意し測定の計画を立てる.無理な測定姿勢とならないよう必要に応じて脚立なども準備する.

4.4 測定の実施

測定の実施者,測定補助,記録係などの分担を決め,測定を実施する

4.5 測定結果の記録

測定結果の記録は,次について行う.

① 一般事項
　測定者名,測定日時,天候,測定対象,温度,湿度,大気圧など
② 測定関係
　測定器,測定方法,測定場所,測定値(風量または風速)

4.6 測定結果の整理とレポートの作成

測定結果と測定状況を簡潔にまとめ設計風量との比較などを行い,レポートの作成を行う.2種類以上の測定方法を採用し,測定風量が異なった場合は,測定精度に留意しながら,それらの差異についての考察を含める.

5. 風量測定の実施例

ここでは,風量測定の実施例を示す.

5.1 事務所での事例

事務所に設けられた空気調和設備の吹出し端末における風量測定の実施結果を示す.測定は,写真5.4.3に示したような吹出し端末部材を対象として,風速計とフード付き風量計を用いて4種類の測定方法を比較した.測定方法を表5.4.1に示す.風速計を用いたケースは端末部材の前面5点で風速を直接測定する方法と,補助ダクトを設置して測定する方法を採用した.またフード付き風量計を用いたケースは,通常のフードと大型の

写真5.4.3 測定対象の端末部材

表5.4.1 測定方法

Case	測定器	測定方法	備考
A	風速計	5点*	
B	風速計	5点*	補助ダクト**使用
C	フード付き風量計	1回	
D	フード付き風量計	1回	大型フード使用

〔注〕 *:測定点は図5.4.6を参照
　　**:補助ダクトは長辺の2倍の長さとした〔写真5.4.4参照〕

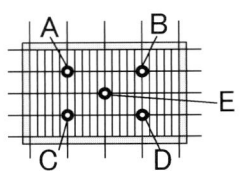

図5.4.6 風速測定点

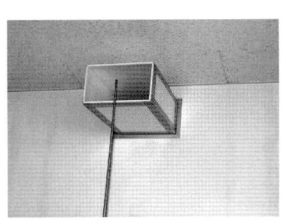

写真5.4.4 補助ダクトを使用した風速測定(Case B)

表5.4.2　風速測定結果

位置	A	B	C	D	E	平均
Case A	5.9	5.4	6.3	4.7	5.6	5.6
Case B	4.7	4.0	4.5	3.8	4.3	4.3

（単位：m/s）

フードを用いた測定法を採用した．なおこの測定では，風速計，風量計とも30秒の測定を行い，その平均値を用いて結果をとりまとめた．

風速の測定結果を表5.4.2に，各ケースの風量測定結果を図5.4.7に示す．現場では正確な風量測定を行うことは難しく，風速計による方法では，補助ダクトの有無で値やバラツキ状況が異なっている．また風速計を用いて算定した風量は，フード付き風量計よりも大きい値となっている．実験室実験では大型のフードを用いたフード付き風量計は測定精度が高い結果を得ており，風速計を用いた方法との差異は，平均風速を得ることと，断面積のうち有効な面積を考慮する必要があることを示唆している．

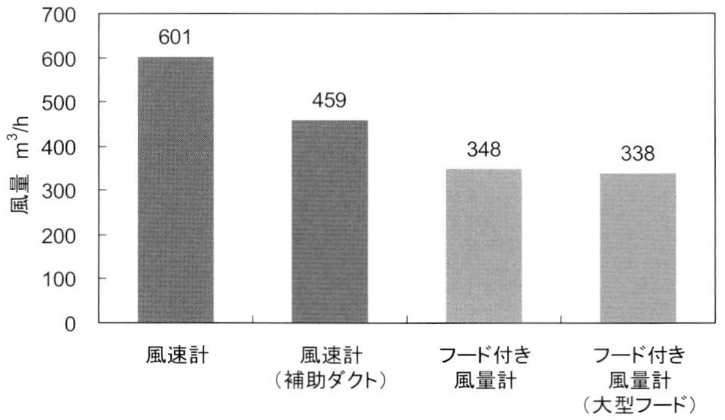

図5.4.6　風量測定の結果比較

参考文献

1）JIS A 1431（空気調和・換気設備の風量測定方法）
2）JIS B 8330（送風機の試験及び検査方法）
3）空気調和・衛生工学会規格 SHASE-S 117-2010（換気・空調設備の現場風量測定法）

5.2　住宅での測定のまとめ方の事例

以下に住宅用換気システムの風量測定のまとめ方の例を示す．レポート作成の参考にされたい．

■ 測定時の諸条件記録シート〔戸建て住宅用〕

●測定年月日	2005/8/18	開始時：	14:00	終了時：	15:00			
●測定住宅	木造　2階建	●所在地	茨城県つくば市立原1丁目					
●床面積	1階：82.81 m²	2階：66.25 m²	3階：－－ m²	合計 149.06 m²				
●対象床面積	1階：82.81 m²	2階：66.25 m²	3階：－ m²	合計 149.06 m²				
●気積	1階：207.03 m³	2階：159 m³	3階：－－ m³	合計 366.03 m³				
●対象気積	1階：207.03 m³	2階：159 m³	3階：－ m³	合計 366.03 m³				
●測定者	○○　○○							

●測定条件			備考
外気温度：	25	℃	簡易測定器で計測
室内温度：	27	℃	風量測定装置の値
室内湿度：	60	%RH	
外部風速：	無風	m/s	アメダス気象データより
風向　：	---	--	アメダス気象データより
大気圧　：	1013	hPa	アメダス気象データより

●測定住宅の平面図・換気システム配置図（別紙でも可）

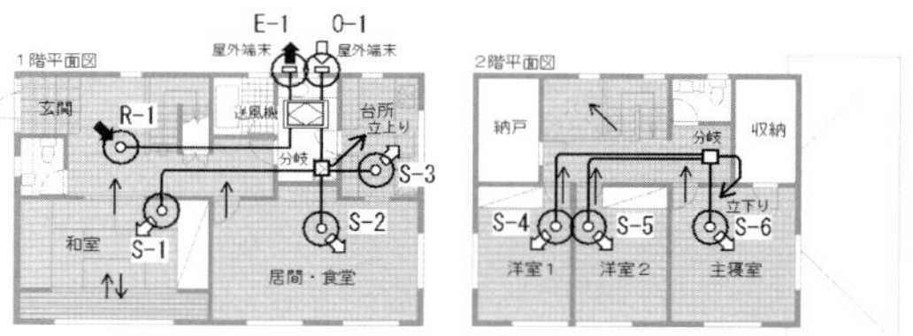

●風量設計値

整理記号	風量
S-1	25 m³/h
S-2	25 m³/h
S-3	25 m³/h
S-4	25 m³/h
S-5	25 m³/h
S-6	25 m³/h
O-1	150 m³/h
R-1	140 m³/h
E-1	140 m³/h
給気合計	150 m³/h
排気合計	140 m³/h

●換気設備の種類

第1種ﾀﾞｸﾄ（熱交型・集中排気）

■ 風量測定結果の記録シート

整理記号	接続ダクト		測定部位の形式	測定ﾌｰﾄﾞの種類	測定風量(m³/h)（室内）			測定風量(m³/h)（屋外）		
	径	種類			第1回	第2回	第3回	第1回	第2回	第3回
S-1	φ50mm	ﾌﾚｷｼﾌﾞﾙ	ｸﾞﾘﾙ端末	拡張	29.0	29.2	29.3			
S-2	φ50mm	ﾌﾚｷｼﾌﾞﾙ	ｸﾞﾘﾙ端末	拡張	32.5	32.2	31.8			
S-3	φ50mm	ﾌﾚｷｼﾌﾞﾙ	ｸﾞﾘﾙ端末	拡張	33.2	33.1	34.0			
S-4	φ50mm	ﾌﾚｷｼﾌﾞﾙ	ｸﾞﾘﾙ端末	拡張	21.5	20.5	20.8			
S-5	φ50mm	ﾌﾚｷｼﾌﾞﾙ	ｸﾞﾘﾙ端末	拡張	22.0	22.1	22.0			
S-6	φ50mm	ﾌﾚｷｼﾌﾞﾙ	ｸﾞﾘﾙ端末	拡張	24.3	24.2	23.8			
給気合計					162.5	161.3	161.7			
O-1	φ150mm	塩ﾋﾞﾊﾟｲﾌﾟ	ﾌｰﾄﾞ端末	標準				165.0	168.0	163.0
R-1	φ100mm	ﾌﾚｷｼﾌﾞﾙ	ｸﾞﾘﾙ端末	標準	151.0	148.0	153.0			
E-1	φ150mm	塩ﾋﾞﾊﾟｲﾌﾟ	ﾌｰﾄﾞ端末	拡張				145.0	145.5	143.0

合計値				備考
	室内側から測定した合計値（1～3回測定した値の平均値の合計）	給気量（吹出し合計）	161.8	吹出：拡張、吸込：標準
		排気量（吸込み合計）	150.7	有効換気量率を乗じていない測定値
	屋外側から測定した合計値（1～3回測定した値の平均値の合計）	給気量（吸込み合計）	165.3	
		排気量（吹出し合計）	144.5	

図5.4.7　風量測定のまとめ方の事例

5.5 換気回路網（応用1）

1. 演習の目的
建物の開口部やすき間の前後に、風圧力や温度差、機械換気設備などにより圧力差が生じると換気が行われる。建物の換気量を把握することは重要であるが、測定が難しい場合は計算により換気量を算出して検討することも有効である。ここでは、2階建ての住宅モデルを想定し、建物内外および室間の換気計算を行う。換気回路網計算ソフトに想定した条件を入力し、計算結果を分析することを通して、換気の原理について理解を深める。

2. 換気回路網シミュレーションの準備
2.1 換気回路網計算プログラムの種類
入手が容易で実績のある換気回路網プログラムとしては、VentSim、COMISなどがある。VentSimは、建設省建築研究所と㈳プレハブ建築協会の共同研究で開発され、国土交通省国土技術政策総合研究所と独立行政法人建築研究所が管理している換気回路網シミュレーションプログラム[1),2)]で、webからダウンロードして利用する。一方、COMIS (Conjunction of Multi-zone Infiltration Specialists) は、IEAのAnnex 23「多数室換気計算プログラムCOMISの開発」で開発されたプログラムである[3)]。VentSimおよびCOMISは、与えられた室温での換気量計算に用いられるが、換気量が室温に影響する場合は、熱計算と換気計算を連成して行う必要がある。データ入力には、VentSimは表計算ソフトのシートを、COMISはGUI (Graphical User Interface) を用いる。

2.2 気象データ・風圧係数
換気回路網計算を行う際には、外気温・室温、室（空間）の高さ、開口面積、風速などのデータを入力する必要があるが、気象条件には公表された気象データを用いることも可能である。代表的な気象データとして、拡張アメダス気象データ[4)]（Expanded AMeDAS Weather Data、以下EA気象データ）などがある。ただし、気象データを利用する場合はHASP形式などへファイル変換し、変換したファイルを格納するフォルダ（ディレクトリ）を指定したうえで、プログラムで定められたフォルダへコピーする等の操作が要求される場合があり、プログラムの解説書に従い正しく操作する必要がある。EA気象データの場合は、収録されている操作プログラム「EA DataNavi」を用いて計算プログラム用データファイル（HASP/SMASH形式）に変換することができる。また、EA気象データで収録されている風速の評価高さは地表面から6.5mであるが、風速を任意高さの値に高度補正することも可能である〔3.1項参照〕。

風力換気の影響を考慮する場合は、風向・風速以外に風圧係数を設定する。建物各部に作用する風圧力は、次式で計算する。

$$p_w = C \cdot \frac{1}{2}\rho_o U_Z^2 \qquad (5.5.1)$$

ここで、Cは風圧係数、ρ_oは外気の空気密度〔kg/m³〕、U_Zは風圧計算に用いる基準高さの風速〔m/s〕である。風圧係数は、①風洞実験、②CFD (Computational Fluid Dynamics、コンピュータ流体力学)、③既往実験結果、などを利用して設定する。

3. 換気回路網シミュレーションの設定
3.1 風速の補正
上空の風速が同じでも、地表面付近の風速は地表面の状態の影響を受けて変化する。風速を設定値とするか、地表面からの高さによる変化を考慮して設定する。後者の場合、地表面粗度区分により、次式を用いて基準高さの風速 U_Z〔m/s〕に補正する〔図5.5.1〕。

$$U_Z = U_R \left(\frac{Z}{Z_R}\right)^a \qquad (5.5.2)$$

ここで、Z_Rは風速評価高さ〔m〕、U_Rは高さZ_Rにおける風速〔m/s〕、aは風速分布を決めるべき指数、Zは風圧力の計算に用いる風速の基準高さ〔m〕である。Zは通常は建物の軒高が用いられる。VentSimではプログラム内部で開口等の風速の高さ補正が可能であるが、入力データの風速をそのまま風圧力計算に用いるためには、気象データをあらかじめ基準高さの値に補正しておく必要がある。この場合、EA DataNaviによるHASP形式のEA気象データのファイル出力時に、風速を基準高さZの風速に補正すればよい。

3.2 空間の設定
空間名称、設定温度（外気、室内）、屋外基準レベル（地表面）からの高さ、風向・風速等を設定する。ただし、気象データを利用する場合は、外気温、風向・風速は気象データの値による。

3.3 単純開口
窓などの大開口の前後に圧力差 $\varDelta P$〔Pa〕がある場合、通過風量 Q〔m³/h〕は次式で表される。

$$Q = \frac{3\,600}{10\,000}\alpha A \sqrt{\frac{2}{\rho}\varDelta P} \qquad (5.5.3)$$

ここで、α：流量係数（一般の窓開口では0.6〜0.7）、A：開口面積〔cm²〕、αA：実効面積（または相当開口面積、有効開口面積）〔cm²〕、ρ：空気密度〔kg/m³〕である。ただし、換気回路網計算プログラムでは、ρを1.205 kg/m³（20℃の乾燥空気）で固定していることも多い。

開口を設置する場所、開口を設置する高さ、風圧力を考慮する場合はその特性を表す風圧係数コード、αA などを入力する。

3.4 建具・外壁のすき間
建具や外壁などの外皮のすき間を含む開口部では、換気量 Q〔m³/h〕と圧力差 $\varDelta P$〔Pa〕の間は一般に次式の関係が成り立つことから、$Q_{9.8}$とNを設定する。

$$Q = Q_{9.8}\left(\frac{\varDelta P}{9.8}\right)^{1/N} \qquad (5.5.4)$$

ここで、$Q_{9.8}$は通気率と呼ばれ[注1)]、すき間に基準圧力差（9.8Pa）が作用した場合の通過風量〔m³/h〕、Nはすき間抵抗の特性を表す指数（すき間特性値）であり、1〜2の範囲で変化する。

一方、すき間の大きさは、すき間に圧力差 $\varDelta P = 9.8$Pa（= 1 mmH₂O）が作用する場合の換気量と同じ換気量になる単純開口での αA に換算した値を用いて表される場合が多い。このときの $Q_{9.8}$ は、(5.5.3)式と(5.5.4)式で $\varDelta P = 9.8$Pa と等しいとし、$Q_{9.8}$について解いた(5.5.5)式を用いればよい。

$$Q_{9.8} = \frac{3\,600}{10\,000}\alpha A \sqrt{\frac{2}{1.2} \times 9.8} = 1.45\alpha A \qquad (5.5.5)$$

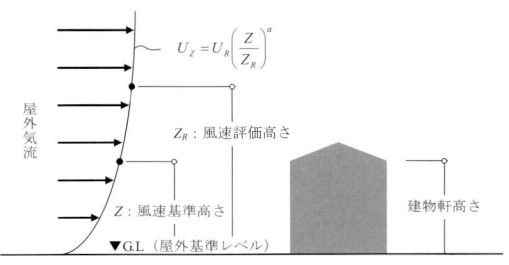

図5.5.1　風速の補正

5．空気環境分野

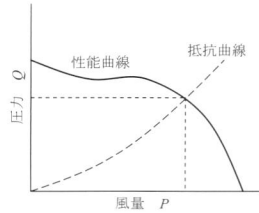

図5.5.2　送風機の性能（$P-Q$ 特性）曲線

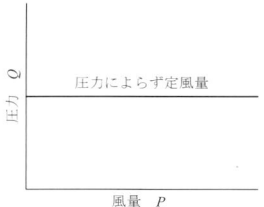

図5.5.3　定風量の送風機

3.5　機械換気設備

機械換気方式には流れのダクトを伴う場合と，壁掛け換気扇のようにダクトを伴わない場合がある．後者の場合は，換気経路の上流側の室，下流側の室とその間の通気抵抗，送風機（ファン）特性によって決定される．ここでの室には，建物を構成する各空間要素に加えて，外気部分も含まれる．送風機特性は一般に，図5.5.2に示す $P-Q$ 特性曲線で与えられ，換気経路の通気抵抗を表す抵抗曲線との交点が動作点となる．$P-Q$ 特性は三次式で表されることが多いが，換気経路の圧力変化が小さい場合は，簡便のため図5.5.3に示すように，圧力によらず一定風量になるとして取り扱うこともある．

3.6　単　　位

換気回路網プログラムにより異なるが，工学単位系と SI 単位系，どちらでも選択可能な場合が多い．αA や風量，圧力の単位には十分注意する．

4．演習の進め方
4.1　例題と計算概要

図5.5.4に示す住宅モデルの換気量を求める．延床面積は32m^2，建物全体の気積は100m^{3}となっている．室1，室2は吹抜けのホールで接続されており，ホールには機械換気設備が設置（高さ G.L.＋5.0m）されている．機械換気設備は第三種換気方式で，ファン風量は換気経路の通気抵抗によらず換気回数0.5回/h を満たす一定値（50m^3/h）が維持されるものとする．室温はホールも含めてすべて20℃，外気温 0℃，すき間は建具の各部分を想定する．風圧力を考慮する場合の風圧係数に関しては，北面：$C_1 = 0.2$，東面：$C_2 = -0.1$，南面：$C_3 = -0.1$，西面：$C_4 = -0.1$，外部風速は4.0m/s で風向は北とする．

4.2　各部のすき間量[注2)]

外皮の αA は建物全体で65cm^2，開口部（建具）の αA に関しては，玄関ドア（記号：AD，下端高さ1FL＋0m，幅 $W = 0.9$m，高さ $H = 2.3$m）：13cm^2，腰窓（記号 AW：下端高さ FL＋0.8m，$W = 1.7$m，$H = 1.3$m）：13cm^{2}とし，$N = 1.54$（N：すき間抵抗の特性を表す指数）とする．簡便のため，外壁，屋根，1階床，階間の床および内壁は完全気密とする．また，内部建具（記号：WD）の αA に関してはアンダーカットを想定し，65cm^2（開口高さは各 FL のレベル），単純開口（$N = 2$）とする．内外温度差の影響を再現するために，建具の αA は高さ方向に3分割とする．機械換気のための給気口の αA は，建物のすき間とは別に15cm^2（中心高さ FL＋1.8m），単純開口（$N = 2$）とし，室1，室2に設置する．

4.3　換気回路網計算プログラム（ツール）の準備

換気回路網計算プログラムに上述の VentSim を使用する．VentSim には，大別して Version 2（VentSim2）と Version 3（VentSim3）がある[注3)]．以降は，VentSim3を中心とした記述とする．次の URL（http://www.ae-sol.co.jp/aesol02.html）からダウンロードしたファイルを解凍，インストールする．操作方法が記載されたマニュアルはセットアップ時に指定したフォルダ内にある．OS 等，必要システムの構成についても確

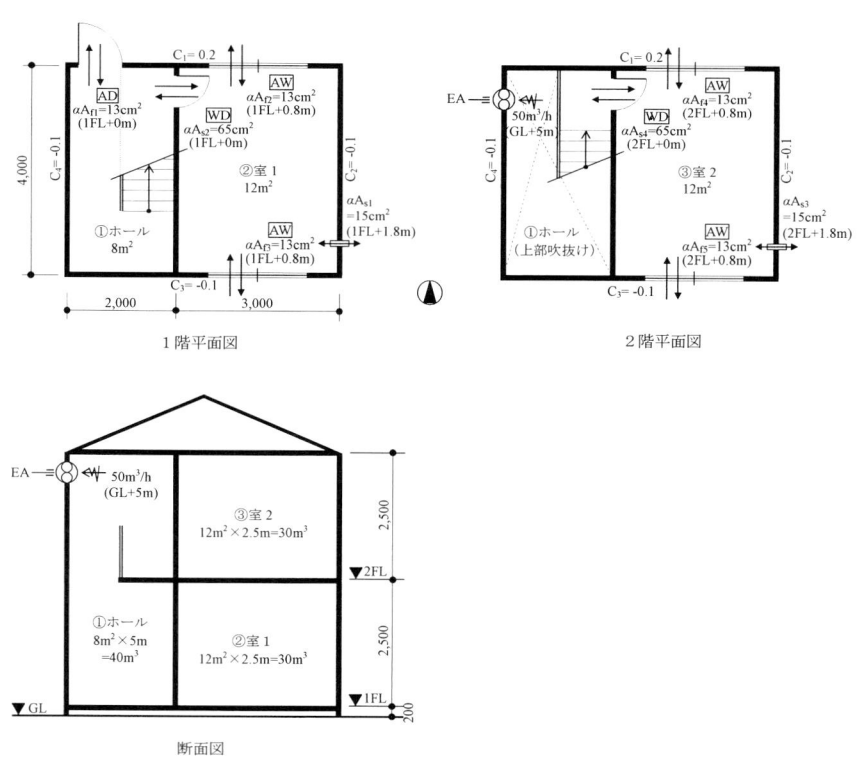

図5.5.4　建物の平面図・断面図
（GL：屋外基準レベル，FL：室内床レベル）

マニュアルを参照しながら，［スタート］ボタンから［VentPre］を選択してクリックし，VentSim 用プリプロセッサ"VentPre"を起動させる．VentPre は Microsoft Excel のシートにマクロ機能を追加した VentSim 用プリプロセッサである．起動時にマクロの警告を確認するダイアログが表示されるので，「マクロを有効にする」をクリックし，マクロを有効にして VentPre を開く．なお，Excel2007では，起動後に数式バーの上に表示される"セキュリティの警告"の"オプション"ボタンをクリックして，"Microsoft Office セキュリティオプション"ダイアログを表示させ，「このコンテンツを有効にする」をオンにしてマクロを有効にする．

4.4 データの入力1（計算設定シート）

VentPre に入力する．VentPre は"計算設定シート"と"モデルデータシート"から構成されている．最初に計算設定シートを入力する〔図5.5.5〕．計算設定シートは，使用する VentSim のバージョンによって書式が若干異なる．

4.4.1 ファイル名・計算ケース数，計算ケース

風圧力を考慮しない case01 と風圧力を考慮に入れた case02 の2ケースを検討する．まず，"当ファイル名"に「計算設定ファイル」，"計算ケース数"に「2」と入力する．"VentPre ツールバー"の［新規データシートの新規作成(N)］をクリック，シート名を「case01」と入力する．VentSim2ではあらかじめデータシートが作成されているので，モデルデータシートの(Excel) シート名をデフォルトの「2A」から「case01」に変更する〔図5.5.6〕．なお，この段階では「case02」のモデルデータシートは作成されない．次に，計算設定シートを表示させ，VentPre ツールバーの［計算設定シート(C)］をクリック，コンボボックスから［ファイル名の割付(N)］をクリックする．計算ケースのモデルデータファイル名「case01」と計算結果ファイル名「case01_out」が表示されたことを確認する．なお，Excel2007で VentPre ツールバーを表示するには，Excel のメニューの"アドイン"タブをクリックすると，"ユーザー設定のツールバー"として表示される．

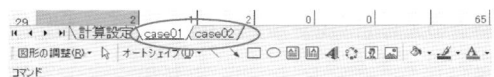

図5.5.6 モデルデータシートの名前

4.4.2 気象データ

例題では，気象データは使用しないため，コンボボックスで「気象データを使用せず」を選択する．

4.4.3 計算オプション

SRF（給気の充足度，Supply Rate Fulfillment）や汚染質濃度の計算が可能であるが，ここではいずれもコンボボックスで「計算しない」を選択する．

4.4.4 使用単位

入力と出力でそれぞれ工学単位，SI 単位を選択できる．ここでは，入力・出力共に「SI 単位」を選択する．

4.4.5 収束係数

計算に必要な収束係数を入力する．基本的にデフォルトの数値を使うが，"数値微分の増分"は使用するバージョンによってデフォルト値が異なる．ここでは，「0.0001」とする[注4]．

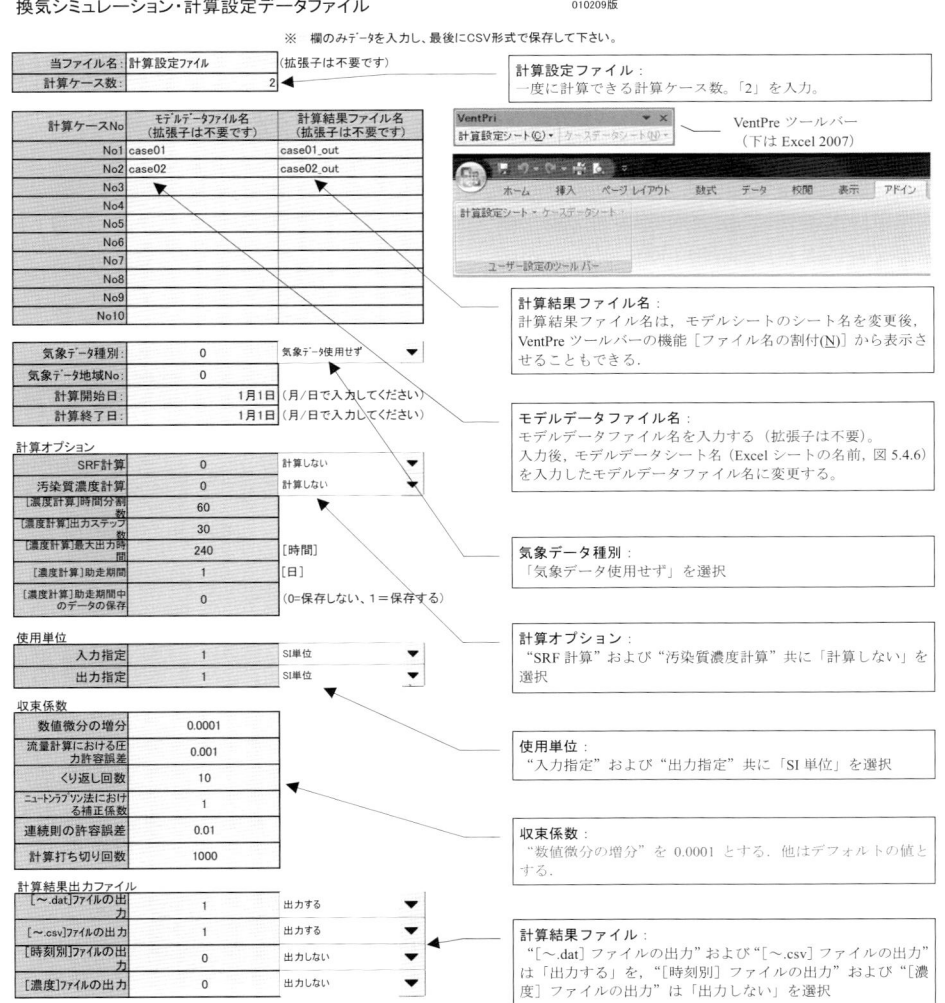

図5.5.5 VentPre 計算設定シート（計算設定データファイル）の入力

4.4.6 計算結果出力ファイル

計算結果の出力を指定する．“[～.dat] ファイルの出力”および“[～.csv] ファイルの出力”に関しては「出力する」を，“[時刻別] ファイルの出力”および“[濃度] ファイルの出力”に関しては「出力しない」を選択する．

4.4.7 換気システムウィザード用パラメータ

VentSim3のみの機能．静圧再取得率を入力できるが，例題では使用しないため，デフォルトの数値とする．

4.5 データの入力２（モデルデータシート case01）

VentPre の“計算設定シート”の入力が終わったら，次に“モデルデータシート”の入力を行う．入力を簡略化するために，先に case01を入力し，その後，VentPre の機能である“シートのマルチコピー”を利用して case02の“風圧係数コード”のみ追加入力する〔4.6参照〕．

4.5.1 モデル制御データ

シートの“ファイル名”に「例題」，計算結果の識別用に出力される“モデル名”に「吹抜けホール＋２室，風圧力なし」と入力する．また，“室温変動計算”は，「０：室温は設定室温」（デフォルト）とする〔図5.5.7〕．

4.5.2 風圧力の補正

“地表面粗度による風速補正”は「０：行わない」とするため，以降の“基準高さ”，“べき指数”および“風圧力補正係数 *R*”もデフォルト値でよい〔図5.5.8〕．

4.5.3 空間設定

空間数，空間名称，設定温度，屋外基準レベルからの高さを例題に従い入力する．case01では，風向コードおよび風速は入力しない．また，4.5.1の「モデル制御データ」において，“室温変動計算”を「０：室温は設定室温」としているため，室温の勾配“ai”および室温の切片“bi”は入力しない〔図5.5.9〕．

SRF の空間条件および汚染質濃度計算の空間条件に関しては計算しないため，デフォルト値でよい．

4.5.4 単純開口

例題での単純開口は，室１給気口（αA_{s1}，単純開口 No. 1），ホール－室１間内部建具のアンダーカット（αA_{s2}，単純開口 No. 2），室２給気口（αA_{s3}，単純開口 No. 3），ホール－室２間内部建具のアンダーカット（αA_{s4}，単純開口 No. 4）の４か所である．例題に従い，単純開口の数，室番号，各室からの高さ，αA を入力する．case01では“風圧係数コード番号”は入力しない〔図5.5.10〕．

4.5.5 すき間

VentSim3のみの機能．さまざまなすき間抵抗を表現できるが，例題では使用しないため，“すき間の数”をデフォルトの「0」とする．

4.5.6 送風機（VentSim2ではファン付き開口）

例題に従いファン付開口の数，換気経路の上流側の室，下流側の室の室番号，各室床から計った換気端末（給排気口などを指す）設置高さ，αA，ファンの番号，ファンの加圧方向，ファンの種類などを入力する．case01では“風圧係数コード番号”は入力しない．また，通気抵抗に相当する開口の“αA”は，$50 cm^2$とする．“ファンの種類”は「１：ファン種別（区間直線近似）」，“熱交換効率〔%〕”には「0」と入力する〔図5.5.11〕．

4.5.7 建具

すき間特性値が２以外で，通気特性が（5.5.4）式に従う開口部を Ventsim では建具と呼んでいる．例題の建具は，ホール玄関ドア（αA_{f1}，建具 No. 1），室１北側腰窓（αA_{f2}，建具 No. 2），室１南側腰窓（αA_{f3}，建具 No. 3），室２北側腰窓（αA_{f4}，建具 No. 4），室２南側腰窓（αA_{f5}，建具 No. 5）の５か所である．各建具の数，開口に接続する空間，開口代表部の高さ，風圧係数コード番号（case02のみ入力），開口幅・高さ，すき間の縦方向分割数，すき間特性値を入力する〔図5.5.12〕．

図5.5.13より，VentSim では建具に圧力差が生じたときの，すき間通過風量は，以下の式で計算される．

$$Q = Q_1 + Q_2 + Q_3 \tag{5.5.6}$$

$$Q_1 = A_1 \cdot W \cdot \left(\frac{\Delta P_1}{9.8}\right)^{1/N_1} \tag{5.5.7}$$

$$Q_2 = \sum_{k=1}^{N_S}\left[A_2 \cdot \frac{H_W}{N_S} N_H \cdot \left(\frac{\Delta P_{2,\ k}}{9.8}\right)^{1/N_2}\right] \tag{5.5.8}$$

$$Q_3 = A_3 \cdot W \cdot \left(\frac{\Delta P_3}{9.8}\right)^{1/N_3} \tag{5.5.9}$$

ここで，P_1は建具の下部横すき間に作用する圧力差〔Pa〕，$P_{2,\ k}$は建具の縦すき間に作用する圧力差〔Pa〕，P_3は建具の上部横すき間に作用する圧力差〔Pa〕，Q は建具のすき間風量〔m^3/h〕，Q_1は建具の下部横すき間風量〔m^3/h〕，Q_2は建具の縦すき間風量〔m^3/h〕，Q_3は建具の上部横すき間風量〔m^3/h〕を示す．（5.5.7）式～（5.5.9）式において，A_Xはすき間単位長さあたりの通気率〔$m^3/(h \cdot m)$〕，W は開口幅〔m〕，N_Xはすき間特性値である（X は各添え字を指す）．また，（5.5.8）式において，H_Wは開口高〔m〕，N_Hは縦すき間の数，N_Sは縦方向の分割数を表している．ある建具について，すき間の単位長さあたりの通気率とすき間特性値がすき間の位置によらず等しく

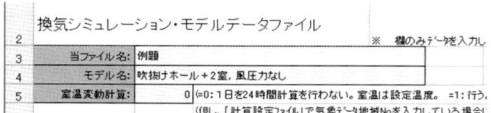

換気シミュレーション・モデルデータファイル　※　欄のみﾃﾞｰﾀを入力し

3	当ファイル名:	例題	
4	モデル名:	吹抜けホール＋2室，風圧力なし	
5	室温変動計算:	0	(=0：1日を24時間計算を行わない。室温は設定温度。 =1：行う、 (但し、「計算設定ﾌｧｲﾙ」で気象ﾃﾞｰﾀ地域Noを入力している場合に

図5.5.7　モデル制御データの入力

7	風圧力の補正:	地表面粗度による風速補正	基準高さ (m)	べき数	風圧力補正係数 R
8	−	0	5.2	0.25	1

①式

図5.5.8　風圧力の補正

SRF、濃度計算の設定はこちら

空間数: 3 (外気空間は除いて下さい)　(「計算設定

12	空間No.	空間名称	設定温度 (℃)	屋外基準レベルからの高さ (m)	風向ｺｰﾄﾞ	風速(m/s)	ai-1時
13	0(外気)	外気	0	−			−
14	1	ホール	20.0	0.20	−	−	
15	2	室1	20.0	0.20	−	−	
16	3	室2	20.0	2.70	−	−	
17	4				−	−	

図5.5.9　空間設定

単純開口の数: 4

26/27	単純開口No.	室番号が小さい方の室番号	室番号が大きい方の室番号	小さい室番号側の床からの高さ (m)	大きい室番号側の床からの高さ (m)	風圧係数ｺｰﾄﾞ番号	αA (cm²)
28	1	0	2	2	1.8		15
29	2	1	2	0	0		65
30	3	0	3	4.5	1.8		15
31	4	1	3	2.5	0		65
32	5						

図5.5.10　単純開口の入力

送風機の数: 1

54/55	送風機No.	室番号が小さい方の室番号	室番号が大きい方の室番号	小さい室番号側の床からの高さ (m)	大きい室番号側の床からの高さ (m)	風圧係数ｺｰﾄﾞ番号	αA (通常は不要) (cm²)	ﾌｧﾝの番号	ﾌｧﾝの加圧方向 小→大=1 大→小=−1	ﾌｧﾝの種類 0(=blank) or 1	熱交換効率 (%)
56	1	0	1	5	4.8		50	1	−1	1	0
57	2										

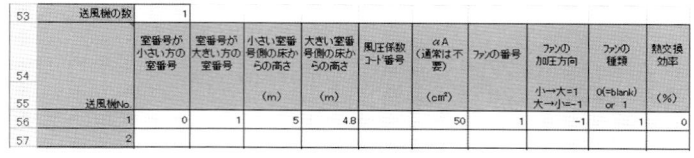

図5.5.11　送風機（ファン付き開口）の入力

5.5 換気回路網（応用1）

	建具の数：	5												
53		室番号が小さい方の室番号	室番号が大きい方の室番号	小さい室番号側の床からの高さ	大きい室番号側の床からの高さ	風圧係数コード番号	開口中	開口高	縦隙間数	縦方向分割数	隙間特性A-1	隙間特性A-2	隙間特性A-3	隙間特性N-1	隙間特性N-2	隙間特性N-3
54				(m)	(m)		(m)	(m)								
55	建具No.															
56	1	0	1	0.2	0		0.9	2.3	2	3	2.95	2.95	2.95	1.54	1.54	1.54
57	2	0	2	1	0.8		1.7	1.3	2	3	2.58	2.58	2.58	1.54	1.54	1.54
58	3	0	2	1	0.8		1.7	1.3	2	3	2.58	2.58	2.58	1.54	1.54	1.54
59	4	0	3	3.5	0.8		1.7	1.3	2	3	2.58	2.58	2.58	1.54	1.54	1.54
60	5	0	3	3.5	0.8		1.7	1.3	2	3	2.58	2.58	2.58	1.54	1.54	1.54
61	6															

図5.5.12　建具の入力

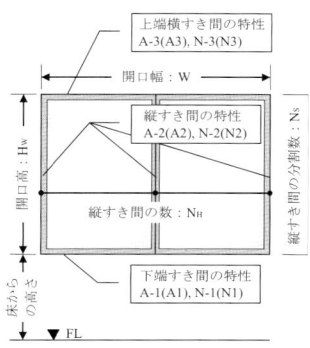

図5.5.13　建具のすき間設定

$(A_1=A_2=A_3=A, N_1=N_2=N_3=N)$．建具に作用する圧力差が一定とすれば（$\Delta P_1=\Delta P_{2,k}=\Delta P_3=\Delta P$），すき間の全長を L〔m〕とおいて，建具全体のすき間は（5.5.10）式で表される．

$$Q = A \cdot L \cdot \left(\frac{\Delta P}{9.8}\right)^{1/N} \quad (5.5.10)$$

例題のように，建具全体の αA が与えられている場合は，(5.5.4) 式で換気量は求められる．この場合，式中の $Q_{9.8}$ は (5.5.5) 式より $Q_{9.8}=1.45\alpha A$ となるが，さらに（5.5.10）式を用いれば，(5.5.11) 式が得られる．

$$A \cdot L = 1.45\alpha A \quad (5.5.11)$$

例題では以上の関係に基づき，玄関ドアは $L = (0.9 + 2.3) \times 2 = 6.4$m より，$A = 1.45\alpha A/L = 1.45 \times 13/6.4 = 2.95 \text{m}^3/(\text{h} \cdot \text{m})$ を，腰窓は $L = 1.7 \times 2 + 1.3 \times 3 = 7.3$m より，$A = 1.45\alpha A/L = 1.45 \times 13/7.3 = 2.58 \text{m}^3/(\text{h} \cdot \text{m})$ を入力する．

なお，例題では簡便のため外壁のすき間を設定していないが，外壁のすき間は建具のすき間と同様に設定する．

4.5.8　定風量開口

定風量開口は，三つの区間に分けて流量を決定する特性値を入力できる．例題においては"定風量開口の数"をデフォルトの「0」とする．

4.5.9　ダクト

空間と空間，または，空間と外気を結ぶダクトを設定する．例題では機械換気設備のファン風量を一定としているため，ダクトの設置を想定していないことから"ダクトの数"をデフォルトの「0」とする．

4.5.10　動圧変化部

VentSim3のみの機能．例題では使用しないため，"動圧変化部の数"および"動圧変化特性コードの数"を「0」とする．

4.5.11　風圧係数コード一覧表

係数コードの数，方位別の風圧係数を入力する．case01では風圧力を考慮しないが，case02と同様に入力しても開口や建具で風圧係数コードを入力しなければ問題はない．方位北のみ入力する〔図5.5.14〕．

4.5.12　ファン特性（ファン種別0：Newton近似による三次式）

三次式で $P-Q$ 特性を近似できる．例題では使用しないため，"ファンの種類の数"を「0」とする．

4.5.13　ファン特性（ファン種別1：区間直線近似）

複数のポイントを直線で近似して $P-Q$ 特性を与える．ファンの種類，各ポイントの圧力と風量を与える．例題では，"ファン(1)の種類の数"に「1」と入力し，定風量（50m³/h）が得られるように，各ポイントの圧力と風量を与える〔図5.5.15〕．

4.5.14　スケジュール

汚染質の外気濃度と室内発生強度のスケジュール要素を入力する．例題では，汚染質等の濃度計算を行わないため，"スケジュールの数"を「0」とする．

4.6　データの入力3（モデルデータシート case02）

case01のモデルデータシートを利用して，case02のモデルデータシートを作成する．以降は，追加・変更の箇所のみ記載する．case02に関する入力を後で行う場合は，"計算設定シート"

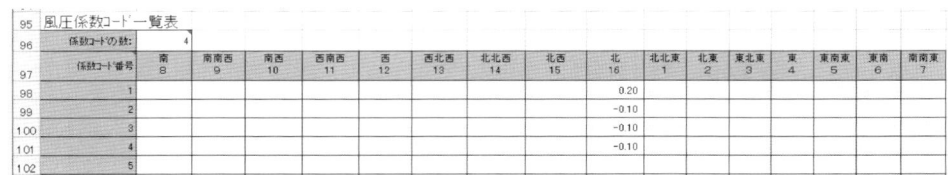

図5.5.14　風圧係数コードの入力（case02）

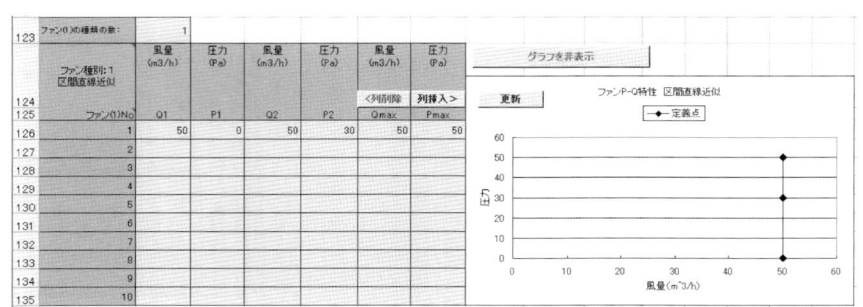

図5.5.15　ファン特性の入力

の計算ケース数を「1」とし，case02に関するモデルデータファイル名と計算結果ファイル名を削除し，ブック（Excelファイル）の保存をすること．以降は，case02に関する記述とする．

4.6.1 ブック（Excel ファイル）の保存

VentPre ツールバーの"シートのマルチコピー"および"ファイル名の割付"機能を使用する前に，ブック（Excelファイル）を保存する．ブック自体の保存は，入力時にできるだけこまめに行うのが望ましい．

4.6.2 シートのマルチコピー・ファイル名の割付

case01のモデルデータシートを表示した状態で，VentPreツールバーの［ケースデータシート（N）］をクリック，コンボボックスから［シートのマルチコピー（C）］をクリックする．表示された"ケースデータシート複製"ダイアログにコピー枚数「1」を入力する．［OK］をクリックするとcase01の複製モデルデータシート「case01_1」が作成されるので，シート名を「case02」に変更し，"モデル名"を「吹抜けホール＋2室，風圧力あり」に変更する．

次に，計算設定シートを表示させ，「4.5 データの入力2」同様，"VentPre ツールバー"の［計算設定シート（C）］をクリック，コンボボックスから［ファイル名の割付（N）］をクリックする．計算ケースのモデルデータファイル名と計算結果ファイル名が表示されたことを確認する．

4.6.3 空間設定

例題に従い，"風向コード"および"風速（m/s）"を入力する．

4.6.4 単純開口

室1給気口（αA_{s1}，単純開口No.1）および室2給気口（αA_{s3}，単純開口No.3）は外皮に設置され，風圧力の影響を受けるため，"風圧係数コード番号"を入力する．

4.6.5 送風機（ファン付き開口）

例題は定風量ファンを想定しており，風圧力の影響を受けないが，ここでは"風圧係数コード番号"を入力する．

4.6.6 建具

外皮である建具にも"風圧係数コード番号"をそれぞれ入力する．

4.6.7 風圧係数コード一覧表

例題にしたがい，方位北のみ入力する〔図5.5.14〕．

4.7 計算設定ファイルとモデルデータシートの保存

再度ブック（Excelファイル）を（上書き）保存する．次に，VentPre の"一括保存（マクロ）"機能を使い計算設定ファイルとモデルデータシートをCSV形式で書き出す．計算設定シートを選択した状態で"VentPre ツールバー"の［計算設定シート（C）］をクリック，コンボボックスから［一括保存（S）］をクリックして，自動保存ダイアログが表示され，［保存］をクリックして，保存するフォルダを指定する．

4.8 VentSim の起動と計算

4.8.1 VentSim の起動

［スタート］ボタンから［VentSimX］（Xはバージョンを指す）をクリックすると，メインフォームが開く．

4.8.2 計算設定ファイルを開く

［ファイル］メニューの［計算設定ファイルを開く（O）］をクリックすると，ファイルオープンダイアログが開くので，読

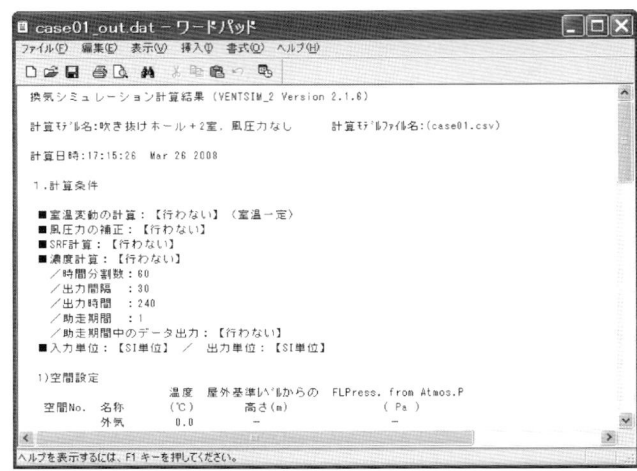

図5.5.17 計算結果（case01, datファイル）をワードパッドで開いたもの

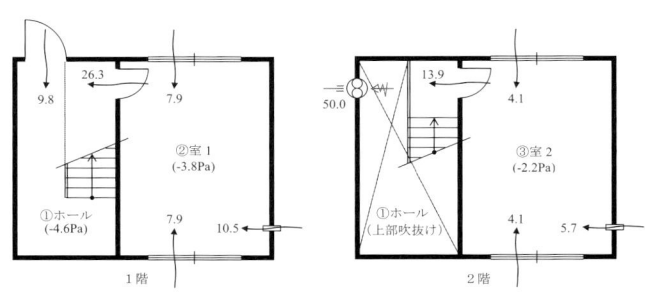

図5.5.18 case01換気回路網計算結果〔m³/h〕（カッコ内数値は，床面の大気基準圧）

表5.5.1 各部位各室の換気量〔m³/h〕と換気回数〔回/h〕

室　名	単純開口〔m³/h〕	建　具〔m³/h〕	その他〔m³/h〕	室の換気量〔m³/h〕	換気回数〔回/h〕
①ホール	−	9.8	0	9.8	0.25
②室1	10.5	15.8	0	26.3	0.88
③室2	5.7	8.2	0	13.9	0.46
建物全体	16.2	33.8	0	50.0	0.50

〔注〕1．「その他」は外壁のすき間など，計測できないすき間を指す．
　　 2．「換気回数」は，新鮮外気による換気回数を指す．

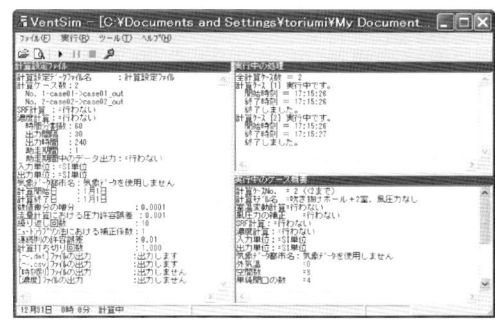

図5.5.16 VentSim2のメインフォーム

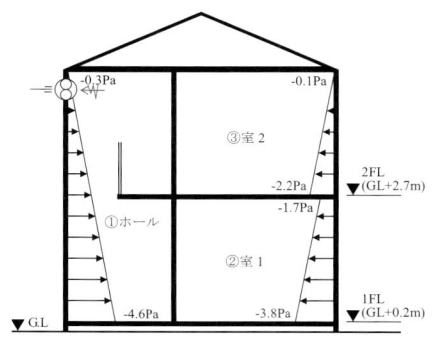

図5.5.19 温度差換気の原理（case01）

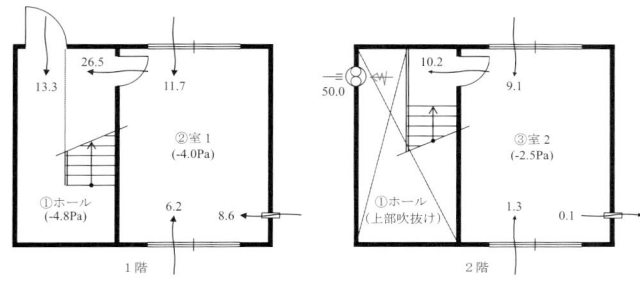

図5.5.20 case02換気回路網計算結果〔m³/h〕(カッコ内数値は，床面の大気基準圧)

み込む計算設定ファイル（CSV 形式）を選択する．計算設定ファイルを開くと，その概要が"計算設定ファイルビュー"に表示される〔図5.5.16〕．

4.8.3 計算の実行

［実行］メニューの［計算設定ファイルの内容を実行（E）］をクリック，またはツールボタンを使用して計算を実行する．計算が終了すると，終了報告ダイアログが表示され"実行中の処理ビュー"および"実行中のケース概要ビュー"が表示される．〔図5.5.16〕

4.8.4 計算結果の編集・確認

［ファイル］メニューの［ファイルの編集・確認（E）］をクリック，またはツールボタンを使用すると，ファイルオープンダイアログが開く．読み込む計算結果ファイル（CSV 形式［～.csv］またはデータファイル形式［～.dat］）を選択し，"開く"ボタンをクリックすると関連付けられたアプリケーションでファイルが開く（または計算設定ファイル保存フォルダから直接ファイルを選択して開く）．case01.datをワードパッドで開いたファイルを図5.5.17に示す．

5．レポートのまとめ方と考察

5.1 考察1（case01：風圧力なし）

換気回路網計算結果を図5.5.18および表5.5.1に示す．建物外皮の気密性能が高いことから中性帯の位置は高く，各居室の給気口では給気が行われているが，温度差により図5.5.19に示すような圧力分布が形成され，外気基準で建物の下部ほど圧力が低くなるため，1階の室1の新鮮外気による換気量は，2階の室2よりも多くなる．新鮮外気による換気回数は室1では0.88回/hと過換気気味になり，室2では0.46回/hと若干換気不足となる．一方，ホールには機械排気設備があるため，他室からの流入換気量は多い．しかし，新鮮外気による換気量が少ないため，新鮮外気による換気回数は0.25回/hと小さい．新鮮外気による換気回数を用いた評価法に加えて，各種汚染質を想定することにより，他室からの流入換気量も含めて換気の評価をする方法もある[4]．

5.2 考察2（case02：風圧力あり）

換気回路網計算結果を図5.5.20に示す．北向きの風を想定して風圧係数を設定しているため，北側に面する玄関ドアおよび腰窓では新鮮外気流入量が増加し，逆に，南側に面する腰窓では新鮮外気流入量が減少している．東西面も南面同様，風圧係数を負の設定としている．室2の給気口の大気基準圧 ΔP_{S3}〔Pa〕は，次式となる．

$$\Delta P_{S3} = p_3 + \left(\frac{353.25}{273.15+t_o} - \frac{353.25}{273.25+t}\right) \times 9.8 \times h_{s3} \quad (5.5.12)$$

ここで，p_3 は室3の床面の大気基準圧〔Pa〕，t_o は外気温度〔℃〕，t は室温〔℃〕，h_{s3} は室3床面からの給気口の設置高さ〔m〕である．一方，室2の給気口の風圧力 ΔP_{w3} は次式となる．

$$\Delta P_{w3} = C_2 \cdot \frac{1}{2} \rho_o U_z^2 \quad (5.5.13)$$

C_2 は室2の給気口が設置されている面の風圧係数，ρ_o は外気の空気密度〔kg/m³〕，U_z は風速〔m/s〕である．よって，室2の給気口では，$\Delta P_{S3} - \Delta P_{w3} > 0$ となり，給気ではなく排気が行われる．

<注釈>
注1) 通気率の基準圧力差として1.0Paを用いる場合は，通気率を $Q_{1.0}$〔m³/h〕として換気量 Q〔m³/h〕は $Q = Q_{1.0}\Delta P^{1/N}$ で表される．

注2) 想定した住宅モデルの相当すき間面積はおよそ 2 cm²/m² となり，平成11年度省エネルギー基準における北海道，青森県，秋田県，岩手県の主要部分が該当するⅠ・Ⅱ地域の基準値に近い値となっている．設定した外皮の αA のうち，窓の13cm²は最近の住宅の竣工直後の値に比べてかなり大きい．その他の部分のすき間を窓部に代表させて与える想定となっている．また，内部建具の65cm²はやや小さい設定となっている．アンダーカット1cmの場合の引き戸の αA は，標準的には100～150cm²程度となる．

注3) 簡単な例題により，ソフトウェアの整合性を確認しておくこと．例えば，屋外基準レベル（GL）からの高さが 0 m の室に，一辺の長さが 1 m の正方形の形状をした建具が床面（GL + 0 m）に設置されている状況で換気量を算出してみる．換気駆動力は温度差のみとし，設定温度は外気：0℃・室内：20℃とする．建具に関しては，建具全体の $\alpha A = 20\text{cm}^2$ が建具周囲に等しく分布しているものとし，縦すき間数2，縦方向分割数1，すき間特性値 N は下部・縦・上部のすべてを1.5とする．この条件では，建具の縦すき間と中性帯の位置が一致するため，換気は建具の下部と上部のすき間によって行われる．中性帯の位置は $h_n = 0.5$ m となり，室内各高さ h〔m〕の大気基準圧 p_i〔Pa〕は，外気の密度を ρ_o〔Pa〕，室内空気の密度を ρ_i〔Pa〕，重力加速度を g〔m/s²〕とすると，次式となる．

$$p_i = g(\rho_o - \rho_i)(h - h_n) \quad (5.5.15)$$

よって，建具下部では，$p_i = -0.431$Pa となり，(5.5.10)式および(5.5.11)式から，0.9m³/hの外気が流入する．一方，建具上部では，$p_i = 0.431$Pa となり，0.9m³/hの室内空気が流出する．

もし計算解が上記と異なる場合は，datファイルを開き，すき間特性 A-1・A-2・A-3 の値を確認する．モデルデータシートに入力した値と異なるときは，入力したA-1・A-2・A-3を $9.8^{1/N}$で除した値を再入力して計算する．このとき，datファイルのすき間特性の値も再確認する．問題がなければ，以降建具のすき間に関してはこの方法ですき間特性 A-1・A-2・A-3 を入力する．

注4) 計算モデルによっては，入力する収束係数によって解が異なってくる場合もある．

参 考 文 献

1) 建築研究所：換気回路網シミュレーション VentSim version 2マニュアル，2002.8
2) 国土交通省国土技術政策総合研究所・建築研究所：換気回路網シミュレーション VentSim Version 3マニュアル，2005.2
3) 内海康雄：換気－通風・気密性（5）換気量の計算方法と計算ツール，空気調和・衛生工学，第79巻 第6号，pp.21～29，2005.6
4) 日本建築学会：拡張アメダス気象データ 1981-2000，2005.8
5) 倉渕ほか：地域性・建物気密性能を考慮した各種換気システムの性能評価に関する研究第1報，空気調和・衛生工学会論文集，No.121，pp.1～7，2007.4

5.6 数値計算（CFD）（応用1）

1. 数値計算技術の利用
1.1 環境工学分野における数値計算技術
環境工学分野では，近年のコンピュータ技術の進歩に伴って発展した数値計算技術が広く利用されている．数値計算はシミュレーション（Numerical Simulation）とも呼ばれ，熱，空気，光，音などのわれわれの身近な物理現象をモデル化して数学的に取り扱うことができる方程式に近似し，これを計算機によって数値的に解くことである．数値計算では物理現象を数値的に模擬して各要因の影響を検討し，その結果をコンピュータグラフィックスにより可視化することができる．また，数値計算は実験や実測などに比べて比較的簡便に物理的な現象を検討することができることから，室内環境から都市環境や地域環境などに至る非常に広い範囲において生じる物理的な現象の解明に利用されている．

1.2 空気環境分野における数値計算技術
空気環境分野では，室内の空気環境や換気性状を評価する場合には室内の汚染質は完全混合（あるいは瞬時一様拡散）という状態であることを前提とした換気回数などがこれまで広く用いられてきた．しかし，実際の室内の汚染質は不均一な分布性状を示し，室内空気の換気性状などを評価するためには室内空気の流れや汚染質濃度などの空間分布を知ることが重要である．

このような不均一な分布性状を知るための一つの方法として数値流体解析（CFD：Computational Fluid Dynamics）が利用されている．数値流体解析は，室内空気の流れ性状を記述する基礎方程式を数値的に解くと同時に，空気の流れに伴う熱の移動や物質の拡散を記述する基礎方程式を解き，詳細な気流や温度，濃度などの分布を知ることができる．また，数値流体解析を利用して室内の汚染質を効率よく排出可能かどうかを評価するための換気効率指標が提案され，適切に換気計画を行うための基礎的なデータとして利用されている．

2. 数値流体解析の基礎事項
2.1 数値流体解析で扱う諸問題
数値流体解析で扱う問題には，①空気や水などの流体が流れる現象と，これに伴って生じる②熱が移動する現象，③物質が拡散する現象，などがある．流体の流れに着目する問題としては，図5.6.1(a)に示す建物周辺に生じる風の流れ（風害など）がある．また，熱の移動に着目する問題としては，図5.6.1(b)に示すように空調された室内の温度分布がある．物質の拡散に着目する問題としては，図5.6.1(c)に示す排気を行う厨房空間の水蒸気など廃ガスの拡散のほかに，建材から放出される汚染質の拡散，火災時の煙の流動，自動車から排出される排気ガスの拡散などがある．

2.2 層流と乱流
数値流体解析では対象とする流体の流れの状態によってその扱いが異なり，流体の流れはその状態によって「層流」と「乱流」に区分することができる．層流は流れの速度が遅く，乱れがない状態であり，乱流は流れの速度が速く，乱れた状態である．また，流体の流れが乱流状態になると，その乱れの影響によって流体どうしが激しくその位置を交換しながら混合するため，流体内の熱や物質の拡散も層流の場合に比べて非常に大きくなる．図5.6.2(a)のように蛇口から流れる水は水量が少ない場合にゆっくりときれいな流れを形成し，このような状態を層流という．この状態から水量が多くなると，ある段階で流れの様子が大きく異なり，乱れた状態となる．このような状態を乱流という．また，図5.6.2(b)のようにタバコの先端から発生した煙

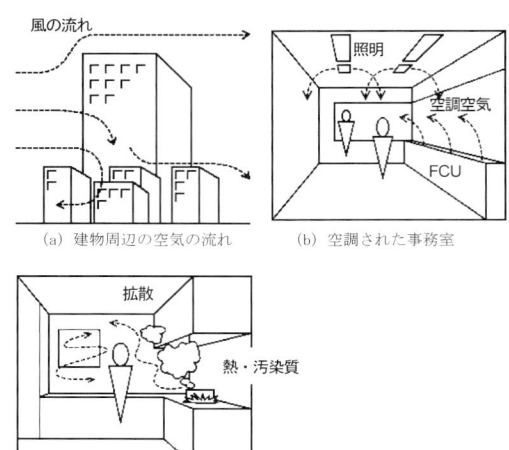

図5.6.1 数値流体解析で扱う諸問題

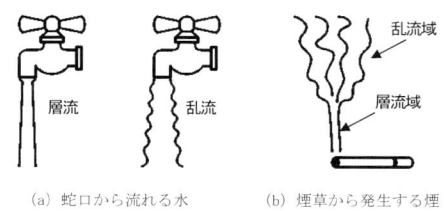

図5.6.2 層流と乱流

は層流を形成して上昇直後にはまっすぐに上昇し，その後，ある高さに到達すると乱れた状態になる．流体の乱れの状態は流体の慣性と粘性の比を表す無次元数であるレイノルズ数 Re によって表され，以下の式から求めることができる．

$$Re = \frac{\rho u L}{\mu} \tag{5.6.1}$$

ここで，ρ：流体の密度〔kg/m³〕，u：速度〔m/s〕，
　　　　L：代表長さ〔m〕，μ：粘性係数〔kg/(m・s)〕を表す．

一般に Re が約2 000 より小さいときには流体の流れは層流となり，Re が約2 000 を超えると流体の流れは乱流となる．また，室内の温熱環境や空気環境を検討する場合，通常は流れの状態は乱流であるものとして扱う．

2.3 基礎方程式
流体が流れる現象を表す基礎方程式は，質量保存則に基づく連続の式と流体の運動量保存則に基づくナビエ・ストークス（Navier-Stokes）方程式であり，また，流体内の熱や物質の拡散などの現象を表す方程式はエネルギーや質量保存則に基づく輸送方程式である．

連続の式

$$\frac{\partial U_i}{\partial x_i} = 0 \tag{5.6.2}$$

ナビエ・ストークス方程式

$$\frac{\partial U_i}{\partial t} + U_j \frac{\partial U_i}{\partial x_j} = -\frac{1}{\rho}\frac{\partial P}{\partial x_i} + \frac{\partial}{\partial x_j}\nu\left(\frac{\partial U_i}{\partial x_j} + \frac{\partial U_j}{\partial x_i}\right) \tag{5.6.3}$$

輸送方程式

$$\frac{\partial \Theta}{\partial t} + U_j \frac{\partial \Theta}{\partial x_j} = \alpha \frac{\partial}{\partial x_j} \frac{\partial \Theta}{\partial x_j} + S \tag{5.6.4}$$

ここで，U_i は風速成分，x_i は距離，t は時間，ρ は流体密度，P は圧力，ν は動粘性係数〔m²/s〕，Θ はスカラー量，α は拡散係数〔m²/s〕，S は発生項を表す．

(5.6.2)〜(5.6.4) 式は偏微分方程式の形で連続な空間領域において成り立ち，これらの方程式を解くことによって対象空間内の流れ，温度，濃度などを知ることができる．しかし，これ

らの方程式に対して厳密に満たす解を求めることは非常に難しい．数値流体解析では対象空間を多くの要素に分割し，各要素の近似解をコンピュータによって求める．また，上記の式を用いて流体の乱流現象をコンピュータによって直接計算するには膨大な計算機の記憶容量や計算時間を要する．そこで，工学上，われわれが知りたい情報である平均的な流れを得るために乱流モデルを適用する．一般にはRANS (Reynolds Averaged Navier-Stokes) モデルと呼ばれる乱流モデルが用いられ，その代表的なモデルにはk-ε型2方程式モデルがある．このモデルはレイノルズ平均操作によって得られた平均的な流れに関するナビエ・ストークス方程式の中に現れるレイノルズ応力を渦動粘性係数ν_tによりモデル化する．さらに，この渦動粘性係数ν_tを乱れの大きさを表す乱流エネルギーkと乱れの減衰率を表す乱流消失率εを用いて平均的な流れを求めるモデルである．

乱流モデルを用いた数値流体解析は前述のような平均的な流れを求める RANS モデルのほかに，LES (Large Eddy Simulation) と呼ばれる方法がある．LES は空間フィルタ操作（フィルタリング）に基づき，計算格子幅に対応付けられたフィルタ幅以下の小さなスケールの渦をカットし，これよりも大きなスケールの渦のみを解析対象としている．また，LES は一般に RANS モデルに比べて精度の良い解が得られるが，計算量もそれに対応して増加する．

3. 数値流体解析を利用した室内換気性状の評価手法

一般に室内の汚染質濃度は不均一な分布であり，換気性状を評価するにはこのような不均一な空間分布を考慮する必要がある．近年の実験技術や数値計算技術の発達に伴って，このような汚染質濃度分布を組み込んださまざまな換気効率指標が提案されている．これらは詳細な室内汚染質の濃度分布に基づいて効率的な新鮮空気の分配や汚染質の除去などの換気性状を評価することができる．

3.1 空気齢，空気余命，空気寿命

空気齢 (age of air) は新鮮空気が吹出し口から供給されて，ある点に到達するまでの時間を示す．空気齢は「空気は一般に下流に行くほど汚れているので，古い空気は汚染されている」という概念で，室内の換気性状や換気効率を評価する指標として現在広く利用されている．また，空気齢のほかに，空間のある点を通過して排出されるまでの空気の時間を示す空気余命 (residual life time of air)，吹出し口から供給されてから排出されるまでの時間を示す空気寿命 (residence time of air) などがある．

3.2 SVEs (Scale for Ventilation Efficiency)[1]

SVEs は SVE1〜SVE6 からなる六つの換気効率を評価する指標であり，数値流体解析の利用が可能となって開発された指標で，室内の換気効率を評価する際には非常に有効な指標である．

SVE1 は汚染質の平均濃度を表し，ある汚染源に対して得られる室内平均濃度を瞬時一様拡散濃度で規準化したものである〔表5.6.1参照〕．また，SVE3 は室内の空気齢の分布を評価する際に用いられ，数値流体解析を用いる場合には汚染質の定常的な空間一様発生を仮定して得られる濃度分布が空気齢分布に対応する．室内の空気齢分布を求めることはこれまで困難であったが，数値流体解析によって容易に求めることができる．

3.3 有効換気容積 (Effective Ventilated Volume)[2]

有効換気容積は『室容積のうち，有効に換気がなされている領域の容積』を意味する指標として定義される．有効換気容積は無次元空気齢が1.0以下の領域では完全混合状態と同等以上に供給空気の到達が早く，十分に換気がなされていると考えて，重み関数を1.0として積分する．一方，無次元空気齢が1.0より大きい領域の容積は有効換気容積に加えないか，あるいは無次元空気齢の逆数を乗じた容積を加える．有効換気容積は数値流体解析により得られた空気齢の詳細な空間分布を用いて求めることができ，汚染質の不均一な空間分布を考慮して室内の換気性状を評価できる．

表5.6.1 SVEs の算出方法（抜粋）

(1) $SVE1$：汚染質の室内平均濃度

$$SVE1(x_s) = \frac{C_0(x_s)}{C_S V} \tag{5.6.5}$$

(2) $SVE3$：室内の空気齢

$$SVE3(x) = \frac{C'_x(x)}{C_S} \tag{5.6.6}$$

x_s：汚染室発生位置，V：室容積〔m³〕，$C_0(x_s)$：汚染源位置をx_sとした場合の濃度の室内積分値〔kg〕，C_S：瞬時一様拡散濃度〔kg/m³〕，$C'_x(x)$：室内一様に単位時間あたり総量qの汚染質発生がある場合の位置xでの濃度〔kg/m³〕，q：汚染質発生量〔kg/s〕

表5.6.2 有効換気容積の算出方法（空気齢に基づく場合）

$$V_{eff} = \sum_i^N V_{eff,i} \tag{5.6.7}$$

(5.6.7)式における$V_{eff,i}$は下記として計算する．
$\tau'_{ai} \leq 1.0$のとき$V_{eff,i} = V_i$とし，$\tau'_{ai} > 1.0$のとき$V_{eff,i} = 0.0$とする．
V_{eff}：有効換気容積〔m³〕，$V_{eff,i}$：室内空間を離散化した場合の離散化要素（格子）iにおける有効換気容積〔m³〕，N：離散化要素（格子）iの総数，τ'_{ai}：無次元空気齢〔-〕，V_i：室内空間を離散化した場合の離散化要素（格子）iの容積〔m³〕

4. 数値流体解析の手順

数値流体解析により室内の空気の流れや熱の移動，物質の拡散などの現象を検討する場合には，これらの情報を知りたい領域である解析対象空間を決定し，その対象空間を多くの要素に分割する．さらに，解析対象空間とその外部空間の境界部分に流れや熱や物質の移動現象に関する境界条件などを与える．

4.1 解析対象空間の決定

図5.6.3(a)に示す空調を行う事務室空間の空気の流れや温度，汚染質の濃度などを知りたい場合，対象空間内の空気の流れ，熱や物質などの移動現象は日射をはじめとする建築物外部のさまざまな影響を受ける．さらに，その空間を取り囲む外部環境である地域環境や地球環境の影響を受ける．したがって，厳密に考えると対象空間を取り囲むすべての空間を解析領域として解析しなければならないが，このような広い空間を解析領域として検討することはできない．そこで，知りたい領域である空間を解析対象空間として，解析対象空間とそれ以外の空間の境界部分にその空間に影響を与える境界条件を規定する．

解析対象空間内の人体やパソコン，照明などの物体の形状や位置は空間内の空気の流れ，温度，濃度などに影響を与えるため，これらの発熱体や汚染質発生源などをモデル化する必要がある．このほかにも，吹出し口や吸込み口は空調を行う室内の温熱環境や空気環境に大きな影響を及ぼし，これらを適切に再現することが重要であり，これらの形状をできる限り忠実にモデル化することが重要である．

4.2 解析対象空間の格子分割

知りたい領域である解析対象空間を決定した後，解析対象空間を図5.6.3(b)のように格子状に分割する．解析対象空間を分割する方法には構造格子系と呼ばれる直交座標系や円筒座標系などを利用した方法や多面体を用いて分割する非構造格子系と呼ばれる方法がある．一般に，図5.6.3(b)のように直方体を用いる

5．空気環境分野

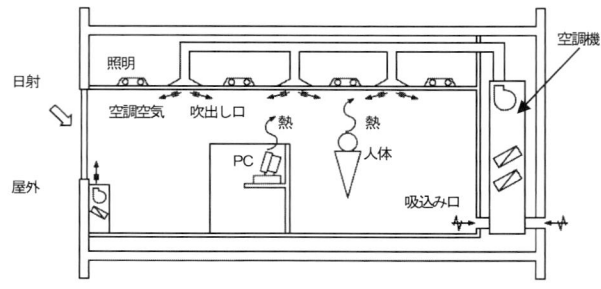

(a) 事務室空間

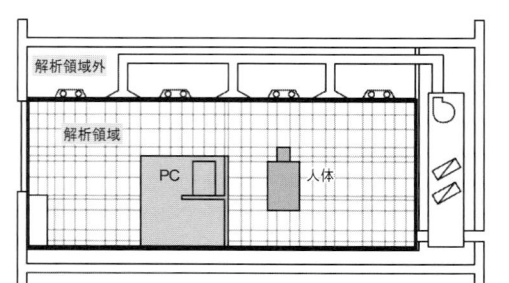

(b) 数値流体解析（格子分割）

図5.6.3　事務室空間を対象とした数値流体解析

表5.6.3　数値流体解析における境界条件

(a) 空気の流れに関する境界条件

境界条件	項目
流入境界条件	風速，乱流エネルギー，乱流消失率
流出境界条件	風速（あるいは圧力）
壁面応力条件	対数則，フリースリップ条件など

(b) 熱の移動に関する境界条件

境界条件	項目
流入境界条件	温度（流入）
熱伝達条件	壁面温度と対流熱伝達率など
発熱条件	熱流束，発熱量（単位体積あたり）など

(c) 物質の拡散に関する境界条件

境界条件	項目
流入境界条件	濃度（流入）
物質伝達条件	壁面濃度と物質伝達率など
物質発生条件	物質流束，物質発生量（単位体積あたり）など

構造格子系によって格子分割を行うことが簡便である．

この格子分割の粗密は数値流体解析の予測精度に大きく影響は与え，細かい格子によって分割する場合には比較的誤差の小さな解析結果が得られる．特に，吹出し口は室内全体の流れ場に与える影響が大きく，吹出し口の形状をできる限り忠実に再現することが重要であるが，細かい格子でその形状を再現した場合には計算負荷が大きく，膨大な計算時間を要する．したがって，吹出し口は数メッシュから数十メッシュの格子により吹出し気流性状を適切に再現する必要がある[3]．

4.3　境界条件の設定

対象である空間とそれ以外の空間の境界部分には，室内の空気の流れ，熱の移動や物質の拡散などに関する境界条件を適切に与える必要があり，数値流体解析では表5.6.3に示す境界条件を規定する．

空気の流れに関する境界条件には，流入境界条件，流出境界条件，壁面応力条件などがある．流入境界条件や流出境界条件は，空調や換気などによって室内に流入もしくは室内から流出する空気に関する条件であり，吹出し口や吸込み口などの面に風速などを規定する．また，空気と壁面の接する面に規定する壁面応力条件は壁面による抵抗によって空気の流れが減衰する現象を表す境界条件であり，乱流現象を扱う場合には一般に対数則が用いられる．

熱の移動に関する境界条件には，流入境界条件，熱伝達条件，発熱条件などがある．発熱条件は人体，OA機器，照明器具などから発生する熱の影響を表す境界条件である．

物質の拡散に関する境界条件には，物質伝達条件や物質発生条件があり，物質伝達条件は空気と壁面の間で生じる物質の吸脱着現象などに関する条件である．また，物質発生条件は人体やさまざまな燃焼器具などから放出される二酸化炭素などの影響を表す境界条件である．

4.4　対流・放射連成解析

壁面間で生じる放射熱伝達は室内の温熱環境や居住者の温冷感などに影響を与えると同時に，室内の気流分布や汚染質濃度分布にも影響を与える．したがって，高温もしくは低温の壁面などがある空間や大きな発熱体がある空間などでは放射熱伝達を考慮して，空間内の対流熱伝達現象と壁面間の放射熱伝達現象を同時に扱う対流・放射連成解析を行い，室内の流れ場，温度場，濃度場などを検討する必要がある．

5．数値流体解析例

数値流体解析により事務室空間を想定した解析モデルを対象に室内温熱・空気環境を検討した事例を示す．

図5.6.4のような事務室空間のインテリアゾーン（3.2m×3.2m×高さ2.8m）を模擬した空間内に人体およびパソコンを模擬した発熱体がある状態を想定し，図5.6.5のように解析対象空間を格子状に分割する．また，表5.6.5～表5.6.8に示す流

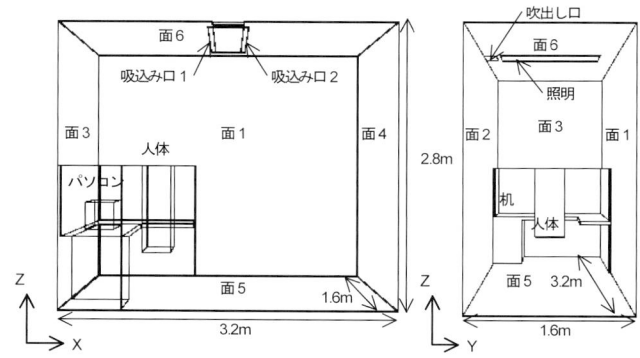

図5.6.4　解析モデル（1/2領域）

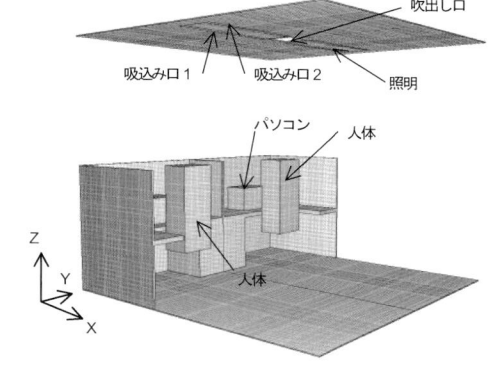

図5.6.5　解析モデル（格子分割）

表5.6.4　解析モデル

解析対象空間（格子分割数）	3.2m（X）×3.2m（Y）×2.8m（Z）（62（X）×32（Y）×42（Z）＝83 328）空間の対称性を考慮して1/2領域を解析
吹出し口	0.3m（X）×0.3m（Y）
吸込み口	0.025m（X）×0.6m（Y）　4か所
人体	0.4m（X）×0.3m（Y）×1.0m（Z）　2体
パソコン	0.4m（X）×0.3m（Y）×0.3m（Z）　2台
照明	0.25m（X）×0.6m（Y）　2列

表5.6.5　解析に用いた物性値

空気	密度　1.176〔kg/m³〕 粘性係数　$1.83×10^{-5}$〔Pa·s〕 定圧比熱　1 007〔J/(kg·K)〕 比熱　$2.56×10^{-2}$〔J/(kg·K)〕
固体 （人体，パソコンなど）	密度　998.7〔kg/m³〕 定圧比熱　4.183〔J/(kg·K)〕 熱伝導率　0.599〔W/(m·K)〕

表5.6.6　境 界 条 件

境界条件（流れ）	吹出し口：流速（Z成分）0.6m/s，風量200m³/h 吸込み口：流速（Z成分）0.2m/s，風量200m³/h
境界条件（壁面）	面1〜4：対称面 面5〜6，固体表面：壁応力条件（対数則）
境界条件（熱）	面1〜4：対称面 面5〜6，固体表面：対流熱伝達率4.0W(m²·K)

表5.6.7　発 生 条 件

熱	人体：36.6W/m²（60.0W/人） パソコン：151.5W/m²（100.0W/台） 照明：16.0W/m²
濃度	空間一様発生 （吸込み口濃度が1となるように発生量を設定）

表5.6.8　その他の計算条件

乱流モデル	標準 k-ε モデル
解析方法	対流・放射連成解析

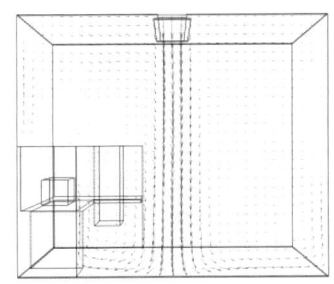
(a) 気流分布

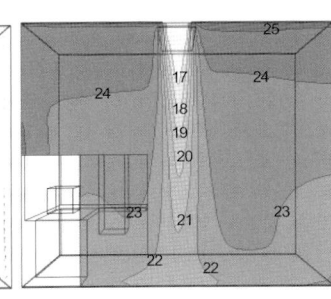
(b) 温度分布（単位：℃）

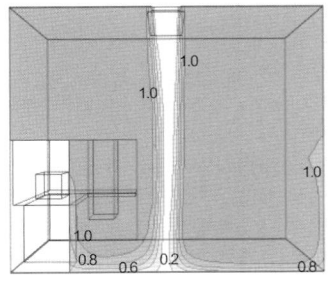
(c) 無次元濃度分布

図5.6.6　解析結果（X-Z面・吹出し口中央断面）

体や固体の物性値，流れや熱などに関する境界条件，熱や濃度に関する発生条件などの各種計算条件を与える．以上のような手順に従って解析を行い，その結果として得られた気流分布，温度分布，無次元濃度分布を図5.6.6に示す．

参 考 文 献

1）村上周三・加藤信介：新たな換気効率指標と3次元乱流数値シミュレーションによる算出法換気効率の評価モデルに関する研究，空気調和・衛生工学会論文集32，pp.91〜102，1986
2）近藤靖史・阿部有希子・長澤康弘：有効換気容積の定義と2次元CFD解析による算定例室内換気性状の評価指標としての有効換気容積の定義と算定法（第1報），日本建築学会環境系論文集第601号 pp.29〜34，2006
3）長澤康弘・近藤靖史・張本和芳：数値流体解析による空調用天井吹出口のモデリング手法　非等温実大実験と数値シミュレーション（その2），日本建築学会計画系論文集，第565号，pp.47〜54，2003

5.7 空気汚染の測定（基礎1）

1．演習の目的
われわれは1日に食物を1〜2kg，水を1〜3kg，空気を10〜20kg摂取している．食物は1か月程度，水は1週間程度摂取しなくても生きられるが，空気は数分間呼吸を止めただけで生きることができない．空気は人の健康に大きな影響を及ぼしている．

空気には，容積ベースで窒素（78.09％），酸素（20.95％），アルゴン（0.93％）を合わせると99.97％になる．残りわずかな量には，二酸化炭素（CO_2）や粉じんなど諸汚染物質が含まれている．このわずかな量の汚染物質は人の健康に大きな影響を及ぼすため，空気の質をチェックする，すなわち，測定し空気汚染の挙動を把握することは問題の解決に繋がる．

このために本節では，多くの空気汚染物質のうち，代表的に粒子状物質の浮遊粉じんとガス状物質の二酸化炭素（CO_2）を取り上げ，その測定法に習熟することを第一目標とする．さらに，近年日本で社会問題となっているシックハウスの原因物質であるホルムアルデヒド（HCHO），揮発性有機化合物（VOC）の測定法についてもその測定原理を理解する．

これらの測定結果より，室内空気環境を客観的かつ的確に把握・評価することをこの節の目的とする．さらに，室内空気汚染問題の本質に対する理解を深めることによって，その対策の検討へと結び付いていくことが可能になる．

2．基礎事項
2.1 粒子状物質
2.1.1 物性
空気中を浮遊する液体相および固体相の物質を，浮遊粒子状物質（広義の粉じん）と総称する．本来，機械的に粉砕されて生成する固体の粒子状物質，いわゆる一般粉じんは，物質の加熱蒸発によって生成されるヒューム，液体の噴霧によるミスト，燃焼や喫煙による煙とは区別されるものであるが，建築物衛生法（建築物における衛生的環境の確保に関する法律）では室内を浮遊している粒子状物質を総称して浮遊粉じんと定義している．

2.1.2 濃度の表示法
質量法：単位体積の空気中に含まれる粉じんの質量，mg/m^3で表示される．

粒子の質量は粒径の3乗に比例するため，空中に数の少ない大粒径の粒子は質量濃度への寄与が大きい．また，人体影響を考える場合，大きい粒子が鼻腔，上気道に留まり，肺胞に到達しないため〔図5.7.1〕，通常10μm以上の粒子を分粒装置で取り除いて測定する．

相対質量濃度法：粒子の光学（散乱光）などの物理特性を利用し，その散乱光量を測定することによって，浮遊粉じんの質量濃度に換算したものである．相対質量濃度の測定には後述するデジタル粉じん計がある．

計数法：単位体積の空気中に含まれる粉じんの数，個/l，または個/m^3で表示される．個数濃度の測定には後述するパーティクルカウンタがある．

2.1.3 健康影響
浮遊粉じんによる人体健康への影響はその粒子の成分，濃度および粒径（空気動力学径）によって決まる．たばこ煙粒子，ラドンの娘核種，アスベストのような発がん性物質はもちろん，非発がん性の一般的な浮遊粉じんでもその濃度によって人体に悪影響を及ぼす場合もある．

また，濃度と同時に，その粒径による健康への影響も非常に大きい．浮遊粉じんは眼，皮膚，などのほか，主として呼吸器に影響を及ぼす．ヒトの呼吸は粒子状物質を含んだ気流を吸入し，鼻腔，口腔から気道，気管支を経て肺胞に達した後，再び呼気とともに呼出されるが，浮遊粒子の粒径によって呼吸器に沈着部位，とどまる時間，除去メカニズムが異なる．大きな粒子は慣性衝突，重力沈降によって上気道に沈着する．上気道に沈着した粒子は繊毛運動により咽頭へ運ばれ，痰の形で除去される．小さい粒子は肺胞まで到達して沈着する．沈着した粒子はクリアランス機構（自浄作用）によって外界または腸管へ排出されるか，溶解したり，組織内に取り込まれたりする．上気道に沈着した粒子は数日間，肺内に沈着した粒子は場合によって数百日間をわたるため，粒子の化学的性質と物理的性状により種々な障害を引き起こす可能性があり，人体の健康に与える影響が大きいものと考えられる．図5.7.1に示しているとおり，粒子は小さければ小さいほど肺胞内に沈着率が高くなる．一方，大きい粒子は上気道に沈着しやすいため，アレルギーの原因物質，すなわち，アレルゲンに関係した物質の場合は，大きさにかかわりなく，ヒトの健康に影響を与え，一般環境においても無視することができない．

2.1.4 環境基準
浮遊粉じんに関する国内外の規準値を表5.7.1に示す．

2.2 ガス状物質
2.2.1 物性
CO_2：分子量44.01，密度1.811〔kg/m^3〕，水への溶解度0.87〔cm^3/cm^3〕，融点－56.9〔℃〕，沸点－78.5〔℃〕，常温で無色，無臭の気体である．固体状態は白色，雪状を呈しドライアイスと呼ばれ，多方面に使用されている．また，CO_2は化学的に不活性なため消化設備にも活用されている．

HCHO：分子量30.03，密度0.815〔g/cm^3，液体〕，融点－92〔℃〕，沸点－21〔℃〕，常温で無色，刺激臭を有する気体である．HCHOは水に溶けやすい．37％程度の水溶液は通常ホルマリ

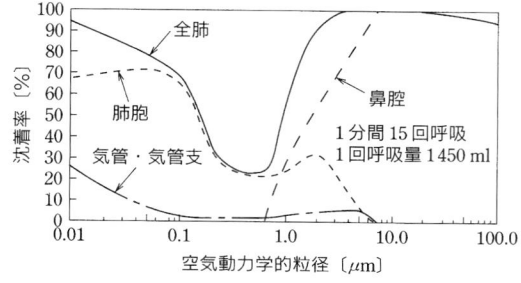

図5.7.1 粒径と肺内沈着率の関係

表5.7.1 浮遊粉じんに関する各種基準

	法律等	基準値〔mg/m^3〕	備考
一般環境	建築基準法，建築物衛生法	0.15	
	学校環境衛生基準	0.1	
	興行場条例	0.2	
	WHO	0.1〜0.12	8時間平均値
		0.1	30分平均値
	EPA	0.05	年平均値
		0.15	24時間平均値
大気汚染	大気汚染に関わる環境基準	0.1	1時間値1日平均値　かつ
		0.2	1時間値
労働環境	事務所衛生基準規則	0.15	中央管理方式の空調設備（吹出し口）
	日本産業衛生学会許容濃度	2〜8	0.5〜2（吸入性粉じん）

ンとして市販されている.

HCHOの発生源は,それを原料とした接着剤・複合フローリング材・合板・パーティクルボード・集成材・化粧合板・尿素樹脂発泡型断熱材・パネル・カーペット・パーティションの他,生活用品・燃焼器具・喫煙等である.

VOC:有機化合物(Organic Compound)とは,炭素を含む化合物の総称であり,炭素原子に特に基礎を置くものである.炭素の酸化物や炭酸塩は有機ではなく,無機化合物(Inorganic Compound)に含まれる.炭素−炭素の結合が強いため,数多くの炭素原子が長い鎖状,または大きな環状の分子になることができる.また,炭素は炭素原子のほかに,水素,酸素,窒素,硫黄などとも結合できるため,多種の有機化合物がその結合の仕方によって生まれる.

VOC(Volatile Organic Compound)とは常温で液体または個体の形で存在する1mmHg以上の蒸気圧をもつ有機化合物を指す.周知のとおり,物質の物理・化学的性質はその沸点によって大きく異なる.沸点の低いものは飽和蒸気圧が高く,室温以下のものはほとんどガス状で存在する.これに対して,沸点の高いものは気化しにくく,吸着されやすいのが特徴である.WHO(World Health Organization)では表5.7.2に示しているように,沸点を基準にVOCを分類している.

2.2.2 濃度の表示法

体積比:単位体積の空気中に含まれる対象ガスの体積比,〔%〕または〔ppm〕(parts per million)で表示される.

質量濃度:単位体積の空気中に含まれる対象ガスの質量,mg/m^3,または,$\mu g/m^3$で表示される.

単一成分のガスにおいては,体積比と質量濃度の間に下記の関係式が成り立つ(20℃,1気圧).

体積比 = 質量濃度 × (24 ÷ 分子量)

ただし,体積比:ppm(ppb);質量濃度:mg/m^3($\mu g/m^3$).
例えば,HCHOの分子量は30であるため,$0.1mg/m^3$は0.08ppm(= 0.1×24÷30)になる.

2.2.3 健康影響

CO_2:ヒトは空気を吸いながら生きている.その役割を担っている呼吸器のもっとも重要な機能は外界より酸素(O_2)を取り込み,CO_2を排出するいわゆるガス交換である.CO_2は血液中のpHをコントロールするのに大きな役割を果たすが,吸気中のCO_2濃度が高くなると,ヒトの運動能力を低減させるばかりではなく,諸症状も見られるようになる.CO_2の毒性指標として5 000ppmが用いられている.

HCHO:HCHOは近年日本で社会問題となっているシックハウスの原因物質の一種として注目されている.厚生労働省からHCHOのガイドライン,建築物衛生法では環境管理基準値が定められている.また,2004年には,WHOのIARC(国際がん研究センター)からHCHOを在来のグループ2の物質(ヒトに対して発がん性の恐れのある物質)からグループ1の物質(ヒトに対して発がん性がある)に引き上げられた.

VOC:VOCの多くは強い麻酔性をもち,中枢神経の機能を低下させることが知られている.VOCは眼や呼吸系を刺激し,眼,皮膚,呼吸系のアレルギーを引き起こす.これらの化学物質の多くは,高濃度の場合,肝臓や腎臓へダメージを与える.また,VOCに暴露された時には,疲労,頭痛,眠気,目眩,虚脱感,心臓の不整脈の症候を示すといわれている.

室内で測定されたVOCの一部には,ヒトの発がん性物質(ベンゼン),または動物の発がん性物質(クロロホルム,トリクロロエタン等),突然変異を起こす物質(スチレン,α-ピネン),発がん性の疑いがある物質(オクタン,デカン)が含まれる.

2.2.4 環境基準

表5.7.3に厚生労働省から出されたHCHOとVOCのガイドラインを示す.なお,建築物衛生法ではHCHOの環境管理基準を$0.1mg/m^3$と定めている.

表5.7.2 揮発性有機化合物の分類(WHO)

分類	記号	沸点範囲〔℃〕	化学物質例
高揮発性有機化合物	VVOC	0以下〜50-100	ホルムアルデヒド,アセトアルデヒド
揮発性有機化合物	VOC	50-100*〜240-260*	トルエン,キシレン
準揮発性有機化合物	SVOC	240-260〜380-400	フタル酸ジブチル,クロルピリホス

〔注〕 *:極性のある物質は,高い値を取る.

表5.7.3 厚生労働省のガイドライン

物質名	ガイドライン* $\mu g/m^3$	ガイドライン* ppb	制定日
ホルムアルデヒド	100	80	1997. 6.13
トルエン	260	70	2000. 6.26
キシレン	870	200	〃
パラジクロロベンゼン	240	40	〃
エチルベンゼン	3 800	880	2000.12.15
スチレン	220	50	〃
クロルピリホス**	1	0.07	〃
フタル酸ジ-n-ブチル	220	20	〃
TVOC***	400		
テトラデカン	330	41	2001. 7. 5
フタル酸ジ-2-エルヘキシル	120	7.6	〃
ダイアジノン	0.29	20	〃
アセトアルデヒド	48	30	2002.1.22
フェノブカルブ	33	3.8	〃

〔注〕 *:両単位の換算条件(温度)は25℃; **:小児の場合は1/10とする; ***:暫定目標値

3 空気汚染の測定法

3.1 浮遊粉じん

3.1.1 標準測定法

原理:建築物衛生法などで,室内浮遊粉じん濃度を質量濃度基準として定めている.このため,ロウボリウムエアサンプラが標準的な浮遊粉じんの質量濃度測定器として用いられている.ロウボリウムエアサンプラでの測定方法は,ろ過材を通して試料空気を吸引し,ろ過材上に捕集した粉じんの質量濃度を求める.吸引量はヒトの呼吸量と同程度にする.

装置:ロウボリウムエアサンプラは分粒装置(セパレータ),ろ紙(フィルタ),フィルタ保持具(ろ紙ホルダ),流量計,吸引ポンプから構成される.図5.7.2に装置構成例を示す.

① 分粒装置:分粒装置には重力沈降型,慣性衝突型,遠心分離型がある.図5.7.3に,一般室内環境の測定によく用いられる重力沈降型分粒装置の分粒原理を示す.$10\mu m$以上の粒子が分粒装置を通ることによってカットされるようになっている.

② ろ紙:$0.3\mu m$のステアリン酸粒子に対して95%(建築物衛生法では99.9%)以上の捕集性能を有するろ紙($47mm\phi$または$55mm\phi$)が要求される.ろ過材として一般的に吸湿性の少ないガラス繊維が用いられる.

③ フィルタ保持具:ろ紙の破損や吸引空気が漏れないもので,フィルタを容易に交換できるものが適する.

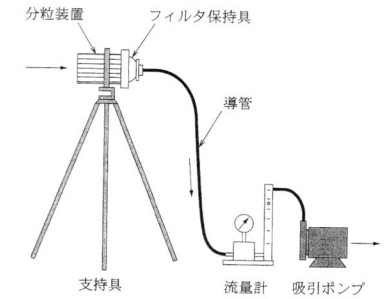

図5.7.2 ロウボリウムエアサンプラ構成例

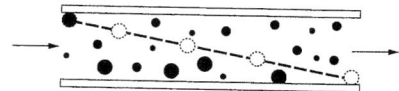

図5.7.3 重力沈降による分粒の原理

④ 流量計：流量計の精度は直接浮遊粉じん質量濃度の測定結果に影響を与えるため，適正なものを選定する．JIS Z 8761に規定する直示式または JIS Z 8762に規定するオリフィスを使用するのが望ましい．

⑤ 吸引ポンプ：吸引量は10〜30 l/min で，脈動を生じず，長時間の連続運転に耐えるものが適する．

このほか，ろ紙質量をひょう量するための0.01mg以上の感度をもつ天びん，測定前後ろ紙を乾燥するためのデシケータが必要になる．

測定方法：ロウボリウムエアサンプラでの測定は以下の3段階で行う．

① ろ紙の前処理：ろ紙の湿度影響をなくすために，測定用ろ紙をデシケータ（20℃，50％）で24時間以上の乾燥を行った後，天びんでひょう量し，記録しておく．

② 各構成器具を正しく設置し，天びんで計れる必要な粉じん量を捕集するまでサンプリングをする．一般環境においては，数時間以上のサンプリングが必要である．

③ 紙の後処理とひょう量：ろ紙の前処理と同様に乾燥させた後ひょう量し，質量増加分を吸引空気量で除し，質量濃度を求める．

上記のように，ろ紙の測定前後処理には2日間以上かかる．この時間を省くために，デシケータを用いずに，2枚のろ紙を重ねてフィルタ保持具に設置して行う．ここでは，下流側のろ紙は湿度の影響を取り除くために使用される．ただし，ひょう量の雰囲気の湿度の影響を避けるために，デシケータの中，または温湿度制御された室内でひょう量することが望ましい．この場合の浮遊粉じん濃度は次式により求める．

$$C = \{(W_{11} - W_{10}) - (W_{21} - W_{20})\}/V \tag{5.7.1}$$

ただし，C は質量濃度〔mg/m^3〕，

ここで，W_{11}：サンプリング後の上流側ろ紙質量〔mg〕，W_{10}：サンプリング前の上流側ろ紙質量〔mg〕，W_{21}：サンプリング後の下流側ろ紙質量〔mg〕，W_{20}：サンプリング前の下流側ろ紙質量〔mg〕，V：吸引空気量〔m^3〕．

注意事項：サンプリング時間について注意を払う必要がある．例えば，室内浮遊粉じん濃度は0.1mg/m^3，ポンプの吸引量20 l/min の場合，ろ紙の質量と天びんの精度を考慮すると1 mg以上の粉じんを捕集する必要があり，このため，8時間〔1mg ÷ (0.1mg/m^3 × 0.02m^3/min) = 500min ≒ 8時間〕以上のサンプリングを行わなければならない．また，室内濃度が低くなるにつれてサンプリング時間を長くしなければならない．ロウボリウムエアサンプラでの測定は，一つのデータを得るのに長時間を要するため，室内環境測定において一般的に下記の相対濃度測定法が用いられている．

3.1.2 相対濃度測定法

1）デジタル粉じん計

原理：浮遊粉じんから発した散乱光量は，粉じんの大きさ，形状，比重，屈折率などの物理的性質や化学成分が一定の場合は，浮遊粉じんの質量濃度に比例することが知られている．この原理を応用したデジタル粉じん計は，吸引される試料空気が散乱光測定領域を通る際に光を照射し，その中に含まれる粉じんから発した散乱光の強さから相対濃度として表示される．相対濃度は時間のカウント数（例えば，counts per minute：cpm）として表示されるため，測定感度は1 cpm = 0.001mg/m^{3}のものが主流である．

装置：現在一般に用いられるデジタル粉じん計は手動と自動の両方に対応できるものであり，内蔵のメモリに測定値を保存するタイプのものが多い．測定後，専用のソフトをインストールしてあるパソコンにてデータを吸い上げる．

市販のデジタル粉じん計はほとんど1kg程度の小型なものである．

測定方法：測定間隔（6秒〜10分程度の数段階）を決めていれば，基本的にスイッチのONで測定ができる．なお，詳細については，取扱説明書を参照する．

バッテリを使用する場合，あらかじめバッテリの残量をチェックする必要がある．また，測定回数を重ねるにつれ（特に高濃度の環境で測定した場合）感度が落ちることがあるため，測定開始前に感度チェックも必要である．

注意事項：浮遊粉じん相対質量濃度を求めるための変換係数は，粉じんの種類，性状（比重，粒計，粒度分布，反射能，吸収能）によって異なる．このため，測定に応じて変換係数をあらかじめ求めておく必要がある．捕集装置（ロウボリウムエアサンプラ）とデジタル粉じん計とを同一場所で同時平行測定を行い，捕集装置で得られた質量濃度（C）とデジタル粉じん計で得られた相対濃度（R）から，変換係数（K）を求める（$K = C/R$）．

また，浮遊粉じんの粒径によって散乱光強度が著しく異なることに注意を要する．図5.7.4に粉じんの粒径と相対散乱光強度の関係を示す．たばこ煙粒子のようなサブミクロン粒子に対して強い散乱光強度を示す特徴がある．

2）パーティクルカウンタ

原理：Mie 理論によれば，粒子の屈折率および粒径のパラメータがわかっていれば，入射光強度に対して粒子のあらゆる角度からの散乱光強度が求められる．パーティクルカウンタはMie 理論を応用した測定器である．サンプリングされる空気中の粒子に光を照射すると，粒子から散乱光が放出される．パーティクルカウンタはその散乱光のパルス数を粒子数，散乱光の強度を粒子径として測定する．

また，パーティクルカウンタにおいては，あらかじめ屈折率が既知の標準球形粒子（例えば，ポリスチレンラテックス粒子）のもとに作成した検量線を用いて粒径別粒子数を求められる．なお，散乱光強度は粒子径の6乗に比例し，粒子の光学的特性にも依存するため，パーティクルカウンタで測定した粒子径は較正用粒子の相当径になることに注意を要する．すなわち，

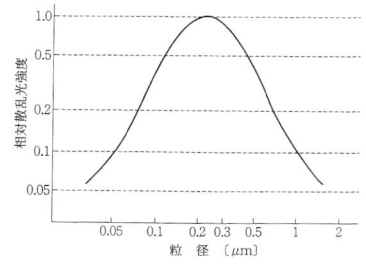

図5.7.4 粉じんの粒径と相対散乱光強度

パーティクルカウンタで測定した粒径は，顕微鏡で見た幾何径と若干異なる．

クリーンルーム関連によく用いられることもあって，パーティクルカウンタの進歩が目覚しい．在来タイプの白色光・光電増倍管では測定できる粒径の下限が0.3μmであったが，強力なレーザ光源の使用によって，0.1μmまで，さらに，He-Neレーザ光と光電増倍管を組み合わせることによって，0.05μmの粒子の測定が可能となった．

装置：光学系によっては，側方散乱方式と前方散乱方式とがある．一例としてセンサーの構成例を図5.7.5に示す．光学系は高い分解能（粒径の識別），粒子の屈折率による影響が小さいことなどの性能が要求される．

測定方法：一般的に，パーティクルカウンタは手動測定と自動測定を選べるようになっている．粒径測定範囲はおよそ0.1μmから5μm以上の数段階となっているが，目的に応じて粒径測定装置の改造も可能である．

定格流量2.83L/minのものが多いが，毎分連続測定するのか，ある時間帯（例えば，10分間）の平均値を測定するのかを決めていれば，基本的にスイッチのONで測定できる．なお，詳細については，取扱説明書を参照する．

注意事項：光散乱法の測定は，個々の粒子に対して行うため，高濃度の場合，粒子間のBrown凝縮や粒子損失，すなわち，粒径が大きく，個数が少なく評価されるおそれがある．これは同時通過損失といい，損失率の例を図5.7.6に示す．同時通過損失を避けるには，高濃度環境の測定において，粒子希釈装置を用いることが望ましい．

3.2 二酸化炭素（CO_2）
3.2.1 検知管法

検知管法は，ガス採取器と対象ガス用検知管のセットで測定を行う方法であり，性能，構造などがJIS K 0804により定められている．

原理：アルカリとpH指示薬を吸着させたアルミナをガラス管に充てんし，両端を溶封したものがある．桃色の検知剤は，アルカリがCO_2により中和されてpHが変化し，黄色の変色層を生じる．検知管法は，簡易でかつ測定現場で結果が得られる特徴を有する．

装置：必要な装置は検知管と吸引ポンプである〔図5.7.7〕．一般環境測定の低濃度用のものとして300～5 000ppmのものがある．

測定方法：検知剤を充填されたガラス管に試料ガスを吸引ポンプで通し，得られた着色層の長さから被検ガスの濃度を読み取る．

手順：①検知管の両端を，ポンプ先端側面のカッタで切る．②検知剤の十分充填された先端が試料空気の入口になるように，検知管を取付け口にしっかりと差し込む．この際，ポンプ内部の空気は完全に放出しておく．③シャフト上の赤点を，止め金の赤点に合わせ，ハンドルを一気に引いて90度回転させ止め金に固定する．④そのまま規定の時間（数分間）放置する．試料空気を1回（100mL）以上採取する場合には，検知管をそのままにして規定の時間経過後吸引操作を繰り返す．⑤サンプリング終了後，検知管を外し，濃度を読み取る．

注意事項：①ガス採取器に空気漏れがないことを確認しておく必要がある．②使用説明書に記載されている有効期限（2～3年）内に使用する．③測定値に温度補正を行う．④測定値をガス採取後所定の時間が経過した後に直ちに読み取る．

3.2.2 非分散型赤外線吸収法

原理：CO_2はその分子構造に関係する赤外領域の光線を吸収する性質がある一方，空気の主成分であるN_2，O_2，Arなどにはその性質がないことを利用した濃度の測定方法である．精度が高く，連続自動測定が可能である．

装置：非分散型赤外線吸収法測定器に，光源，回転セクタ，干渉フィルタセル，基準セル，試料セル，検出器，増幅器，自動較正器，表示記録計から構成される．

測定方法：自動的連続測定器であるが，測定手順とデータの収集方法については，メーカーの取扱説明書を参照する．

注意事項：測定前に，ゼロガス（N_2）とスパンガス（濃度既知のCO_2とN_2の混合ガス）を用いて校正を行う．

3.3 HCHO
3.3.1 簡易法

検知管法：測定方法は前記のCO_2と同じである．充てん剤には塩酸ヒドロキシルアミンまたはリン酸ヒドロキシルアミンが用いられる．これとHCHOが反応して生じる塩酸またはリン酸を，pH指示薬と反応させて生じる変色層の長さからHCHOの濃度を求める．一般に使用されている製品の濃度測定範囲は，ポンプ30分連続吸引で0.01～0.4ppm程度である．

測定装置の例を図5.7.8に示す．まず，チップホルダに検知管を差込み両端をカットする．次に，ポンプを三脚などの支持具に固定し，検知管をポンプに取り付ける．所定の時間で吸引後，

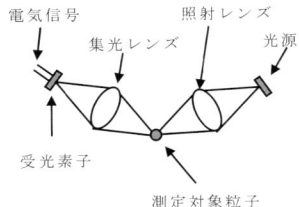

図5.7.5 パーティクルカウンタの測定原理

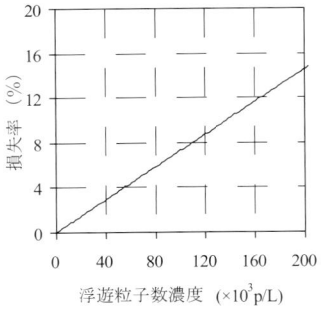

図5.7.6 粒子同時通過損失率

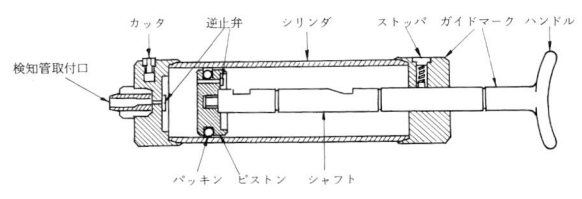

図5.7.7 検知管の例

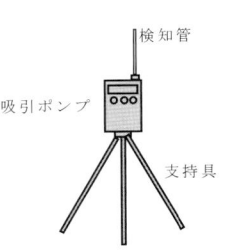

図5.7.8 測定装置

検知管を外し変色層先端の目盛を読み取る．

定電位電解法：溶液と空気との界面において作用電極を一定電位（定電位）に保ちながら直接電気分解（電解）を行う．テフロン膜を透過したHCHOは，作用電極上で水と反応する一方，対極では酸素，イオン，電子との反応が進行する．全体として，この反応はHCHO濃度に比例するため，外部回路に流れる電流を測定すれば，HCHO濃度が求まる．濃度測定範囲は，ポンプ30分連続吸引で0.04～0.3ppm程度である．

光電光度法：HCHOと特異的に反応する試薬などを含浸した試験紙に，被検空気中のHCHOと反応して発色するため，この部分に光を照射すれば，その反射光の強度から，HCHO濃度を15分または30分の平均値としてデジタルで表示される．

3.3.2 精密法

精密法は，空気を採取すると採取後の分析の2段階からなる．空気の採取方法には，ポンプを用いるアクティブサンプリング法とポンプを用いないパッシブサンプリング法がある．いずれの方法で採取した試料を溶媒抽出後にHPLC（High-Performance Liquid Chromatograph：高速液体クロマトグラフ，通称：エキクロ）で正確に測定値を求める必要がある．

また，分析機器は1 000万円以上で，分析も専門技術を要する．

3.4 VOC

3.4.1 簡易法

トルエン，パラジクロロベンゼンなどのVOC測定用の検知管が販売されている．測定方法とHCHOと同じである．

また，VOCの簡易測定器の種類も多い．簡易測定器においては，1台ですべての成分を測定することが不可能で，現在市販されているものの中で，トルエン，キシレンなどの測定器がある．

3.4.2 精密法

基本的にHCHOの精密法と同じであるが，試料の採取に一般的にTenaxが用いられる．採集したものを加熱脱着後または溶媒抽出後にGC/MS（Gas Chromatograph/Mass Spectrometry，ガスクロマトグラフ質量分析計，通称：ガスマス）で分析を行う．

GC/MSも1000万以上の高価な計測器で，分析も専門技術を要する．

4．演習の進め方

室内空気汚染物質の濃度は，汚染の発生量，換気量，気流分布などによって時間的変動と空間的な分布を示す．したがって，空気汚染の測定計画は目的に応じて立てることが重要である．

また，本節で述べる内容のうち，実験回数，時間，測定器の設備状況などを勘案して選択する必要がある．可能であれば，汚染指標であるガス状物質のCO_2と粒子状物質の浮遊粉じんのそれぞれ1回ずつの測定が望ましい．HCHO，VOCについては簡易法測定を行うことも有意である．

4.1 定点経時測定

室内の代表点（例えば，室の中央部）を測定点として選び，その場所での汚染物質濃度の時間的変動を調べる．測定点の高さ一般的に床上75～150cm（ヒトの呼吸域）とする．

連続測定できる計測器を用いる場合，1，2分間隔で連続測定を行い，濃度の時間変動を把握する．また，濃度に関連する要因，例えば，空調の吹出口・吸込口の配置，在室者数の変動（10分間隔で計数）などを記録しておく．さらに，計測器数に余裕があれば，外気濃度も同時に測定を行う．

なお，1回の測定に時刻T_1～T_2まで要した場合は，通常T_1のものとして扱う．

4.2 多点（同時または移動）測定

室内汚染物質の発生源を調べようとする場合など，濃度の平面分布を把握する必要がある．濃度分布の測定において，多点同時の測定を行う．測定点数は基本的に等高線を描けるように，測定対象室の広さに応じて決定する〔図5.7.9〕．市販されている表計算ソフトを使用すれば，等高線を簡単に描ける．

4.3 汚染発生量の測定

室内空気中浮遊微生物の濃度は，空中への発生量とそれを希釈するための換気量とのバランスによって決まる．汚染物質の瞬時一様拡散の前提で，定常状態においては，室内に侵入する量に加える室内での発生量が室内から排出される量と等しくなり，図5.7.10のモデルにおいては次の（5.7.2）式で表すことができる．（5.7.2）式を変化すれば，（5.7.3）式が得られる．

$$CoQ + M = CQ \tag{5.7.2}$$
$$M = (C - Co)Q \tag{5.7.3}$$

C　：室内空中微生物の濃度〔mg/m^3〕
Co　：外気中汚染物質の濃度〔mg/m^3〕
Q　：換気量〔m^3/h〕
M　：室内汚染物質の発生量〔mg/h〕

測定手順：①室内を密閉させ，室内と室外の圧力差をゼロ（等圧）またはわずかな陽圧にする．この状態で（5.7.2）式中のCoの項を無視することができる．②室内対象汚染物質を発生させ，かくはんファンで室内濃度が均一になるようにする（完全拡散，瞬時一様条件を作る）．室内濃度を測定する（チューブを介して）．濃度Cと換気量Qの積がMになる．なお，換気量の測定は5.3節を参照．

4.4 測定値間の相関関係

2種類以上の項目を同時に測定した場合，その測定結果間の相関を求めることができる．ただし，一般に物理的意味のある場合において使用すれば，汚染発生源の関係や，濃度形成のメカニズムについて検討することが可能になる．例えば，汚染指標CO_2について，室内に燃焼器具がなければ，主な発生源は在室者になる．したがって，同じ在室者から発生する浮遊粉じんとの相関がある場合が多い．また，CO_2濃度が顕著に高ければ，換気量不足の可能性があり，他の汚染物質の濃度も上昇することもある．ただし，この場合は，同じ発生源であるから高くなっているのではなく，換気量の低下による他の汚染源から

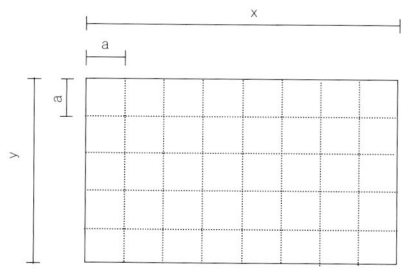

$X*Y \leq 20m^2$, $a=1m$,
$20m^2 < X*Y \leq 50m^2$, $a=2m$
$50m^2 < X*Y \leq 200m^2$, $a=3m$
$200m^2 < X*Y \leq 500m^2$, $a=4m$
$X*Y > 500m^2$, $a=5m$

図5.7.9　測定点の取り方

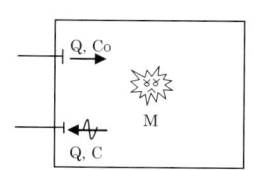

図5.7.10　室内空気汚染の概念図

発生する汚染物質濃度も上昇することがある．

図5.7.11に室内CO_2濃度とTVOC濃度の連続測定結果を示す．終業時から翌日始業時の間，在室者がなく空調・換気設備が止まるため，室内CO_2濃度は外気濃度レベルに向かって徐々に下がるが，建材などからの発生にかかわるTVOC濃度は換気が止まることによって上昇することがわかる．これは，両者の発生源が異なるが，CO_2濃度の低減は発生源（在室者）がいなくなったためであり，換気量を増やしたわけではない．逆に，在室者がいなくなることで，空調が止められ，換気量が低下したため，TVOC濃度が上昇した．すなわち，この場合のCO_2濃度の低減とTVOC濃度の上昇は同じ原因ではないことがわかる．

一方，同じ項目に対して2種以上の測定器を使用する場合，測定管の相関を求めておいたほうが，計測器の特性を把握するのに役に立つ．

5．レポートのまとめ方
レポートは次の順序に従って記入する．

5.1 目的
実態の把握を目的としているのか，あるいはある仮説を立てて測定を行っているのかなどについて明確に記しておく．

5.2 測定の概要
① 日時，場所，測定対象室の建築概要（構造，広さ，対象階，室用途），空調設備概要（空調方式，空気清浄装置の性能）．
② 測定項目：汚染物質名，関連事項および計測器の仕様．
③ 測定点：文章で説明しにくい場合，図で示す方法もある．

5.3 結果
測定全データ（1次の未処理データ）の一覧表を作成．目的を説明できるように，わかりやすく図式化（視覚化）する．

データの解析について，ここでいくつか代表的な指標を紹介する．

平均値・標準偏差・変動係数：たくさんのデータを一つの量として表す場合に用いられるもっとも一般的な統計量である．また，平均値からのばらつきを表すのに，標準偏差と変動係数を用いる．

算術平均 $X = \frac{1}{n}(X_1 + X_2 + \cdots\cdots X_n)$
$= \frac{1}{n}\sum X_i$

標準偏差 $\delta = \sqrt{\frac{1}{n-1}\sum (X_i - X)^2}$

変動係数〔％〕 $F = \frac{\delta}{X} \times 100$　　　　(5.7.4)

図5.7.12に浮遊粉じん濃度の経時変化の測定例を示す．1日の平均値，標準偏差，変動係数それぞれ0.15mg/m³，0.08mg/m³，50％であった．

累積度数分布：測定値に適当な階級を定め，それに対する度数を累積度数で表したもので，これより50％タイル値，90％タイル値を求める．図5.7.13に示す測定結果から求めた浮遊粉じん濃度の累積頻度を示す．50％タイル値，90％タイル値はそれぞれ0.08mg/m³，0.24mg/m³であることが図から読み取れる．

5.4 考察
汚染濃度とその関連要因との関係や，今までの文献と比較して考察を行う．例えば，図5.7.12の室内浮遊粉じん濃度は喫煙者と連動して変動することから，喫煙に影響を受けるものと考察することができる．

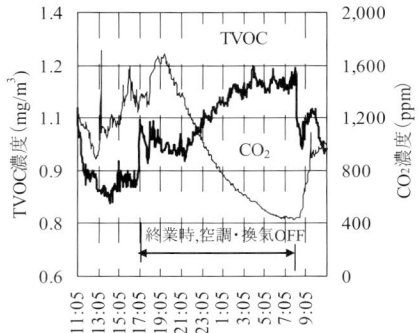

図5.7.11　CO_2とTVOC濃度の経時変化

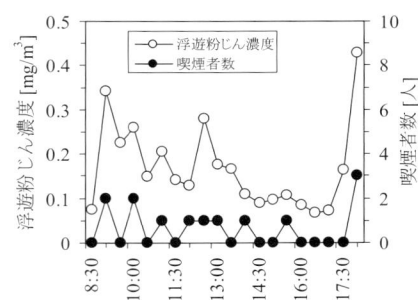

図5.7.12　浮遊粉じん濃度の経時変化

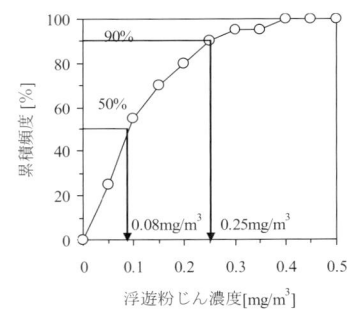

図5.7.13　浮遊粉じん濃度の累積分布

5.5 まとめ
考察が多岐にわたる場合，最も重要と思われる項目についてさらに簡潔に結論を述べる．また，目的を達成できていない場合，その課題を書き添える．

参考文献
1) 柳　宇：オフィス内空気汚染対策，技術書院，2001年．
2) 柳　宇：粒子状物質の測定方法，室内空気清浄便覧，100-112，オーム社，2000年．
3) ビル管理教育センター：空気環境測定実施者講習会テキスト第1版第1刷，2006年．

6. 水環境分野

6.1 水質の測定（基礎1）

1．概要および目的
（1）この実験では，"水の利用"と"生活環境の保全"の両面に立って，まず"動く水"としての基本的流れをとらえ，①折々に必要となる水質の意義，②水質表現方法の体験，③得られた結果の評価のしかたなどについて学習することを意図している．

具体的に念頭に置く水の種類としては，①給水系統としての飲料水を中心とする用水，②排水系統としての汚れた水，③河川等の公共的な水域の水，④雨水に代表される自然の水に大別される．

（2）水質試験の意義と目的は，上述の対象とする水の種類，その存在または利用の形態，水処理技術または設備の効果や性能判定など，条件によりその見方や内容が異なるが総括的に述べれば次のとおりである．

① 水質，底質（底泥等の質）等の実態を知ること

水道水や工業用水，再利用水（中水道水，雑用水道水）などの給水系においても，また下水道，浄化槽等関連の排水系についても，その水質の実態を把握して不都合な面があればそれに対処しなければならない．また，河川，湖沼，港湾，海域など公共水域における汚濁の原因，機構の解明など水質試験は不可欠である．

② いわゆる"水質基準"等への適合，不適合の判断をすること

上述の給水系でも排水系その他でも，それぞれにおいて慎重に検討された基準値，指針値，目標値などが多く定められている．環境保全の立場からは環境基準値が定められている．少なくともこれらの基準値が存在するものについてはそれらの存否と内容を知り，必要に応じて得られた結果との対比と評価が行われなければならない．水道水等の水質基準および雨水の測定例を参考資料6.1.1～6.1.5に示す．

③ 水処理工程の検討，効果，運転管理等の指標とすること

給水系，排水系等いずれにしろ，それら水処理過程等における単位工程・操作等の効果判定，工程改善方法の考究そのほかにおいて指標となる客観的な資料となりえる場合が多い．

（3）水質試験はおおむね次の五つの視点から行われる．本実験過程においては，これらに含まれる水質試験項目のすべてについて体験することは当然できないが，各自の実験過程においてどの視点から水をみているのかをそのつど認識しておく必要がある．
① 感覚指標………（例）水温，臭気，外観，色度，濁度，透視度，懸濁物質など
② 液性指標………（例）pH，酸度，アルカリ度，相対安定度，酸化還元電位など
③ 物質指標………（例）蒸発残留物，浮遊物質，塩素イオン，無機性・有機性窒素，リン酸，ヘキサン抽出物質，BOD，CODなど
④ 有害物質指標…（例）水質汚濁防止法に定める有害物質など
⑤ 生物指標………（例）細菌学的：一般細菌数，大腸菌群数など，生物学的：動物・植物性の浮遊生物，底生生物など

2．方　法
2.1 測定対象項目
本実験では次の項目について行う．
①気温，水温，②外観，③透視度，④臭気，⑤pH，⑥電気伝導率，⑦懸濁物質，⑧化学的酸素要求量（COD），⑨アンモニア性窒素，⑪亜硝酸性窒素，⑫硝酸性窒素，⑬一般細菌，⑭大腸菌群

2.2 試料の採取方法および採取時の記録
1）試料の採取にあたっては，試験の目的を十分に理解し，試験の目的に適した試料を採取するように注意する．試料はあらかじめ洗浄した試料容器（ポリエチレン瓶，無色硬質ガラス瓶）をさらに採水現場で採取する水でよく洗い，満水に取り密栓し試験室に運ばなければならない．
2）試料の採取時には次の事項を記録する．
試料名，日時，場所，天候（当日，前日および前々日），気温，外観，その他必要事項

2.3 温　　度
温度については，試料採取時に気温と水温を測定する．
1）気　　温
① 温 度 計
ガラス製棒状温度計の50度温度計を用いる．
② 試 験 操 作
採取現場で日光の直射および周囲の放射を避けて放置し，その示度をよむ．
2）水　　温
① 温 度 計
ガラス製棒状温度計の50度温度計を用いる．
② 試 験 操 作
水温は採取した検水に直ちにガラス製棒状温度計を差し込んで測定する．ガラス製棒状温度計の検温部が測定対象温度と等温になるまでに若干の時間を要するので，検水に差し込んでから5分前後に図6.1.1に示すような方法で示度を読みとる．

2.4 外　　観[1]
外観とは，水の呈している濁り，色調，浮遊物，沈殿物，泡立ち等の状態をいう．河川水や湖沼の外観を知ることにより，汚濁や富栄養化の程度を知ることができる．なお，給水栓により供給される水の外観は無色透明であることとされている．
1）器　　具
ビーカー：容量1ℓで無色透明のもの
2）試 験 操 作
検水約1ℓをビーカーに採り，色調，濁り，浮遊物，沈殿物，泡立ち，生物等の有無とその状態を肉眼で観察し，その特徴をなるべく具体的に記述する．色の種類については該当する色の種類に濃・淡・微を付けて記録するとよい．浮上物質，浮遊物質，沈殿物質についてはその色の種類と濃淡，性状，粒子の大小，砂などを詳細に記録する．

2.5 透 視 度[1]
透視度は，比較的高濁度の試料水を測定するのに有効で，主に採水現場で濁度のかわりに測定する．河川水や原水の濁りの程度についての指標になる．原理としては，透視度計に検水を入れて上方から水層を透視したとき，底部の標識板の二重文字

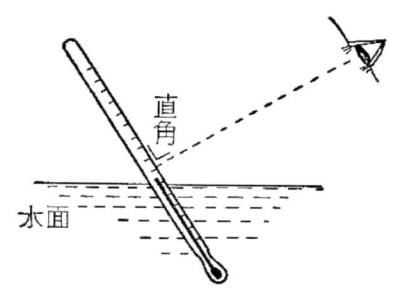

図6.1.1　水温計示度の読み方

が明らかに認められるときの水層の高さをいい，検水の透視度から濁度に換算することも可能である．本法は，比較的高い濁りの試料水の測定に適するが，測定者の視力，測定場所の明るさ，試料水の着色が測定値に影響する．

1）器具：透視度計

高さ520mm，直径33～35mm，底部から150mmの高さまで2mmごとに，150～500mmの間は5mmごとに目盛りを[1] 付けた下口付きのガラス円筒で，底部に二重十字を描いた白色の標識板を付けたものを用いる．透視度計と標識板を図6.1.2に示す．

2）試験操作

検水をよく混和して透視度のガラス円筒に満たし，円筒の上方から透視しながら下口から検水を流出させ，底部の標識板の二重十字が明らかに識別できるようになったら流出を止め，水面の高さをガラス円筒の目盛り（a cm）から読み取る．注意として，濁りの粒子が沈降すると，透視度に影響するので迅速に行わなければならない．ただし，検水を満たした際の気泡が消失してから試験する．

透視度（cm）＝ a

2.6 臭　気[1]

水の臭気は，藻類，鉄細菌，放線菌等生物の繁殖，工場排水，下水の混入，地質などのほか，水の塩素処理に起因する．また，給水栓水では，送・配・給水管の内面塗装剤等に由来することもある．下水の臭気は，主として有機物質の腐敗によって生じ，臭気の種類は試料中の混入物およびその反応生成物によって異なる．臭気には冷時臭と温時臭とがあり，その強さを表すのに臭気度（または臭気の希釈倍数値）が用いられる．本実験では，温時臭について測定する．臭気の種類を表6.1.1に示す．

1）器具：共栓三角フラスコで容量300mlもの，恒温水槽：40～50℃に保持できるもの．

2）試験操作

検水約100mlを共栓三角フラスコ300mlにとり，軽く栓をして40～50℃に温めたのち，激しく振り，開栓と同時に臭気の有無および種類を試験する．

2.7 ｐＨ　値[1]

pH値とは，モル濃度で表した水素イオン濃度（水素イオン活量）の逆数の常用対数である．pH7は中性で，これより値が大きくなるほどアルカリ性が強くなり，これより値が小さくなるほど酸性が強くなる．

pH値は汚染等による水質変化の指標となり，また水道器材に対する腐食性の判定に有効である．pH，$[H^+]$，$[OH^-]$と酸性，アルカリ性の関係を表6.1.2に示す．

本実験では，ガラス電極法を用いる．本法は試料中における電極間（ガラス電極と比較電極）の電位差を測定するものである．

1）器具：pH計（ガラス電極法）

2）操作手順

① pH電極を中性リン塩pH標準液（pH：6.86）に浸し，軽く振り混ぜながら，pH較正用つまみを回してpH6.86に合わせる．

② 電極を蒸留水で洗浄後柔らかい紙でふき取る．

③ フタル酸塩pH標準液（pH：4.01）に電極を浸し，軽く振り混ぜながらpH4.01に合わせる．

④ 電極を洗浄後，②を行い，①を再度行う．なお，①～④の操作は電極の較正方法である．

表6.1.1　臭気の種類[1]

区分	種類	説明
芳香性臭気	芳香臭 薬味臭 メロン臭 スミレ臭 にんにく臭 きゅうり臭	香ばしいにおい とそ（屠蘇）あるいは漢方薬店のにおい よく熟れたメロンのにおい すみれの花のようなにおい にんにくのようなにおい よく熟れたきゅうりのにおい
植物性臭気	藻臭 青草臭 木材臭 海藻臭 藁臭	藻の腐ったようなにおい 草の蒸れたにおい．草をもんだときのにおい かんなくず，おがくずのむれたにおい 海藻の乾燥しかかったときのにおい 麦わらのようなにおい
土臭・かび臭	土臭 沼沢臭 かび臭	土臭いにおい 湿地のにおい かび臭いにおい
魚臭・生ぐさ臭	魚臭 生ぐさ臭 はまぐり臭	魚屋で感じるにおい 生ぐさいにおい 動物性の磯臭いにおい
薬品性臭気	フェノール臭 タール臭 油様臭 塩素臭 その他薬品臭	フェノール，クレゾールなどのにおい コールタール，アスファルト，ピッチなどのにおい 石油系物質のにおい 塩素水で感じるにおい 各種の化学工場内で感じるにおい
金属臭	金気臭 金属臭	鉄を主体としたにおい 銅，亜鉛を主体としたにおい
腐敗臭	ちゅうかい臭 下水臭 豚小屋臭 腐敗臭	台所くずを集めたときに感じるにおい どぶ臭いにおい 豚小屋臭 有機物の腐りかかったにおい

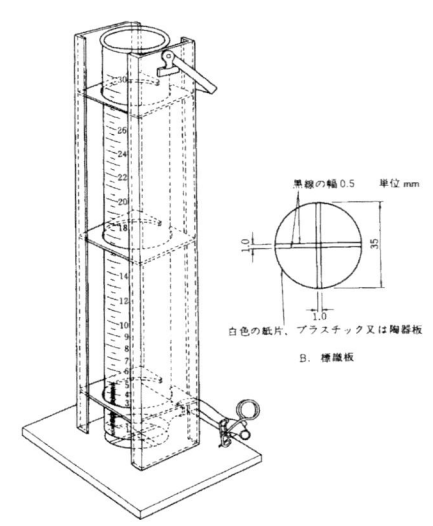

図6.1.2　透視度計と標識板[1]

表6.1.2　pH，$[H^+]$，$[OH^-]$と酸性，アルカリ性の関係[2]

	酸性						＜	中性	＜				アルカリ性		
$[H^+]$ (mol/L)	10^0	10^{-1}	10^{-2}	10^{-3}	10^{-4}	10^{-5}	10^{-6}	10^{-7}	10^{-8}	10^{-9}	10^{-10}	10^{-11}	10^{-12}	10^{-13}	10^{-14}
pH ($-\log[H^+]$)	0	1	2	3	4	5	6	7	8	9	10	11	12	13	14
$[OH^-]$ (mol/L)	10^{-14}	10^{-13}	10^{-12}	10^{-11}	10^{-10}	10^{-9}	10^{-8}	10^{-7}	10^{-6}	10^{-5}	10^{-4}	10^{-3}	10^{-2}	10^{-1}	10^0

水のイオン積　$K_w = [H^+][OH^-] = 10^{-14}$（25℃，1気圧）

⑤ 較正を行った後に検水中に電極を入れて，指示値を読み取る．

2.8 電気伝導率[1]

電気伝導率（比電気伝導度または導電率ともいう）とは，断面積 $1\,cm^2$，距離 $1\,cm$ の相対する電極間にある溶液の25℃における伝導度をいい，ジーメンス（S）/m またはマイクロジーメンス（μS）/cm で表す．

電気伝導率は，水中に含まれる陽イオン，陰イオンの合計量の関係にあり，原水への下水，産業排水，海水の混入の推定や給水栓水の配水系統の違い，クロスコネクション，漏水の判定などに利用できる．

1）器具：電気伝導計
2）試験操作

電極セルを精製水で十分に洗浄し，次いで検水で洗浄したのち，極板に触れないようにして，水分をろ紙で吸い取る．極板を支持しているガラス筒の穴が完全に液中に没するまで電極セルを検水に浸し，極板そのほかに気泡が付着しないようにかくはんした後，メータの指示値を読みとる．

2.9 浮遊物質（懸濁物質）[1]

浮遊物質とは，水中に懸濁している不溶性物質のことをいい，ここでは 2 mm のふるいを通過し，孔径 $1\,\mu m$ のろ過材上に残留する物質をいう．浮遊物質の量は，水の濁り，透明度などに影響を与えるが，厳密な意味で濁度との相関関係はない．

一般の河川水，海水，湖沼水には，木片や木の葉など粗大な物質や，コロイド状物質のようにろ過で分離困難な物質もある．一般に清澄な河川水では粘土成分が浮遊物質の主体となり，若干有機物質を含むものより構成されることが多いが，汚濁の進行した都市河川では有機物質の比率が高まる．

1）器具：分離形ろ過器，メンブランフィルターまたはガラス繊維ろ紙（孔径 $1\,\mu m$）
2）試験操作

ろ紙を精製水で洗浄し，時計皿上に置き，105～110℃の乾燥器中で約30分乾燥し，デシケータで放冷後，その重量（b mg）をはかる．次にこのろ紙をろ過器に取り付け，網目 2 mm のふるいを通して検水の適量をろ過器に注ぎ入れて吸引ろ過する．試料容器および上部ろ過管の器壁に付着した物質は精製水でろ紙上に洗い落とし，ろ紙上の残留物に合わせ，これを精製水で数回繰り返す．ろ紙をろ過器から取り外し，時計皿にのせ，105～110℃の乾燥器中で 2 時間乾燥し，デシケータで放冷後，その重量（a mg）を量かる．

濃度の計算を次式に示す．

浮遊物質（mg/L）=（a mg）-（b mg）×1 000/検水（ml）

分離形ろ過器の一例を図6.1.3に示す．

2.10 化学的酸素要求量（COD）[2]

化学的酸素要求量（COD：Chemical Oxygen Demand）とは，水中の被酸化性物質が酸化剤で化学的に酸化されるときに消費される酸化剤の量を，対応する酸素量（O）で表したものである．一般に COD は水中の有機物汚濁指標として用いられるが，亜硝酸塩，鉄（Ⅱ）塩，硫化物等の無機還元物質も酸化剤を消費する．試験方法には，使用する酸化剤の，種類，過熱方法，過熱時間，液性，試薬濃度，残留酸化剤の定量方法等の組み合わせにより，種々の方法がある．COD 試験の公定法としては，100℃における過マンガン酸カリウム要求量（COD_{Mn}），二クロム酸カリウムによる酸素要求量（COD_{Cr}），アルカリ性過マンガン酸カリウムによる酸素要求量（COD_{OH}）などがある．COD 試験は，規制項目の一つとして重要であるが，BOD に代わる有機汚濁の指標として用いられることが多い．試料採取後直ちに行うことが原則であるが，行えない場合には，冷蔵してできるだけ速やかに試験を行う．

本実験では，簡易に測定できるパックテストにより行う．

1）器具：パックテスト一式[3]
2）試験操作：図6.1.4に示す．

2.11 アンモニア性窒素[1]

アンモニア性窒素とは，水中に含まれるアンモニウム塩あるいはアンモニア中の窒素をいう．水中のアンモニア性窒素の多くは，タンパク質のような有機窒素化合物が生物化学的に分解されたものや，亜硝酸性窒素，硝酸性窒素が深井戸や貯水池底層において還元されたものに起因する．一方，工場排水，畜産排水，生活排水等の混入によるものもある．

アンモニア性窒素に限らず，水中の窒素化合物の量を窒素量で表すのは，アンモニア性窒素，亜硝酸性窒素，硝酸性窒素に変化するので，これら各化合物間の量的対応を見やすくするためである．

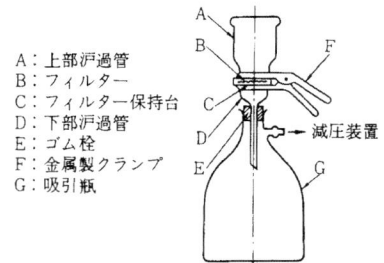

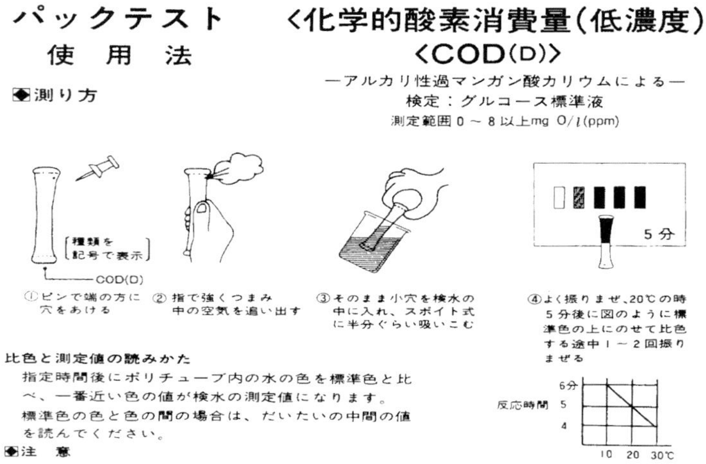

A：上部ろ過管
B：フィルター
C：フィルター保持台
D：下部ろ過管
E：ゴム栓
F：金属製クランプ
G：吸引瓶

図6.1.3　分離形ろ過器の一例[1]

パックテスト　〈化学的酸素消費量（低濃度）〉
使用法　　　〈COD(D)〉
—アルカリ性過マンガン酸カリウムによる—
検定：グルコース標準液
測定範囲 0～8 以上 mg O/l（ppm）

◆測り方

①ピンで端の方に穴をあける
②指で強くつまみ中の空気を追い出す
③そのまま小穴を検水の中に入れ，スポイト式に半分ぐらい吸いこむ
④よく振りまぜ，20℃の時5 分後に図のように標準色の上にのせて比色する途中 1～2 回振りまぜる

比色と測定値の読みかた
指定時間後にポリチューブ内の水の色を標準色と比べ，一番近い色の値が検水の測定値になります．標準色の色と色の間の場合は，だいたいの中間の値を読んでください．

◆注意

図6.1.4　COD のパックテスト[3]

本実験ではパックテストにより簡易な測定を行う.
1) 器具：パックテスト一式[3]
2) 試験操作：図6.1.4と操作は同様であり，添付されている取扱い方法に従う.

2.12 亜硝酸性窒素[1]

亜硝酸性窒素とは，水中に含まれる亜硝酸塩中の窒素をいう．水中の亜硝酸性窒素は，タンパク質のような有機性窒素化合物が生物化学的に分解されたものや，深井戸や貯水池底層において硝酸性窒素が還元されたものなど，窒素分解経路の途中の生成物である．最近では，肥料等の農業で使用されたものなどの地下水汚染が無視できなくなってきた.
1) 器具：パックテスト一式[3]
2) 試験操作：図6.1.4と操作は同様であり，添付されている取扱い方法に従う.

2.13 硝酸性窒素[1]

硝酸性窒素とは，水中に含まれる硝酸塩中の窒素をいう．水中の窒素は，タンパク質のような有機窒素化合物が生物化学的に分解されたものである．このほかに，工場排水，畜産排水，生活排水等の混入，または肥料の散布などにより増加することがある.

本実験ではパックテストにより簡易に行う.
1) 器具：パックテスト一式[3]
2) 試験操作：図6.1.4と操作は同様であり，添付されている取扱い方法に従う.

2.14 大腸菌群[2]

ここでいう大腸菌群とは，グラム陰性，無芽胞の桿菌であって，乳糖ブイヨン－ブリリアントグリーン乳糖胆汁ブイヨン培地法（LB-BGLB培地法）によって乳糖を分解して酸とガスを生じるか，特定酵素基質培地法によってONPG（σニトロフェニル－β－D－ガラクトピラノシド）を分解してσニトロフェノールを生じる好気性または通性嫌気性菌をいう.
1) 器具：ペトリ皿，乾熱滅菌器，高圧滅菌器，恒温槽，オートピペット，滅菌水，ボルテックスミキサー
2) 培地：デソキシコール酸塩寒天培地
3) 検水の希釈

細菌数が1mlあたり300個以上あると思われる場合には，菌数が30～300個になるように10倍希釈法により検水を希釈する．希釈操作は，滅菌した試験管に希釈水を9mlとった後，攪拌して均一となった検水を1ml取り，試験管内でボルテックスミキサーを用いて混合する．これを10倍希釈検水とする．この中からさらに1mlを取り9mlの希釈水で調整した検水は100倍希釈検水となる．同様の操作を行い，希釈検水中の菌数がおよそ30～300個になるように希釈検水を調整していく．なお，ペトリ皿上では最大値で100個程度のコロニーであればカウントしやすい.

4) 試験操作

デソキシコール酸塩寒天培地5～10mlをペトリ皿に注いで固めた平板培地の中央に検水をオートピペットで1mlとる．ペトリ皿は3個以上用いる．約48℃に保ったデソキシコール酸塩寒天培地を約5～10ml注いだ後，直ちにふたをして速やかに，前後左右に揺り動かして検水と培地を十分に混和させた後，平板に固めて混釈平板とする．次いで，この平板に保温したデソキシコール酸塩寒天培地を約5ml注いだ後，直ちにふたをし，ペトリ皿を静かに揺り動かして混釈平板の表面全体に培地を行きわたらせた後，静置し，平板に固める．数培地が固まったことを確認した後，ペトリ皿を逆さにして恒温槽に収め，36±1℃で，19±1時間培養する．混釈平板法の一例を図6.1.5に示す.

5) 判 定

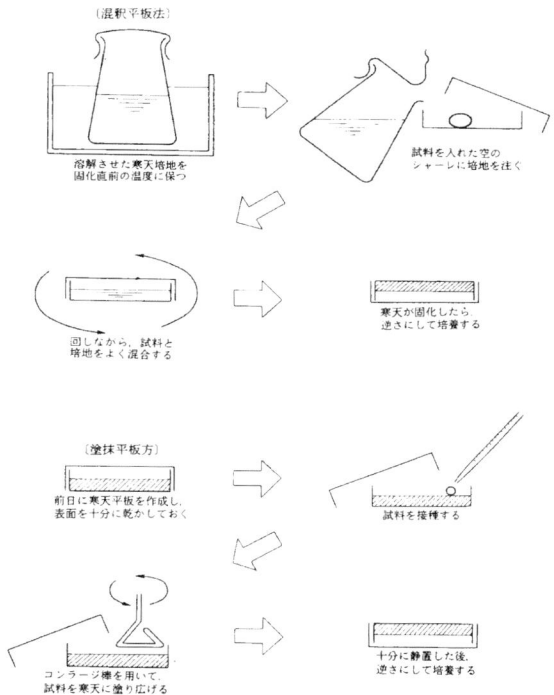

図6.1.5 混釈平板法の一例

培養後，形成した集落の形成と色調を観察する．円形状または楕円形状の混濁した赤色集落を大腸菌群とする．また，そのほかの細菌（無色透明集落）としてシゲラ，サルモネラが検出されることがある.

6) 菌数の算出

大腸菌群と判定された集落を計測し，次式により菌数を算出する．この際，平板1枚あたり30～100個くらいの集落数が形成された平板を選んで計測する．また，微生物数の表示単位には「個」，「CFU」〔コロニー（集落）形成単位（Colony Forming Unit）の略〕，「PFU」〔プラック形成単位（Plaque Forming Unit）の略〕，「MPN」最確数（Most Probable Numberの略）などがあるが，ここでは「CFU」を用いて表示する.

検水1mlあたりの微生物数（CFU）＝$(N_1+N_2+N_3+\cdots N_n)/n \times 1/V \times m$

$N_1, N_2, N_3 \cdots\cdots N_n$：各平板の集落数（CFU）
n：平板の枚数，V：検水または希釈検水の量（ml），
m：検水の希釈倍数

2.15 一 般 細 菌[1]

ここでいう一般細菌とは，標準寒天培地を用いて36±1℃，24±2時間で培養したとき，培地に集落を形成するすべての細菌をいう.

1) 器具：ペトリ皿，乾熱滅菌器，高圧滅菌器，恒温槽，オートピペット，滅菌水，ボルテックスミキサー
2) 培地：標準寒天培地
3) 試験操作

検水および各希釈検水のそれぞれについてペトリ皿3枚以上にオートピペットで1ml取り，約48℃に保った標準寒天培地，約15ml注いだ後，直ちにふたをして速やかに，前後左右に揺り動かして試料と培地を十分に混和させた後，平板に固めて混釈平板とする．培地が固まったことを確認した後，ペトリ皿を逆さにして恒温槽に収め36±1℃，24±2時間培養する.

4) 判 定

培養後，形成した集落のすべてを一般細菌とする.

5) 菌数の算出

一般細菌の集落を計測し，次式により菌数を算出する．この際，平板1枚あたり30～100個くらいの集落数が形成された平

6. 水環境分野

板を選んで計測する．

検水 1 ml あたりの微生物数（CFU）＝$(N_1+N_2+N_3+\cdots N_n)/n \times 1/V \times m$

$N_1, N_2, N_3 \cdots N_n$：各平板の集落数（CFU），n：平板の枚数

V：検水または希釈検水の量(ml)，m：検水の希釈倍数

3．測定値等の整理

① 各測定項目のもつ意義をもう一度整理してみる．
② 実験で得られた数値を表にまとめてみる．
③ 水質試験結果については，測定項目ごとに水質評価を行う．
④ 得られた数値と行政上の基準値を比較しながら，用水あるいは河川水等公共水域の今後の水環境のあり方を考えてみよう．

参考・引用文献

1) 厚生省生活局水道環境部監修：上水試験方法，㈳日本水道協会，2001
2) 建設省都市局下水道部・厚生省生活局水道環境部監修：下水試験方法（上，下巻），㈳日本下水道協会，1997
3) 環境法令研究会：環境六法（平成17年版），中央法規出版㈱
4) ㈱共立理化学研究所：簡易水質測定器，パックテスト，COD，NH_4-N（アンモニア性窒素），NO_2-N（亜硝酸性窒素），NO_3-N（硝酸性窒素）

参 考 資 料

参考資料6.1.1　水道水の水質基準

(平成15年厚生労働省令101号，19年11月14日改正)

1	一般細菌	1ml の検水で形成される集落数が100以下であること
2	大腸菌	検出されないこと
3	カドミウム及びその化合物	Cd の量に関して，0.01mg/L 以下であること
4	水銀及びその化合物	Hg の量に関して，0.0005mg/L 以下であること
5	セレン及びその化合物	Se の量に関して，0.01mg/L 以下であること
6	鉛及びその化合物	Zn の量に関して，0.01mg/L 以下であること
7	ヒ素及びその化合物	As の量に関して，0.01mg/L 以下であること
8	六価クロム化合物	Cr（Ⅵ）の量に関して，0.05mg/L 以下であること
9	シアン化物イオン及び塩化シアン	CN の量に関して，0.01mg/L 以下であること
10	硝酸態窒素及び亜硝酸態窒素	10mg/L 以下であること
11	フッ素及びその化合物	F の量に関して，0.8mg/L 以下であること
12	ホウ素及びその化合物	B の量に関して，0.8mg/L 以下であること
13	四塩化炭素	0.002mg/L 以下であること
14	1,4－ジオキサン	0.05mg/L 以下であること
15	1,1－ジクロロエチレン	0.02mg/L 以下であること
16	シス－1,2－ジクロロエチレン	0.04mg/L 以下であること
17	ジクロロメタン	0.02mg/L 以下であること
18	テトラクロロエチレン	0.01mg/L 以下であること
19	トリクロロエチレン	0.03mg/L 以下であること
20	ベンゼン	0.01mg/L 以下であること
21	塩素酸	0.6mg/L 以下であること
22	クロロ酢酸	0.02mg/L 以下であること
23	クロロホルム	0.06mg/L 以下であること
24	ジクロロ酢酸	0.04mg/L 以下であること
25	ジブロモクロロメタン	0.1mg/L 以下であること
26	臭素酸	0.01mg/L 以下であること
27	総トリハロメタン	0.1mg/L 以下であること
28	トリクロロ酢酸	0.2mg/L 以下であること
29	ブロモジクロロメタン	0.03mg/L 以下であること
30	ブロモホルム	0.09mg/L 以下であること
31	ホルムアルデヒド	0.08mg/L 以下であること
32	亜鉛及びその化合物	Zn の量に関して，1.0mg/L 以下であること
33	アルミニウム及びその化合物	Al の量に関して，0.2mg/L 以下であること
34	鉄及びその化合物	Fe の量に関して，0.3mg/L 以下であること
35	銅及びその化合物	Cu の量に関して，1.0mg/L 以下であること
36	ナトリウム及びその化合物	Na の量に関して，200mg/L 以下であること
37	マンガン及びその化合物	Mn の量に関して，0.05mg/L 以下であること
38	塩化物イオン	200mg/L 以下であること
39	カルシウム，マグネシウム（硬度）	300mg/L 以下であること
40	蒸発残留物	500mg/L 以下であること
41	陰イオン界面活性剤	0.2mg/L 以下であること
42	(4S, 4aS, 8aR)-オクタヒドロ-4,8a ジメチルナフタレン-4a(2H)-オール別名ジェオスミン	0.00001mg/L 以下であること
43	1,2,7,7-テトラメチルビシクロ〔2,2,1〕ヘプタン-2-2オール（別名2-メチルイソボルネオール）	0.00001mg/L 以下であること

44	非イオン界面活性剤	0.02mg/L 以下であること
45	フェノール類	フェノールの量に換算して，0.005mg/L 以下であること
46	有機物（全有機炭素，TOC）	5 mg/L 以下であること
47	pH 値	5.8以上8.6以下であること
48	味	異常でないこと
49	臭気	異常でないこと
50	色度	5 度以下であること
51	濁度	2 度以下であること

参考資料6.1.2　水質汚濁に係る環境基準　「人の健康の保護に係る環境基準」

（平成 5 年，法律91号，環境基本法，環境庁告示第16号による）

項目	基準値	項目	基準値
カドミウム	0.01mg/L 以下	1,1,1－トリクロロエタン	1 mg/L 以下
全シアン	検出されないこと	1,1,2－トリクロロエタン	0.006mg/L 以下
鉛	0.01mg/L 以下	トリクロロエチレン	0.03mg/L 以下
六価クロム	0.05mg/L 以下	テトラクロロエチレン	0.01mg/L 以下
砒素	0.01mg/L 以下	1,3-ジクロロプロペン	0.002mg/L 以下
総水銀	0.0005mg/L 以下	チラウム	0.006mg/L 以下
アルキル水銀	検出されないこと	シマジン	0.003mg/L 以下
PCB	検出されないこと	チオベンカルブ	0.02mg/L 以下
ジクロロメタン	0.02mg/L 以下	ベンゼン	0.01mg/L 以下
四塩化炭素	0.002mg/L 以下	セレン	0.01mg/L 以下
1,2-ジクロロエタン	0.004mg/L 以下	硝酸性窒素及び亜硝酸性窒素	10mg/L 以下
1,1-ジクロロエチレン	0.02mg/L 以下	ふっ素	0.8mg/L 以下
シス－1,2-ジクロロエチレン	0.04mg/L 以下	ほう素	1 mg/L 以下

参考資料6.1.3　水質汚濁に係る環境基準　「生活保護の保全に係る環境基準」

（平成 5 年，法律91号，環境基本法，環境庁告示第16号による）

項目類型	利用目的の適応性	基準値					
		水素イオン濃度（pH）	生物化学的酸素要求量（BOD）	浮遊物質量（SS）	溶存酸素量（DO）	大腸菌群数	
AA	水道1級 自然環境保全及びA以下の欄に掲げるもの	6.5以上8.5以下	1 mg/L 以下	25mg/L 以下	7.5mg/L 以上	50MPN/100ml 以下	第1の2の(2)により水域類型ごとに指定する水域
A	水道2級 水産1級 水浴及びB以下に掲げるもの	6.5以上8.5以下	2 mg/L 以下	25mg/L 以下	7.5mg/L 以上	1 000MPN/100ml 以下	
B	水道3級 水産2級及びC以下に掲げるもの	6.5以上8.5以下	3 mg/L 以下	25mg/L 以下	5 mg/L 以上	5 000MPN/100ml 以下	
C	水産3級 及びD以下に掲げるもの	6.5以上8.5以下	5 mg/L 以下	50mg/L 以下	5 mg/L 以上	－	
D	工業用水2級 農業用水及びE以下に掲げるもの	6.0以上8.5以下	8 mg/L 以下	100mg/L 以下	2 mg/L 以上	－	
E	工業用水3級 環境保全	6.0以上8.5以下	10mg/L 以下	ごみの浮遊が認められないこと	2 mg/L 以上	－	

参考資料6.1.4　雑用水の水質基準と測定頻度

(平成15年4月1日施行)

使用用途	残留塩素	pH値	臭気	外観	大腸菌	濁度
散水,修景,清掃用	遊離残留塩素0.1mg/L以上(1回/7日)	5.8以上8.6以下(1回/7日)	異常でないこと(1回/7日)	ほとんど無色透明であること(1回/7日)	検出されないこと(1回/2か月)	2度以下(1回/2か月)
水洗トイレ用						測定不要
その他雑用水						測定不要

参考資料6.1.5　雨水測定値(中央値, $n=6$)の一例

(採取場所：横浜市金沢区，関東学院大学屋上，雨水採取日：2003年6～11月，滞留期間：1か月)

	雨水(降雨直後)	滞留雨水(10～11月屋上放置)
外観	無色透明	無色透明
透視度 (cm)	50以上	50以上
pH (－)	4.9	7.0
Cond. (μS/cm)	26.6	88.9
臭気	土臭	土臭
TOC (mg/L)	1.37	3.88
COD (mg/L)	0.57	17.7
SS (mg/L)	0.79	2.95
一般細菌 (CFU/ml)	50	704
従属栄養細菌 (CFU/ml)	3.5×10^5	1.5×10^7
レジオネラ属菌 (CFU/100ml)	ND	2.96×10^4
大腸菌群 (CFU/ml)	ND	240

ND：Not Detected，検出されず

6.2 給水管路における流体基礎実験（応用1）

1．演習の目的
給排水衛生設備を理解するため，この分野で扱う流体である水およびそれを温めた湯が静止状態および管内などを流れる流動状態の現象を学習しなければならない．給水管路におけるもっとも基本となる以下の事項について，演習を通して理解する．また，実測することにより，測定方法および用いる各種測定器の使用方法についても把握する．
① ベルヌーイの定理およびその応用
② 給水管路の摩擦抵抗・局部抵抗による圧力損失
③ 流速，流量の測定方法およびその特性

2．基礎事項
2.1 静止流体内の圧力
静止した流体中の圧力は以下の性質を持つ．
① 水中の1点に作用する圧力はあらゆる方向に対して等しい．
② 水中の面に作用する圧力は面に対して垂直に作用する．
③ 水圧は水深に比例する．すなわち同一水平面にある水圧はすべて等しい．
④ 密閉した容器中の一部に加えられた圧力は流体のすべての部分に伝達される（パスカルの定理：Blasie Pascal（フランス），1623〜1662）．

圧力の表示は，絶対真空を基準にする絶対圧力と大気圧を基準とするゲージ圧がある．圧力計の指示は一般にゲージ圧力であり，建築設備分野ではゲージ圧力が慣用されている．絶対圧力とゲージ圧力の関係は絶対圧力＝大気圧＋ゲージ圧力となる．標準大気圧 p_0 は，次のとおり．
$$p_0 = 101.325\text{kPa(abs)}$$
水中に作用する静水圧 p [Pa] は，密度を ρ [kg/m³]，水面からの深さ h [m]，重力加速度 g [m/s²] とすれば，
$$p = \rho g h \text{ [Pa]} \quad (6.2.1)$$
で与えられる．

2.2 運動流体内の圧力
非圧縮性・非粘性流体の定常流においては，図6.2.1に示す流線上の任意の点①と点②について，連続の式とベルヌーイの式（ベルヌーイの定理，Bernoulli's theorem）が成り立つ．
$$\rho_1 v_1 A_1 = \rho_2 v_2 A_2 \text{ [kg/s]} \quad (6.2.2)$$
$$\frac{1}{2}\rho_1 v_1^2 + \rho g h_1 + P_1 = \frac{1}{2}\rho_2 v_2^2 + \rho g h_2 + P_2 \text{ [Pa]} \quad (6.2.3)$$
ここに，p：圧力 [Pa]
ρ：流体の密度 [kg/m³]
g：重力の加速度 [m/s²]
v：流体の流速 [m/s]
h：基準面からの高さ [m]
A：断面積 [m²]

(6.2.2)式を連続の式，(6.2.3)式をベルヌーイの式という．これらは，おのおの流線上の質量保存の法則，エネルギー保存の法則を適用したものである．このとき，P を静圧，$\rho v^2/2$ を動圧といい，その和を全圧という．

一般に建築設備の管路では，流体を非圧縮性として扱える範囲で設計を行っており，かつ場所による温度変化も無視できる範囲として，水の密度 ρ 一定，つまり $\rho = \rho_1 = \rho_2$ として，(6.2.2)式，(6.2.3)式は以下のようになる．
$$v_1 A_1 = v_2 A_2 \text{ [m}^3\text{/s]} \quad (6.2.4)$$
$$\frac{1}{2g}v_1^2 + h_1 + \frac{P_1}{\rho g} = \frac{1}{2g}v_2^2 + h_2 + \frac{P_2}{\rho g} \text{ [m]} \quad (6.2.5)$$

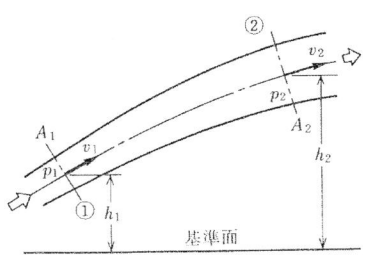

図6.2.1 管内の定常流れ[1]

ここで，$P/(\rho g)$ を圧力ヘッド，$v^2/(2g)$ を速度ヘッド，h を位置ヘッドという．なお，水の場合はそれぞれ圧力水頭，速度水頭，位置水頭という．

2.3 摩擦抵抗と局部抵抗
実際には，配管内に水が流れる場合，抵抗による圧力損失が生じる．一般にこの抵抗は次の二つに大別される．
① 摩擦抵抗：直管の中を流体が流れるとき，流体と管壁との摩擦により生じる抵抗．
② 局部抵抗：管径が変化しているところや管が曲がるところ，弁などにおける流れの方向変化・速度変化などにより生じる抵抗．

一般の給排水設備の配管における摩擦抵抗，局部抵抗による圧力損失は両者ともに動圧または速度水頭に比例する．すなわち，流速の二乗に比例することになる．

図6.2.2に示す円管の直管部に流れる流体の管内摩擦抵抗による損失 ΔP_f は次式（ダルシーワイスバッハの式 Darcy-Weisbach equation）で与えられる．
$$\Delta P_f = (p_1 - p_2) = \lambda \frac{l}{d} \times \left(\frac{1}{2}\rho v^2\right) \text{ [Pa]} \quad (6.2.6)$$
この摩擦抵抗による圧力損失に対し，局部抵抗による圧力損失 ΔP_d は継手の形状や弁の型式など，局部の種類ごとに実験的に求められた局部抵抗係数 ζ を比例定数として，(6.2.7)式のように表される．
$$\Delta P_d = \zeta \times \left(\frac{1}{2}\rho v^2\right) \text{ [Pa]} \quad (6.2.7)$$
ここに，l：円管の長さ [m]
λ：管摩擦係数（摩擦抵抗係数）
ζ：局部抵抗係数
d：管内径 [m]
v：平均流速 [m/s]
ρ：水の密度 [kg/m³]〔表6.2.1参照〕

円管の管摩擦係数 λ は，図6.2.3に示すムーディ線図を用い，流れの相似の度合を示す無次元数であるレイノルズ数（Osbrne Reynolds（イギリス）1842〜1912）Re と管の粗さの度合を示す無次元数である管内面の相対粗度により求められる．

円管内の流れのレイノルズ数 Re は (6.2.8) 式で定義され，相対粗度は (6.2.9) 式で求める．
$$Re = \frac{v \cdot d}{\nu} \quad (6.2.8)$$
ν：動粘度 [m²/s]〔表6.2.1参照〕
ε：管内面の絶対粗さ [m]
管内面の相対粗度 $= \varepsilon/d$ 　　　(6.2.9)

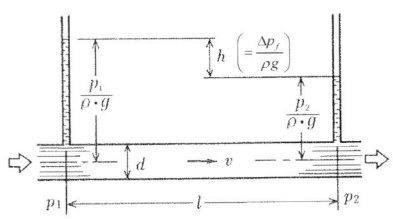

図6.2.2 粘性流体の直管部摩擦損失[2]

流れの断面が円形以外の場合は，dの代わりに（6.2.10）式による相当直径deを用いる．

$$de = 4\frac{A}{S} \ [\text{m}] \quad (6.2.10)$$

A：管断面積〔m²〕
S：管内周長〔m〕

式（6.2.6）と式（6.2.7）におけるΔP_fとΔP_dが等しいとして求めたlをleとすると，

$$le = \zeta \cdot \frac{d}{\lambda} \ [\text{m}] \quad (6.2.11)$$

となるが，この長さleを局部による圧力損失が長さleの直管の摩擦抵抗による圧力損失に相当することから，局部損失相当管長という．給排水設備分野の設計では，局部抵抗係数ζより，この相当長leを用いて計算することが多い．

2.4 ベルヌーイの式の実際の管路への応用

先に述べたように，実際の給水管路では水の流れによる摩擦抵抗および曲がりなどの局部抵抗により圧力損失ΔPが生じる．この圧力損失を補うためにポンプなどによるエネルギーが加えられる．この付加される圧力をP_pとすると，

$$\frac{1}{2}\rho v_1^2 + \rho g h_1 + P_1 + P_p = \frac{1}{2}\rho v_2^2 + \rho g h_2 + P_2 + \Delta P \quad (6.2.12)$$

この式を拡張されたベルヌーイの式ということもある．
（6.2.12）式におけるΔPは，管内の流れの摩擦抵抗による圧力損失ΔP_fと局部抵抗による圧力損失ΔP_dとの和である．

3．測　定

給水管路内の流速，流量または吐水口流量，摩擦抵抗・局部抵抗による圧力損失について測定を行う．

3.1 流速の測定

ピトー（Henri de pitot（フランス），1695～1771）管による流速測定を行い，ベルヌーイの定理を理解する．

3.1.1 測定原理

ピトー管はベルヌーイの定理を利用した計器であり，流れに対抗して設置されている全圧孔にかかる全圧と流れに平行に設置された静圧孔にかかる静圧との差である動圧に相当する密度ρ'の液柱hを測り，流速を求めるものである．その原理を図6.2.4に示す．

ちなみに，飛行機の飛行速度の測定はピトー管を利用している．

$$p_T = p_v + p_S = \frac{\rho}{2}v^2 + p_S \ [\text{Pa}] \quad (6.2.13)$$

$$v = \sqrt{\frac{2(p_T - p_S)}{\rho}} = \sqrt{\frac{2\rho' g(h_T - h_S)}{\rho}} = \sqrt{\frac{2\rho' gh}{\rho}} \ [\text{m/s}] \quad (6.2.14)$$

ここに，v：流体の流速〔m/s〕
p_T：全圧〔Pa〕
p_v：動圧〔Pa〕

表6.2.1　1atmにおける水の密度・動粘度[3]

温度〔℃〕	密度 ρ〔kg/m³〕	粘度 μ〔Pa·s〕×10⁻³
0	999.840	1.791 9
5	999.964	1.519 2
10	999.700	1.306 9
15	999.100	1.138 3
20	998.204	1.002 0
25	997.045	0.890 2
30	995.648	0.797 3
40	992.215	0.652 9
50	988.033	0.547 0
60	983.193	0.466 7
70	977.761	0.404 4
80	971.788	0.355 0
90	965.311	0.315 0
100	958.357	0.282 2

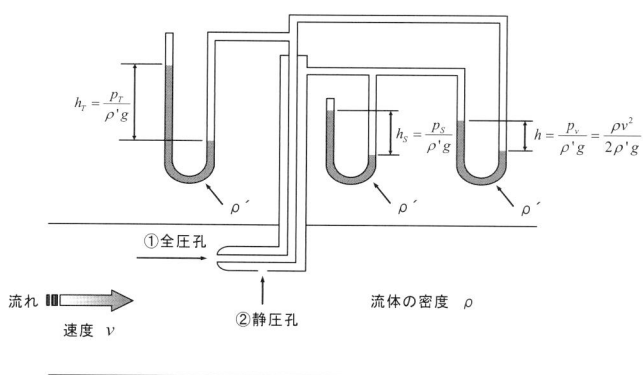

図6.2.4　ピトー管による流速測定

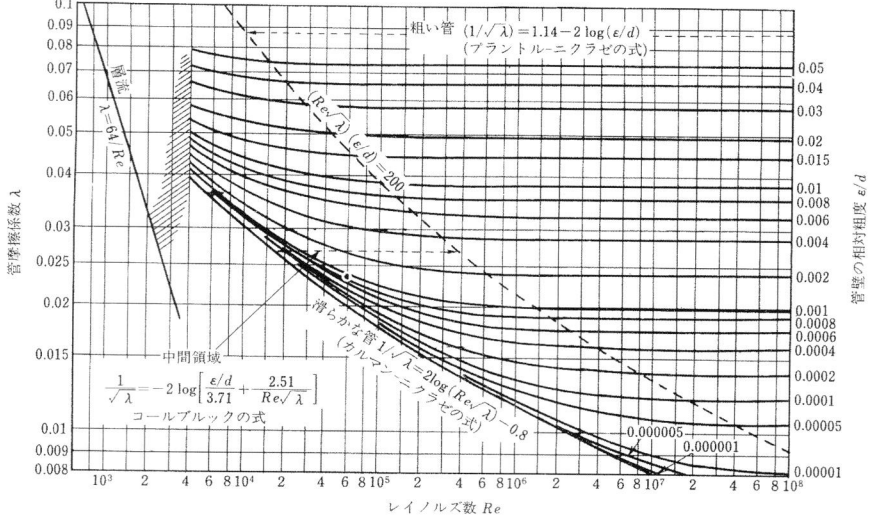

図6.2.3　ムーディ線図[4]

p_S：静圧〔Pa〕
ρ：流体の密度〔kg/m³〕
g：重力の加速度〔m/s²〕

3.1.2 測定

測定方法としては，図6.2.4に示すようにピトー管を測定管路に取り付けて測定する．ここに，ピトー管圧力測定孔部を流れ上流方向に平行になるように，さらに，ピトー管が管内壁に接近しすぎないように注意する必要がある．

3.2 流量の測定
3.2.1 装置の構成

図6.2.5に流量測定装置の構成例を示す．図中の水槽の底部に近い側面に取り付けている取出し管から出る水の流量 Q を測定する．測定時に安定した流量 Q を得るため，水槽内の水位を一定に保たなければならない．その方法として，水槽にオーバフロー管を設け，水槽上部の給水口からの給水流量 Q_s（＞流出流量 Q）で，オーバフローさせながら連続給水する方式を取る．また，水槽内の水面の波立ちを防ぐため，上部給水口の下にパンチング板やスクリーンなどの緩衝装置を設ける．装置に取り付けるバルブは，管路開閉用にゲートバルブを，流量調整用にボールバルブまたはストップバルブを用いる．

なお，この流量測定装置の，側面の取出し管にはバルブやエルボなどがあり，3.3「摩擦抵抗・局部抵抗による圧力損失の測定」もできる．

3.2.2 測定方法

流量の測定法としては，JIS[5]では以下に示す四つの方法が規定されている．もちろん，これらの方法は管路の流量，吐水口からの水量の測定にも適用する．

1）せきによる方法
直角三角せき，四角せき，全幅せきのいずれかと，水頭を読むため小タンクおよびフックゲージ，フロートゲージなどの水面計を使用する．

2）容器による方法
容器とはかり，およびストップウォッチ，または容器とストップウォッチを使用する．

3）絞り機構による方法
オリフィス，ISA1932ノズル，長円ノズル，円すい形ベンチュリ管，ノズル形ベンチュリ管を使用する．

4）計器による方法
フロート形面積流量計，電磁流量計，タービン流量計を使用する．

上記の各種方法のうち，せき，絞り機構および計器による方法は原則として水（清水または海水）の定常流量測定に適用する．容器による方法は，水または水以外の液体の流量の測定にも適用してよい．

取出し管から出る水の流量測定は，上記測定方法のうち，せきによる方法または容器による方法が一般的と考えられ，以下この二つの方法を中心に説明する．

なお，管内に流れる水（湯）の流量測定については，実用上，計器による方法が多く用いられる．

1）せきによる方法
① せきの種類および構造

せきは図6.2.6に示すように直角三角せき，四角せき，全幅せきの3種類がある．水路は図6.2.7に示すように導入部分・整流装置部分および整流部分によって構成される．水路の端部にせきを設け，図6.2.6に示すせきのヘッド h の測定値により流量を

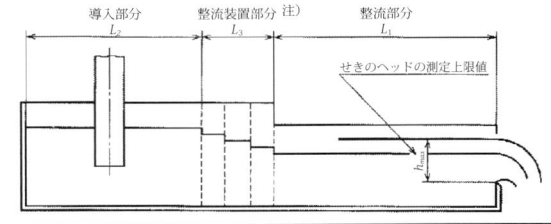

	L_1	L_2	L_3
直角三角せき	$> B + 2h_{max}$	約$2h_{max}$	$> B + h_{max}$
四角せき	$> B + 3h_{max}$	約$2h_{max}$	$> B + 2h_{max}$
全幅せき	$> B + 5h_{max}$	約$2h_{max}$	$> B + 3h_{max}$

注）整流装置は，水路の軸方向に垂直に設置された数枚の多孔板式のものが一般に用いられる．

図6.2.7　水路の構成

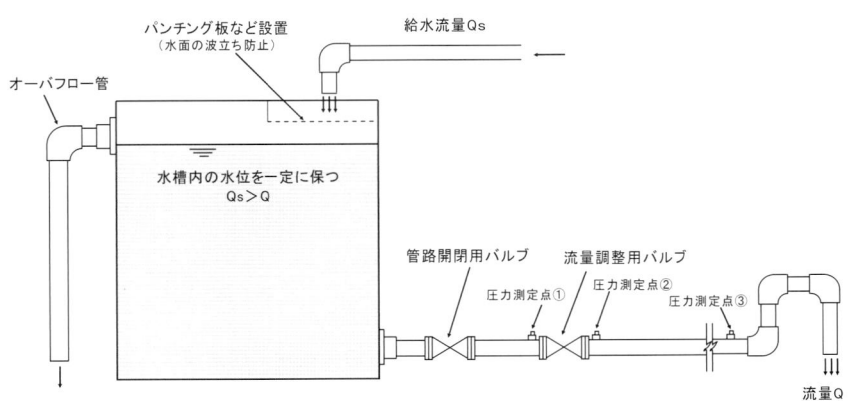

図6.2.5　流量測定装置の例

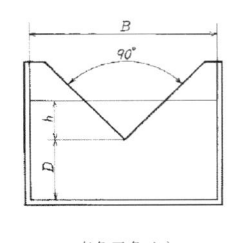
直角三角せき

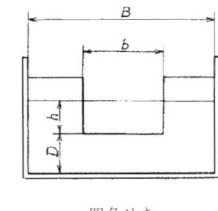
四角せき　　　　　　全幅せき

図6.2.6　せきの種類[5]

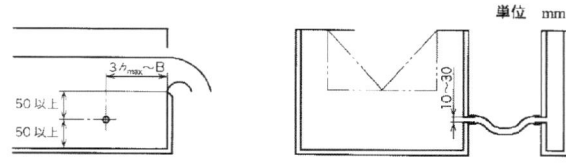

図6.2.8　せきのヘッドの測定装置[5]（単位：mm）

求める方法である．せきのヘッド h は，切欠底点（直角三角せき），切欠下縁（四角せき），またはせき縁（全幅せき）とせきの上流の水位との鉛直距離であり，このヘッドの測定は図6.2.8右側に示すような水路と連通した他の小タンク内の水位によって行う．

以下は，四角せきを例に，零点の測定，せきのヘッドの測定および流量の算出方法について説明する．なお，全幅せき，三角せきを用いた場合は，文献5）を参照されたい．

② 零点の測定

四角せきを用いた場合，補助フックをせきの内側中央部に設け，水準器を使用してせき縁の高さに合せた後，水をこの高さまで慎重に入れ，測定用小タンク内のフックゲージの指示値を読み，これを零点とする．ガラス管の場合，スケールの零点をその水面に合せる．その許容幅は ± 0.2 mm とする．

③ せきのヘッドの測定

小タンク内の水位が安定してから行う．

④ 流量の算出

四角せきを用いた場合の流量は以下の計算により求める．

$$Q = Kbh^{\frac{3}{2}}$$

適用範囲　$B = 0.5 \sim 6.3$ m　　$b = 0.15 \sim 5.0$ m

$D = 0.1 \sim 3.5$ m（ただし，$\dfrac{bD}{B^2} \geq 0.06$ とする）

$h = 0.03 \sim 0.45\sqrt{b}$ m

ここに，Q：流量〔m³/min〕
　　　　b：せきの幅〔m〕
　　　　h：せきのヘッド〔m〕
　　　　K：流量係数，

$$K = 107.1 + \frac{0.177}{h} + 14.2\frac{h}{D} - 25.7\sqrt{\frac{(B-b)h}{DB}} + 2.04\sqrt{\frac{B}{D}}$$

　　　　B：水路の幅〔m〕
　　　　D：水路の底面から切欠下縁までの高さ〔m〕

2）容器による方法

容器で水を一定時間受け，その質量または容積を測定し，流量を算出する方法である．質量法としては，容器は測定中に水が溢れないような十分な容積をもつものでなければならない．また，容積法としては，容器は十分な容積を持ち，水を充満しても変形しないものとし，容器内の水位の高低差を500mm以上とれる高さとする．

また，その水平面積はいかなる水深でも同一であることが要求される．

質量法および容積法による流量は，それぞれ次式により求める．

質量法：$Q = 60\dfrac{V}{\rho t}$

容積法：$Q = 60\dfrac{M}{t}$

ここに，Q：流量〔m³/min〕
　　　　M：t 秒間に容器に入った水の質量〔kg〕
　　　　ρ：測定時の温度における水の密度〔m³/kg〕
　　　　t：M〔kg〕または V〔m³〕の水を入れるのに必要とした時間〔s〕
　　　　V：t 秒間に容器に入った水の体積〔m³〕

測定にあたっては，水を容器に入れ始めるときおよび入れ終わるときの操作はできるだけ素早く行い，容器に水を受け入れる時間は注水切替時間（容器への注水切替に要する時間）の200倍以上とし，0.1秒まで読むことができるストップウォッチを用いて測定する．また，測定は数回行い，その平均値をとる．

3.3 摩擦抵抗・局部抵抗による圧力損失の測定
3.3.1 管路の構成

摩擦抵抗による圧力損失を測定するには，比較的に長い直管部（内径の10倍以上の長さ）が必要であり，また，局部抵抗による損失を測定するには，各種の曲がりやバルブなどを含んだ管路が必要である．

図6.2.5の水槽の側面からの水平取出し部摩擦抵抗・局部抵抗測定用管路構成の例を示す．管路の直管部の長さは実験室の設置スペースが許す限り長くすることにより，圧力損失の測定は正確になる．

3.3.2 測定方法

管内圧力の測定で重要なことは，圧力が大気圧以上である場合には，計器と圧力測定孔との連通管内の空気（泡）を除かなければならない．また，比較的に小さな圧力差を測定するので，その精度に注意する必要がある．

摩擦抵抗および局部抵抗を計算するには，圧力損失を測定したとき，（6.2.6）式，（6.2.7）式からわかるように平均流速 v および管径 d や管の長さ l を測っておかなければならない．平均流速 v を測定するには，上記3.2「流量の測定」に基づき流量を求め，それを，管断面積で割って v を求める．

測定に必要な計器を以下に示す．

① 圧力計：各種の圧力計を用いてよい．ただし，液柱計（JISでは液柱計という用語を用いられているが，マノメータともいわれる）以外のものを用いる場合，使用前に液柱計で校正しておくことが望ましい．大気圧の測定にはフォルタン形水銀気圧計を用いる．

② ノギス：管径を測定する．

③ メジャー：管の長さなどを測定する．

4. 測定の進め方

流速，流量および圧力損失を測定するとともに，ムーディ線図，局部抵抗の相当長などの意味を理解する．

4.1 流速の測定

ピトー管による流速測定を行う．

全圧孔からの圧力と静圧孔からの圧力の差，すなわち動圧を液柱計（マノメータ）で検出し，（6.2.14）式より流速 v を求める．

4.2 流量の測定

図6.2.5に示す流量測定装置の取出し管から出る水の流量を3.2に基づき測定する．取出し管に取り付けている流量調整バルブ（ボールバルブまたはストップバルブ）の開度を数パターンに変えて流量を測定する．

4.3 摩擦抵抗・局部抵抗による圧力損失の測定

図6.2.5に示す測定装置を用い，3.3項に基づき圧力損失を測定する．摩擦抵抗の測定に図6.2.5中の圧力測定点②と③の間に生じる圧力損失を測定し，局部抵抗の測定に圧力測定点①と②の間（バルブ）による圧力損失を測定する．併せて，管径および管の長さも測定する．測定データに基づきレイノルズ数 Re を（6.2.8）式，管摩擦係数 λ を（6.2.6）式，局部抵抗係数 ζ を（6.2.7）式，局部抵抗相当長 l_e を（6.2.11）式により求める．

5. レポートのまとめ方

流速，流量，圧力損失の測定値を整理して示すとともに，以下の項目について調べる．

① バルブの開度と流量の関係について調べ，その関係を表

すグラフを作成する．
② 図6.2.3のムーディ線図上に測定値を記入し，管内面の絶対粗さ ε を（6.2.9）式により求める．
③ 測定結果より求められた管摩擦係数 λ，局部抵抗係数 ζ および局部抵抗相当長 l_e がレイノルズ数 Re によってどのように変化するかを調べる．

文　　献

1) 空気調和・衛生工学会編：空気調和・衛生設備の知識，改定2版，p.11，オーム社，2002
2) 空気調和・衛生工学会編：空気調和・衛生設備の知識，改定2版，p.12，オーム社，2002
3) 空気調和・衛生工学会編：空気調和・衛生設備便覧，第13版基礎編，p.190，2001
4) 空気調和・衛生工学会編：給排水衛生設備計画設計の実務の知識，p.23，オーム社，1995
5) JIS B 8302-2002（ポンプ吐出し量の測定方法）
6) JIS Z 8762-1995（絞り機構による流量測定方法）
7) JIS B 7505-1999（ブルドン管圧力計）
8) JIS B 7551-1999（フロート形面積流量計）
9) JIS B 7554-1997（電磁流量計）
10) JIS Z 8765-0000（タービン流量計）
11) 日本建築学会編：建築環境工学実験用教材Ⅰ　環境測定演習編，1982
12) 日本建築学会編：建築環境工学実験用教材Ⅱ　建築設備計測演習編，1982
13) 鎌田元康編：給排水衛生設備学　初級編　水まわり入門，TOTO出版，1999

6.3 ごみの発生量調査（応用2）

1．演習の目的
廃棄物の発生抑制（リデュース）および再資源化（リユースまたはリサイクル）は，企業・大学等の組織における環境負荷の低減に重要な役割を果たす．これを果たすために重要なことは，廃棄物がどこでどれくらい発生しているかを定量的に調査することであり，これらを組織において計画的に実施することである．この実験では，大学におけるごみ（事業系一般廃棄物のうち普通ごみ）の発生量調査を実施するための基礎的な事項と実施例を取り上げる．なお，実験を行うときには，各大学の態様に応じてその対象や方法を適宜変更することになる．

2．基礎事項
2.1 廃棄物の定義および区分
廃棄物の処理および清掃に関する法律（廃棄物処理法）において，廃棄物は，大きく一般廃棄物と産業廃棄物に分かれている．同法において廃棄物とは，「ごみ，粗大ごみ，燃えがら，汚泥，ふん尿，廃油，廃酸，廃アルカリ，動物の死体その他の汚物または不要物であって，固形状または液状のもの（放射性物質およびこれによって汚染された物を除く．）」と規定されている．また，一般廃棄物とは，「産業廃棄物以外の廃棄物」と規定されており，「産業廃棄物」とは，「事業活動に伴って生じた廃棄物のうち，燃えがら，汚泥，廃油，廃酸，廃アルカリ，廃プラスチック類その他政令で定める廃棄物」とされている．

大学等の事業者は，「その事業活動に伴って生じた廃棄物をみずからの責任において適正に処理しなければならない．」とされており，「その事業活動に伴って生じた廃棄物の再生利用等を行うことによりその減量に努める」とされている．また，「事業者は，その産業廃棄物をみずから処理しなければならない．」とされている．

制令で産業廃棄物とされている品目は20品目あり，それ以外は一般廃棄物となるが，条例等により，事業者が排出する一般廃棄物を「事業系一般廃棄物」と定義している地方自治体等がある．

図6.3.1に，廃棄物処理法による廃棄物の区分を示す．

2.2 廃棄物等発生量の負荷
廃棄物の発生量は，質量で評価するのが一般的である．ただ

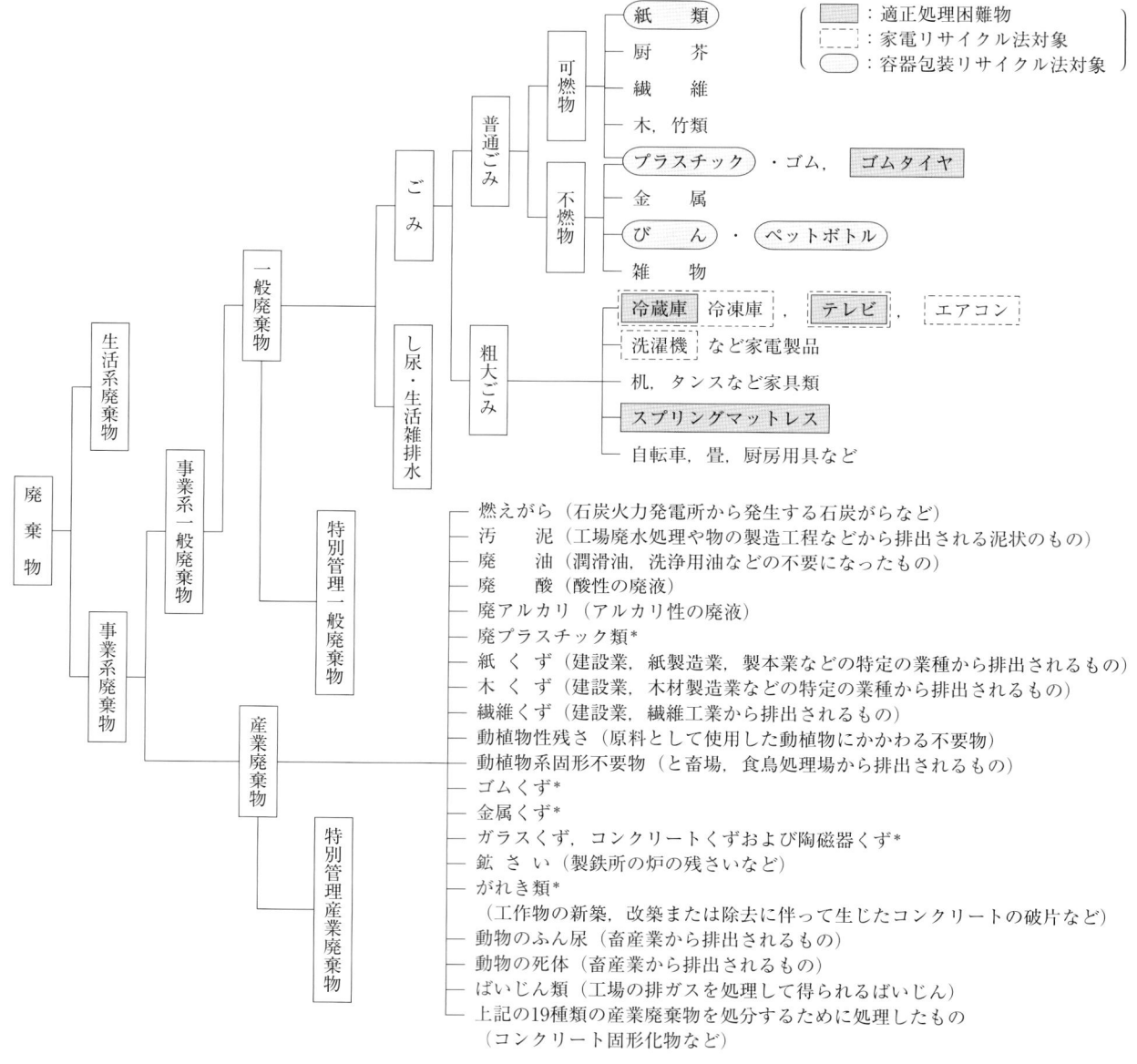

図6.3.1　廃棄物の区分[1]

し，ごみ箱の容量や保管スペースの確保においては，容積が重要になってくる．ごみは，その組成によって比重が大きく異なり，比重の小さなごみ（例えば，発砲スチロール）は，同じ質量でもその保管等には大きなスペースを必要とする．

また，ごみの発生抑制を目的とする場合には，紙類であればその枚数，缶・瓶・ペットボトル等の容器については，その個数で評価することが必要となる場合もある．

ごみは，乾燥による減量や圧縮による減容（容積の削減）が可能であるため，負荷を算出するときには，廃棄物がどのような状態における調査であるかを適切に把握するとともに，それぞれの段階における調査条件を同一にする必要がある．

また，ごみが最終的にどのように処理されるかを把握する必要があり，焼却や埋立てにより最終処分されずに再資源化される場合には，それらを分けて評価する必要がある．

さらに，評価のときには，その総量だけでなく，床面積あたりまたは使用者1人あたりなどの原単位で評価する必要もある．これにより，規模による発生量の多少の差を，大学等の事業所ごとに公平に判断することができる．

表6.3.1に，廃棄物等排出量の負荷チェックシートの例を示す．なお，同表は年間の排出量を集計するものであるため，t単位で記述するようになっているが，ここで行う実験については，集積所単位またはごみ箱単位での測定であるため，kg単位で記述する必要がある．

3．測定のための基礎データの収集

3.1 廃棄物等発生量の把握

大学においては，月間または年間の廃棄物等の発生量を把握しているのが普通である．過去または現状において，どのような廃棄物がどれくらい発生するかを把握することは，測定のための基礎データとして不可欠である．前章の表6.3.1のようなチェックシートがあれば大学の環境管理責任者等から入手し，月間または年間の廃棄物等発生量の推移を把握しておく必要がある．

3.2 人数および床面積の把握

大学の構内または校舎における人数および床面積を把握することは，ごみの発生量原単位を把握するために不可欠である．測定箇所によるが，構内または建物内の集約された保管スペースにおけるごみを測定または調査する場合には，その受け持つ範囲すべてにおける人数および床面積を把握する必要がある．

また，学内の特定のごみ箱の調査を行う場合には，その校舎または階においてごみ箱を使用する可能性のある人数または床面積を把握する．人数については，学生数・教職員数・その他の学内関係者の人数の合計，教室の席数など，客観的に把握できるものを採用する．

3.3 ごみ箱およびごみ集積場所の把握

構内または建物内におけるごみの集積場所の場所およびその数の把握，1か所における分別されたごみ箱の数の把握，廃棄

表6.3.1 廃棄物等排出量の負荷チェックシートの例[2]

必 須 項 目

＜②-A 廃棄物等排出量：負荷チェックシート（自己排出分）＞

自らの事業活動により排出される廃棄物等の年度排出量を把握します。
実績が、年度単位でない場合は、欄外に対象期間を記載してください。
ここでいう「廃棄物等」には、無価物である廃棄物に加え、有価物として再利用される紙くず、金属くず等を含みます。なお、減量化量は、焼却、脱水、乾燥処理等による減量分を示します。

2-1 廃棄物等種別		2-2 廃棄物等発生量（イ）	2-3 減量化量（ロ）	2-4 再資源化量（ハ）	2-5 廃棄物等処分量（ニ＝イ－ロ－ハ）	2-6 再資源化率（ハ／イ＊100）
事業系一般廃棄物等	紙類 白上質紙	t	t	t	t	%
	新聞紙	t	t	t	t	%
	段ボール	t	t	t	t	%
	その他の紙	t	t	t	t	%
	厨房ごみ	t	t	t	t	%
		t	t	t	t	%
		t	t	t	t	%
		t	t	t	t	%
産業廃棄物等		t	t	t	t	%
		t	t	t	t	%
		t	t	t	t	%
		t	t	t	t	%
		t	t	t	t	%
		t	t	t	t	%
		t	t	t	t	%
	産業特別管理廃棄物	t	t	t	t	%
		t	t	t	t	%
		t	t	t	t	%
		t	t	t	t	%
2-7 廃棄物等合計		t	t	t	t	%
2-8 活動規模当たり						（単位）
	生産量当たり					t／t
	出荷額当たり					t／百万円
	従業員当たり					t／人
	床面積当たり					t／㎡
	（　）当たり					（　）

生産量(t)	
出荷額(百万円)	
従業員(人)	
床面積(㎡)	

3.4 各品目における分別方法の把握

それぞれのごみの品目が、どのような分別項目とされているかについては、大学の所在地である自治体のルールや、大学が処分業者へ依頼している内容によって異なってくる。また、最終的に分別して学外へ排出される分別項目と、ごみ箱における分別項目は一致しないことがある。例えば、プラスチック類の分け方がどうなっているか、ペットボトルのふたやラベルを分別しているか、紙類をどのように分別しているかなど、それぞれの品目がどの分別項目とされているかについて把握しておく必要がある。これは、対象とする分別項目において正しく分別された割合を表す分別率の把握に欠かせない。

3.5 ごみ箱の管理者の把握

学内に店舗や自動販売機がある場合、それに付随するごみ箱は販売業者が分別・排出等を行っていることがある。大学が管理しているごみ箱と業者等が管理しているごみ箱の別、またはそれらの態様・運用状況を把握しておく必要がある。

3.6 廃棄物の処分または再資源化の別の把握

集積場所に集められたごみを学外へ搬出してから、そのごみが処分されるのかまたは再資源化されるかについて把握しておく必要がある。容器類や紙類は、分別がなされていれば再資源化（リサイクル）される場合が多く、廃棄物の最終処分量の削減と再資源化率の向上につながる。なお、ごみ箱において分別されていない場合でも、保管スペースなどで再分別を行って最終的に学外へ搬出する前に分別されて再資源化されることがあるので、測定して求められた値を分析するときには注意する必要がある。

3.7 廃棄物削減等環境への取組みの把握

大学内の店舗におけるレジ袋の削減活動や紙の両面使用、サイン・掲示・放送による周知など、大学における廃棄物削減における取組みを把握しておく必要がある。実験の時間数が多く設定されていれば、これらの取組みを実施してみて、その効果を把握することも可能となる。サインの変更の改善例を写真6.3.1・写真6.3.2に示す。その他、大学によってはISO14001等の環境マネジメントシステムによって組織的な環境管理を行っており、環境方針、手順書等を取りそろえているところがあるので、それらの資料を入手して、大学としての環境への取り組みを広く把握しておくとよい。

4．測定の準備

4.1 測定のために必要な機器・道具等

ごみの組成調査をごみ箱前の集積場所において行うことを考えると、次のような機器・道具が必要である。

・はかり（質量を測定するために必要である。測定の対象となるごみの発生量に応じて機種および測定方法を決定する。）
・ビニール袋（廃棄物を分別し直してまとめるときに必要となる。）
・ひも（紙類をまとめるときに必要となる）
・はさみ
・作業用衣服（実験時に汚れてもよい服を指示しておくのもよい。）
・作業用手袋（手が汚れるのを防ぐために必要である。実験用の使い捨てのものが扱いやすい。）
・カメラ（集積場所の状況および廃棄物の状態の記録に必要である。）
・記録用紙（基礎データをもとにあらかじめ表を作成しておくとよい）

写真6.3.1　改善前におけるごみ箱の分別サイン

写真6.3.2　改善後におけるごみ箱の分別サイン

・筆記具

4.2 測定計画および測定の実施

あらかじめ測定日時、測定場所、測定者（グループ）、測定項目、測定方法、評価方法を計画してから測定を実施する必要がある。前章で述べたとおり、廃棄物の集積場所は定期的に廃棄物が搬出されているため、その時間を把握して測定を行う必要がある。場合によっては、搬出を止めておいてもらうなどの依頼が必要である。

測定場所は、同一日かつ同一時間の調査であれば、グループごとに数か所を設定して行うのがよい。日の異なる調査であれば、同一か所を設定して変化を見るのもよい。

測定者（グループ）は、1グループ4〜8人程度の人数を設定する。

測定項目は、予備的な調査を元に表6.3.2のような表を作成して、ごみ箱ごとの欄を列方向に、ある程度まとめられる品目を行方向に並べる。測定方法は、各ごみ箱に入っている品目の質量および品目によっては個数も記録する。質量の違いによって質量の測定機器および測定方法が異なってくるので、事前にどれくらいの質量が発生するかを把握しておくことが望ましい。

評価方法は、表6.3.3のような総括表を作成して、1人あたりの廃棄物発生量、床面積あたりの廃棄物発生量、分別率、再資源化率を評価する。測定の様子の例を写真6.3.3〜写真6.3.5に示す。

5．レポートのまとめ方

グループ測定した結果および事前準備や過去の測定で得られた結果をもとに、次のような項目についてレポートをまとめる。

① 集積場所におけるごみの組成割合についてグラフまたは表を作成する。
② 各ごみ箱の分別率および品目別の分別率をグラフまたは表にまとめる。前者の分別率は、各ごみ箱またはリサイクルボックスに正しい品目で入れられているごみの質量また

表6.3.2 廃棄物の発生量の測定および分別率の評価表

品目 \ 分別項目	可燃ごみ	不燃ごみ	その他プラスチック	ペットボトル	缶・瓶	紙類	計	正しいもの	正しくないもの	分別率
割りばし	0.36kg		0.04kg				0.40kg	0.36kg	0.04kg	90.0%
弁当容器(紙)	0.12kg		0.04kg			0.04kg	0.20kg	0.12kg	0.08kg	60.0%
紙くず	0.36kg	0.36kg	0.36kg				1.08kg	0.36kg	0.72kg	33.3%
生ごみ	0.50kg						0.50kg	0.50kg	0.00kg	100.0%
その他(可燃ごみ)	0.70kg	0.04kg	0.02kg			0.06kg	0.82kg	0.70kg	0.12kg	85.4%
その他(不燃ごみ)	0.26kg	0.56kg			0.06kg		0.88kg	0.56kg	0.32kg	63.6%
レジ袋	0.12kg	0.04kg	0.18kg	0.02kg	0.02kg		0.38kg	0.18kg	0.20kg	47.4%
弁当容器(プラ)	0.14kg	0.02kg	0.30kg				0.46kg	0.30kg	0.16kg	65.2%
ペットボトルのキャップ	0.02kg		0.04kg	0.06kg	0.02kg		0.14kg	0.04kg	0.10kg	28.6%
ペットボトルのラベル	0.02kg		0.02kg	0.08kg	0.02kg		0.14kg	0.02kg	0.12kg	14.3%
その他(その他プラスチック)	0.08kg		0.48kg	0.04kg			0.60kg	0.48kg	0.12kg	80.0%
ペットボトル	0.04kg	0.20kg		0.80kg	0.16kg		1.20kg	0.80kg	0.40kg	66.7%
アルミ缶		0.40kg		0.14kg	1.34kg		1.88kg	1.34kg	0.54kg	71.3%
スチール缶		0.10kg			0.30kg		0.40kg	0.30kg	0.10kg	75.0%
コピー用紙	0.46kg					1.36kg	1.82kg	1.36kg	0.46kg	74.7%
新聞紙	0.36kg	0.36kg	0.36kg	0.36kg	0.36kg	1.36kg	3.16kg	1.36kg	1.80kg	43.0%
雑誌	0.36kg	0.36kg	0.36kg	0.36kg	0.36kg	1.36kg	3.16kg	1.36kg	1.80kg	43.0%
雑がみ	0.36kg	0.36kg	0.36kg	0.36kg	0.36kg	1.36kg	3.16kg	1.36kg	1.80kg	43.0%
合計	4.26kg	2.80kg	2.56kg	2.22kg	3.00kg	5.54kg	20.38kg	11.50kg	8.88kg	56.4%
正しいもの	2.04kg	0.56kg	1.02kg	0.80kg	1.64kg	5.44kg				
正しくないもの	2.22kg	2.24kg	1.54kg	1.42kg	1.36kg	0.10kg				
分別率	47.9%	20.0%	39.8%	36.0%	54.7%	98.2%				

表6.3.3 総括表

調査日時	20xx 年 x 月 x 日　xx 時 xx 分〜xx 時 xx 分
廃棄物の集積時間	20xx 年 x 月 x 日　xx 時 xx 分〜20xx 年 x 月 x 日　xx 時 xx 分
場所	x 号館 x 階○○前
調査者名	○○○○，○○○○，○○○○，○○○○
ごみ箱が受け持つと想定される人数	60人
ごみ箱が受け持つと想定される床面積	300m²

	可燃ごみ	不燃ごみ	その他プラスチック	ペットボトル	缶・瓶	紙類	計
処分	4.26kg	2.80kg					7.06kg
再資源化			2.56kg	2.22kg	3.00kg	5.54kg	13.32kg
合計							20.38kg
再資源化率							65.4%
1人あたりの廃棄物発生量	0.07kg/人	0.05kg/人	0.04kg/人	0.04kg/人	0.05kg/人	0.09kg/人	0.34kg/人
単位床面積あたりの廃棄物発生量	0.01kg/m²	0.01kg/m²	0.01kg/m²	0.01kg/m²	0.01kg/m²	0.02kg/m²	0.07kg/m²

特記事項

6．水環境分野

写真6.3.3　ごみの分類の様子

写真6.3.4　ごみの計量の様子

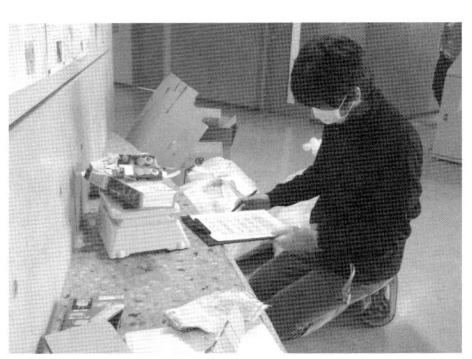

写真6.3.5　紙類の計量の様子

は個数を，すべてのごみの質量または個数で除して求める．後者の分別率は，すべてのごみ箱に正しい分別項目で入れられている各品目の質量または個数を，すべてのごみ箱に入れられている各品目の質量または個数で除して求める．

③　すべてのごみから，再資源化されて排出される質量または個数を求め，集積場所での再資源化率および分別項目が正しくないものが再資源化可能であれば，それを合わせた再資源化率を求める．

④　ごみ箱の容量が適当か，サインの設置が適当であるかなど，集積場所の状況を調査してレポートにまとめる．

文　献

1）環境省：平成19年版環境・循環型社会白書
2）埼玉県：環境負荷低減計画作成の手引－「彩の国エコアップ宣言」作成マニュアル

7. 建築設備分野

7.1 冷凍機の性能評価（応用1）

1. 演習の目的
① 冷凍機の種類，構成を理解し，各種性能の測定法を学ぶ．
② 実験結果を P-h 線図上に表し，冷凍サイクルを理解する．
③ 熱交換器の理論を理解する．

2. 基礎事項
2.1 冷凍機の原理
低温の物体から熱を奪い，これを高温側に移動させるのが冷凍機で，これにより物体の温度を周囲温度より低く保つことができる．冷凍機で冷凍作用を行う流体を冷媒という．液体は，圧力が低いほど低温で蒸発することから，冷凍機での熱の移動は冷媒の蒸発潜熱が利用され，蒸発器で低温物体から熱を吸収し，凝縮器で高温側に熱を放出する．

冷凍機は冷媒を介して，低温部の熱を高温部へ運ぶためのサイクルを行う．このサイクルは熱機関の行うサイクルの逆で，仕事を費やして熱を低温部から高温部へ運ぶヒートポンプのサイクルと同じである．

2.2 冷凍機の種類
冷凍機の種類は高圧蒸気の作り方によって分けられ，蒸気圧縮式と吸収式がある．表7.1.1に冷凍機の種類と用途を示す．

2.2.1 蒸気圧縮式冷凍機
基本的には蒸発器，凝縮器，圧縮機，膨張弁の4要素からなる〔図7.1.1参照〕．図中のアキュムレータ，リキッドタンク，ドライヤは補助機器である．蒸発器では，冷媒を低温，低圧で蒸発させて冷凍作用を行い，周囲の物体から熱を奪う．蒸発した冷媒ガスは圧縮機に送られ，圧縮されて高温高圧のガスにな

表7.1.1 冷凍機の種類と用途

方式	種類	使用冷媒*	用途
蒸気圧縮式	往復冷凍機（レシプロ冷凍機）	R-134a, R-22	空調用（小・中容量 400kW程度以下）冷凍用
	遠心冷凍機（ターボ冷凍機）	R-134a	空調用（大容量 400kW程度以上）冷凍用（大容量）
	回転冷凍機 ロータリ冷凍機	R-22, R-134a	小形-空調用（ルームエアコン）中・大形-冷凍用
	回転冷凍機 スクリュー冷凍機	R-22, R-134a	空調用（ヒートポンプ），冷凍用
吸収式	吸収冷凍機	H_2O（冷媒）LiBr（吸収液）	空調用

注）一般に用いられるものを示す

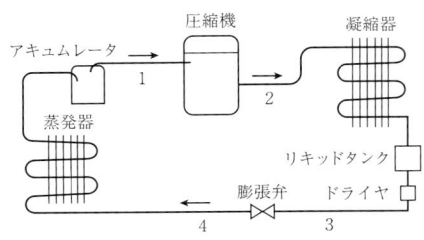

図7.1.1 冷凍機の構成[1]

る．この冷媒ガスは凝縮器で水あるいは空気によって冷却され，凝縮して液体となる．液冷媒はリキッドタンクに一時貯えられ，膨張弁を通って減圧されて再び蒸発器に流入する．以上のサイクルを P-h 線図に表すと図7.1.2のようになる．実際の冷凍機では不可逆変化から $1 \to 2' \to 3 \to 4$ のサイクルとなる．

近年，空調用熱源としての蒸気圧縮式冷凍機をヒートポンプとして用いることが多くなっている．ヒートポンプの種類は，熱源側，空調側の熱媒により表7.1.2のように分けられる．冬の暖房サイクルと夏の冷房サイクルは図7.1.3のように，弁による冷媒回路の切替えによって行われる．

2.2.2 吸収式冷凍機
吸収式冷凍機は，蒸気圧縮式冷凍機の圧縮機の代わりに吸収器と再生器を有し，一般には冷媒に水，吸収液に臭化リチウム（LiBr）水溶液が用いられる．吸収式冷凍機の作動原理を図7.1.4に示す．

装置は低圧に保たれ，蒸発器内で水を蒸発させて冷却を行う．吸収器では臭化リチウムにこの水蒸気を吸収させ，濃度の低くなった吸収液を再生器に送り，蒸気などで加熱して吸収液から水蒸気を分離する．この水蒸気は凝縮器で冷却されて水となり，

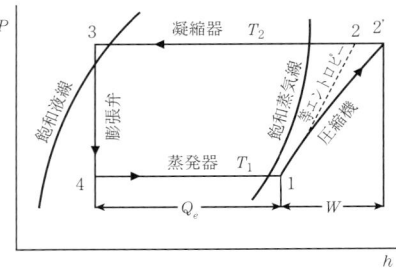

図7.1.2 モリエル線図上のサイクル

表7.1.2 ヒートポンプの種類

熱媒		機器	使用圧縮機	冷房・暖房サイクルの切換え
熱源側	空調側			
空気	空気	空気熱源ヒートポンプ・パッケージ ヒートポンプ・ルームエアコン	往復 ロータリ	冷媒回路切換え
水	空気	水熱源ヒートポンプ・パッケージ	往復	
空気	水	空気熱源ヒートポンプ・チラー	往復 スクリュー 遠心	
水	水	水熱源ヒートポンプ・チラー		水回路切換え

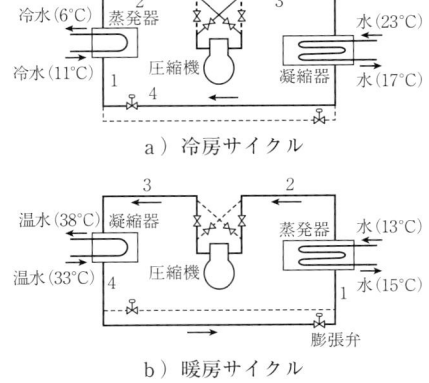

図7.1.3 冷房サイクルと暖房サイクル[2]

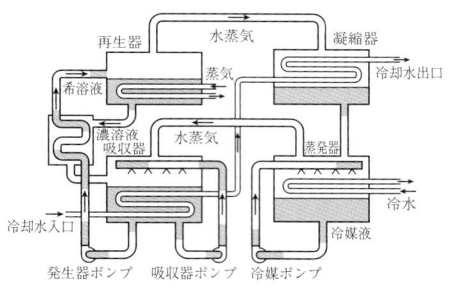

図7.1.4　吸収冷凍機の構成[3]

蒸発器に送られる．また，再生器で濃縮された吸収液は吸収器に戻され，循環使用される．

吸収式冷凍機は動力が非常に少なくてすみ，高温の熱源（蒸気，温水または直だき）により冷却作用を行うことができる．

3．実験装置および方法
3.1　空調用冷凍機実験装置

空調用冷凍機実験装置の一例としてその概要を図7.1.5に示す．本実験装置は次の要素から構成されている．

① 圧縮機1台　半密閉式，1.5kW，AC3p，200V，50Hz．冷媒 R134a
② 凝縮器1台　二重管式水-冷媒熱交換器，伝熱面積 $3.0m^2$
③ 過冷却器1台　二重管式水-冷媒熱交換器，伝熱面積 $0.134m^2$
④ 蒸発器1台　二重管式水-冷媒熱交換器，伝熱面積 $2.97m^2$
⑤ 温度式自動膨張弁1個
⑥ 温度調節器付冷却水槽（$\phi 570mm \times 870mm$）1台　加熱ヒーター5kW×2，攪拌機0.1kW
⑦ 循環ポンプ　冷却水用0.11kW，冷水用0.1kW
⑧ 圧力計（ブルドン管式）3台　吸入口，吐出し口，膨張弁入口各1台
⑨ 温度計測用熱電対14個
⑩ 流量計（浮遊式）3台　冷媒用1台，水用2台
⑪ 三相電力計　モーター消費電力測定用1台

冷媒は圧縮機で圧縮された後，凝縮器・受液器・過冷却器を通って熱を放出し，冷媒液となる．冷媒液は流量計で流量を測定された後，膨張弁を通り減圧されて低温となり，蒸発器において熱を吸収して冷媒蒸気となった後，再び圧縮機に入る．蒸発器用冷水および過冷却器・凝縮器用冷却水は一定温度に保たれた冷水槽からポンプによりそれぞれに送られ，流量計で流量を測定された後，再び冷水槽に戻る．冷水槽では温度計で水温を検出し，温度調節器で一定水温に保つ．各部の圧力，温度，流量およびモーター消費電力は実験装置内の計測器により測定できる．

3.2　運転と停止
3.2.1　運転準備

水槽に水を供給し，操作盤に電源を供給する．各ブレーカーがONであることを確認し，水槽温度の設定を行う．

3.2.2　運　　転

主開閉スイッチをONにし，水槽攪拌スイッチをONにする．水温が設定温度になるまで通電し，設定水温になったらスイッチを給水側に切り換える．給水ポンプ，冷却水ポンプをONにし，最後に冷凍機スイッチをONにする．このとき流量計により水が流れていることを確認する．また，蒸発温度が3℃以下にならないように注意すること．水が流れていなかったり，蒸発温度が低すぎると水が凍結し破損のおそれがある．

以上の操作を行った後，定常に達したら測定を開始する．

3.2.3　停　　止

測定が終了したら冷凍機のスイッチをOFFにする．高低側と低圧側の圧力差（冷媒）がなくなったらポンプのスイッチをOFFにし，給水スイッチ，水槽攪拌スイッチの順にOFFにする．ポンプスイッチをあまり早くOFFにすると，凍結のおそれがあるから注意を要する．

3.3　測定条件，方法と項目
3.3.1　測定条件，方法

装置各部の状態が安定し，圧力，温度等の指示が一定になってから測定を開始する．測定は各点の圧力，温度，冷媒・冷水，冷却水の流量および圧縮機駆動モーターの消費電力について行う．測定時間は各運転条件につき15分とし，3分ごとに5回測定する．流量は体積流量を測定し，熱媒の密度を乗じて質量流量に変換する．計算には測定値の平均を用いる．運転条件は時間の許す限りいろいろと変えてみる．

3.3.2　測定項目

1）冷媒側
- 圧縮機入口　　温度 t_1〔℃〕，圧力 P_1〔Pa〕
- 圧縮機出口　　温度 t_2〔℃〕，圧力 P_2〔Pa〕
- 過冷却器出口　温度 t_3〔℃〕
- 過冷却器入口　温度 t_3'〔℃〕
- 凝縮器出口　　温度 t_3''〔℃〕
- 蒸発器入口　　温度 t_4〔℃〕
- 膨張弁入口　　　　　　　　　　圧力 P_3〔Pa〕
- 冷媒流量　　　G_r〔kg/s〕

2）蒸発器冷水側
- 冷水入口　　　温度 t_{w1}〔℃〕
- 冷水出入口　　温度 t_{w2}〔℃〕
- 冷水流量　　　G_{we}〔kg/s〕

3）冷却水側

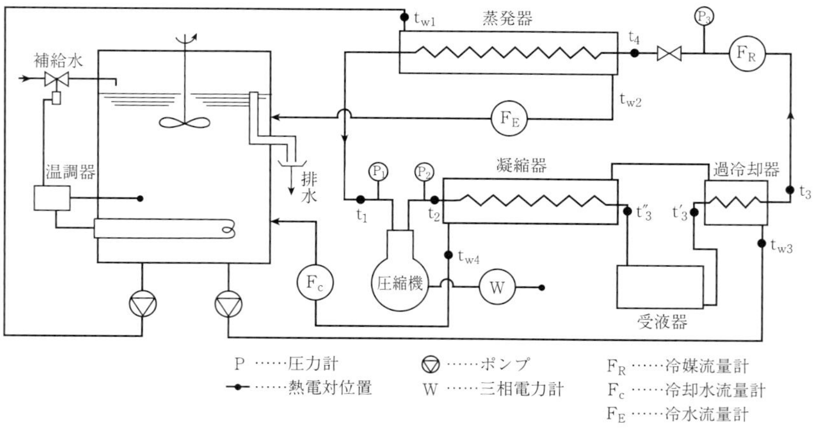

図7.1.5　空調用冷凍機実験装置

- 冷却水入口　　温度 t_{w3} 〔℃〕
- 冷却水出口　　温度 t_{w4} 〔℃〕
- 冷却水流量　　G_{wc} 〔kg/s〕

4）圧縮機駆動モーター
- モーター消費電力　W 〔kW〕

4．結果の整理

4.1　冷凍サイクルおよびその成績係数

実験結果をもとに P-h 線図上に冷凍サイクルを表わし，次式よりサイクルの成績係数 ε_0 を求める．

$$\varepsilon_0 = \frac{h_1 - h_4}{h_2 - h_1} \tag{7.1.1}$$

また，蒸発量および凝縮器・過冷却器における移動熱量を求め，各熱交換器での熱バランスを調べる．熱移動量は次式で表される．

$$Q = G_r \cdot \Delta h \tag{7.1.2}$$
$$Q = c \cdot G_w \cdot \Delta t \tag{7.1.3}$$

ただし，Q　：熱移動量〔kW〕
　　　　G_r　：冷媒流量〔kg/s〕
　　　　G_w　：水の流量（G_{we} あるいは G_{wc}）〔kg/s〕
　　　　c　：水の比熱〔kJ/(kgK)〕
　　　　Δh　：蒸発器あるいは凝縮器・過冷却器の出入口冷媒比エンタルピの差〔kJ/kg〕
　　　　Δt　：蒸発器あるいは凝縮器・過冷却器の出入口の水の温度差〔℃〕

4.2　蒸発器熱通過率

前項で求めた蒸発器の移動熱量より蒸発器の熱通過率 K を求め，一般の熱交換器と比較する．熱交換器の移動熱量は次式で表される．

$$Q = A \cdot K \cdot LMTD \tag{7.1.4}$$

ただし，A　：伝熱面積〔m²〕
　　　　K　：熱通過率〔kW/(m²K)〕

　　$LMTD$：対数平均温度差 $= \dfrac{\Delta_1 - \Delta_2}{ln(\Delta_1 / \Delta_2)}$ 〔℃〕

$$\Delta_1 = t_{w1} - t_1 \text{〔℃〕}$$
$$\Delta_2 = t_{w2} - t_4 \text{〔℃〕}$$

4.3　圧縮機の体積効率・圧縮効率と圧縮所要動力

冷媒流量は（7.1.5）式で表され，圧縮機の圧縮効率は（7.1.7）式で表される．冷媒流量と実測値ならびに冷凍サイクルの各点の状態から，実験で用いた圧縮機の体積効率と圧縮効率を求める．

$$G_r = \eta_v \frac{V}{v_1} \tag{7.1.5}$$

$$V = \frac{\pi}{4} d_0^2 \cdot l \cdot n \cdot z \Big/ 60 \tag{7.1.6}$$

$$\eta_i = (h_2 - h_1) \big/ (h_2' - h_1) \tag{7.1.7}$$

$$N = G_r (h_2 - h_1) \big/ \eta_i \tag{7.1.8}$$

ただし，v_1　：圧縮機入り口冷媒比体積〔m³/kg〕
　　　　h　：冷媒比エンタルピ〔kJ/kg〕
　　　　η_v　：体積効率
　　　　η_i　：圧縮効率
　　　　V　：ピストン押しのけ量〔m³/s〕
　　　　d_0　：気筒径〔m〕
　　　　l　：行程　〔m〕
　　　　n　：回転数〔rpm〕
　　　　z　：気筒数
　　　　N　：圧縮動力〔kW〕

4.4　圧縮機・モーターを含めた機械効率

圧縮機とモーターを含めた機械効率は（7.1.9）式で表される．

$$\eta_m = N \big/ W \tag{7.1.9}$$

ここに，W：モーター消費電力〔kW〕

4.5　電動圧縮冷凍機の成績係数

各実験条件について，電動圧縮冷凍機の入力であるモーター消費電力 W と冷凍能力から電動圧縮冷凍機の成績係数を求める．

$$\varepsilon = Q_e \big/ W \tag{7.1.10}$$

ただし，Q_e：冷凍能力〔kW〕

文　献

1）空気調和・衛生工学会編：空気調和・衛生工学便覧第13版，2 汎用機器・空気調和機器編，p.403，2001，丸善
2）井上宇市：改定 4 版空気調和ハンドブック，平成 8 年，丸善 p.211
3）井上宇市：改定 4 版空気調和ハンドブック，平成 8 年，丸善 p.192

7.2 ボイラ・給湯器の性能評価（応用1）

1．演習の目的
① ボイラ・給湯器の燃焼装置の構造と伝熱機構を理解する．
② ボイラ・給湯器などの燃焼装置の出力・効率を理解し，実測値より性能を評価する方法を学ぶ．

2．基礎事項
2.1 ボイラの分類と特徴
ボイラは燃料の燃焼によって得られる熱エネルギーを水に伝え，温水または蒸気を得る装置であり，空調用・給湯用熱源として用いられる．ボイラの種類と特徴および主な用途を表7.2.1に示す

2.2 ボイラ出力
ボイラの出力は最大連続負荷時の出力として，熱出力または換算蒸発量で表される．

2.2.1 熱出力
ボイラに供給された水が単位時間あたりに得られる熱量 Q 〔kW〕は次式で表される．

$$Q = G_w(h_2 - h_1) \tag{7.2.1}$$

G_w ：供給水量〔kg/s〕
h_1, h_2 ：入り口，出口の水の比エンタルピ〔kJ/kg〕

2.2.2 換算蒸発量
蒸気ボイラの出力で，単位時間あたりに100℃の水を蒸発させられる量 G_e 〔kg/h〕として次式で表される．

$$G_e = 3\,600 Q / 2\,256 \tag{7.2.2}$$

このほかに，放熱器を用いた蒸気暖房の場合に限り相当放熱面積 EDR 〔m²〕で表すことがあり，次式で表される．

$$EDR = Q / 0.756 \tag{7.2.3}$$

2.3 ボイラ効率
ボイラは燃料のもつ化学的エネルギーを水の熱エネルギーに変換する．したがって，ボイラの効率は消費された燃料の発熱量に対するボイラ出力の割合で表される．化石燃料は水素を含んでおり，燃焼によって水蒸気が発生する．燃焼ガスの熱交換は100℃以上で行われるため，水蒸気の保有する潜熱は利用できない．この潜熱を利用する場合を高発熱量といい，利用できない場合を低発熱量という．
ボイラ効率 η_B は次式で表される．

$$\eta_B = \frac{Q}{G_f H_l} \cdot 100 \tag{7.2.4}$$

G_f：燃料消費量〔kg/s〕
H_l：低発熱量〔kJ/kg〕

ボイラ効率はボイラの種類によって異なる．

表7.2.1 ボイラの分類と特徴

種類	容量〔MW〕	圧力〔Mpa〕	用途
立て型ボイラ	～0.4	蒸気～0.1，温水～0.5	産業用，住宅用（小型温水ボイラ）
鋳鉄ボイラ	0.06～3	～1	ビル用
炉筒煙管ボイラ	0.1～15	～1.6	ビル用，産業用
水管ボイラ	0.6～2 000	0.4～35	産業用，発電用，地域冷暖房用
真空式温水器	0.04～6	～0.5	ビル用，産業用

表7.2.2 燃料の性質

種類	密度〔t/m³〕	低発熱量〔MJ/kg〕	理論空気量〔Nm³/kg〕
灯油	0.79～0.85	43.5	10.8
A重油	0.84～0.92	42.7	10.7
B重油	0.90～0.97	4.14	10.4
C重油	0.92～1.02	41.0	10.3
プロパン	1.86kg/Nm³	46.4MJ/Nm³	23.8Nm³/Nm³
都市ガス13A	0.8kg/Nm³	41.8MJ/Nm³	9.52Nm³/Nm³

2.4 燃料と燃焼
燃料が完全燃焼（燃料成分が完全に酸化）するために必要な空気量を理論空気量という．しかし，実際の燃焼器においては理論空気量より多くの空気を必要とし，気体燃料・液体燃料・固体燃料の順に理論空気量より多くの空気を必要とする．表7.2.2に燃料の性質を示す．

3．実験装置および方法
温水ボイラ性能評価実験装置の一例を図7.2.1に示す．実験装置は温水ボイラ，燃料供給系，給水系で構成され，排ガスダクトを設けている．実験に先立って，燃焼器の構造を理解し，燃焼の状況を観察する．実験では，燃料消費量，給水流量，給水温度，ボイラ出口水温および圧力を測定する．必要に応じて排ガス分析を行うことにより，燃焼の状況を把握できる．
流量の測定は，瞬時流量計による方法と積算流量計による方法がある．燃料の場合流量が少ないため，積算流量計を用い，20分程度の平均燃料消費量を用いる．水の場合瞬時流量計を用いることも可能であるが，各点の温度測定と同様に燃料消費量測定時間での平均値を用いる．
蒸気ボイラについてもほぼ同様の実験装置で測定が可能であるが，蒸気の比エンタルピを測定する必要がある．蒸気が過熱蒸気の場合，その圧力と温度から蒸気の比エンタルピを求めることができる．また，飽和蒸気の場合，絞り膨張させて過熱蒸気とし，その圧力と温度から求めることが可能である．直接蒸気のエンタルピを測定する方法の一例を図7.2.2に示す．腹水器によって蒸気を冷却水で熱交換させ，過冷却水とする．腹水器出口水温，冷却水流量ならびに冷却水出入り口水温を測定し，熱バランスから蒸気の比エンタルピを求める．

4．結果の整理
4.1 補給水および温水の比エンタルピ
補給水および温水の温度測定より，比エンタルピ h は次式で

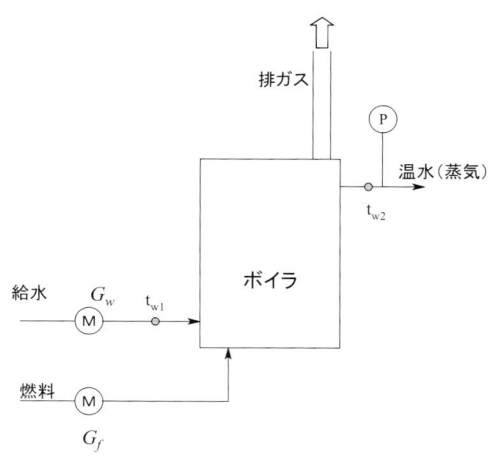

図7.2.1 ボイラ性能評価実験装置

与えられる．
$$h = c \cdot t \tag{7.2.5}$$
　　c：水の比熱〔J/(kgK)〕

4.2　蒸気の比エンタルピ（図7.2.2の場合）
$$h_2 = c \cdot t_{w3} + \frac{c \cdot G_{CD}(t_{CD2} - t_{CD1})}{G_s} \tag{7.2.6}$$

4.3　熱出力，換算蒸発量，EDR の算出
（7.1.1）式より熱出力を求める．蒸気ボイラの場合，（7.2.2），（7.2.3）式より換算蒸発量ならびに EDR を求める．

4.4　ボイラ効率
（7.2.4）式よりボイラ効率を求め，カタログ値などの所定性能と比較する．

4.5　排ガス分析による結果の整理
排ガス分析を行った場合は，その結果から空気過剰率，燃焼効率が求められる

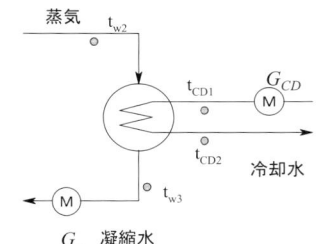

図7.2.2　腹水器

7.3 空調システムシミュレーション（応用1）

1. 空調システムシミュレーションの必要性と役割

1.1 システムシミュレーションの必要性

近年，日本の建築設備，特に空調設備の分野において，「ライフサイクル性能検証過程（コミッショニング）」や「ライフサイクルエネルギーマネジメント（LCEM）」の必要性が広く認識されつつある．空気調和システムを適切に設計・施工し，ライフサイクルにわたって適切に維持，管理していくことが，室内環境の適正制御，CO_2排出量削減の両方の観点から重要となってきている．

一方，空気調和システムは，極めて低負荷運転時間が長いという特徴がある．したがって，空気調和システムの評価は，ピーク性能だけではなく，オフピーク（中間期等）の性能を含めたものでなければならない．また，空気調和システムは，複雑な非線形特性を持つ系であるため，このようなオフピークの挙動を予測するためにはコンピュータを利用した「システムシミュレーション」が必要となる．

1.2 空調システムシミュレーションの分類

空調システムシミュレーションは，表7.3.1に示すように，静的シミュレーションと動的シミュレーションに分類できる．静的シミュレーションは，プログラム本来の目的がエネルギー消費量を求めることにあるため，機器や制御系の挙動を時間平均値としてとらえる．一方，動的シミュレーションでは，目的が構成要素（コンポーネント）の挙動解析であるため，構成要素モデルの非線形特性や動的特性がモデル化され，分秒単位の時間ステップで計算することが可能である．

表7.3.1 システムシミュレーションの分類

	動的シミュレーション	静的シミュレーション
代表的なプログラム	HVACSIM＋等	HASP/ACLD/ACSS，LCEM，DOE2，BLAST，EnergyPLUS等
計算間隔	秒単位（1秒〜）	時間単位（1時間〜）
計算モジュール	コンポーネント（構成要素）ごと	サブシステムごと
動特性の扱い	分・秒単位の時定数や，むだ時間を扱う	時間単位の時定数のみ扱う（室・蓄熱槽等）
シミュレーションの目的	不具合（フォルト）や異常状態の計算が可能 分秒単位の機器挙動計算	正常（理想）状態の計算 エネルギー消費量の計算 室温（時間平均値）の計算

1.3 代表的な空調システムシミュレーションプログラム

表7.3.2に世界の代表的な空調システムシミュレーションプログラムの概要を示す．これらのうち，HVACSIM＋が動的システムシミュレーション，それ以外は，基本的には静的システムシミュレーションである．

いずれも，1970年代以後に開発された公的あるいは準公的なプログラムで，日本では長い間，HASP/ACSSが代表的プログラムとして利用され，CEC計算用に開発されたBECS/CEC/ACもHASP/ACSSの計算アルゴリズムを引き継いでいる．近年，国土交通省からリリースされたLCEMツールは，表計算ソフトを用いた新しい形態のシステムシミュレーションツールであるが，基本的な機器の計算については，HASP/ACSS等の既存プログラムのアルゴリズムが改良して取り入れられている．

これらのプログラムの開発主体はさまざまであり，開発の目的や主眼も異なる．また，開発国の慣習や風土，気候の違いも

表7.3.2 代表的な空調システムシミュレーションプログラムの概要と特徴[1]に加筆

HASP/ACSS（日本）	空気調和・衛生工学会で開発された動的熱負荷計算プログラムHASP/ACLDの計算結果をもとに空調システムシミュレーションを行うプログラムで，1985年に建築設備技術者協会で開発された．空調システムの年間エネルギー消費量の予測を主目的とするプログラムであるが，実現される室内の温度，湿度の状態および除去熱量，空調機・熱源機器などの運転動作も求めることができる．
LCEM（日本）	2006年から国土交通省がリリースしている空調用システムシミュレーションツール．汎用表計算ソフトを用いたオブジェクト化セルズ法という解法を用いたシステムシミュレーションツールで，ライフサイクルの各段階で共通して利用できるよう開発されている．オブジェクトは機器単位で構成され，保有している機器特性は，製造者の協力を得て作成されている．
DOE-2（米国）	米国エネルギー省主体に開発された建物のエネルギーシミュレーションプログラムで，建物空調負荷，空調システムの挙動状態とそれに伴うエネルギー消費量，ランニングコスト解析が可能である．システム仕様や制御手法等は，使用者の技術レベル，目的に応じて設定でき，空調システム設計に対する各種感度解析が可能であるため，実務設計，研究・開発等の幅広い分野で活用されている．
EnergyPlus（米国）	米国のイリノイ大学，カリフォルニア大学およびローレンス・バークレー国立研究所により開発され，米国エネルギー省から配布されている．モジュール方式が採用され，建物外皮，ゾーン計算や各種空調機器等の計算モジュールは，米国陸軍建設研究所開発のBLAST，米国エネルギー省開発のDOE-2から受け継いだものである．
DeST（中国）	中国北京清華大学建築学院建築技術科学学科DeSTグループにより，1990年代初期から開発されてきた空調システムのシミュレーションプログラムである．空調エンジニアを支援するために開発され，建物の熱性能最適化等にも利用されている．ユーザーは，中国で約1 000人以上あり，実際の空調システム設計や省エネルギープロジェクトに利用されている．香港やアメリカにも利用者がある．
TRNSYS（米国）	米国Wisconsin大学のSolar Energy Laboratoryにおいて開発されたもので，もとは太陽熱利用システムのためのシミュレーションツールであったが，現在では多種多様な機器モデルが追加され，空調およびエネルギーシステム全般の解析に広く活用されている．特徴はコンポーネント単位でモデル化されたモジュール方式構造にある．
HVACSIM＋（米国）（日本）	1984年に米国商務省（旧NBS；国家標準局）より空調システムおよびそれと関連するものの動的な関係を詳細にシミュレートするために開発されたもので，秒単位の機器挙動，室内環境シミュレーション等が可能な動的システムシミュレーションプログラムである．日本版は有志により維持管理されている．モジュール方式の採用など，TRNSYSの特徴を引き継いだプログラム構造となっている．

あり，扱えるシステムや制御方式の制約が異なる．したがって，利用者はそれらの特徴や制約を把握したうえで，適切なツールを利用する必要がある．

1.4 空調システムシミュレーションの役割
1.4.1 ライフサイクルエネルギーマネジメントツールとしての役割

近年になって，企画・設計段階から施工段階，運転管理段階にわたるライフサイクルで共通して利用できる空調システムシミュレーションツールの必要性が認識されてきた．国土交通省から公開されているLCEM（ライフサイクルエネルギーマネジメント）ツールがその代表的なもので，図7.3.1に示すように，計画，設計から施工，引渡を経て，運用，改修に至る各段階において，空気調和システムの要求性能，設計性能が維持されているかどうかを一貫したツールでチェックする，ライフサイクルエネルギーマネジメントを目的とした空調システムシミュレーションツールである．

1.4.2 性能評価ツールとしての役割

一方，地球環境問題が広く認識され始めた1990年代から，建物全体の環境性能をマクロに評価できる「建築物性能評価ツール」の開発が進んだ．米国のLEEDや日本のCASBEE[注1]（建築物総合環境性能評価システム）が代表的である．これらに対して，前述した既往の空気調和システムシミュレーションツールは，システムや機器レベルの性能をミクロに評価するツール，LCEMのためのシミュレーションツールは，それらをつなぐ，中間的なツールと位置づけられる．図7.3.2にこれらの性能評価ツールのマッピングを示す．

注1）Comprehensive Assessment System for Building Energy and Environment

1.5 空調システムシミュレーションの方法

空調システムシミュレーションの方法はツールによってさまざまであるが，一般的には，機器単位あるいは構成要素単位でモデル化されたモジュールをつなぎあわせてシステム全体を構築し，外気条件や熱負荷を境界条件としてエネルギー平衡状態を計算する．

図7.3.3は，HASP/ACLD/ACSSのシステム構築方法を示す．空調システム全体を冷却塔，熱源，コイル，室レベルに分割し，これらの平衡状態を時々刻々収束計算させている．

図7.3.4は，LCEMツールによる空調システム全体の構築例である．このようなモジュール（LCEMツールでは「オブジェクト」と呼ばれる）方式のツールは，システムの部分（サブシステム）や機器単位のシミュレーションが可能であるため，特

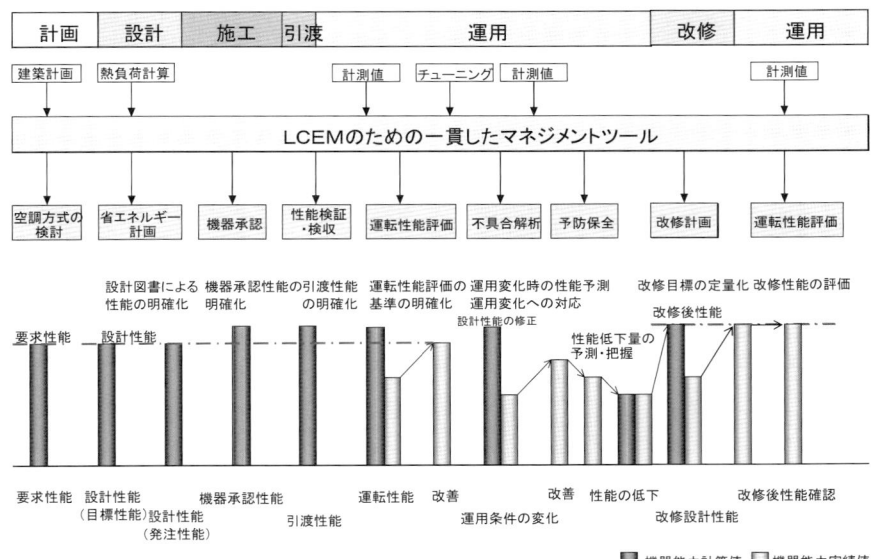

図7.3.1 ライフサイクルエネルギーマネジメントの概念[2]

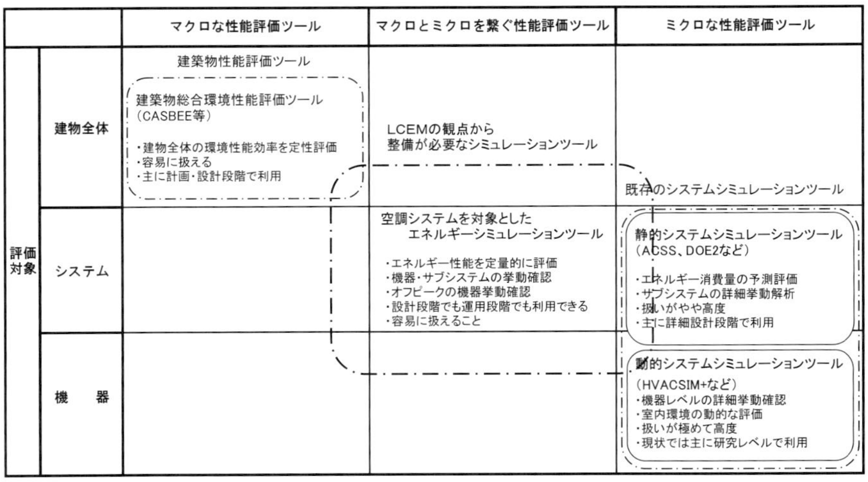

図7.3.2 各種性能評価ツールのマッピング[2]

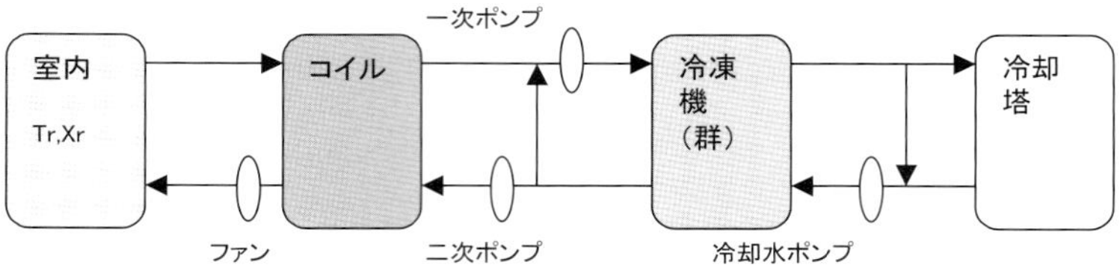

7. 建築設備分野

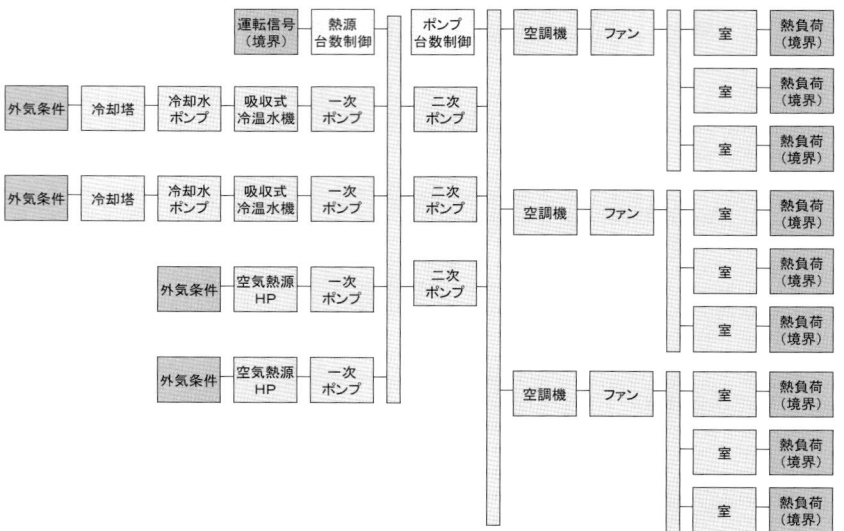

図7.3.3 空調システムの構築例 (HASP/ACLD/ACSS の例)

図7.3.4 空調システムの構築例 (LCEM ツールの例)[3]

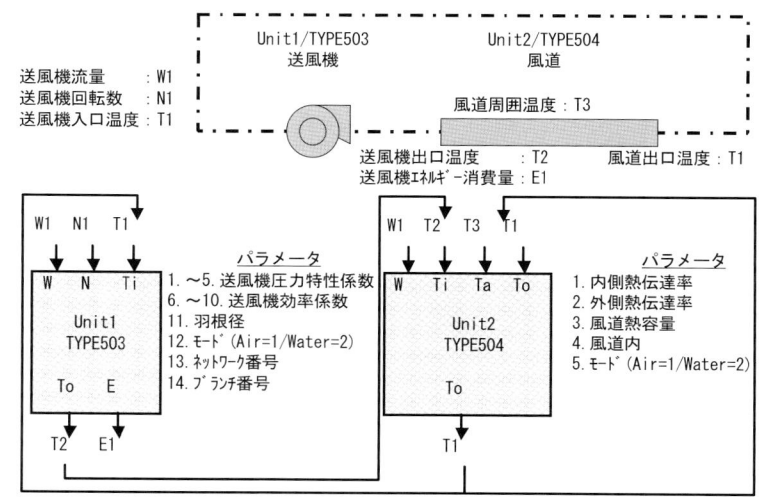

図7.3.5 空調システムの構築例 (HVACSIM＋の例)[4]

に施工段階や運用段階における利用が期待されている．

図7.3.5は動的シミュレーションであるHVACSIM＋の例を示す．HVACSIM＋の場合には，「Type」と呼ばれる構成要素間の接続を定義して空調システムを構築していくしくみである．

2．LCEM（ライフサイクルエネルギーマネジメント）ツール

ここでは，代表的なシステムシミュレーションツールの中で，汎用表計算ソフト（Excel）で計算が可能であり，教育・訓練のためのツールとしても利用可能なLCEMツールについての詳細を述べる．

2.1 LCEM ツールの特徴

LCEM ツールの特徴を以下に示す．

・空調システムの設計から運用まで，各段階において共通して使用できる．
・各段階の情報伝達が容易にできる．
・ピーク負荷時の性能だけではなく，部分負荷時の性能を予測，評価できる．
・設計内容に照らして，機器性能および試運転調整内容等を確認できる．
・施工時や運転時に，運転実測値と計算値を比較照合しながら，エネルギー性能の評価ができる．
・全体システムからサブシステム，機器単体まで，種々のレベルでの検討に，任意に適用できる．
・Excelを用いたオブジェクト化セルズ法により，コンピュータの画面上で容易に計算ができる．
・教育・訓練のためのツールとして利用できる．

7.3 空調システムシミュレーション（応用1）

図7.3.6 オブジェクト化セルズ法

2.2 LCEMツールの解法
2.2.1 オブジェクト化セルズ法とオブジェクト

LCEMツールでは，Excelを用いたオブジェクト化セルズ法という解法を用いて，空調システムの運転状態値を求める．オブジェクト化セルズ法とは，図7.3.6に示すように，Excelの複数のセル群に数式や諸元を記入し，このセル群を一つの単位として扱う計算方法であり，LCEMツールでは，このセル群を機器オブジェクトと呼ぶ．そして，この機器オブジェクトを，図7.3.7に示すように，EXCEL上で連結していくことで空調システムを構築し，オブジェクト間で必要な情報をやりとりして機器の状態値を決定していく．

2.2.2 オブジェクトのしくみ

LCEMツールのオブジェクトは，機器単位で作成されている．図7.3.8に，冷却塔オブジェクトの例を示す．オブジェクトの両側には，「外気」と「冷却水ポンプ」のオブジェクトが接続される．

オブジェクトは，通信部，制御部，演算部，属性部の四つの部分から構成されている．通信部は，オブジェクト間のデータの受渡しを行う．制御部は，制御目標値などを入力する部分，属性部は，機器の属性（定格仕様等）を入力する部分である．演算部は状態値等を演算する部分で，機器の特性式等が記述されている．冷却塔の場合には，通信部，制御部，属性部のデータを用いて，冷却水の出口温度とファンの電力消費量を計算する．

計算した結果はすべて通信部分に送られ，隣のオブジェクトと温度や流量等の必要な情報交換を行う．なお，通信部分は必ず隣のオブジェクトと通信するため，冷却塔と冷凍機の間で冷却水温度を交換するためには冷却水ポンプを中継する必要がある．

2.2.3 オブジェクトの入力と出力

各オブジェクトの中で，入力を必要とする部分は，黄色のセルになっている．各オブジェクトの制御部分，属性部分と外気，境界条件となるオブジェクトの通信部分等である．濃い黄色のセルは，機器の属性や制御設定値等を入力するセル，薄い黄色は，補正係数や物性値等を入力するセルである．これらのセルには数値を直接手入力することもできるが，熱負荷計算結果やBEMS（ビルディングエネルギーマネジメントシステム）から得られる実測データなどを一連のデータとして入力することもできる．また，計算結果として，各オブジェクト内の諸数値を任意に出力することができる．

2.2.4 収束計算の方法

LCEMツールの計算には，単純な演算のほかに収束計算が含まれる．これはExcelがもっている「反復計算」機能を利用している．

2.2.5 期間計算の方法

LCEMツールは，時刻単位の計算だけではなく，任意の期間の計算を行うことができる．期間計算を行う場合には，期間計算用構築シートを用いる．図7.3.9に示すように，入力データをあらかじめ表形式でデータ入力シートに準備しておき，表計算ソフトのマクロ機能を利用して，自動的に，構築シートの所定の位置に入力し，出力結果をデータ出力シートに書き出すようになっている．

なお，LCEMツールは，機器，システムの瞬時の動作をシミュレーションするものではなく，エネルギー性能の評価を主目的としたものであるため，一部のオブジェクトを除いて，1時間単位の定常計算である．

2.3 LCEMツールによる空調システムの構築方法

LCEMツールでは，機器単位で定義されたオブジェクトを

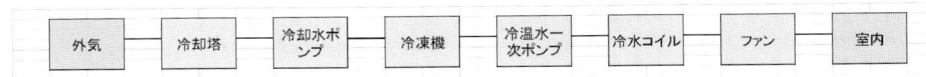

図7.3.7 オブジェクトの連結による空調システムの構築

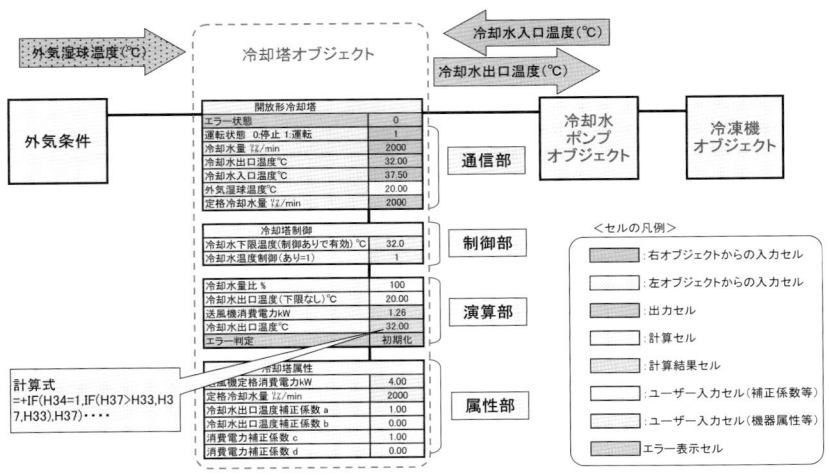

図7.3.8 オブジェクトのしくみ（冷却塔の例）

7．建築設備分野

図7.3.9　期間計算用構築シート

図7.3.10　空調システムの構築方法

EXCELの画面上で接続することで，空調システムを構築していく．構築したシステムの両端には，通信部だけを備えたオブジェクト（境界条件オブジェクトと呼ぶ）を接続する．

LCEMツールは，機器単体からサブシステム，システム全体まで，評価したい部分を任意に設定して構築することができる．例えば，機器単体の評価をしたい場合には，図7.3.10①図に示すように，評価したい機器オブジェクトの両側を境界条件オブジェクトではさんで接続する．熱源と補機を合わせた熱源サブシステムの評価をしたい場合には，熱源とその補機のオブジェクトを接続し，両側を境界条件オブジェクトで挟む．以下，一次側サブシステムや空調システムの全体を評価したい場合も同様である．

2.4 主な構成機器の計算アルゴリズム
2.4.1 吸収冷温水機

近年，採用され始めた冷却水の変水量制御，冷水の変水量制御に対応するため，図7.3.11に示すように，冷却水温度，冷水温度，冷凍機負荷率に冷却水量，冷水量を含めた五つの影響係数を扱うモデルとしている．

ガス消費量 G_{ref} は，(7.3.1) 式に示すように，ガス消費率 g_{ref} に定格のガス消費量 G_{ref-r} を乗じることで算出する．

$$G_{ref} = g_{ref} \cdot G_{ref-r} \quad (7.3.1)$$

ガス消費率 g_{ref} は，(7.3.2) 式に示すように，C_1：負荷率 q，C_2：冷却往水温度 T_d，C_3：冷却水量比 v_d，C_4：冷水往温度 T_c，C_5：冷水量比 v_c のパラメータから構成され，定格において各パラメータはすべて1.0となり $g_{ref}=1.0$ である．

$$g_{ref} = C_1 \cdot C_2 \cdot C_3 \cdot C_4 \cdot C_5 \quad (7.3.2)$$

$C_1 = a_1 q^2 + b_1 q + c_1$ ：負荷率影響係数
$C_2 = a_2 T_d^2 + b_2 T_d + c_2$ ：冷却水温度影響係数
$C_3 = a_3 v_d^3 + b_3 v_d^2 + c_3 v_d + d_3$ ：冷却水量比影響係数
$C_4 = a_4 T_c^2 + b_4 T_c + c_4$ ：冷水温度影響係数
$C_5 = a_5 v_c^2 + b_5 v_c + c_5$ ：冷水量影響係数

なお，冷却水出口温度 T_{dr} は，部分負荷時と定格時の成績係数の比 $C_7 = cop/cop_{-r}$ に応じて排熱が増減することから，(7.3.3) 式に示すように解析的に求める．

ここで，T_d は冷却水入口温度，V_d は冷却水量である．

$$G_{ref} = C_6 \cdot C_7 \cdot V_d (T_{dr} - T_d)$$
$$T_{dr} = G_{ref}/(C_6 \cdot C_7 \cdot V_d) + T_d \quad (7.3.3)$$

C_6：冷却水熱量とガス熱量の相関係数
C_7：部分負荷時と定格時の成績係数の比

2.4.2 遠心冷凍機吸収冷温水機

遠心冷凍機は，吸収冷温水機と同様に，図7.3.12に示すように，冷却水温度，冷水温度，冷凍機負荷率に冷却水量，冷水量を含めた五つの影響係数を扱うモデルとしている．

電力消費量 E_{ref} は，電力消費率 e_{ref} に定格のガス消費量 E_{ref-r} を乗じることで算出する．

$$E_{ref} = e_{ref} \cdot E_{ref-r} \quad (7.3.4)$$

電力消費率 e_{ref} は，C_1：負荷率 q，C_2：冷却往水温度 T_d，C_3：冷却水量比 v_d，C_4：冷水往温度 T_c，C_5：冷水量比 v_c のパラメータから構成される．

$$e_{ref} = C_1 \cdot C_2 \cdot C_3 \cdot C_4 \cdot C_5 \quad (7.3.5)$$

$C_1 = a_1 q^2 + b_1 q + c_1$ ：負荷率影響係数
$C_2 = a_2 T_d^2 + b_2 T_d + c_2$ ：冷却水温度影響係数
$C_3 = a_3 v_d^3 + b_3 v_d^2 + c_3 v_d + d_3$ ：冷却水量比影響係数
$C_4 = a_4 T_c^2 + b_4 T_c + c_4$ ：冷水温度影響係数
$C_5 = a_5 v_c^2 + b_5 v_c + c_5$ ：冷水量影響係数

冷却水温度の計算方法は，吸収冷温水機に同じである．

2.4.3 空気熱源ヒートポンプユニット

空気熱源ヒートポンプユニットの性能は，図7.3.13に示すように，外気乾球温度（一部の機種は湿球温度）と冷温水出口温度の影響を考慮したモデルとしている．

・冷却時100%負荷時能力 Q_{cf} と入力 E_{cf} の算出

$$Q_{cf} = a_1 \cdot (a_2 + a_3 \cdot f(T_{wo}, T_{db}) + a_4 \cdot (T_{wo}-7) + a_5 \cdot (T_{db}-35)) \quad (7.3.6)$$

$$E_{cf} = b_1 \cdot (b_2 + b_3 \cdot f(T_{wo}, T_{db}) + b_4 \cdot (T_{wo}-7) + b_5 \cdot (T_{db}-35)) \cdot b_6/b_7 \quad (7.3.7)$$

・加熱時100%負荷時能力 Q_{cf} と入力 E_{cf} の算出

$$Q_{cf} = a_1 \cdot (a_2 + a_3 \cdot f(T_{wo}, T_{wb}) + a_4 \cdot (T_{wo}-45) + a_5 \cdot (T_{wb}-6))/a_6 \cdot a_7 \quad (7.3.8)$$

$$E_{cf} = b_1 \cdot (b_2 + b_3 \cdot f_1(T_{wo}, T_{wb}) + b_4 \cdot (T_{wo}-45)^2 + b_5 \cdot f(T_{wo}, T_{wb}) + b_6 \cdot (T_{wo}-45) + b_7 \cdot (T_{wb}-6))/b_8 \cdot b_9 \quad (7.3.9)$$

ここで
T_{wo}：冷温水出口温度（℃）T_{db}：外気乾球温度（℃DB）
T_{wb}：外気湿球温度（℃WB）

・100%負荷時 COP の算出（冷却・加熱共通）

$$COP = Q_{cf}/E_{cf} \quad (7.3.10)$$

・部分負荷補正 COP_p の算出
冷却・加熱ともに負荷率 q より算出する．

$$COP_p = (c_1 \cdot q_3 + c_2 \cdot q_2 + c_3 \cdot q + c_4) \cdot c_5 \quad (7.3.11)$$

・入力電力 Er_{ef} の算出

$$Er_{ef} = q \times Q_{cf}/(COP_p \cdot COP) \quad (7.3.12)$$

2.4.4 冷却塔

冷却塔の計算は，一般的には収束計算が必要とされるが，LCEMツールでは，吸収式冷温水機モデルと同様に二次式で表した係数の集合で冷却水往温度 T_d を得るものとする．すなわち，基本性能を示す次の①〜③のパラメータと運用上の④，⑤のパラメータで表現する．図7.3.14に冷却塔のモデルを示す．

① 冷却水還温度（冷却塔に入る冷却水温度）
② 冷却水量
③ 外気湿球温度
④ 冷却水温度設定値
⑤ 冷凍機に対する冷却塔の余裕係数

冷却水出口温度は，(7.3.13) 式に示す実験式より求める．

$$T_d = T_{ds} \cdot C_2 \cdot C_3 \cdot C_4 \quad (7.3.13)$$

ここで
$T_{ds} = a_1 WB_2 + b_1 WB + c_1$ ：外気湿球温度の関数
$C_2 = a_2 T_{dr2} + b_2 T_{dr} + c_2$ ：冷却水入口温度影響係数
$C_3 = f(C_4, T_{dr}, WB)$ ：冷却水量影響係数1
$C_4 = a_4 V_{d2} + b_4 V_d + c_4$ ：冷却水量影響係数2

冷却塔ファン動力比 $C_t P_W$ は，(7.3.14) 式より計算する．

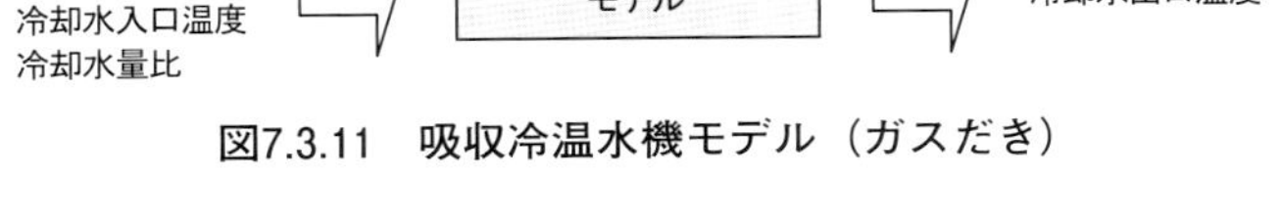

図7.3.11 吸収冷温水機モデル（ガスだき）

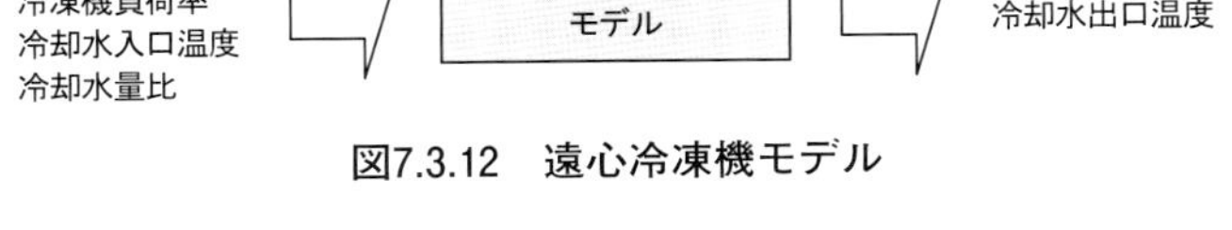

図7.3.12 遠心冷凍機モデル

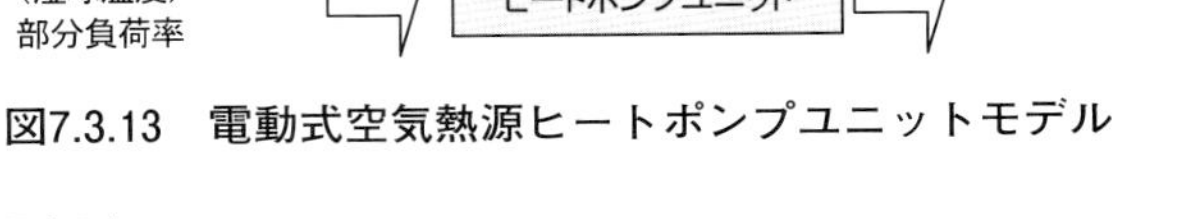

図7.3.13 電動式空気熱源ヒートポンプユニットモデル

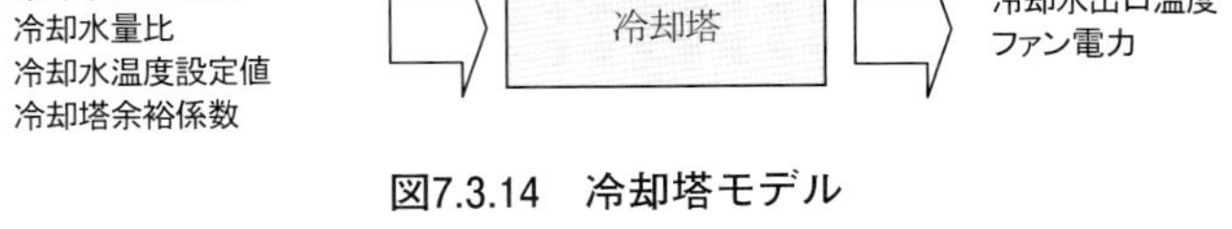

図7.3.14 冷却塔モデル

図7.3.15　ポンプ（ファン）モデル

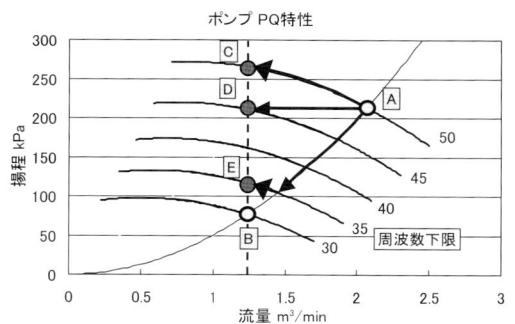

図7.3.16　ポンプの水量制御方法

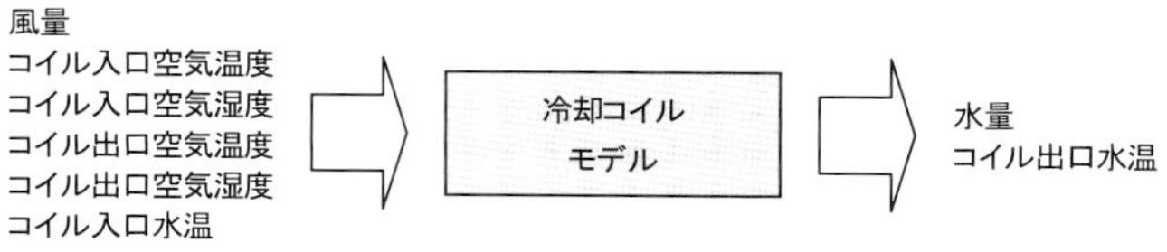

図7.3.17　冷却コイルモデル

ここで，T_{dset} は強制的にファンをとめた場合の設定温度，T_d はフリークーリング状態の冷却水往温度である．

$$C_t P_W = (T_{dr} - T_{dset}) / (T_{dr} - T_d) \tag{7.3.14}$$

2.4.5　搬送機器（ポンプ・ファン）

ポンプとファンは同様に扱い，これに配管とダクトをそれぞれ含めて，ポンプモデルおよびファンモデルと呼ぶ．ポンプ・ファンモデルを図7.3.15に示す．

流量 Q が与えられると搬送系の必要圧力 P は，制御方法によって一定か指数変化で得られる．これを満たす機器の動作点は定格の P-Q 特性を二次式で近似し，流量は定格の回転数 N に比例するとして，(7.3.15) 式で P-Q 特性を変化させながら吐出圧力 P と回転数 n を得る．動力 P_w は (7.3.16) 式で算出する．

$$P = a \cdot Q^2 + b \cdot Q \cdot (n/N) + c \cdot (n/N)^2 \tag{7.3.15}$$
$$P_w = \rho \cdot g \cdot Q \cdot P / 60\,000 / \eta \tag{7.3.16}$$

ρ：流体密度　　g：重力加速度　　P：圧力　　η：効率

水量制御方法として，弁調整で水量を可変する定速運転，インバータによる吐出圧一定制御および最小吐出圧制御のいずれかを選択できる．属性部には定格仕様のほか，二次式で近似した配管特性式，最低水量，インバータ可変周波数の許容上下限値，ポンプの PQ 特性を入力する．なお，配管特性と PQ 特性の係数の作成にあたって，このオブジェクトに付属した表計算シートを利用することで，容易に作成可能である．

図7.3.16に選択した制御状態ごとの動作点を示す．成り行きだと点 A の流量と圧力で運転する．定速運転を選択すると流量を合わせるため点 C の動作点となり，吐出圧一定制御を選択すると点 D で運転する．最小吐出圧制御にすると，点 B に達する前に設定した最小回転数の制限を受け（この場合35Hzとした），それ以降は35Hz の PQ 特性を移動して点 E で運転する．水量とそれぞれの揚程およびポンプ効率から求めた動力とモーター回転数を出力する．

2.4.7　冷却コイル

冷却コイルの熱交換モデルは非線形性が強く，代数演算で解を得ることは困難である．そこで，コイル列数計算の手順を逆解きする濡れ面係数法と呼ばれる手法でコイル出口状態を求めることとした．すなわち，図7.3.17のモデルに示すように，コイルの列数を既知としてコイル入口側と出口側の空気条件より，冷水量と冷水還温度を求める．

冷水量は (7.3.17) 式の濡れ面係数法を使った交換熱量 Q_t が，(7.3.18) 式に示す空気側の交換熱量 Q_a と一致する水量を，後述する表計算ソフトの「反復計算」機能を用いた収束計算で求める．なお，冷水還温度は冷水量が決まれば従属的に定まる．

$$Q_t = W_{SF} \cdot K_f \cdot A_f \cdot R_{ow} \cdot MTD \tag{7.3.17}$$
$$Q_a = \rho \cdot c \cdot V_a \cdot (I_i - I_o) \tag{7.3.18}$$

ここで，

WSF：濡れ面係数　　K_f：伝熱係数　　A_f：コイル正面面積
R_{ow}：列数　　ρ：密度　　MTD：対数平均温度差
c：比熱　　V_a：風量　　I：空気のエンタルピ（i：入口，o：出口）

文　　献

1) 丹羽・奥宮・菅長ほか：システムシミュレーションと性能検証，空気調和・衛生工学会大会論文集，2004.9
2) 時田・松縄・丹羽ほか：ライフサイクルエネルギーマネジメントのための空調システムシミュレーション開発，第1報～第3報，空気調和・衛生工学会大会論文集，2005.9
3) 公共建築協会：LCEM 検討委員会平成18年度報告書，2007.3
4) 丹羽：動的システムシミュレーションの現状，空気調和・衛生工学，2003.11

7.4 電気設備に関する測定・性能評価（応用1）

1. はじめに

電気は貴重なエネルギー源である空調・衛生・電気設備のエネルギー面からの検証を行うためには，電気の使用料を計測することが有効である．

一方で，電気はそのエネルギー供給状態が容易に目視できるものではないため，安全面からその取扱いには十分に注意すべきである．計測にあたっては電気の仕組みをよく理解したうえで行う必要がある．

以降，上記を前提とした電気設備の仕組みから計測方法について述べていく．

2. 電気設備の仕組み

電気設備とは建築などの施設において，エネルギーの供給，通信手段の確立，照明などによる明るさの確保，防犯・防災の監視や制御，設備機器の統括的運転制御などを行うものである．ここでは，建築設備の性能をエネルギー面から検証することを見据えて，エネルギー供給面からの電気設備について述べていく．

2.1 受電から配電系統まで

施設内における電力の供給は，電力会社から電力の供給を受けた後に，施設内で通常使用するレベルの電圧に変圧して行われる．変圧された電力は幹線を通じて分電盤，動力制御盤に至り，分電盤，動力制御盤の内部に構成された分岐回路により各種負荷設備まで電力の供給がなされる．

エネルギー供給量を計測するときは，計測目的に応じて，受変電設備やその上位，幹線，分電盤や動力制御盤の内部，各分岐回路などの計測点を適宜選択していく必要がある．

2.1.1 受変電設備の構成

受変電設備とは電力会社から送電される電気を一般的に使用されるレベルの電圧まで変圧する設備であり，変圧器が主要構成物となる．さらに，受電状態を監視する意味での各種計測機器類や電路に異常が生じた場合に系統を保護する継電器類なども備わっている．

2.1.2 幹線

受変電設備から分電盤，動力制御盤まで電力を供給するための幹となる電路が幹線であり，EPS内などにケーブルラックに結束された状態のケーブル等が利用されている．

受変電設備から各種盤類への供給過程において，幹線は枝分かれのように分岐しているケースもあるので，計測するにあたっては幹線系統を十分に理解し，目的のものを過不足なく行う必要がある．

2.1.3 盤類

分電盤，動力制御盤は幹線により送電されてきた大電力を小分けするものと考えてよい．この小分けされた系統を分岐回路と呼ぶ．分岐回路盤類に組み込まれた分岐ブレーカーにより送電できる最大値を制限している．

2.1.4 負荷

電気設備における負荷とは，電気エネルギーを消費して仕事を行う．図7.4.1における照明や熱源などの機器類のことである．

これら機器類の容量，設置台数などの規模により電源供給系統が構成されている．

2.2 電気の基本的性質

電気の流れは水の流れに例えられる．図7.4.2に示すように，位置エネルギーである水位は電位差すなわち電圧と，水流は電流と考えることができる．このとき，水の流れるパイプにあたるものが前述の電路である．導体はむき出しの状態であると，他へ電気が漏れていくことにつながるので（感電事故にもつながる），これを防止する目的で電気を通さない材質の絶縁体で覆われている．

2.2.1 電圧

前述のように電圧は位置エネルギーに相当するものである．すなわち，導体の中に留まっている電子を，移動させるような力であり，正確には，単位電荷をある点から別の点に移動させる際に必要な仕事とされている．単位は〔V〕（ボルト）で，1〔C〕（クローン）の電荷が1〔J〕の仕事をする電位差が1〔V〕と定義されている．

また，図7.4.1の系統において，受変電設備を境にして系統を2分割して考えると，変圧器の二次側における電圧はどの点でもほぼ同じである．電圧は絶縁体を通して計測することはできないため，直接，導体に計測を取り付ける必要がある．

2.2.2 電流

電流は，電位差すなわち電圧に伴う電子の移動に伴う電荷の流れ，もしくはある面を単位時間に通過する電荷の量のことである．大きさを示す単位は〔A〕（アンペア）である．

前述で電流は水流に例えたが，多くの水流を得るためには太いパイプが必要となる．同様に多くの電流を流すためには太い導体が必要となる．電路を流れる電流は周囲に磁界を生じる．この磁界を計測することで電流の値を計測することが可能なので電流の計測は絶縁体を通して行うことが可能となる．

2.2.3 受電電圧

電力会社から電力の供給を受ける電圧は，施設の最大需用電力によって決定される．電力会社の契約約款によると，最大需要電力が50kWを超えると6 600〔V〕で幹線は供給を受けることになる．つまり，6 600〔V〕で受電した電力を，一般的に使用している100〔V〕を基準とした電圧に変電するために図7.4.1に示す受変電設備が存在する．

高電圧になればなるほど感電時のダメージは大きくなる．よって，計測にあたっては変圧器一次側の高電圧部分に触れるおそれのある受変電設備での持込み機器による計測は避けるべ

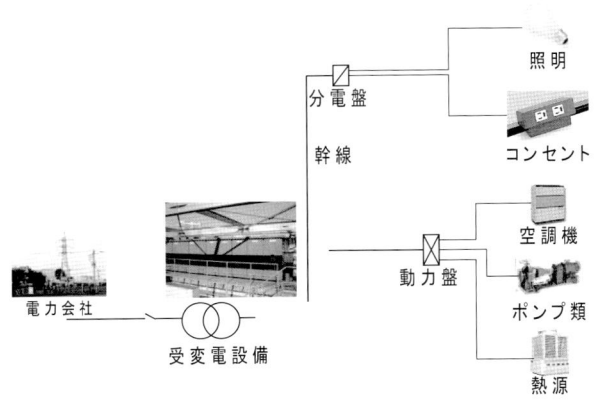

図7.4.1　電源供給の構成

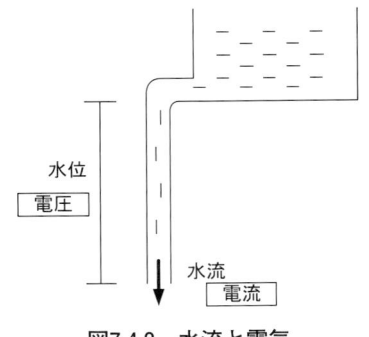

図7.4.2　水流と電気

きである．しかし，変圧器二次側の低圧系統（一般的には，変圧器一次側を高圧系統，二次側を低圧系統と呼ぶ）であっても通電状態である場合に危険であることには変わりはない．

2.2.4 負荷電流

図7.4.1に示す系統の各負荷において，電気エネルギーを利用して仕事をすることは電気を消費することにつながる．この電気の消費量を P〔W〕とすると，電圧 E〔V〕，電流 I〔A〕との関係は下記のようになる．

$$P \propto E \cdot I \tag{7.4.1}$$

よって，系統上において電圧がほぼ一定であるとすると，負荷設備容量（＝負荷の消費電力）によって電流値が異なってくるので，電流を計測することにより負荷設備容量を算定することが可能となる．

また，負荷制限や省エネルギー措置などにより負荷の消費電力が低下した場合には，値は小さくなるため，省エネルギー効果を把握するためには，電流計測は重要な方法の一つである．

2.3 直流と交流，単相と三相

一般的に，施設に供給される電源は交流電源である．また，コンセントや照明に供給される電力は単相電源である．これに対して，空調機や熱源，衛生機器に使用されている大型の電動機には三相電力が供給されている．

以下に，電気の計測を行うことを目的として，直流と交流，単相と三相の基本的事項について述べる．

2.3.1 直流と交流

直流とは時間の経過に伴って電圧，電流の方向が変わらない電源のことである．施設内における代表的な直流電源装置として蓄電池があり，電力会社からの電力の供給が途絶えた際に，非常用照明の電源供給を行う目的で設置されるものである．また，単三電池などから生じる電源も直流電源である．これら直流電源は供給もとである電池の容量が低下してくるとそれに応じて電圧や電流の値が小さくなっていくことがあっても，電流の方向が変わることはない．

これに対して，交流電源は時間の経過とともに周期的に方向が変わる電源のことである．

図7.4.3に示される，各時間における電圧の値は正弦波交流の瞬時値という．この正弦波は1サイクルを表記しているが，この1サイクルを周期 T〔秒〕，この周期の逆数を周波数 f〔Hz〕と規定されている．つまり，周波数50Hzである地域では，1秒間に図のような周期を50回繰り返す波形で電源の供給がなされていることとなる．また，図中の E_m は，この交流電圧の最大値である．電圧がマイナスになっている部分は向きが逆になっている部分であり，時間軸との交点では電圧の値が0となる．よって，この図のような正弦波交流電圧は瞬時値を E〔V〕とすると下記のように表記される．

$$E = E_m \cdot \sin\omega t \tag{7.4.2}$$

ここで，$\omega = 2\pi f$：角周波数

また，電圧の実効値 E_0 は下記となる．

$$E_0 = E_m / \sqrt{2} \tag{7.4.3}$$

交流電源の大きな特徴は変圧器で容易に電圧の実効値を変えることができることである．しかし，前述の（7.4.1）式より確認できるように電圧を低下させると電流は増加するので，太い導体すなわち太いケーブルなどを使用する必要がある．

2.3.2 三 相 交 流

図7.4.4に示すように，3個のコイルをおのおの120°ずつ角度をずらせて配置し，磁石を時計回りに回転させると aa'，bb'，cc' 間には誘導起電力が発生するが，これらはおのおの120°の位相差をもつ．これを三相交流電圧とよび，各コイルの瞬時電圧は下記のように表される．

$$E_{aa'} = E_m \cdot \sin\omega_t \tag{7.4.4}$$
$$E_{bb'} = E_m \cdot \sin(\omega_t - 2\pi/3) \tag{7.4.5}$$
$$E_{cc'} = E_m \cdot \sin(\omega_t - 4\pi/3) \tag{7.4.6}$$

（7.4.4）～（7.4.6）式で示される瞬時電圧は図7.4.5に示される相電圧である．三相交流においては相電圧の $\sqrt{3}$ 倍が線間電圧となり，一般的に三相交流電源の電圧は線間電圧を指す．また，三つの線によって供給される三相電源を三相三線式配線と呼び，施設内における大型電動機はこの配線方式で電源の供給がなされている．

2.3.3 単 相 交 流

図7.4.6に示すように，三相三線式配線の三つの線間電圧のうちの一つから変圧器を介して単相電源を取り出すことが可能である．このとき変圧器二次側の中性線を接地すると，この中性線が0〔V〕と規定されるので，相電圧が200〔V〕のときには中性線と各相の電圧は100〔V〕となる．

このような配線方式が単相三線配線であり，照明やコンセントに対する100〔V〕，200〔V〕の電源を供給するための一般的な方式として使用されている．

2.3.4 力 率

電流は電圧を基準とすると，抵抗を流れる際には位相の変化は生じないが，コンデンサを流れる場合は90°位相が進み，コイルを流れる場合は90°位相が遅れる．

電流は導体を流れるときにらせん状に進む性質があり，また，すべての電路は大地との間にコンデンサ成分をもっていると考えてよい．すなわち，電源系統において負荷に電力を供給すると電流はコイルとコンデンサを流れるのと同等の特性で供給されることになる．よって，このコンデンサ成分（キャパシタン

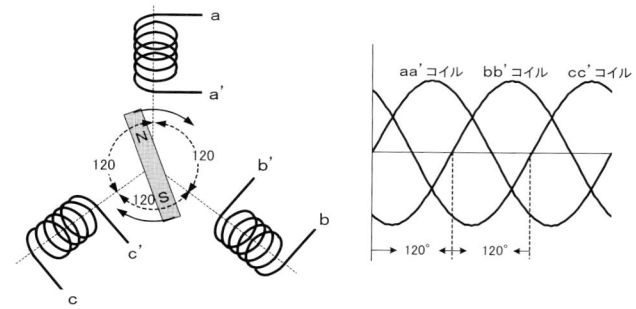

図7.4.4　三相交流の発生

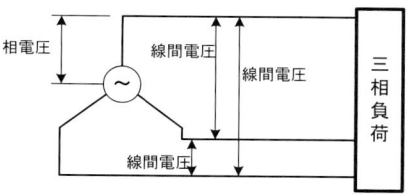

図7.4.5　相電圧と線間電圧

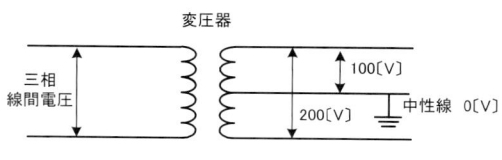

図7.4.6　単相三線式の構成

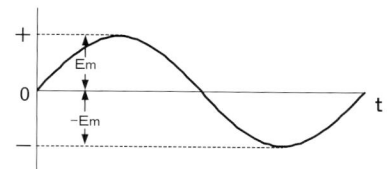

図7.4.3　交流電圧の時間変化

ス）とコイル成分（インダクタンス），抵抗成分（インピーダンス）のベクトル合成と，さらに負荷の特性にもよって電圧と電流には位相差が生じる．

この位相差を θ とすると，(7.4.1)式より電力は電圧と電流の積に比例するので，電力 P は下記の式で表される．

$$P[W] = E \cdot I \cos\theta \tag{7.4.7}$$

(7.4.7)式の $\cos\theta$ が力率である．θ と電力の関係を図7.4.7に示す．

力率は1に近いほうが無効電力が少なく配電系統としては効率が良いといえる．単純に力率を無視して系統の電圧と電流の積を求めたものが皮相電力である．皮相電力は無効電力成分を含んだもので，単位は〔VA〕で表される．一般的に，消費電力 P 〔W〕の機器に対して E 〔V〕で電源を供給した際に流れる電流は(7.4.7)式からも明らかなように $P/E \cdot \cos\theta$ と力率が加味されたものになる．系統における電流計測値と電圧の積からのみ消費電力を算出すると皮相電力となるため，負荷の消費電力の実効値を求める必要があれば電力計で計測する必要がある．逆に，電力計の計測値と電流計の計測値×電圧から力率を算出することも可能である．

しかし，省エネルギー効果などを削減率で評価するのであれば，後述のように活線に触れる可能性の高い電力計測は危険を伴うため，皮相電力からの評価でも問題ないのではないだろうか．

3．電気計測の機器

施設内においてエネルギー評価を目的として（省エネルギー措置や機器そのものの性能などを確認するために）電気の計測を行う場合には，これまで述べてきた電気の特性をよく理解して行う必要がある．

また，竣工後の性能確認を見据えて計測機器類をあらかじめ設置している施設もある．こうした施設の多くは積算電力量計の計測値を集計装置（BEMS等）に取り込んで後々の検証を可能とするよう考えられている．このような計画を行う場合には，計測箇所，計測内容をよく理解してむだな持込機器による計測を行わないように心掛けるべきである．

しかし，施設内に取り付けられた計測器の計測内容では確認検証の材料として不足している場合には，持込計測機器にて目的に合致した計測を行わなければならない．その際の計測機器類の特徴を下記に述べるが，計測を行うにあたっては図7.4.8に示すように目的とした計測を正確に行うために系統を理解する必要がある．

3.1 電流計

電気エネルギーを供給することは相応の電流が生じているので，この電流を計測することでもエネルギー評価を行うことが可能である．

電流計測の原理は，電流がケーブル内を通電する際に発生する電磁誘導を利用するものである．前述のように絶縁体を通して計測することが可能であり，図7.4.9に示すように，三相三線もしくは単相三線の1相にクランプをはさみ，電流計測を行う．このとき注意が必要なのは，送電ケーブルは3線を一括してシースしているものが多く，この3芯ケーブルをそのままクランプで挟んでも針は振れないことである．したがって，図7.4.9にあるように盤内にて導線が相ごとに分割された箇所で計測する必要がある．

3.2 電圧計

電流計測は電磁誘導現象を利用するものなので，絶縁された導体の上からでもクランプを挟みこむことで計測可能であるが，電圧の計測においては導体に直に計測部材を取り付ける必要がある．つまり，活線に触れて感電事故を発生するおそれがある．

前述にもあるように，一般的に系統上の電圧はほぼ一定である．よってエネルギー評価においては特別な場合を除き，電圧計測の必要性を改めて考えてみることが大切である．

3.3 電力計

(7.4.1)式のように電力は電圧と電流の積に比例する．したがって電力を計測するためには電圧計測は必須となる．電圧計同様，可能な限り活線に計器を取り付けなければならない電力計測は避け，電力は電流計による計測値から計算で求めるようにすることが望ましい．

やむを得ず，電力計測もしくは電圧計測が必要となる場合には，ブレーカーにより電源を落とした後に，ブレーカーの二次側に計測装置を取り付けるべきである．ただし，各相に取り付けた計測機器の通電部分が触れ合うと短絡状態になり非常に危険なばかりではなく施設への損害を生じる可能性も高いので，細心の注意を払い，施設管理者立会いのもとに取付けを行うべきである．

また，活線作業を回避するために「電気を止める」ことが必要であると述べたが，実際の施設においては，IT機器などの普及もあって，簡単には電気を止めることが困難であることも付け加えておく．

3.4 積算電力量計

積算電力量計は，瞬間的な値を表示する電流計や電圧計，電力計などとは異なり，電力の積算値を計量する電気計器である．一般的に電力の売買取引に使用されることが多い重要な機器であるが，エネルギー計測においてもBEMSで集計する場合も，パルス伝送による集計であるため監視ネットワーク伝送への負担も軽く，多用されている．よって，積算電力量計は集計や検証を意識してあらかじめ施設内に常設設置されているものも多

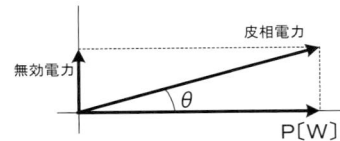

図7.4.7　位相角と電力の関係

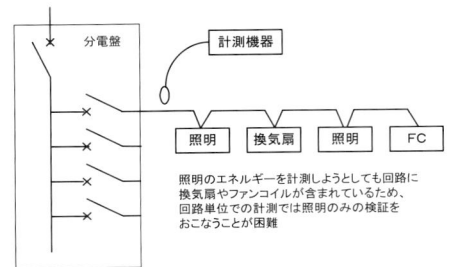

図7.4.8　電源系統と計測上の注意点

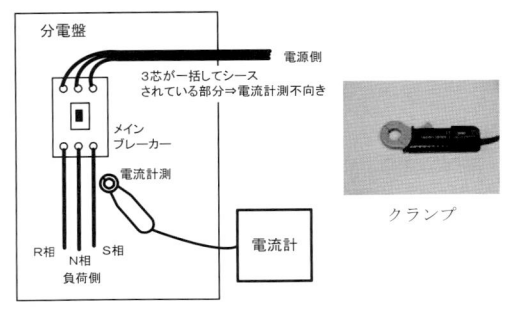

図7.4.9　電流計測の要点

い．

このように，消費傾向などのエネルギー検証の多くは，BEMSなどでパルスデータ集積された積算電力量計による計測値によって可能である．ここで，パルスデータ集積とは，ある一定の積算量になると集計装置にパルス発信するものである．よって，電流値や瞬時変動要素をともなう計測など，総量ではなく変化を把握して検証しようとする場合には瞬時値が必要となるため電力量での検証は不向きである．

なお，電力量計の精度は計量法関係の経産省指導で下記の制約がある．

- 10 000 kW 以上：特別精密電力量計
  総合公差±0.6％（定格電流の10％超過で力率1のとき）
- 500 kW 以上　：精密電力量計
  総合公差±1.2％（定格電流の10％超過で力率1のとき）
- 500 kW 未満　：普通電力量計
  総合公差±2％（定格電流の10％超過で力率1のとき）

通常は普通電力量計を使用する場合が多いので，誤差は2％程度と考える必要がある．よって，「省エネ達成目標1％」とした場合，電力量計による計測を頼りに論じることの意味合いについても考えてみる必要があることも記述しておく．

4．おわりに

本節では，省エネルギーなどの措置を導入した場合におけるエネルギー評価手段としての電気エネルギーの計測方法と，その前段としての電気設備に関する基本的事項を紹介した．

文　　献

1）空気調和・衛生工学会編：設備システムに関するエネルギー性能計測マニュアル
2）オーム社編：絵とき家庭の電気学入門早わかり

7.5 照明設備に関する測定・性能評価（応用1）

1．はじめに

現状もっとも普及率が高いとされる蛍光灯照明器具は，20〜30年前の銅鉄型照明器具に比べ，約26％の省エネルギーを実現している．しかしながら，地球温暖化抑止・京都議定書目標達成など，より一層の省エネルギー化が強く求められている現在において照明制御システムは，利便性，快適性，経済性，安全・安心など照明が果たす役割を満たしながら，さらに進んだ省エネルギーを図ることができる手段の一つである．本節では，このシステムの概要と実際の動作ならびに，省エネルギー効果を予測評価する手法について学ぶことを目的とする．

2．システムの概要

照明制御システムはインバータ専用のHfランプ，Hfインバータの組合せにより効率向上を図りつつ，さらにランニングコストを低減し，省エネルギーを達成するため，部屋の明るさや作業者の在／不在に応じて点滅・調光することを可能としている．

従来のインバータ技術に加え，センサによる点滅および光出力の自動制御で省エネ性と快適性を両立させており，ラピッドスタート型照明器具に比べ概算で30〜60％の大幅な省エネが可能である．

以下の図7.5.1は，オフィスや学校などで昼光や人の在／不在を検知する専用センサを利用し，こまめに点滅・明るさを制御する分散制御方式の基本的な構成を示したものである．

3．センサ
3.1 ひと（熱線）センサについて

人体検知センサは，人体から放射される赤外線を検知するもので，一般に熱線センサあるいはPIR（Passive Infrared）センサと呼ばれている．動作原理としては物体がその温度と表面状態に応じた熱放射行っていることを利用したもので，人体が検知エリアに入ったときに入射赤外線量が変化する反応を捉える．

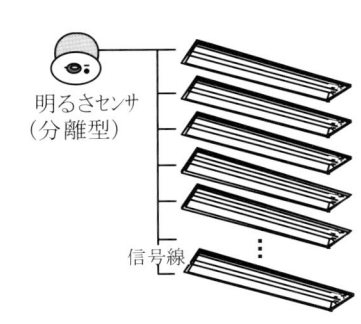

図7.5.1　制御方式

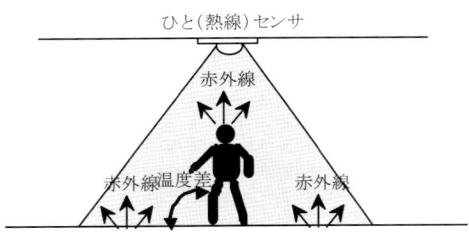

図7.5.2　ひと（熱線）センサの動作原理

3.2 明るさ（光量）センサについて

天井面に設置され，センサに入射する検知範囲内〔図7.5.3〕の床面や机上面などの下面からの反射光を光量として記憶し，その光量がつねに一定になるように照明器具の光出力を自動的に調節することにより明るさを一定に保つ働きを行うセンサである〔図7.5.4〕．

4．システム制御効果の予測手法について

以下紹介する照明制御システムは，人の動きや周囲の明るさに対応してダイナミックに光出力を制御し省エネを実現するものである．一方でその省エネルギー効果は提案段階に予測できることが望まれている．ここでは，ある仮定条件のもとにおいて，省エネルギー効果を試算する方法を紹介する．

4.1 初期照度補正

蛍光ランプの光束は点灯時間の経過に伴い減退していく．この特性は，ランプの種類により異なり，HfランプおよびFLR110Wランプの特性は図7.5.5のようになる．一般的に照明器具の台数，配置設計は，ランプ寿命末期の光束を前提として行われるため，ランプが新しい場合，必要とされる設計照度より明るくなる．「初期照度補正」とは，そのようなランプの余分な明るさを調光により抑えて無駄なエネルギーを削減する手法である．

初期照度補正の効果を算出する基本計算（7.5.1）式は次のとおりとなる．

初期照度補正による省エネルギー率
＝１－（初期照度補正時消費電力量／定格出力消費電力量）
(7.5.1)

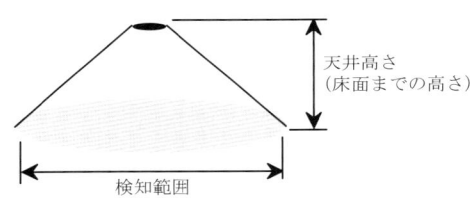

図7.5.3　明るさセンサの検知範囲

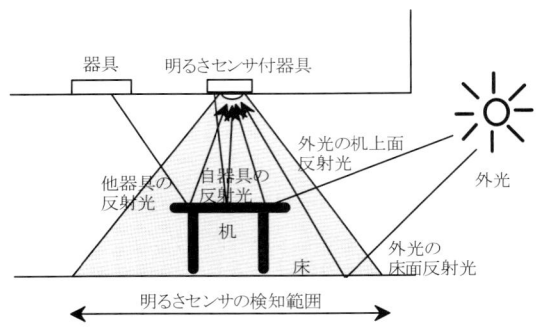

図7.5.4　明るさセンサの動作原理

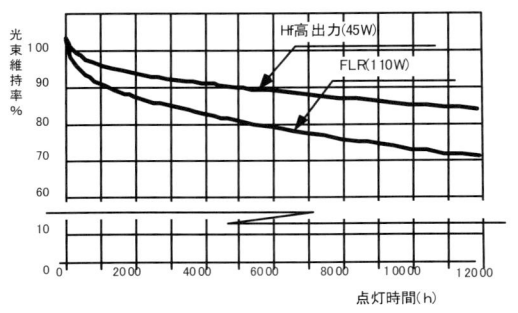

図7.5.5　ランプの光束減退特性

7. 建築設備分野

【演習問題1】
　(7.5.1) 式を用いて，HfランプとFLRランプの初期照度補正による効果を試算せよ．各ランプの光束減退特性を図7.5.6および図7.5.7に示す．ここで各ランプの初期照度補正時消費電力量 $\int_{n=1}^{12\,000}(W_n)$ をそれぞれ999 kWh，2 030 kWhとする．

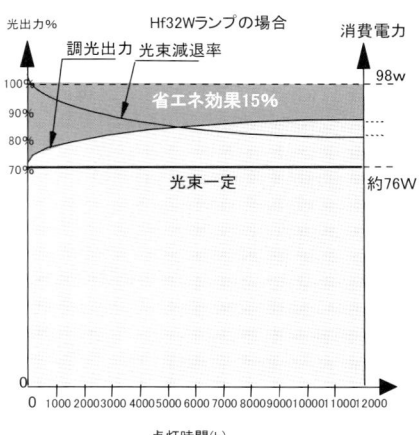

図7.5.6　Hf32Wランプの初期照度補正による省エネ効果

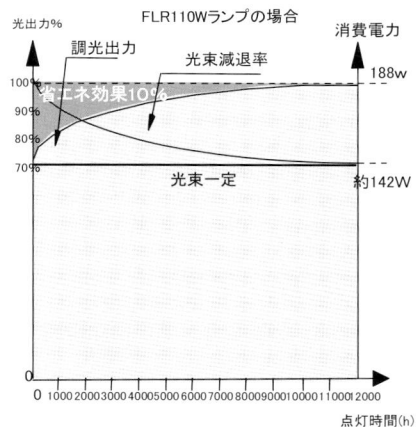

図7.5.7　FLR110Wランプの初期照度補正による省エネ効果

4.2　昼光利用

標準的な照明設備において昼光利用による省エネルギー率を算出する方法について述べる．窓の向き，ひさし条件などが定まれば，明るさセンサーの位置に応じて年間省エネルギー率の予想が以下 (7.5.2) 式により可能となる．

年間省エネルギー率 $= (W_o - W_s)/W_o \times 100$ 〔%〕　(7.5.2)
　　W_s：昼光利用時の年間電力量〔kWh〕
　　W_o：昼光利用を行わない場合の年間電力量〔kWh〕

4.2.1　条 件 設 定

ここでは，図7.5.8のような部屋を例題に検討を進める．片側窓には天空光のみが入ってくるとし，直射光は入射しないものとする．

- ひさし　　　　　　　なし
- 対向建築物の仰角　　$\theta \leq 5°$〔図7.5.9参照〕
- 窓の方向　　　　　　南（ブラインド適宜使用を前提）
- 器具総数　　　　　　54台
- 設定照度　　　　　　750 lx
- 1日の作業時間　　　12時間（9～21時，17～21時は全点灯）
- 天井高さ　　　　　　2.6 m

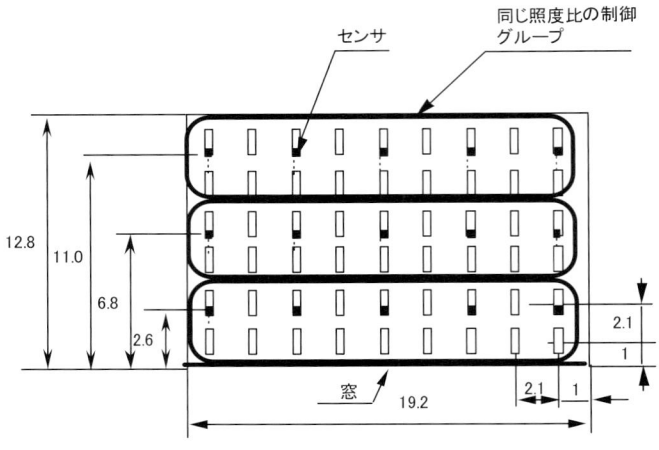

図7.5.8　部屋の条件例

4.2.2　年間省エネルギー率の予測

年間省エネルギー効果の予測には，センサの位置を変化させた場合の省エネルギー率を，図7.5.9のグラフをもとにあらかじめ求める必要がある．具体的には図中点線に従い，窓からの距離に応じた消灯率を得，プロットする．例として，窓の向き（東西南北）別に，ひさしがない場合とひさしありの場合について算出した結果をそれぞれ，図7.5.10，図7.5.11に示す．

上述4.2.1における設定では，ひさしなし，南向きのグラフを使用する．また，センサの位置は窓から2.6m，6.8mと11.0mである．おのおのののセンサによって制御される照明器具は18台，合計54台である．窓にもっとも近いセンサによって制御されるグループの省エネルギー率は，図7.5.10より，22.5%．窓から2番目のセンサによって制御される照明器具の省エネルギー率は，13.0%となる．11.0mでは昼光の影響はないものと考える．

以上より，この部屋全体の省エネルギー率は，
（省エネルギー率×制御台数の合計）/ 全体の器具台数
　　　　　$= (22.5 \times 18 + 13.0 \times 18)/54 = 11.7\%$

となる．

【演習問題2】
　図7.5.8と同じ条件設定の室を想定し，ひさしがある場合について部屋全体の省エネルギー率を算出せよ．

4.3　不 在 検 知

ひと（熱線）センサによる在／不在検知により照明点滅を制御する方式における省エネルギー効果の推定方法を述べる．

4.3.1　条 件 設 定

1）照明器具に関する条件設定

照明器具はマトリクス状に設置されるものとし，かつグループは4台1組の設定とする．1台のセンサが反応したとき，同じグループの照明器具は同じ出力を行う．また，照明器具の消費電力については，25～100%調光の間は一次近似を用いる．

2）人の存在の有無に関する条件設定

人の存在の有無については2通りの条件設定方法が考えられる．

第1の方法は，部屋内に存在するおのおのの人について平均在席率に基づいた1日のスケジュールを作成するものである．部屋図面上の人の位置および数を決定し，配置したすべての人に対して，分単位の行動を指定する．

第2の方法は，平均在席率と平均不在時間およびセンサ検知対象人数から，人の存在確率を規定するものである．ここで平均不在時間とは，人がいったん不在になったとき部屋に戻ってくるまでの時間である．センサ検知対象人数は，各ゾーンにおけるセンサ群の検知エリア内に存在する人数を表す．

7.5 照明設備に関する測定・性能評価（応用１）

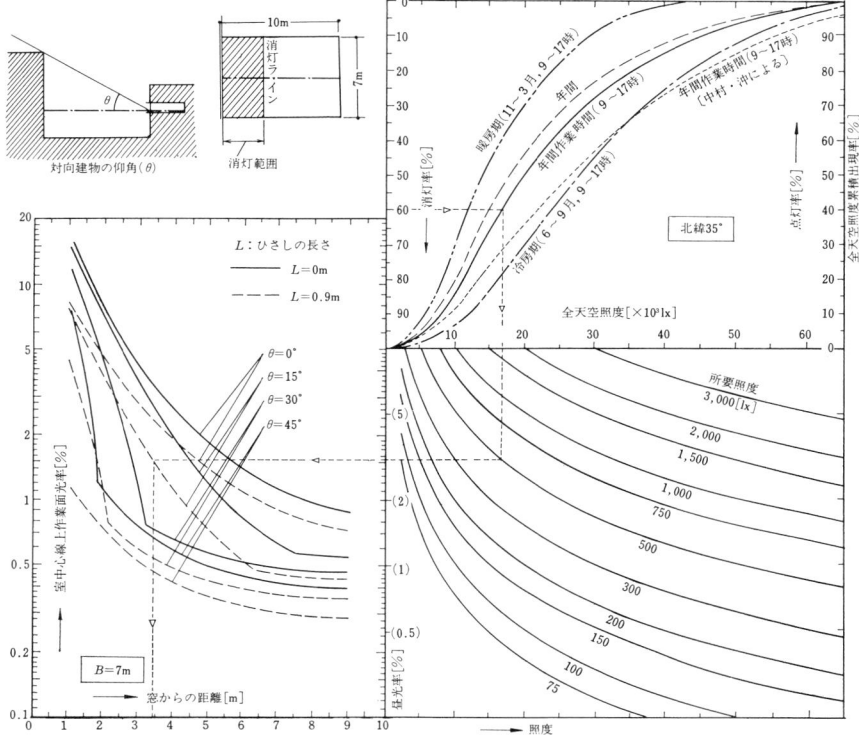

図7.5.9　片側採光室の昼光利用のための消灯範囲を求めるグラフ[1),2)]

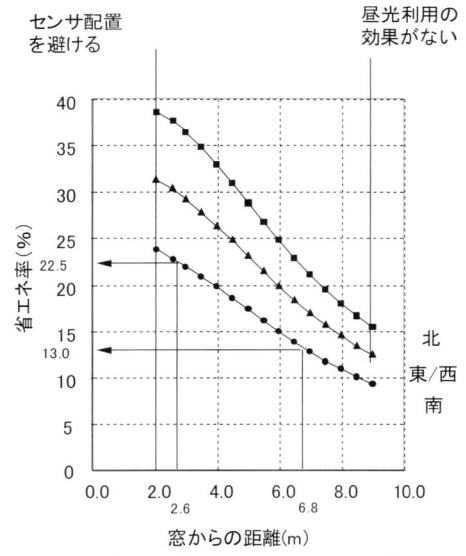

※東，西，南面は，直射日光を避けるため，時間帯を限って，ブラインドを使用する

図7.5.10　窓からの距離と省エネルギー率（ひさしなし）

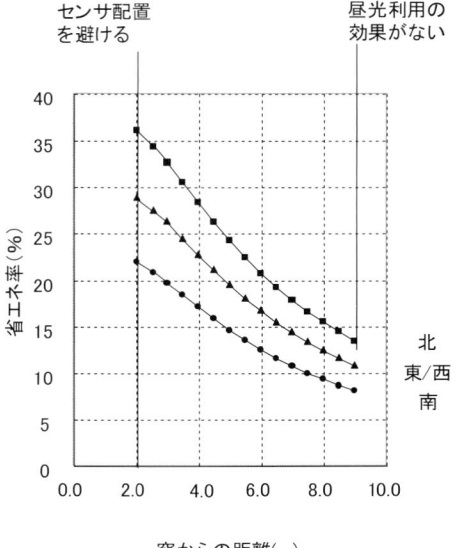

図7.5.11　窓からの距離と省エネルギー率（ひさしあり）

３）消費電力計算上の前提条件
消費電力を算出するうえで，以下の２点を前提条件とする．
・部屋内の人の移動は考慮しない．（歩き回ることによって広範囲のひと（熱線）センサが反応し，照明が点灯する状況を考慮しない）
・センサの消費電力は計算に含まない．

4.3.2　消費電力量の算出
照明出力制御は図7.5.12のように，人が不在になった時点から減光調光が開始されるまでの点灯保持時間により定義される．前項２）の前者の方法では，
・ひと（熱線）センサによる人の存在確認
・点灯保持時間タイマの更新
・照明出力の制御

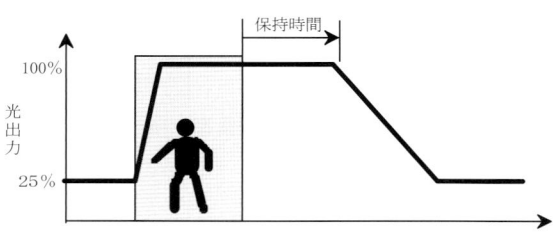

図7.5.12　ひと検知による調光制御

159

を分単位で繰り返し実行し，そのときの消費電力を積算する．分単位の個々人のスケジュールをもとにするため，組織的な行動（ミーティングによる局所集中や部分的な長期不在）や職種上の特性（営業所などのように日中はほぼ全員が不在の場合）など，在席率からだけではつかめない特徴を反映させることができる．しかしスケジュールデータ作成には非常に手間を要するとの問題がある．

以下の式により省エネ効果 S の推定を行う．

$$S = k \cdot \{q \cdot \exp(-t_1/r)\}^n + (1-k) \cdot \{q \cdot \exp(-(t_1+t_2)/r)\}^n \quad (7.5.3)$$

- n ：センサ検知対象人数
- q ：人の平均不在率（1−平均在席率）
- r ：人の平均不在時間
- t_1 ：点灯保持時間
- t_2 ：調光保持時間
- k ：調光時の消費電力削減分と100%点灯消費電力の比（$0 \leq k \leq 1$）

$$K = (W_{100\%} - W_{25\%})/W_{100\%}$$

個々の不在時間は平均不在時間 r の指数分布に従うとする．また，ひとセンサの効果を確認するために，明るさセンサを使用しない状態で推定を行う．以上の方法ではスケジュールデータ作成の必要がないうえに，センサ検知対象人数をオフィス密度と置き換えて考えることにより，より一般的な指標による省エネルギー率推定が可能になり，詳細な検証を行う前の目安とすることができる．ただし，在室者個々の在室率のばらつきや，在室者相互の関係（グループなどの集団行動）等は考慮していない．

4.3.3 推定結果

効果推定条件として以下のように設定する．

- ・部屋の条件　　　19m×13m，天井高さ2.5m
- ・照明器具台数　　54台（9台×6台）
- ・ゾーン設定　　　照明器具4台
- ・消費電力　　　　100%調光時　98W
- 　　　　　　　　　25%調光時　38W
- ・点灯保持時間　　10分
- ・センサ検知エリア　$\phi 5.6$m
- 　　　　　　　　　高さ2.5m のとき $\phi 7$m
- 　　　　　　　　　机上面より上を検知エリアとする

図7.5.13は，下記のような在席率に基づいて人の行動スケジュールを個別に設定したときの結果である．部屋内には35人を配置，オフィス密度は約 7m^2/ 人として考えた．
（在席率のタイムスケジュールと省エネルギー率の例：省エネルギー率15%）

在席率	タイムスケジュール	
10%	08：30～09：00	早朝
40%	09：00～12：00	勤務時間
10%	12：00～13：00	昼休み
40%	13：00～18：00	勤務時間
10%	18：00～20：00	残業時

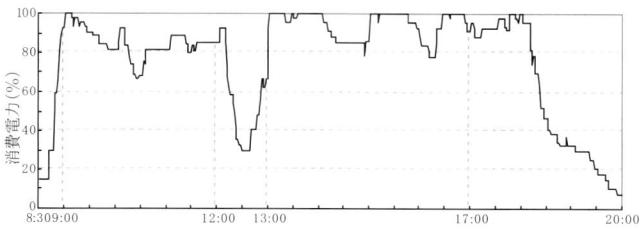

図7.5.13　一日の消費電力推移

【演習問題3】
　上記推定条件において，上述4.3.1項2）の後者の方法を用いて，省エネルギー率を計算せよ．

5．実　習

ここでは，実際にさまざまなタイプのセンサ挙動とその省エネルギー効果について，簡単な実験環境を構築，観察と演習を行うことにより理解を深める．

5.1 目　的

本実習の目的は以下のとおりである．
- ・明るさセンサ，ひと（熱線）センサの動作原理，挙動について体感，理解する
- ・照明設備の消費電力量計測の基本を習得する
- ・上述センサを用いた際の照明制御時消費電力量を計測し，実環境への展開時を想定した際の省エネルギー効果算出を演習する．

5.2 実験装置

図7.5.14に実験装置概要と配線図を示す．実験装置は(1)インバータ式調光機能付照明器具，(2)消費電力量計測器，(3)消費電力量計測センサ（CTセンサ），(4)各種制御用センサをそれぞれ信号線で結び，構成する．

(4)制御用センサとしては，種別，照明制御仕様の違いに従い，以下4種類が代表的である．

① 明るさセンサ（段階調光対応）
② ひと（熱線）センサ（点滅タイプ）
③ ひと（熱線）センサ（段階調光タイプ）
④ ハイブリッドセンサ（熱線・明るさ）

上述③，段階調光とは人の在不在に応じて，調光レベルを段階的に変化させる機能のことである．例えば，人の動きを検知した場合は100%点灯を，不在時には必要最小限の明るさに抑えて省エネを行うことができる．これは，不在が多いものの安全上最低限の照度はつねに確保しなければならないような場所に用いる．

表7.5.1に各部材の詳細について示す．なお，詳細な設定，使用方法に際しては別途マニュアルが必要である[4]．

消費電力量計測は電力量に付属する専用データ収集分析ソフトなどを活用し，PCを介して行う方法が一般的である．

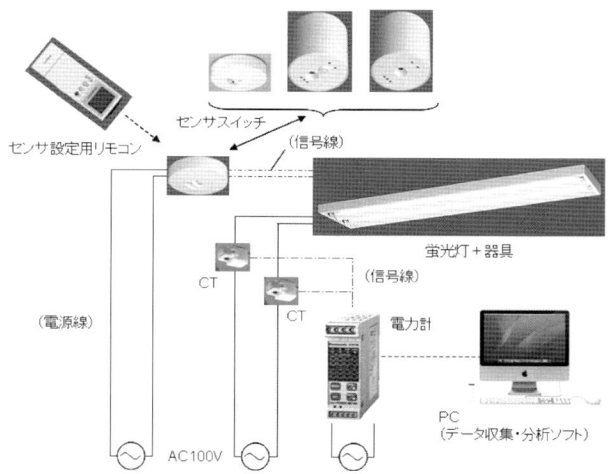

※センサ－照明器具間通信線については恒久施設では専用をすすめている．端子により線でなく単芯線を使用する．

図7.5.14　実験装置概要および配線図

表7.5.1 実験用構成部材仕様（参考）

部材		仕様・特徴	参考品番（松下電工・松下電器製）[4]
インバーター式調光機能付照明器具		・32形 Hf 蛍光灯 2 灯 ・電圧100〜242V 対応 ・推奨ランプ：FHF32EX-N-H ・全光束：9 900lm ・25〜100％連続調光型	FSA42500A_PX9
電力計		入力仕様 ・単相2線：100-120V　AC ・電流センサCT：5 A/50A ・計測項目：瞬時電力・積算電力量・電圧・電流 ・PCとの接続によりデータ収集，分析が可能	KW7M エコパワーメータ DIN タイプ（専用データソフトKW Monitor ダウンロード可能）
制御用センサ	ひと（熱線）センサ	・赤外線パッシブ方式 ・点灯保持時間：10s，1〜30分，連続	FSK90501
	ひと（熱線）センサ（段調光タイプ）	・連続調光設定：明暗（不在時設定0，25，50，100％点灯） ・点灯保持時間：同上	FSK90501
	明るさセンサ（連続調光タイプ）	・昼光の明るさを検知，外からの光にあわせて光量を自動調整 ・初期照度補正機能付 ・接地面記憶照度15〜1 000 lx ・設定には専用リモコンが必要	FSK90521 FSK909412（リモコン）
	ひと（熱線）明るさセンサ（連続調光タイプ）	・席を空けることの多い執務室などに適用，人の動きと明るさを検知し省エネをはかる ・初期照度補正機能付	FSK90531 FSK909412（上記と併用可）

表7.5.2 測定条件と目的

測定条件	使用するセンサ	目的
基本条件	なし	フル点灯状態（100％点灯状態） フル点灯状態（100％点灯状態）
条件1	ひと（熱線）センサ	ひと検知による点滅動作と保持時間を変化させた際の影響を把握する．この際，センサの検知範囲についても把握，検討を試みるとよい．
条件2	ひと（熱線）センサ（段調光タイプ）	不在時に一定照度を確保し，在検知時にフル点灯する．検知前後での点灯出力と電力量の変化を観察する
条件3	明るさセンサ（連続調光タイプ）	指定面照度が一定となるよう，連続的に調光出力を変化させる方式．指定面に入る昼光量をカーテンなどで制限したり，什器，内装材色の影響などによる調光状態の変化，消費電力量の変化を観察する
条件4	ひと（熱線）明るさセンサ（連続調光タイプ）	上記条件1および3の同時挙動を体感，観察する

5.3 測定条件および実験方法

表7.5.2に示した各種条件について，測定を実施する．この際，センサ設置方法をくふうし，その検知範囲についても確認するとよい．

【演習問題4】
得られた各測定結果をもとに，4.2および4.3で示したモデルケースにおける省エネルギー効果，省エネルギー率を算出せよ．

6．おわりに

本節では，省エネルギーを実現する各種照明制御システムを紹介するとともに，各システムにおける省エネルギー効果算出の考え方，さらにセンサを用いた制御時の挙動動作を簡単な実験装置を構築，実際に体験，観察する方法を紹介した．

文　献

1) 大野ほか：昼光利用照明設計に関する研究（その1），照明学会誌，Vol. 62-10, p.538（1978）
2) Matsuura, K, Tanaka H：Optimum turning-off depth for saving lighting energy in side-lit office, J. Light Vis Env. Vol. 3-2, p.26（1979）
3) 前田ほか：センサ付照明器具の照度計算および省エネルギー効果シミュレーションソフトの開発，松下電工技報，p.37（Sep, 1999）
4) 松下電工㈱：センサ機能付照明器具セルコンシリーズ，カタログ No. 照 B-873（2006.10）

8. 都市環境・都市設備分野

8.1 地表面の放射収支・熱収支の測定（応用1）

1. 演習の目的

太陽から地表面に到達する放射，すなわち日射（下向き短波長放射）や大気放射（下向き長波長放射）は，地表面からの放射熱伝達（上向き短波長放射，上向き長波長放射），地表面から大気への対流熱伝達（顕熱 flux），地表面での蒸発潜熱（潜熱 flux），地中などへの熱伝導（伝導熱 flux）へと形を変える．各地域における気候形成にはこれらの各伝熱要素のバランスが影響する．したがって，地表面での熱収支を測定することは，対象地域の気候特性を知る手がかりとなる．また近年，都市部特有の環境問題として関心を集めているヒートアイランド現象は，都市部の地表面被覆が変化したことが主な原因の一つと考えられている．すなわち，地表面の熱収支を測定することは，ヒートアイランドの緩和対策などを検討するうえで重要である．

本演習では，地表面での熱収支を，各伝熱要素の測定により検討することを目的とする．

2. 基礎事項

2.1 地表面における熱収支

地表面での熱収支式〔図8.1.1(a)参照〕は次式となる．

$$R_n = V + LE + A \tag{8.1.1}$$

ここで，R_n は正味放射受熱量〔W/m²〕，V は顕熱 flux〔W/m²〕，LE は潜熱 flux〔W/m²〕，A は熱伝導 flux〔W/m²〕である．なお，ここでは周辺の建物などによる反射日射や影などの影響が大きくない状況を想定している．

正味放射受熱量 R_n を短波長放射と長波長放射に分けると以下の式となる．〔図8.1.1(b)参照〕

$$R_n = R_s + R_l = (J - \rho_r J) + (L_a - L_e) \tag{8.1.2}$$

ここで，R_s は短波放射受熱量〔W/m²〕，R_l は長波放射受熱量〔W/m²〕，J は日射（下向き短波長放射）〔W/m²〕，$\rho_r J$ は反射日射（上向き短波長放射）〔W/m²〕，ρ_r は日射反射率〔−〕，L_a は大気放射（下向き長波長放射）〔W/m²〕，L_e は地表面からの長波放射（上向き長波長放射）〔W/m²〕である．

2.2 下向き短波長放射（J）

下向き短波長放射は全天日射（直達日射＋天空日射）と同義である．よって測定は全天日射計（波長0.3～2.8μm 程度）の受感部を天空に向けて行う．

2.3 上向き短波長放射（$\rho_r J$）

反射日射と同義である．計測は全天日射計の受感部を地表面に向けて行う．

2.4 下向き長波長放射（L_a）

大気中の水蒸気などの気体から地表面への長波長放射であり，大気放射と同義である．測定には赤外放射計（波長 3～50μm 程度）を用い，受感部を天空に向けて計測する．

2.5 上向き長波長放射（L_e）

地表面からの長波長放射である．測定は赤外放射計の受感部を地表面に向けて行う．

2.6 顕熱 flux（V）

地表面と地表面に接する空気との対流熱伝達による熱移動で

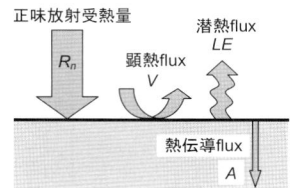
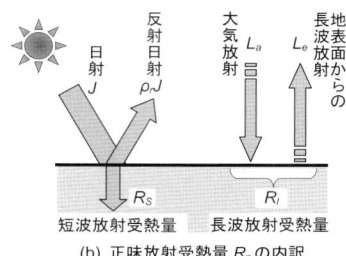

図8.1.1　地表面での熱収支の概要

ある．測定方法にはさまざまなものがあり，気温の変動および鉛直方向の風速変動を測定して算出する渦相関法[1),2)]，光の揺らぎを測定して算出するシンチレーション法[2)]，熱収支式の残差として算出する方法[1),2)] などが挙げられる．顕熱 flux の測定方法では，利用可能な測定計器，必要となる測定精度などを考慮し，適切な方法を選択する．

2.7 潜熱 flux（LE）

地表面における水の蒸散に伴う熱移動である．比湿の変動および鉛直方向の風速変動を測定して算出する渦相関法[1),2)]，ボーエン比を使用し，熱収支式から算出する熱収支法[1),2)]，電子天びんを用いて地表面試験体の蒸散量を測定し，算出する方法[2)] などがある．電子天びんを用いる方法では，試験体の重量変化から単位時間あたりの蒸散量を算出し，水の蒸発潜熱を乗じることで潜熱 flux を算出する．この方法は植栽からの蒸散量の測定においても用いられている．なお，晴天もしくは曇天日を対象とし，かつ表面が乾いた状態であるアスファルト表面などは水の蒸散はないものと考え，$LE=0$と仮定する場合もある．

2.8 熱伝導 flux（A）

地表面から地中などへの熱移動である．熱流計を用いて熱伝導 flux を求める方法や，(8.1.3) 式を有限差分法により解き，地中温度分布を逐次計算して地表面における温度勾配を求め，(8.1.4) 式を用いて熱伝導 flux を求める方法などがある．後者の場合，地表面温度と地中温度の測定結果を境界条件として用いる．

$$\frac{\partial T}{\partial t} = \frac{\lambda}{C_p \rho} \frac{\partial^2 T}{\partial x^2} \tag{8.1.3}$$

$$A = -\lambda \frac{\partial T}{\partial x}\bigg|_s \tag{8.1.4}$$

ここで，T は地中温度〔℃〕，λ は土などの熱伝導率〔W/(m・K)〕，C_p は土などの比熱〔J/(kg・K)〕，ρ は土などの密度〔kg/m³〕であり，添え字 s は地表面を意味する．

3. 測定の準備と測定器の取扱い方法

3.1 長短波放射収支計

正味放射受熱量やその内訳を知るために地表面の放射収支を測定するには，上向き短波長放射用および下向き短波長放射用の二つの日射計と，上向き長波長放射用と下向き長波長放射用の二つの赤外放射計で構成される長短波放射収支計〔写真8.1.1，図8.1.2参照〕が便利である．この長短波放射収支計は短波長放射用の日射計が0.3～3μm 域を，長波長放射用の赤外放射計が

8.1 地表面の放射収支・熱収支の測定（応用1）

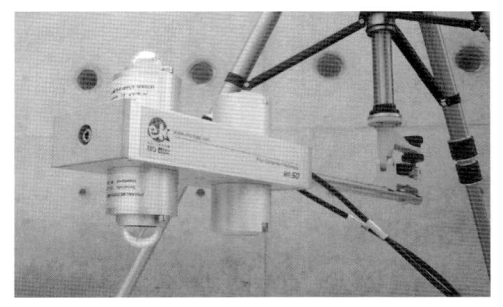

写真8.1.1　長短波放射収支計の一例

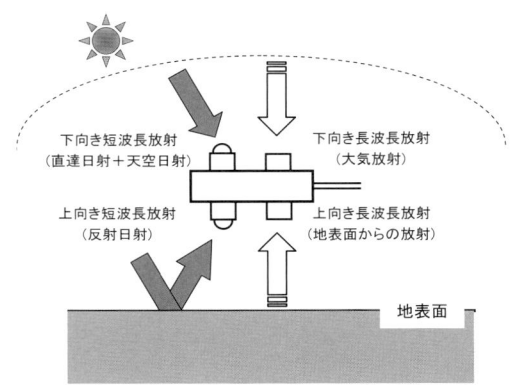

図8.1.3　長短波放射収支計による計測

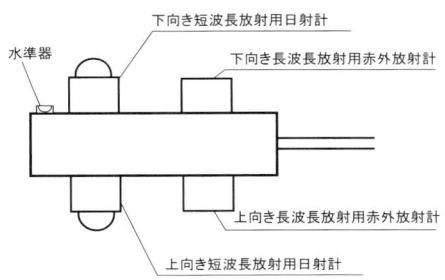

図8.1.2　長短波放射収支計の構成

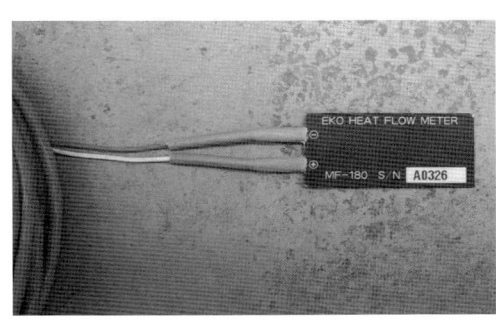

写真8.1.2　熱流計(受感部)の一例

5〜50μm域をカバーし，下向き放射，上向き放射をそれぞれ測定することができる．

使用の際は，事前に四つのセンサのドームやガラスに汚れや傷がないかを確認する．汚れている場合には柔らかい布などにより汚れを除去する．設置場所は長短波放射収支計のセンサの視野に大きな障害物や建物がないか，またセンサ部分に周辺障害物の影がかからないかの確認を行う．設置位置はなるべく地表面から高い位置とし，十分に固定できているかを確認する．次に水準器の気泡が水準器の円内中心にくるように水平調整を行って固定し，信号ケーブルをデータロガーに接続する．夜間における測定など，霜や結露により正しい測定値が得られない可能性がある場合はヒーターを使用し，結露対策を行う必要がある．

3.2　熱流計

熱抵抗基板を使用して通過する熱流（flux）を計測する機器である〔写真8.1.2参照〕．熱抵抗基板を測定部に埋設もしくは貼り付けて熱流を直接測定する．地表面に貼り付けた場合の計測値は顕熱flux，熱伝導flux，放射の3成分による正味の熱流値である．地中に埋設した場合の計測値は熱伝導fluxのみである．

熱流計は屋内用と屋外（埋設）用があるが，ここでは屋外（埋設）用を用いる．また，使用可能な温度の上下限を確認し，仕様の範囲内で使用する．なお，熱流計には方向性があるため，これを確認したうえで設置する．センサからの出力は電圧（mV）であり，この電圧値をデータロガーにより収集する．

3.2.1　地表面に貼り付けて測定する場合

設置面と熱流計の間にすき間ができないように注意し，できるだけ平たんな面を選び，高い熱伝導性を有するシリコングリースや厚さの薄い両面テープなどにより固定する．熱流計の放射率や日射反射率が地表面と大きく異なり，この影響が無視できない場合は，地表面と放射率や日射反射率が同じになるように熱流計に塗装などを行う必要がある．

3.2.2　地中に埋設して測定する場合

熱流が熱流計を垂直に通過するように，水平に設置する．熱流計を埋める際に熱流計周囲にすき間ができないように，地中と同質の材料もしくはシリコン接着剤などで空げきを満たす．

4．演習の進め方

地表面からの顕熱・潜熱fluxを渦相関法によって求めるには高価な測定機器と十分な測定空間を確保する必要がある．したがって本演習では，潜熱fluxを0と仮定できる乾燥した地表面を対象とするか，あるいは電子天びんによる試験体重量測定によって潜熱fluxを算出するものとする．また，顕熱fluxは地表面における熱収支式である(8.1.1)式の残差として求める方法が比較的簡易である．本演習では，上向き・下向き短波長放射および上向き・下向き長波長放射については長短波放射収支計を用い，熱伝導fluxは熱流計を用いて測定することを前提とする．

5．レポートのまとめ方

レポートは以下の項目に沿って記述する．
① 目　　　的
② 測　定　項　目
③ 測 定 使 用 機 器
④ 測 定 日 時・場 所
⑤ 測　定　方　法
⑥ 測　定　結　果
・測定データ表の作成
・データの図化
⑦ 考　　　察

文　献

1) 近藤純正：地表面に近い大気の科学：東京大学出版会，2000.9
2) 森山正和：ヒートアイランドの対策と技術：学芸出版社，2004.8

8.2 地域エネルギー需給の解析演習（応用1）

本演習はMicrosoftExcellで作成したエネルギー計算シートを使用します．下記よりダウンロードしてください．
URL　　http://www.aij.or.jp/jpn/books/env-text/
パスワード　　8energy2

1．演習の目的

建築単体での省エネルギーはもちろんのこと，街区や地区スケールでの省エネルギーが求められている．街区や地区スケールのエネルギーシステムに地域冷暖房（ある特定地域内の建物の冷暖房給湯需要に対して，1か所あるいは複数のプラントで熱を製造し，地域の配管を通して冷水，温水，蒸気の形で供給するシステム）があるが，地区内のさまざまな用途の建物が集合することにより，エネルギー需要が平準化される（おのおのの需要量の時間変動のずれにより，合成需要量は変動が均される）こと，集約されたエネルギー需要に対して台数分割されたエネルギー機器を高度に運転制御することによって，エネルギー機器の高効率な運用を実現している．

本演習では，各種用途（都市設備の分野ではエネルギーの使い方から建物用途を8種類程度に分類して扱っている）ごとのエネルギー需要の特性（年変動や日変動）を理解するとともに，地域の建物群のエネルギー特性を把握し，その特性が地域のエネルギーシステムにどのように影響を与えるのかを分析する方法について学ぶ．

2．エネルギー需要原単位

建物のエネルギー需要を想定する方法としては，外気負荷と内部負荷から想定する方法や，建物の規模や用途から経験的にエネルギー需要を想定する方法がある．一般に，地域のエネルギー需要を想定する場合，エネルギー需要原単位を用いて後者の方法でエネルギー需要の想定を行う．エネルギー需要原単位は，エネルギー消費の実態調査を多数行い，建物の用途ごとに，単位延床面積あたりの平均的なエネルギー消費量を示したものである．実態調査により，年間需要原単位〔表8.2.1〕，月別需要パターン〔表8.2.2〕，時刻別需要パターン〔表8.2.3〕も示されている．

3．各種用途建物エネルギー需要特性

建物用途が異なれば，エネルギー需要の特性も異なる．エネルギー需要の特性は，熱電比，冷温比，累積負荷曲線，全負荷相当運転時間などを用いることで分析することができる．

$$熱電比 = \frac{総熱需要}{総電力需要（二次換算）} \tag{8.2.1}$$

熱電比とは，電力需要（二次エネルギー換算）に対する熱需要の割合である．熱電比は業務建物で小さく，宿泊建物や住宅建物で大きい．コージェネレーションシステムの導入を検討する場合，コージェネレーションにより同時生産される電力と熱の割合がシステムによって決まっているため，効率的なコージェネレーションの運用のためには建物の熱電比が重要な要素となる．

$$冷温比 = \frac{冷熱需要}{温熱需要} \tag{8.2.2}$$

冷温比とは温熱需要に対する冷熱需要の割合である．冷温比は業務建物で大きく住宅建物で小さい．熱回収ヒートポンプの導入を検討する場合，時刻別あるいは（蓄熱槽を設ける場合は）日別の冷温比が，効率的な熱回収ヒートポンプの運用に影響を与える．

図8.2.1は延床面積200 000m²の業務用途建物の時刻別熱需要（冷熱需要も成績係数（COP）＝1.2の蒸気吸収冷凍機で製造されるとした，蒸気換算熱需要）を算出し年間365日8 760時間分熱需要の大きい順に示したものである．このような図を累積熱需要曲線という．

$$全負荷相当運転時間 = \frac{年間需要量合計}{ピーク需要量} \tag{8.2.3}$$

$$年平均負荷率 = \frac{年間需要量合計需要}{ピーク需要量 \times 8 760時間} \tag{8.2.4}$$

全負荷相当運転時間とは，需要を賄うための設備側の負荷について，年間需要が時刻別ピーク需要（設備負荷容量）の何時間分に相当するかを示すもので，年間需要を時刻別ピーク需要で除した値として算出する．全負荷相当運転時間が長いという

表8.2.1　建物用途別エネルギー需要原単位（年間値）[1]

		住宅	医療	業務	商業	宿泊	娯楽	文化	教育
暖房	MJ/m²年	71	334	209	75	493	180	359	238
給湯	MJ/m²年	201	861	54	96	1 296	268	0	0
温熱	MJ/m²年	272	1 195	263	171	1 789	447	359	238
冷熱	MJ/m²年	75	514	297	359	272	293	180	92
電力	kWh/m²年	46	185	170	291	133	200	63	55

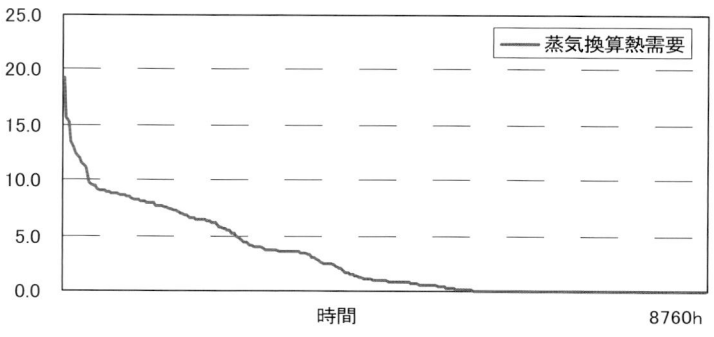

図8.2.1　累積熱需要曲線（蒸気の場合）

8.2 地域エネルギー需給の解析演習（応用１）

表8.2.2　建物用途別エネルギー需要月別パターン（％）[1]

		住宅	医療	業務	商業	宿泊	娯楽	文化	教育
暖房	1月	29.13	22.36	24.80	27.32	26.10	27.91	25.19	26.30
	2月	21.72	18.85	24.80	24.69	19.00	28.14	28.00	22.10
	3月	18.28	15.85	19.49	14.80	16.05	15.58	18.58	18.10
	4月	2.85	6.24	7.57	7.80	8.70	0.70	0.35	8.00
	5月	0.00	4.12	0.57	2.19	0.00	0.00	0.00	0.00
	6月	0.00	0.00	0.18	2.19	0.00	0.00	0.00	0.00
	7月	0.00	0.00	0.00	1.65	0.00	0.00	0.00	0.00
	8月	0.00	0.00	0.00	1.65	0.00	0.00	0.00	0.00
	9月	0.00	0.00	0.00	1.65	0.00	0.00	0.00	0.00
	10月	0.22	4.49	0.20	2.19	0.00	0.00	0.00	0.00
	11月	5.19	10.11	5.00	2.19	7.10	5.81	4.65	5.90
	12月	22.61	17.98	17.39	11.68	23.05	21.86	23.23	19.60
給湯	1月	15.29	8.52	10.55	10.23	9.58	10.50	0.00	0.00
	2月	12.42	8.76	11.30	10.22	10.34	10.40	0.00	0.00
	3月	12.13	9.00	10.55	11.56	8.88	11.30	0.00	0.00
	4月	10.29	8.08	8.25	8.88	8.53	9.60	0.00	0.00
	5月	7.87	8.22	8.15	8.00	8.17	7.70	0.00	0.00
	6月	5.86	7.88	7.45	6.67	8.17	5.85	0.00	0.00
	7月	4.71	7.93	6.75	7.11	7.14	5.60	0.00	0.00
	8月	3.62	7.79	6.00	5.33	6.72	5.60	0.00	0.00
	9月	3.75	7.93	6.10	5.78	7.04	6.15	0.00	0.00
	10月	5.41	8.03	6.75	7.11	7.95	7.30	0.00	0.00
	11月	7.71	8.81	8.25	8.00	8.59	8.50	0.00	0.00
	12月	10.94	9.05	9.90	11.11	8.89	11.50	0.00	0.00
冷熱	1月	0.00	0.00	0.70	0.45	0.00	0.50	0.00	0.00
	2月	0.00	0.00	0.70	0.45	0.00	0.50	0.00	0.00
	3月	0.00	0.00	0.84	1.17	0.00	0.50	0.00	0.00
	4月	0.00	0.00	1.68	5.00	0.80	2.40	0.00	0.00
	5月	0.00	1.38	7.42	7.58	3.85	6.25	0.00	11.20
	6月	4.57	16.63	15.27	11.69	10.50	16.00	19.23	27.70
	7月	37.16	28.47	21.01	18.65	25.60	23.50	22.73	32.10
	8月	40.83	29.93	22.69	20.40	30.50	23.90	36.23	6.80
	9月	17.44	20.75	18.35	18.88	22.50	19.40	21.83	22.20
	10月	0.00	2.84	8.54	9.10	5.75	5.40	0.00	0.00
	11月	0.00	0.00	1.82	5.13	0.50	0.95	0.00	0.00
	12月	0.00	0.00	0.98	1.50	0.00	0.70	0.00	0.00
電力	1月	9.57	8.04	7.88	7.31	8.16	7.29	6.37	8.23
	2月	8.44	8.04	7.94	7.21	7.92	7.24	8.76	8.23
	3月	9.18	8.04	8.24	7.62	8.01	7.59	7.80	7.50
	4月	7.94	8.48	8.34	8.00	7.70	7.50	10.67	7.50
	5月	8.19	8.09	7.65	8.14	7.92	7.90	11.47	7.68
	6月	7.51	8.37	8.64	8.58	7.85	9.25	8.12	9.68
	7月	8.09	8.59	9.23	9.26	9.09	9.75	7.80	9.32
	8月	8.09	8.91	9.28	9.34	9.82	10.70	6.53	6.22
	9月	7.84	8.64	8.70	9.34	9.07	10.45	7.96	7.68
	10月	8.00	8.37	8.28	8.41	8.29	7.90	9.55	8.96
	11月	7.84	8.27	8.00	8.31	8.01	6.94	7.80	9.68
	12月	9.31	8.16	7.82	8.48	8.16	7.49	7.17	9.32

ことは年間負荷の変化が小さい（平均需要と最大需要の差が小さい＝平準化している）ことを示し，熱製造設備が高負荷率で長い時間稼働することで高いCOPが期待できる．

【演習問題１】
エネルギー計算シートを用いて，延床面積10 000m^{2}業務用途の建物の年間熱需要を算出し，年間熱電比，時刻別熱電比の頻度，年間冷温比，時刻別冷温比の頻度，累積負荷曲線，全負荷相当運転時間によりエネルギー需要の特性を分析・考察しなさい．

【演習問題２】
演習問題１と同様に建物用途を代えて，各種建物用途別のエネルギー需要の特性を分析・考察しなさい．

4．建物群のエネルギー需要特性

建物用途ごとにエネルギー需要の特性が異なることから，ある一定地域内にある建物群全体のエネルギー需要特性は，地域を構成する建物の用途や規模が異なるため，個々の建物のエネルギー需要特性とは大きく特性が異なってくる．

図8.2.2は20 000m^{2}の集合住宅と10 000m^{2}の業務建物で構成される地域の１月の時刻別温熱需要を示したものである．集合住宅は早朝と夕方以降，業務建物は早朝に温熱需要ピークがある．また，集合住宅は日中温熱需要が減少するが，業務建物は日中も温熱需要が継続する．地域で見た場合，日中の需要が平準化されていることがわかる．

【演習問題３】
エネルギー計算シートを用いて，20 000m^{2}の集合住宅と10 000m^{2}の業務建物で構成される地域の年間時刻別エネルギー需要を算出し，年間熱電比，時刻別熱電比の頻度，年間冷温比，時刻別冷温比の頻度，累積負荷曲線，全負荷相当運転時間によりエネルギー需要の特性を分析・考察しなさい．

【演習問題４】
演習問題３と同様に，総延床面積を30 000m^{2}とし，構成する建物の用途別床面積構成をさまざまに変化させたケースを５ケース用意し，年間熱電比，時刻別熱電比の頻度，年間冷温比，時刻別冷温比の頻度，累積負荷曲線，全負荷相当運転時間によりエネルギー需要の特性の違いを分析・考察しなさい．

5．用途混合によるピーク負荷（設備容量）削減率

個々の建物のエネルギー需要特性は異なるため，個々の建物のピークエネルギー需要の合計は，地域の建物群全体のピークエネルギー需要とは一致しない．すなわち，地域の建物群一体で地域冷暖房のようなあるエネルギーシステムを導入する場合，個々の建物でエネルギーシステムを持つ場合に比べて設備容量を低減できる．ピーク負荷（設備容量）削減率は以下の（8.2.5）式により求めることができる．

$$\text{ピーク負荷（設備容量）削減率} = 1 - \frac{(\sum D)_{peak}}{\sum D_{peak}} \quad (8.2.5)$$

表8.2.3 建物用途別エネルギー需要時刻別パターン（％：業務，宿泊）[1]

	電力需要パターン（％）							暖房需要パターン（％）					
	業務			宿泊				業務			宿泊		
	冬期	中間期	夏期	冬期	中間期	夏期		冬期	中間期	夏期	冬期	中間期	夏期
	（1月）	（5月）	（8月）	（1月）	（5月）	（8月）		（1月）	（5月）	（8月）	（1月）	（5月）	（8月）
0-1	0.70	0.70	0.70	2.50	3.00	3.00	0-1	0.00	0.00	0.00	4.00	4.00	4.00
1-2	0.70	0.70	0.70	2.80	2.70	2.70	1-2	0.00	0.00	0.00	2.70	2.70	2.70
2-3	0.70	0.70	0.70	2.30	2.50	2.50	2-3	0.00	0.00	0.00	2.90	2.90	2.90
3-4	0.70	0.70	0.70	2.30	2.50	2.50	3-4	0.00	0.00	0.00	2.40	2.40	2.40
4-5	0.70	0.70	0.70	2.20	2.40	2.40	4-5	0.00	0.00	0.00	2.40	2.40	2.40
5-6	0.70	0.70	0.70	2.30	2.00	2.00	5-6	0.00	0.00	0.00	2.40	2.40	2.40
6-7	0.70	0.70	0.70	2.50	2.40	2.40	6-7	0.00	0.00	0.00	4.10	4.10	4.10
7-8	3.20	2.70	2.70	2.50	2.80	2.80	7-8	14.00	14.00	14.00	5.20	5.20	5.20
8-9	4.70	4.20	4.20	3.50	3.40	3.40	8-9	12.60	12.60	12.60	4.80	4.80	4.80
9-10	6.50	7.40	7.40	5.40	4.70	4.70	9-10	10.80	10.80	10.80	5.30	5.30	5.30
10-11	7.80	8.20	8.20	5.30	4.90	4.90	10-11	9.90	9.90	9.90	4.90	4.90	4.90
11-12	8.40	8.30	8.30	5.80	5.80	5.80	11-12	9.60	9.60	9.60	4.20	4.20	4.20
12-13	7.90	7.80	7.80	5.10	5.70	5.70	12-13	8.80	8.80	8.80	5.10	5.10	5.10
13-14	8.40	8.30	8.30	5.60	5.40	5.40	13-14	8.40	8.40	8.40	4.70	4.70	4.70
14-15	8.40	8.70	8.70	5.60	5.80	5.80	14-15	8.20	8.20	8.20	4.50	4.50	4.50
15-16	7.80	8.30	8.30	6.80	6.00	6.00	15-16	7.50	7.50	7.50	4.70	4.70	4.70
16-17	8.40	8.30	8.30	5.50	5.70	5.70	16-17	6.20	6.20	6.20	4.40	4.40	4.40
17-18	7.60	7.60	7.60	5.50	5.30	5.30	17-18	1.80	1.80	1.80	4.40	4.40	4.40
18-19	6.40	6.00	6.00	5.30	5.40	5.40	18-19	0.80	0.80	0.80	4.50	4.50	4.50
19-20	3.80	3.60	3.60	5.60	5.40	5.40	19-20	0.60	0.60	0.60	4.90	4.90	4.90
20-21	3.40	3.30	3.30	4.30	4.80	4.80	20-21	0.50	0.50	0.50	4.70	4.70	4.70
21-22	1.00	1.00	1.00	4.30	4.00	4.00	21-22	0.30	0.30	0.30	4.60	4.60	4.60
22-23	0.70	0.70	0.70	3.50	3.70	3.70	22-23	0.00	0.00	0.00	4.60	4.60	4.60
23-24	0.70	0.70	0.70	3.50	3.70	3.70	23-24	0.00	0.00	0.00	3.60	3.60	3.60
	冷房需要パターン（％）							給湯需要パターン（％）					
	業務			宿泊				業務			宿泊		
	冬期	中間期	夏期	冬期	中間期	夏期		冬期	中間期	夏期	冬期	中間期	夏期
	（1月）	（5月）	（8月）	（1月）	（5月）	（8月）		（1月）	（5月）	（8月）	（1月）	（5月）	（8月）
0-1	0.00	0.00	0.00	4.40	4.40	4.40	0-1	0.00	0.00	0.00	2.90	2.90	2.90
1-2	0.00	0.00	0.00	3.30	3.30	3.30	1-2	0.00	0.00	0.00	2.80	2.80	2.80
2-3	0.00	0.00	0.00	3.10	3.10	3.10	2-3	0.00	0.00	0.00	2.50	2.50	2.50
3-4	0.00	0.00	0.00	3.30	3.30	3.30	3-4	0.00	0.00	0.00	2.40	2.40	2.40
4-5	0.00	0.00	0.00	3.30	3.30	3.30	4-5	0.00	0.00	0.00	2.40	2.40	2.40
5-6	0.00	0.00	0.00	3.30	3.30	3.30	5-6	0.00	0.00	0.00	2.80	2.80	2.80
6-7	0.00	0.00	0.00	3.20	3.20	3.20	6-7	0.00	0.00	0.00	3.50	3.50	3.50
7-8	1.30	1.30	1.30	3.10	3.10	3.10	7-8	0.00	0.00	0.00	4.70	4.70	4.70
8-9	9.00	9.00	9.00	3.70	3.70	3.70	8-9	13.80	13.80	13.80	4.90	4.90	4.90
9-10	10.20	10.20	10.20	4.20	4.20	4.20	9-10	9.50	9.50	9.50	4.80	4.80	4.80
10-11	10.20	10.20	10.20	4.00	4.00	4.00	10-11	11.70	11.70	11.70	4.90	4.90	4.90
11-12	9.90	9.90	9.90	4.20	4.20	4.20	11-12	8.20	8.20	8.20	5.70	5.70	5.70
12-13	9.70	9.70	9.70	5.20	5.20	5.20	12-13	7.00	7.00	7.00	3.50	3.50	3.50
13-14	9.60	9.60	9.60	4.80	4.80	4.80	13-14	8.00	8.00	8.00	5.70	5.70	5.70
14-15	9.80	9.80	9.80	5.40	5.40	5.40	14-15	9.60	9.60	9.60	5.60	5.60	5.60
15-16	9.80	9.80	9.80	5.10	5.10	5.10	15-16	7.50	7.50	7.50	6.20	6.20	6.20
16-17	9.60	9.60	9.60	5.40	5.40	5.40	16-17	5.90	5.90	5.90	6.50	6.50	6.50
17-18	6.70	6.70	6.70	5.10	5.10	5.10	17-18	5.40	5.40	5.40	4.50	4.50	4.50
18-19	1.60	1.60	1.60	5.60	5.60	5.60	18-19	4.80	4.80	4.80	3.40	3.40	3.40
19-20	1.00	1.00	1.00	4.80	4.80	4.80	19-20	5.40	5.40	5.40	4.10	4.10	4.10
20-21	0.90	0.90	0.90	4.50	4.50	4.50	20-21	3.20	3.20	3.20	4.10	4.10	4.10
21-22	0.60	0.60	0.60	3.70	3.70	3.70	21-22	0.00	0.00	0.00	4.50	4.50	4.50
22-23	0.10	0.10	0.10	3.70	3.70	3.70	22-23	0.00	0.00	0.00	4.10	4.10	4.10
23-24	0.00	0.00	0.00	3.60	3.60	3.60	23-24	0.00	0.00	0.00	3.50	3.50	3.50

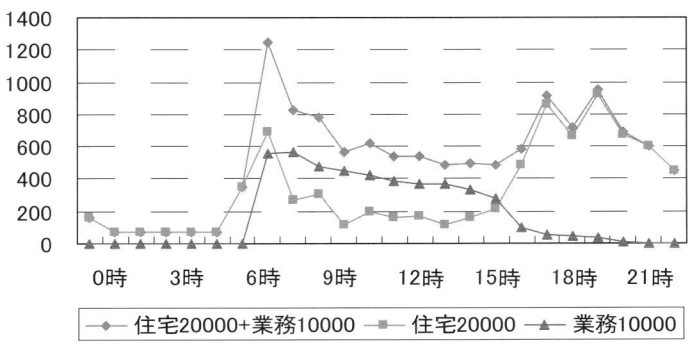

図8.2.2 用途組合せによる時刻別熱需要の変化（1月温熱）

【演習問題5】
　エネルギー計算シートを用いて，次の5棟の建物からなる地域の冷熱に関するピーク負荷（設備容量）削減率を求めなさい．
総延床面積 200 000m^2
集合住宅 20 000m^2，業務建物 80 000m^2，商業建物 20 000m^2，ホテル 40 000m^2，病院 40 000m^2

6．地域冷暖房のエネルギー評価計算

　地域冷暖房は，複数の用途建物が集合することにより負荷が平準化され，集中プラントに設置される適切に台数分割された高効率機器を適切かつ高度な運転制御することによって省エネルギーを図ることができる．
　エネルギー計算シートには，個別建物熱源システムのケースを基本に，地域冷暖房（基本）ケース，地域冷暖房（熱回収ヒートポンプ）ケース，地域冷暖房（CGS）ケースが用意されている[注]．
　地域の建物用途構成により，地域のエネルギー需要特性がどのように変化し，それによって各ケースのエネルギー消費量にどのような影響を及ぼすのかを理解する必要がある．

　例えば，中間期および冬期に暖房需要とあわせて冷房需要が併存する場合，熱回収ヒートポンプによる地域冷暖房システムの省エネルギー効果が大きくあらわれる．一方で，電力需要や冷熱需要に対して温熱需要の割合が大きい場合にはCGSによる地域冷暖房システムの省エネルギー効果が大きく表れる．

【演習問題6】
　エネルギー計算シートを用いて【演習問題5】の地域への地域冷暖房の導入効果を検討しなさい．また，地域を構成する建物の用途や延床面積を適変更してみることで，地域のエネルギー消費の特性がどのように変化し，その変化が機器の負荷率などに対してどのような影響を及ぼし，その結果一次エネルギー削減率やCO_2排出削減率がどのように変化するのかを考察しなさい．

注）エネルギー計算シートにて，下部シートで右クリックし，再表示を選ぶことにより，各ケースの設定等を表示することができる．

文　献

1）日本地域冷暖房協会：プロジェクト2010日本全国地域冷暖房導入可能性調査平成6年度報告書

9. 環境心理生理分野

9.1 感覚量の測定＋心理生理測定のための基礎事項（基礎1）

われわれは日々の生活を送る中で，周りの環境からさまざまな刺激を受け，それらの刺激に対して反応している．例えば光刺激は目を通して，音刺激は耳を通して，温熱刺激は皮膚から，というように，それぞれの刺激が反応した感覚器を通して人間に入力され，それらの刺激に対して「明るい」，「うるさい」，あるいは「暑い・寒い」といった感覚が生起される．また，これらの刺激は体温の変化といった人体の生理量にも影響を与え，この生理量の変化もまた感覚に影響を与える．

一方，景観や建築物の印象なども環境から入力された刺激に対する人間の反応であるが，このような印象の評価には個々人の経験や知識に応じた情報処理といった認知的側面がかかわっていると考えられ，評価の個人差も大きい．

1．演習の目的

9.1節では上記のような環境と人間の関係のうち「感覚」に着目し，刺激と感覚の関係に関する測定手法を紹介し，測定方法や測定を行う際の注意点について理解することを目的とする．

感覚を測定する際に広く用いられている手法としては，フェヒナー（Fechner G.T.）によって確立された精神物理学的測定法がある．精神物理学とは，「物理的現象とそれに対応する心理学的現象との間の数量的関係を研究する科学（Guilford, 1954（秋重訳，1959））」のことであり，以下のウェーバー・フェヒナーの法則や後述するスティーブンスのべき乗則がよく知られている．

$$R = K \log \frac{S}{S_o}$$

R：印象の量，S：物理量，S_o：物理量の基準値，K：比例定数

精神物理学的測定法では通常，一定に保たれる標準刺激と，変化させる比較刺激を被験者に呈示し，被験者に対して両刺激の異同の反応を求め，これを測定する．その比較刺激の取扱い方によって調整法・極限法・恒常法に分類される．

1. 調整法：連続的に変化させることのできる比較刺激を被験者自身が調節する方法
2. 極限法：段階的に選定された比較刺激を実験者が決められた一方向の順に呈示する方法
3. 恒常法：段階的に選定された比較刺激を実験者がランダムに呈示する方法

測定の対象となるのは主に，刺激閾・弁別閾・主観的等価点である．

① 刺激閾：感覚・知覚系が刺激そのものを検出できる場合とできない場合の境界
② 弁別閾：感覚・知覚系が異なる二つの刺激の差異を検出できる場合とできない場合の境界
③ 主観的等価点：感覚・知覚系が標準刺激と等しいと判断したときの比較刺激の値

刺激閾を求める場合は，比較対象となる標準刺激は必要なく，比較刺激単独で変化させて絶対的判断を求める．

また，マグニチュード推定法，一対比較法，順位法なども，物理的刺激に対する感覚・知覚現象を数量的にとらえる方法として，精神物理学的測定法の一つとして含める場合があるが，その説明は後の節に譲ることとし本節ではふれない．

ここでは具体例として，（1）調整法により主観的等価点を求める方法，（2）極限法により弁別閾を求める方法，（3）恒常法により弁別閾，および主観的等価点を求める方法を記す．

2．調整法による実習

調整法（method of adjustment）による実験例として，ここではミュラー・リヤー（Müller-Lyer）の錯視図について錯視量（ずれの大きさ）を測定する実験を行う．ミュラー・リヤー錯視とは，線分の両端に矢印状に斜線が付加されると（内向図形），線分の長さがより短く見え，逆にY字形に斜線が付加されると（外向図形），より長く見えるという，視覚上の錯覚のことである．ここでは，主線長100mm，斜線長30mmに固定し，斜線の角度を15°，30°，60°に変化させた場合について記す．

2.1 手　順

1）錯視量を測定する器具を作製する．

図9.1.1のように，主線長が十分に長く片端のみ外向図形とした用紙に，用紙端に余白を取らずに内向図形を描いた別の用紙を上に重ねる．内向図形の用紙端側の斜線は，下の用紙と重ね合わさることで，外向図形の斜線も兼ねている．下の用紙を左右に出し入れすれば，外向図形の主線の長さを任意に変更できる．すなわち，上の用紙の内向図形が標準刺激，下の用紙の外向図形が比較刺激となる．設定した水準の数（ここでは，斜線の角度15°，30°，60°の3種類）だけ器具を用意する．その際，用紙の大きさから主線長を類推しにくいよう，用紙の大きさは主線長に対し2倍程度にするなど，十分ゆとりのあるものにするのがよい．

2）実験順序を決める．

斜線の角度3水準の呈示順を1通りに固定すると，順序による影響が結果に含まれてしまうおそれがある．このような順序効果を混入させないために，考えられるすべての順序（ここでは6通り）に対し，均等な被験者数を割り当て，順序効果の相

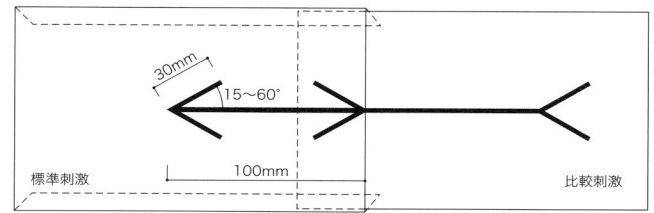

図9.1.1　作製器具の概要

表9.1.1　記録用紙の一例

被験者番号		錯視図		
被験者名		斜線の角度		
	標準刺激位置	15°	30°	60°
系列		実験順序		
		（　）	（　）	（　）
上昇（A）	右			
下降（D）	左			
下降（D）	右			
上昇（A）	左			
下降（D）	右			
上昇（A）	左			
上昇（A）	右			
下降（D）	左			
平均				
標準偏差				
錯視量				

殺を図る．被験者数を均等にするのが難しい場合は，トランプなどを使って順番を決め，ランダムに呈示するとよい．なお，水準ごとに被験者を分ける場合や被験者の属性の違いが実験条件の場合（例えば，男女間で錯視量の差異を検討する場合）は，呈示順による順序効果は生じないので考慮する必要はない．

3）被験者に比較刺激を調節させる．

実験者は，外向図形の主線が内向図形の主線と同じ長さに見える位置に合わせ，完了したら合図するよう被験者に教示する．この際，長さの調節方法には主に2系列ある．

① 上昇系列（A）：外向図形の主線長が内向図形の主線長より明らかに短い位置から用紙を引き出し，徐々に長くして位置を合わせる．
② 下降系列（D）：外向図形の主線長が内向図形の主線長より明らかに長い位置から用紙を押し入れ，徐々に短くして位置を合わせる．

この調節方法による誤差，さらに比較刺激に対する標準刺激の配置（右に置くか左に置くか）による誤差，またその調節方法と配置条件の順序効果を相殺するように配慮する．ここでは1水準ごとに，記録用紙〔表9.1.1〕のように，A右→D左→D右→A左→D右→A左→A右→D左の順に8回行い，その平均値をその水準の主観的等価点（PSE：point of subjective equality）とする．

器具を被験者に手渡すとき，調整の出発点が決まった位置にならないようにする．また，実施に先立ち，調整が行き過ぎたら後戻りしてもよいことや，図形全体を見て判断すること，あまり考えすぎないことを被験者に教示しておく．

4）比較刺激の主線長を測る．

被験者が合図したら，実験者は定規で外向図形の主線長を測り，記録用紙に記録する．器具の下の用紙の裏に，外向図形の主線の端点を基準にあらかじめ目盛りを振っておき，目盛りを読むのでもよい．次の試行に影響を及ぼさないよう，被験者に実測結果を見せないようにする．

5）結果を整理し，考察する．

各水準のPSE，錯視量（ここではPSE−100mm），標準偏差を算出する．また，各水準の錯視量について統計的に有意な差が見られるか検討する．その際，適切な統計手続きを選択するように注意する．ここでは1実験条件3水準で，すべての水準に被験者が参加しているので，対応（繰返し）のある1元配置の分散分析を行う．これら分析結果に基づいて，考察する．ミュラー・リヤーの錯視については，過去にさまざまな検討が行われているので，既往の研究結果と比較し，レポートとしてまとめる．

2.2 実験条件の設定

本実習では斜線の角度による3条件としたが，長さの知覚を測定するというごく単純な実験ゆえに，実験条件としてさまざまなパターンを設定できる．例えば，主線長や斜線長の長さ，太さ，標準刺激と比較刺激の位置関係（上下左右等），線色と背景色などを変化させた実験条件が挙げられる．また，性別，年齢など，被験者の属性別の比較でもよい．建築系の学生は設計教育を受ける中で寸法感覚を養う機会が多いので，建築系と非建築系の学生で比較するなど，状況や関心に応じてアレンジするとよいだろう．

3．恒常法による弁別閾の測定

本節では恒常法を用いた測定法の実習として，重さの弁別閾の測定を行う．弁別閾とは二つの刺激が弁別されるために必要な刺激間の差の臨界値のことであり，一方の刺激が他方より明らかに大きいと感じられる臨界値（上弁別閾）と，一方の刺激が他方より明らかに小さいと感じられる臨界値（下弁別閾）がある．また，これらの弁別閾はその値を境に急に反応が変化するといった非連続的なものではなく，「まったく差異を感じない」から「はっきりと差異を感じる」まで連続的に変化することが知られている．そのため多数回の測定を行い，「差異を感じる」という反応が全反応中の一定比率（例えば，50％）となる刺激値を弁別閾とする．

本実験では重さの弁別における上弁別閾を対象に，刺激と判断の比率の関係を示す精神測定曲線を用いて弁別閾の測定を行う．

3.1 手　　順

1）刺激の作成

標準刺激として100gのおもりと，比較刺激として102，104，106，108，110gの5種類のおもりを作成する．おもりは市販の重量弁別器〔図9.1.2〕を用いるか，またはフィルムケースなどに鉛や粘土を詰めて作成する〔図9.1.3〕．それぞれのおもりの底面に印を付けておく．なお，それぞれのケースは外見からどの刺激であるのかを見分けられないように，表面の傷や汚れに気をつける．

2）実験手続き

被験者から見えない位置から標準刺激と比較刺激を組にして取り出し，被験者の前に左右に並べて呈示する．被験者にはまず自分の左におかれたおもりを持ってその重さを記憶し，その後，右におかれたおもりを持って先ほどの刺激と重さを比較するよう教示する．比較刺激は5種類あり，また標準刺激と比較刺激を体験する順序としては，最初に標準刺激を持ち，次に比較刺激を持つ順序（第1順序）と，最初に比較刺激を持ち，次に標準刺激を持つ順序（第2順序）があるため，全部で10種類の刺激組合せがある．実験者はこれらの組合せをランダムな順序で被験者に呈示し（例えば，トランプの1から10までのカードをよく切って上から順番に引いていくなど），被験者は呈示された刺激の組合せを比較して1：右のおもりのほうが重い，2：どちらが重いかわからない，3：左のおもりのほうが重い，の3件法により判断を行う．

10種類の刺激組合せに対する試行を1系列とし，系列ごとに刺激組合せの呈示順序を変えて，25系列について同様の試行を

図9.1.2　重量弁別器（竹井機器製）

図9.1.3　フィルムケースを利用した作成例（底面に重量を表示するシールが貼ってある）

9. 環境心理生理分野

行う．刺激の判断にあたって，被験者はどの試行でも同じようにおもりを持ち上げることに留意し，肘を軽く机に付け，おもりの中央をつまむようにして1回ずつ，数 cm の高さにおもりを持ち上げて判断する．おもりを長い間持ち続けたり振ったりせずに，重さを記憶したらすぐにおもりを降ろす．またそれぞれの試行で標準刺激・比較刺激を持つのは1度ずつとし，分からないからといって何度も持ち上げてはいけない．

各被験者ごとに1～2系列分の練習試行を行い，被験者が実験のやり方を理解したことを確認したうえで本試行を行う．実験者は表9.1.2のような記録表をあらかじめ作成しておき，例えば右のおもりのほうが重いと感じられた場合には「＋」，左のおもりのほうが重いと感じた場合には「－」，どちらが重いかわからない場合には「＝」というように被験者の判断結果を記録していく．

3）結果の整理と考察

各被験者の結果について，比較刺激，順序ごとに「＋」，「－」，「＝」の度数を数え，さらに「比較刺激の方が標準刺激より重い」と判断した度数（第1順序では「＋」の，第2順序では「－」の度数）のパーセント値を計算し表にまとめる．次に計算した各比較刺激のパーセント値を図9.1.4のようなグラフに各順序で色分けしてプロットし，それらの点を曲線で結び，精神測定曲線を作成する．曲線が縦軸の50％の水準線と交わる点の横軸の値を読み，その値から100gを引き，50％水準の上弁別閾をもとめる．第1，第2順序についてこの上弁別閾をもとめ，さらに両者の平均を算出する．

以上の結果を基に，各個人の上弁別閾，精神測定曲線を比較し，個人間の差異について考察を行う．また，第1順序と第2順序の上弁別閾の値に差が認められる場合には，その差が何を意味するのかについても考察する．

4．極限法による弁別閾・PSE の測定

本節では，前節で扱った重さの弁別閾について極限法による

表9.1.2　記録用紙の一例

被験者番号						実験者					
順序		第1順序					第2順序				
比較刺激		102	104	106	108	110	102	104	106	108	110
系列	1										
	2										
	3										
	4										
	・										
	・										
	・										
	・										
	23										
	24										
	25										
＋の度数											
＝の度数											
－の度数											
比較刺激のほうが標準刺激より重いと判断した比率											

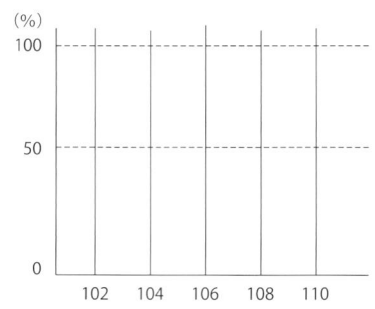

図9.1.4　精神測定曲線のグラフ

測定を試みる．恒常法は刺激がランダムに呈示されるため，測定結果に比較的被験者の作為が入り込みにくいという利点があるが，その反面実験には時間がかかり，被験者・実験者の労力も必要とする．

一方極限法は比較的実験時間が少なく，実験も煩雑ではないが，恒常法に比べると被験者の予測・作為が入り込みやすい．

本実験では極限法の測定法を学び，その特性について理解することを目的とする．また，本実験では上弁別閾，下弁別閾の測定値から PSE を算出する方法についても学習する．

4.1　手　　順

1）刺激の作成

2恒常法による弁別閾の測定で作成した，フィルムケースを利用したおもりに加え，98g, 96g, 94g, 92g, 90g のおもりを作成する．注意事項も恒常法の記述を参照すること．

2）実験手続き

実験者は標準刺激である100gのおもりと比較刺激を被験者から見えない位置から組にして取り出し，被験者の左に標準刺激を，右に比較刺激を並べて呈示する．被験者にはまず左のおもりを持ってその重さを記憶し，その後，右におかれたおもりを持って先ほどの刺激と重さを比較するよう教示する．被験者は刺激の組合せを比較して1：右のおもりのほうが重い，2：どちらが重いかわからない，3：左のおもりのほうが重い，の3件法により判断を行う．実験者は被験者の反応を，右のおもりのほうが重いと感じられた場合には「＋」，左のおもりのほうが重いと感じた場合には「－」，どちらが重いかわからない場合には「＝」というように記録表〔表9.1.3〕に記録し，その後次の刺激組合せを呈示する．

比較刺激の呈示は，最初にもっとも軽い90gのおもりから始めて，次に92g, 94g…というように順に重いおもりを呈示する「上昇系列（A）」と，最初にもっとも重い110gのおもりから始めて段々と軽いおもりを呈示する「下降系列（D）」がある．実験では練習試行として1～2系列を行った後，それぞれの系列を6回ずつ，ADDADAADADDAの順に行う．A系列では被験者の判断が「左のほうが重い」から「どちらが重いか分からない」を経て「右のほうが重い」と変化した時点で，D系列ではその逆に「右のほうが重い」から「どちらが重いかわからない」を経て「左のほうが重い」へと変化した時点で試行を打ち切る．なお，本実験は本来「明らかに標準刺激よりも軽い（または重い）と感じられる」比較刺激から実験を始めるべきであるため，まず予備的な試行を行い，被験者が明らかに標準刺激より軽い（重い）と思うおもりの重さを確認したうえで実験を行うことが望ましい．

3）結果の整理

A・Dの各系列で，「左のほうが重い」から「どちらが重いか分からない」へ判断が変化したときのおもりの重さ（下限閾）と，「どちらが重いかわからない」から「右のほうが重い」へ変化したときの重さ（上限閾）を求め，記録表に記入する．具体的には被験者の判断が「－」から「＝」に変化した時の，二

表9.1.3 記録用紙の一例

被験者番号 _____ 実験者 _____

系列		A	D	D	A	D	A	A	D	D	A	A平均	D平均	全平均
比較刺激	110													
	108													
	106													
	104													
	102													
	100													
	98													
	96													
	94													
	92													
	90													
上限閾														
下限閾														
上弁別閾														
下弁別閾														
PSE														

つの比較刺激の中央値を下限閾,「＝」から「＋」に変化したときの比較刺激の中央値を上限閾とするのである．次に各系列で上弁別閾（上限閾と標準刺激との差），下弁別閾（下限閾と標準刺激との差），およびPSE（上限閾と下限閾の平均値）を算出，さらにA系列，D系列，全体の平均値を算出する．なお，「＝」判断が存在しないときには上限閾と下限閾，PSEは同じ値となる．

以上の結果より，上弁別閾・下弁別閾・PSEの個人差や，A系列とD系列による違いについて考察を行う．また，恒常法や調整法の演習も行っている場合には，これら三つの測定法を比較することによって，それぞれの長所・短所について考察することができる．

文　献

1) 今井省吾：Müller-Lyer錯視／和田洋平・大山　正・今井省吾（編）：感覚・知覚心理学ハンドブック，誠信書房，1969
2) 岩田　紀：ミュラー・リェル錯視／吉岡一郎（編著）：心理学基礎実験手引，北大路書房，1983
3) 心理学実験指導研究会：実験とテスト＝心理学の基礎－解説編－，培風館，1985
4) 心理学実験指導研究会：実験とテスト＝心理学の基礎－実習編－，培風館，1985
5) 利島　保・生和秀敏（編著）：心理学のための実験マニュアル－入門から基礎・発展へ－，北大路書房
6) 宮谷真人：第1部第2章実験の計画と実施－ミュラー・リェル錯視における錯視量の測定，1993

9.2 生理量の測定（基礎1）

1. 演習の目的
人体はその周囲を，音・光・熱・空気，といった建築環境要素に取り囲まれており，つねにそれらから刺激を受けている．人体は，環境から与えられた刺激に対して，生理的・心理的な反応を生じるが，心理的な反応が主として言葉でとらえられるのに対し，生理的な反応は人体が発する非言語的な量としてとらえられる．本節では，そのような環境からの刺激入力に対する生理的反応を測定する方法について学ぶ．

2. 生理量測定の意義
生理量は，人体の中枢神経系および末梢神経系に表れる現象を，非言語的な手法でとらえたものである．つまり，心理量とは異なり，環境刺激に対する人体の反応を，言葉に頼らずにとらえることを可能とする量である．これらの測定にはさまざまな方法が考えられるが，ここでは，特に電気生理量としてとらえられる生理量を取り上げる．

非言語的に人体の環境刺激に対する反応をとらえられる，ということは，感情・評価などの心理的に高次な言語化の過程を経ずに人体の反応を測定できることを意味する．中枢神経系・末梢神経系の生理的現象を直接的にとらえることができるため，言語・主観に誘導されることなく，人体の反応をとらえられるという長所が，生理量測定にはある．すなわち，生理量測定の手法は，ありのままの人間の反応を記録する，行動観察の手法に近いといえる．

3. 生理量の基礎
建築環境工学における環境刺激に対する生理反応の測定に際して，測定対象としてよく採用される生理量についてその基礎的事項をまとめる．

3.1 脳　　波
脳波とは，中枢神経系である大脳における一つ一つの神経細胞の活動によって生じる電気的な変化の集積を，頭皮上に配置した電極を通して，μVのオーダーの電位変動を生体アンプで増幅し，記録したものである．つまり，大脳で行われている，音・光・熱・空気といった環境刺激に対する情報処理反応をリアルタイムでとらえた生理量であるといえる．一般に，頭皮上に複数か所配置された電極を通して，大脳のさまざまな領域の反応を同時測定することが行われる．

3.2 体温（皮膚温）
体温（皮膚温）とは，末梢神経系の体温調節反応を，皮膚表面に貼り付けた温度センサを通じて記録したものである．温熱環境要素の刺激に対する反応として測定される生理量であり，体表面上の複数点で同時測定される．比較的容易に測定できる生理量であり，次節で具体的に演習課題として取り上げる．

3.3 心　　拍
心拍とは，末梢神経系である心臓血管系の働き具合を，体表面に設置した電極を通して，電位変動の形で測定・記録したものである．心臓の拍動に対応して，大きな電気信号が発生するため，測定が比較的容易である．環境刺激に対して直接的に変化する場合もあるが，多くの場合，心的要因や生体の恒常性維持反応も含む生理量であり，分析には注意を要する．

3.4 筋電位
筋電位とは，筋肉の収縮・弛緩に伴って生じる電位変動であり，末梢神経系の生理量である．動きを計りたい筋肉の表面上に電極を配置して測定する．容易に測定できる大きな電気信号であり，筋肉の収縮に伴って大きな電気信号を発生する．眼の周囲に電極を貼ることで，まばたきを測定することも可能である．

4. 体温（皮膚温）
4.1 演習の目的
暑すぎず寒すぎず快適な環境となっているか，また快適に過ごすにはどのような条件が適切なのかを検討する際に用いられる，もっとも基礎的な情報の一つが皮膚温である．ここでは，皮膚温の測定を行い，温熱環境条件（気温，湿度，気流，熱放射）や人体側の条件（代謝，着衣）との関連について考察することを目的とする．

4.2 基礎事項
皮膚温は，体表面上で一様でなく，分布を示す．目的によっては，部位ごとの皮膚温を評価する必要があるが，総合的な評価には平均皮膚温がよく用いられる．

全身の平均皮膚温を知るには，体表面上の皮膚温の分布をくまなく測定して平均をとるのが理想であるが，代表的な数点の皮膚温を測定する方法がしばしば採用される．特に，7点の測定値を基に平均皮膚温を決定する「ハーディー・デュボア（Hardy & DuBois）の7点法」がよく用いられる．そのほかに，3点法や12点法なども存在するが，ここでは7点法の詳細について表9.2.1および図9.2.1に示す．

ハーディー・デュボアの7点法に基づく平均皮膚温$\bar{T}$は，表9.2.1に示す7点で皮膚温を同時に測定し，(9.2.1)式を用いて求められる．

$$\bar{T} = 0.07 \cdot T_{head} + 0.14 \cdot T_{arms} + 0.05 \cdot T_{hands} + 0.07 \cdot T_{feet} \\ + 0.13 \cdot T_{legs} + 0.19 \cdot T_{thighs} + 0.35 \cdot T_{trunk} \quad (9.2.1)$$

ただし，添え字は，表9.2.1に示した各部位の皮膚温を表す．

皮膚温は，気温・湿度・風速・熱放射といった環境物理的条件のみならず，活動量（代謝量）や着衣量といった人間側の条件によっても変化する．これらの条件を一定に保つことで，熱的な意味で定常に近い状態を形成することが可能である．

測定上の注意点は，温度センサの感温部（熱電対の場合，測温接点）を皮膚に密着させることである．このことは，皮膚温に限らず，固体の表面温度を測定する際に共通の注意事項であるが，皮膚の場合，センサを人間の皮膚に貼るため，医療用のサージカルテープなど，皮膚に害のないものを用いる必要がある．サージカルテープは，必ずしも粘着力が強くないので，皮膚に密着しやすい形状のセンサを選ぶこと，測定する部位だけでなく，センサのリード線も何か所かテープで固定して，リード線に多少の引張りが生じてもセンサが外れないようにくふうする必要がある〔図9.2.2〕．また，発汗を生じる条件では特に，テープがはがれやすいので注意を要する．着衣に覆われている部位の皮膚温は，測定時に温度センサが直接見えないため，注意を払う必要がある．

測定対象が人間であるので，被験者に対し，十分な配慮が必要である．測定時に痛みを感じたり，皮膚に傷がついたりしないよう，温度センサの形状に配慮する．実験後，テープをはがす際にも，被験者が極力痛みを感じないように，またテープの跡が皮膚に残ることのないように配慮する．被験者が少しでも心理的な負担を感じるようであれば，実験を中止する，被験者を交代するなどの措置を，被験者側から申し出やすい雰囲気のもとで実験を行う必要がある．くれぐれも被験者に無理強いをしないよう気をつけたい．

4.3 測定の準備と主要測器の取り扱い
① 準備物
・椅子（被験者が座るためのもの）
・温度センサ7個（T型熱電対またはサーミスタ）および

表9.2.1 ハーディー・デュボアの7点法における測定位置と重み係数

代表する部位		測定箇所	重み係数
頭	Head	額（中央）	0.07
腕	Arms	前腕（ひじと手の間，側面）	0.14
手	Hands	手背（手の甲）	0.05
足	Feet	足背（足の甲）	0.07
脚	Legs	ふくらはぎ（側面）	0.13
大腿	Thighs	太もも（前面）	0.19
胴	Trunk	腹（へその斜め上）	0.35
合計			1.00

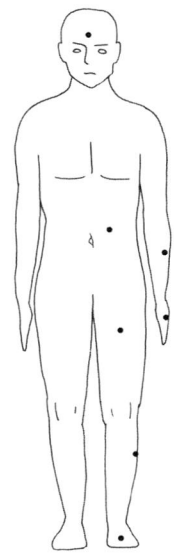

図9.2.1 ハーディー・デュボアの7点法における測定位置

データ収録装置
・サージカルテープ（なるべく透湿性の高いもの）

上記以外に，周辺の温熱環境特性（気温，湿度，風速，グローブ温度）の測定器を準備する．

② 測定場所の選定

人工気候室など温湿度を一定に保つことのできる空間で実施するのが望ましいが，それが難しい場合，なるべく温熱環境条件（気温，湿度，風速，熱放射）の安定している空間で行う．特に，日射の当たる空間は避ける．

③ 測定器の校正

この測定では，温度センサを複数用いる．用いるセンサをすべて校正する必要がある．簡易には，用いるセンサの感温部を，標準温度計[注]（難しい場合は，可能な限り精度のよい温度計）の感温部付近に集め，同時に測定を行い，標準温度計の測定値および用いる温度センサの測定値を記録しておく．この場合，感温部が固体に接触しないようにすること，センサを手で持た

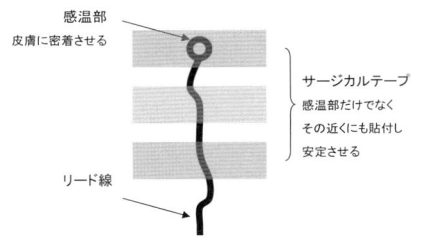

図9.2.2 皮膚表面での温度センサの固定方法

ずテープ等で固定すること，温度が安定するまで（少なくとも10分程度）放置することに注意する．詳細は本会編「室内温熱環境測定規準・同解説」[1]などを参照されたい．

（注）標準温度計…国家標準の検査に合格した温度計（理化学機器店などで購入可能）

4.4 演習の進め方

被験者を選び，7点の皮膚温を同時に測定する．測定値は，1分間隔で記録する．周辺の温熱環境特性（気温，湿度，風速，グローブ温度）も同様に記録を行う．測定は，標準的な条件（暑くも寒くもない状態，静穏気流，椅座安静）から始め，温熱環境条件（気温，湿度，気流，熱放射）や人体側の条件（代謝，着衣）のうち，いずれかを変化させる．一連の過程における皮膚温の変化性状を検討する．例を以下に示す．

・人体周辺の気温を変化させる（気温の異なる室へ移動する）
・扇風機などを用いて人体周辺の風速を上げる
・室内で徒歩などの運動を行う（代謝量を変化させる）
・上着を1枚着る，または脱ぐ（着衣量を変化させる）

最初の標準的な状態での測定は，皮膚温の変化が小さくなるまで継続する（少なくとも10分，できれば30分程度）．その後の過程について，少なくとも10分程度は継続する．時間的余裕があれば，標準条件→条件A→条件Bのように，変化させる条件を増やす．

測定中，皮膚温の値に注意し，センサが外れていないかを確認しながら進める．

4.5 レポートのまとめ方

横軸に時間を取り，縦軸に各部位の皮膚温および平均皮膚温をプロットする．それぞれの時刻での温熱環境条件（気温，湿度，風速，グローブ温度）・被験者の行動・衣服条件を記入し，皮膚温がなぜそのような変化をしたのか考察する．衣服条件については，衣服により覆われている部位と覆われていない部位の区別が可能な形で記載する．また，皮膚温の分布特性について考察する．さらに，温度センサの校正結果も記録し，得られた結果の誤差についても考察する．

資　料

1) 日本建築学会編：室内温熱環境測定規準・同解説，2008
2) Mitchell, D., Wyndham, C.H.：Comparison of weighting formulas for calculating mean skin temperature, Journal of Applied Physiology, Vol. 26, No.5, pp.616-622, 1969

9.3 印象の測定（応用1）

1．演習の目的
印象の計測手法である評定尺度法（またはSD法）およびME法について，その特性，使用時の注意事項および分析手法を把握のうえ，感覚量と心理量の違い，個人差の傾向などについて検討する．また，環境要素の物理量と，それに対応する感覚量がウェーバー・フェヒナー（Weber・Fechner）の法則やスティーヴンス（Stevens）のべき乗則に従うことを確認する．

2．基礎事項
照明ランプをある方向から見たときの光の量を示す輝度や，スピーカーから出される音のある点での大きさを示す音圧レベルなど，物理的な環境要素の強弱を示す物理量に対して，人間が感じる明るさや音の大きさの程度を表す指標は感覚量と表現される．実際の物理量と感覚量の関係には複雑な要素も絡むものの，物理量と感覚量の間の関係性は比較的単純である．一方，景観の良し悪しや，調和感，大きな窓のある空間の開放感のような印象の心理量になると，物理量との関係は必ずしも明確になるとは限らず，その判断における個人の視点の違いや基準の当てはめ方の違いによる個人差も大きくなる．印象の測定においてはこのような違いを考慮に入れての検討が重要となる．

3．評定尺度法およびSD法
3.1 評定尺度法およびSD法とは
評定尺度法とは，質問項目となる言葉を両側におき，その間をいくつかの段階に区切って，いずれかの段階を選ばせる形で印象を答えてもらう評価法である．配置する言葉と区切られた段階などの設定を含めた一式を尺度と呼ぶ．例えば，以下のような形式となる．

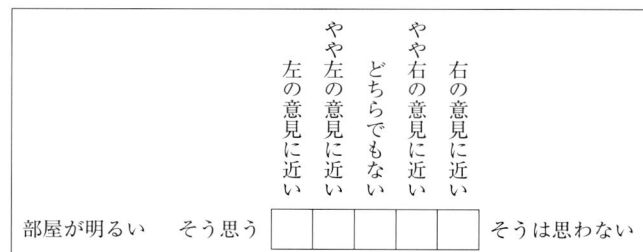

図9.3.1　評定尺度法の尺度例1

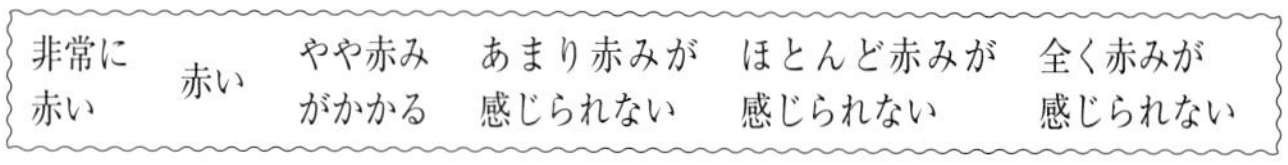

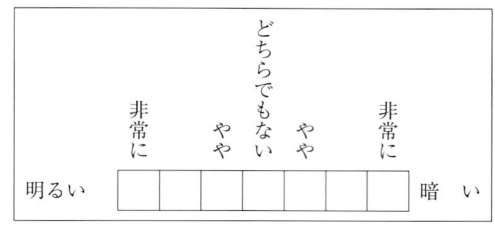

図9.3.2　評定尺度法の尺度例2

図9.3.3　SD法尺度の例

両側に反対の意味になる形容語を配置した尺度を特にSD法尺度と呼ぶが，言葉の組合せ方以外の運用方法は共通しているため，ここではまとめて扱う．

評定尺度法は同時にいくつもの尺度を用意し，対象のさまざまな側面を同時に評価させることに向いている．本来，SD法は心理学の分野で発達してきており，抽象的な概念や対象をさまざまな尺度で測ることで尺度どうしの関係性も分析することができる．したがって，尺度に用いる言葉の選定やSD法尺度としての組合せの決定は重要であり，対象の印象を測るさまざまな言葉を集めるために予備調査や予備実験を行うこともある．

3.2 単極尺度と両極尺度
評定尺度法において，配置する言葉を一つだけにし，その言葉の示す程度の大きさだけを聞くような尺度を単極尺度と呼ぶ．単極尺度の一番端はその言葉の性質が一切ない0という意味になる．一方，SD法のように反対の意味となる言葉の対を用いる尺度は両極尺度と呼ばれる．両極尺度の中央の位置は両側の言葉の性質のどちらにも属さないという意味では0という扱いになる．両極尺度にする利点は二つの言葉を両側に配置することで，尺度の各段階の意味が明確になることである．例えば，「明るい」を単極尺度で用いると，0と評価されたものが「明るくない」ということは明確であるが，グレーなのかまったくの暗黒なのかはあいまいである．「明るい」と「暗い」を組み合せた両極尺度ではそのようなあいまいさはない．また，言葉によっては多義性があるため，単極尺度として単体でそのような言葉を用いるとどの意味として聞いているかが不明瞭になる．例えば「自然な」という形容語はその反対語として「不自然な」と「人工的な」という二つの言葉が考えられ，単極尺度に用いるには不適切である．両極尺度にすると対を組む反対語によって尺度の意味が明確になる．

3.3 段階数と添え語
評定尺度法の段階数の決め方において重要なことは，各段階の間が意味的に等間隔となることである．単に等間隔に目盛りや記入欄を設けて回答者の判断に任せる場合もあるが，一般的には3.1項で示した尺度の例のように，段階の目盛りの脇に添え語となる副詞などを配置する．これにより自然言語としての意味が与えられることで結果の解釈も容易になる．また，意味的に同じ間隔であると解釈することで，各段階に数値を割り当てて評価結果を数値として取り扱い，回答者間の平均値を求めたりすることも可能となる．このような尺度のことを間隔尺度と呼ぶ．

調査の目的に応じてさまざまな段階数が用いられている．段階数が少ないと回答者の判断は楽になるが，対象間や個人間の差を見出しにくくなる．逆に段階数が多いと回答者の判断の負担が増える．一般的には5ないしは7段階とされる例が多い．また，回答者は両極端の段階を選ぶのを避ける傾向が強いため5段階を設定しても実質的には3段階分で評価が行われることが多いことに留意すべきである．また，両極尺度の場合，段階数が偶数か奇数かにも重要な問題が加わる．もしも用意した尺度と対象の組合せが適切でなく，その尺度によって対象を評価するのが困難な場合，奇数尺度の場合は中央の段階が選ばれる．対象によらず中央の段階が選ばれる傾向が強ければ，この尺度の選定が不適切，つまりその尺度で設定した印象で対象となる事象を評価できないことが示される．一方，このような場合に偶数段階の尺度を用いると，評価は左右いずれかに振り分けられざるを得ないため，上記のような尺度の不適切性を判断することが不可能となる．

3.4 評定用紙のデザイン
尺度に用いる言葉の組合せや添え語が決まったら，実際に紙の上に尺度を配列して，評定用紙のデザインを行う．この際，注意すべき点は以下のようになる．

いずれの尺度も同じ側に肯定的な言葉があると評価が偏るという懸念を示す人もいるが，左右振分けによって評価が偏るという傾向はあまりないので，データの分析の際の見やすさの点

などから，いずれかの側に肯定的な語をそろえ，各段階に割り当てる数値も肯定側のほうが大きくなるようにしたほうが望ましい．

むしろ重要なのは，記入のミスや漏れがないようなデザインとする点である．あまり窮屈なデザインとせず，記入漏れがあれば回答者自身がすぐわかるような配置とするのが望ましい．また，誤って各段階の中間に記入がされないように，記入場所の明確化や，中間に記入をしてはいけないことが明確にわかるようなくふうが必要である．記入箇所の意味として「＋」などの記号を段階数だけ配置してそのすき間に回答をされるよりは，中間段階への回答が許されていないことが明確にわかるようにすき間なく升目を並べるとミスが少ない．ただし，升目の枠線が濃すぎることや，隣接する尺度の間のすき間が狭いことにより，記入漏れを回答者が気づきにくいデザインにならないように配慮する．いずれにせよ，評定用紙をデザインする側が自明と思っていることが，評定法に慣れていない回答者に自明とは限らないことを心得るべきである．

なお，評価対象の番号や名称を，評定用紙にあらかじめ順序どおりに印刷しておくことは好ましくない．回答者が評定用紙をめくり間違えた場合でも判断が可能なように，必ず所定の欄へ回答者自身に記入させる方式とする．

3.5 評定尺度法の長所と短所

評定尺度法は抽象的な印象を添え語を付けた言葉で選ばせるため，結果の説明や理解が比較的簡単である．例えば，「圧迫感の平均値は75だった」という結果の意味を考えるよりは「やや圧迫感があると答えた人の割合が80%だった」というほうが一般の理解はやさしい．

一方，限られた段階数ですべての印象を把握することは難しく，ある一定の水準以上の印象があるものは，すべていずれかの端に回答がされるという評価の飽和の問題は評定尺度法の短所となる．

3.6 評定尺度法の教示文

評定用紙とは別に，手順などを回答者に説明する教示文を用意する．その基本的な構成は，挨拶，調査趣旨の簡単な説明，および記入にあたっての注意事項であり，この構成はどの評定法を用いても同様である．

評定尺度法において懸念されることの一つは評価漏れと記入ミスである．すべての尺度に回答すること，および段階評価の意味を十分に理解してもらうように，教示文において必ず注意をする．特に，各段階に付置してある添え語をどう判断するか，どのように回答をするのかは，記入例を添えて説明する．

4．M E 法
4.1 ME法とは

ME法は精神物理学の分野で始まった印象評価手法である．その手順は，何かの印象を測る際に，標準刺激となる対象をまず一つ用意し，その標準刺激の印象を100と定めたうえで，評価対象を標準刺激と比較させ，評価対象の印象が標準刺激の1/2だったら50，三倍だったら300というように評価をさせる．標準刺激を基準として印象の比率に基づいて判断を行うため，評定尺度法と異なり，評価の上限と下限はない．例えば，印象の比率が1/1 000であれば0.1と回答をすることになる．

ME法は物理量との関係性が比較的明確な印象を測定するのに向いており，評価の結果はスティーヴンスのべき乗則に則って処理される．

なお，ME法においては標準刺激との比較という作業が行われる性質上，評定尺度法のようにいくつもの尺度を同時に評価することには不向きである．

4.2 標準刺激の提示の問題

ME法はつねに標準刺激との比較によって判断が行われるため，基本的には各対象を評価する前に必ず標準刺激を提示することが必要である．実験室で映像や音などを提示するような場合は標準刺激の提示は容易だが，実際の都市や建築空間の中でME法を用いた評価を行う際には，標準刺激を評価対象ごとに提示することは不可能に近い．したがって，このような場合は，毎回標準刺激を提示するのではなく，何回かに1回ないしは最初に1回だけ標準刺激を提示する方式をとらざるを得ない．厳密にいえばこれはME法の手順とは異なるものの，評定尺度法にないME法の利点を考えればやむを得ないと考えられる．このような場合，標準刺激を一度体験した後に評価対象を順番に評価をしていくと，前に見た対象の評価に引きずられ，標準刺激の記憶ではなく一つ前の対象を基準に次の対象を評価することになりがちである．つまり，同じ対象でも，どのような対象の後に見たかによって評価に偏りが生じ得る．これを順序効果という．順序効果を起こさないためには，極力本来的なME法の手順に沿うことがもっとも重要なことはいうまでもないが，提示順序を回答者によって完全にランダムとし，順序効果と回答者による個人差を混ぜてしまうことや，いくつかの提示順序パターンをあらかじめ用意して，分析時にその順序効果の影響の有無を考慮して考察に加えるということも考えられる．

4.3 ME法の長所と短所

ME法は比較に基づく評価を行うため，その結果の相対的な精度は高く，物理量との対応関係を数式によって示すことに向いている．一方，ME法の結果はあくまでも相対値であるため標準刺激によってその値は変化し，自然言語に基づく評定尺度法の場合と異なり，その数値を単独で絶対的な意味としてとらえることはできない．ME法の結果を許容値や基準値として解釈するには，ME法と同時に同じ印象を評定尺度法などで評価させて，ME法の数値の意味を補足することが必要となる．

4.4 ME法の評定用紙

ME法においては記入の量が少ないことから評定用紙のデザインには自由度が高い．しかし，その際に異なる対象の評価は必ず独立した評定用紙に分けて用意することとし，記入事項が少ないからといって一枚の用紙に複数の対象の評価欄を並べることは避ける．その理由は，過去に自分がつけた内容を確認しながら評価を行うと，標準刺激を基準とした印象ではなく，前後の対象の評価が参照された印象となってしまい，本来的なME法の意味が損なわれるからである．したがって，評定用紙は対象ごとに一枚ずつ用意し，そこには評価欄と，対象番号などの記入欄を設ける．評定尺度法と同様に，ME法においても対象番号欄へは回答者自身が手書きで記入することとする．また，すでに記入が終わった用紙を見返さないように注意を入れるのもよい．

4.5 ME法の教示文

ME法においても，評定用紙とは別に，回答にあたってその手順などを回答者に説明する教示文を用意する．その基本的な構成は，挨拶，調査趣旨の簡単な説明，および記入にあたっての注意事項となる．調査趣旨においては，あまり深い説明を行って回答者に無用な予備知識を与えることをしてはいけない．ただし，評価の視点となる用語の定義などが必要な場合は必要なことのみ触れる．

ME法の評価における教示文でもっとも重要なことは標準刺激を基準とすることの徹底である．特に，標準刺激を毎回提示できない条件での実施においては，この点を深く理解させなくてはならない．

もう一つの重要な点は，標準刺激の印象に対する比率で評定を行うことの徹底である．特に基準値を100としていることか

ら，100点満点の試験のように考える回答者に対しては，その考え方を改めさせる説明が必要である．教示に加えて，練習段階の評価も実施させて，その評価方法を実体験させることも有用である．この場合，練習段階で提示する対象は，評価順序の最後に予定しているものとして，練習段階と本番段階での評価結果を比較することも考えられる．

5. 第一回演習――空間の印象測定
5.1 演習の目的
評定尺度法やSD法を用いてさまざまな空間の印象を測定（＝評価）する実験の設計や実施を体験し，さらにデータのまとめ方を練習する．原則として演習に参加するすべての者が回答者となり評価を行う．テーマとしては屋外空間の景観ないしは建物の内部空間の印象を設定する．

5.2 印象測定の対象地点の選定
設定されたテーマに沿って，10地点程度の対象を選定する．選定にあたってはそれぞれの地点の印象に幅のあることが望ましい．測定地点においては，回答者の立つ位置，測定を行う際の体の向きや視線方向をあらかじめ定めておく．

測定は直接地点に出向いて行うことが望ましいが，あらかじめ撮影しておいた映像を対象とした測定でもよい．その場合は，天候条件や撮影条件（撮影する視野範囲など）に偏りがないように心がける．映像を測定対象とする場合は，プロジェクターによって回答者に映像を提示する．

また，映像で示される範囲の視覚的な状況を評価するのではなく，日ごろその空間を体験している立場での印象を評価するのであれば，映像の替わりに地点の名前と地図を提示する手順でもよい．その場合，測定をする者が日常的に経験して慣れている場所に限定する．

測定対象が決まったら，その測定の順序を決定する．評価に影響を及ぼす順序効果があることと，現場測定の場合に効率よく回れることなどを考えて順序を決定する．また，回答者があまり多いと1か所に全員が同時に立って測定することが困難かつ危険になる．1か所では同時に5名程度が望ましい．また，順序効果の影響もあることから，測定順序を何種類か用意して，グループ分けを行い分散させることが望ましい．

5.3 尺度，評定用紙，教示文の決定
用いる尺度，評定用紙および教示文を作成する．尺度は7段階のSD法の両極尺度を基本とする．尺度に用いる言葉の選定はテーマに合わせるとするが，基本的には，「好き・嫌い」「快い・不快な」といった総合評価項目的な視点を必ず含めて，それ以外には空間の大きさ感やデザインの調和などに関係する言葉を抽出し尺度を決定する．また「～したい・～したくない」といったような行動に関連する項目でもよい．

評定用紙を演習時間内にパソコンで作成する時間がない場合は，事前に教員がある程度準備しておくことでもよい．例えば，尺度の欄だけを空白としてその間の7段階の記入欄だけが設定された用紙を用意しておき，尺度が決まったら実施前に回答者自身にあらかじめ記入させるという方式もありえる．

教示文については，テーマに即した内容の文章を用意する．実際の文章を作成するには時間が必要なので，あらかじめ用意してあってもよい．

5.4 現場における印象の測定
回答者をグループ分けし，それぞれのグループごとに所定の順序で測定地点を回って印象を評価する．グループごとに補助員をつけ，補助員の指示により，回答者の立つ位置や視線の方向を定めたうえで測定を開始する．グループの全員がその地点の測定を終了したら，補助員は記入漏れがないか確認を促す．屋外空間における測定の場合は事故のないように注意を行うこと．

6. 第二回演習――空間の開放感の測定
6.1 演習の目的
ME法を用いて精神物理学的な手法による建築空間の開放感の測定を体験し，そのまとめ方を練習する．原則として演習に参加しているすべての者が回答者となって測定を体験し，印象評価データを作成する．

テーマは室内空間の開放感とする．

6.2 測定対象地点の選定
設定されたテーマに沿って，16地点程度の対象を選定する．地点は第一回演習と共通化して結果の考察を連動させてもよい．その場合は，評価尺度も対応していることが望ましい．

選定された対象のうちから標準刺激となる対象を選ぶ．標準刺激を選ぶ視点としては，測定する印象の中でもっとも中間的な評価がされると予想されること，他の対象地点から極力均等な距離にあり，測定中に適宜，標準刺激の参照ができる配置にあることなどを考慮する．

この演習においても測定対象は映像や地点名だけの提示も可能であるが，第1回と同様に撮影方法や条件，および回答者が十分に現地を経験していることなどから判断する．

対象地点での観察位置は，空間全体を見渡せる位置とし，主たる観察方向も定める．映像による場合も同様とする．

地点が定まったら測定の順序を決める．理想的には1地点を測定するごとに標準刺激となる地点に戻って観察できることが望ましいが，それができない場合は3地点ごとに1回標準刺激地点を回る順序にしてもよい．その場合，組み合される3地点の間の順序は数通り設定し，一緒に回るグループごとに別の順番を割り当てられるようにする．さらに，一度に大勢が同一対象で測定を行わないように，順番を数パターン用意する．これは，例えば，3地点1組となる三つの対象をA，B，Cとした場合，A→B→C，B→C→A，C→A→Bという風に回答順序を変えることで対応する．

対象地点の物理的な条件として空間の形状や容積を記録しておく．

6.3 尺度，評定用紙，教示文の決定
測定に用いる教示文および評定用紙を作成する．これも事前に教員が用意したものを用いてもよい．

6.4 現場における印象の測定
回答者をグループ分けし，それぞれのグループごとに所定の順序で測定地点を回って印象の測定をする．グループごとに補助員を付け，補助員の指示により，回答者の立つ位置や視線の方向を定めたうえで測定を開始する．グループの全員がその地点の測定を終了したら，補助員は記入漏れがないか確認を促す．1地点での測定が終わったら次の地点に移動する．

7. レポートのまとめ方
7.1 空間の印象の測定
7.7.1 測定結果の入力
測定が終わったら測定結果をパソコンに入力する．データのまとめは個人単位では行わず，回答者全員ないしはグループ単位で取りまとめる．

評定用紙に手書きで記入されたデータを表計算ソフト上に入力する．7段階の評価に対して1から7の数字を割り振り，それに従って入力する．一つの行には，ある回答者がある対象に行った評価のすべての結果を，回答者自身の情報や対象地点名のような対象自体の情報と一緒に入力する．2列目は対象地点名，3列目以降に評価尺度ごとの結果を記入する．また，グループ分けをしている場合はグループ名や評価順序のデータを必要に応じて列を割り振って記入する．

表9.3.1　表計算ソフト上のデータ入力シートのイメージ

回答者	グループ	対象	好き・嫌い	調和のある・不調和な	開放的な・閉鎖的な	日常的な・非日常的な	整然とした・雑然とした
回答者1	Gr.1	対象A	6	4	5	6	1
回答者1	Gr.1	対象B	4	5	3	2	5
回答者1	Gr.1	対象C	5	7	1	3	6
回答者1	Gr.1	対象D	3	2	5	6	7
回答者1	Gr.1	対象E	7	6	6	7	3

7.1.2　測定結果の処理

入力された各尺度のデータにつき，対象ごとに回答者間の平均値と標準偏差を算出する．算出された結果を横軸を対象地点としたグラフによって示す．棒グラフと折れ線グラフを組み合わせることなどにより，尺度一つにつき平均値と標準偏差が一緒に示されたグラフを作成すると見やすい．

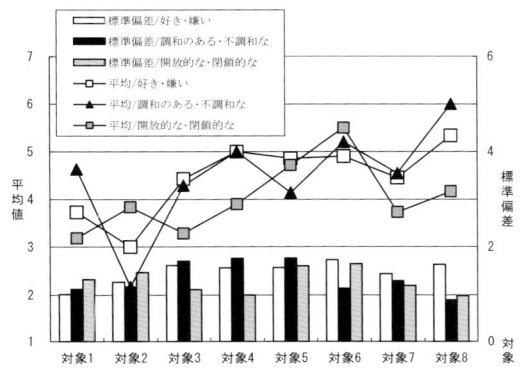

図9.3.1　空間印象測定の結果の例

また，尺度どうしの関係性の大小を示す指標として相関係数も算出する．相関係数は表計算ソフトの関数などで用意されていることもあるが，計算式は以下のようになる．その値は無次元化され，−1.0から1.0の間となり，絶対値が1.0に近づくほど，二つの尺度の間の相関関係が強くなり，0に近いほど相関関係が弱くなる．

相関係数の計算法：変数 (x_i, y_i) のデータが n 組ある場合

変数 x の分散：　$\sigma_x^2 = \dfrac{1}{n}\sum_{i=1}^{n}(x_i - \bar{x})^2$

変数 y の分散：　$\sigma_y^2 = \dfrac{1}{n}\sum_{i=1}^{n}(y_i - \bar{y})^2$

変数 x と y の共分散：　$\sigma_{xy}^2 = \dfrac{1}{n}\sum_{i=1}^{n}(x_i - \bar{x})(y_i - \bar{y})$

相関係数：　$r_{xy} = \dfrac{\sigma_{xy}^2}{\sigma_x \sigma_y}$

ただし
$\bar{x}$：x の平均値
$\bar{y}$：y の平均値

7.1.3　考　　察

測定結果を以下の点を参考にして考察する．
・対象地点ごとの評価の平均値の違いの原因に何が考えられるか？
・対象地点ごとの評価の標準偏差の違いに何が考えられるか？
・評価の飽和が見られた尺度はあるか？飽和の見られた原因には何が考えられるか？
・尺度どうしの相関係数の大小とその原因として考えられることは何か？
・印象を評価する手法や用いた尺度に関する問題点，課題は何があるか？

7.2　空間の開放感の測定
7.2.1　測定結果の入力

測定が終わったら測定結果をパソコンに入力する．入力方法は尺度が一つになる以外は第1回測定の場合と基本的に同じである．すべての回答者のデータで取りまとめて分析するか，グループ単位での取りまとめ，分析とするかいずれかの方法とする．また，各地点の空間の容積などに関するデータも別途列を設けて入力をしておく．なお，入力の際に評価が0になっておりME法のデータとして不適切なものがないかを確認し，そのようなデータがある場合は欠損値として扱い，空白にしておく．

7.2.2　測定結果の処理

ME法のデータを対象ごとに回答者間で平均する．平均値の算出は通常の相加平均ではなく，相乗平均によって得る．つまり，データをすべて掛け合わせたうえで，データ数分の1乗する．表計算ソフトによっては相乗平均の関数を持っているものもあるので使い方を確認する．そのような関数がない場合は，いったん対数値をとってから相加平均を行い，結果を指数関数で元に戻すやり方でもよい．

結果は散布図で示すこととし，両対数軸グラフ上で横軸に空間の容積などの物理量，縦軸に開放感をプロットする．

7.2.3　考　　察

測定結果を以下の点を参考にして考察する．
・グラフ上で直線状に布置された場合は，グラフの傾きから判断して開放感と容積などの物理量の関係式はどのように得られるか？
・グラフ上で直線状に布置されない場合はその原因がどこにあるか，はずれ値となる地点の特徴はどのようなものと判断されるか？

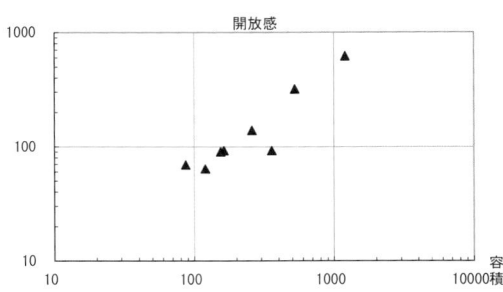

図9.3.2　開放感測定の結果の例

9.4 評価構造の測定（応用1）

1. 演習の目的
人間-環境系に関する基本的枠組みとして「パーソナル・コンストラクト理論」を学び，人間の環境に対する評価は階層的な構造を持つことを理解する．さらに，評価構造を把握するためのインタビュー手法である「評価グリッド法」を学び，調査および結果の整理を体験する．

2. パーソナル・コンストラクト理論
2.1 人間モデル
環境と人間の心理・行動の関係を検討する際には，人間が環境をどのようなプロセスで理解し行動していると考えるか，すなわちどんな人間モデルを想定しているかが重要である[1]．例えば，ME法により物理量と感覚量の関係性を検討する場合〔9.3参照〕，一般的には「人間は一定の刺激に対してどの個体もほぼ一定の反応をする」という行動主義的仮定に基づく「標準人間」のモデルを想定することになる．

これに対し，臨床心理学者G.A.Kelly[2]が提唱した「パーソナル・コンストラクト理論」では，人間をより主体的な存在としてとらえ，また，個人の多様性を前提として，次のような人間モデルが設定される．

> ・人間は，経験を通じて構築された，各人に固有の認知構造を持つ．
> ・人間は，その認知構造によって環境およびそこでのさまざまなできごとを理解し，またその結果を予測しようとつとめている．

この「認知構造」の構成単位と成立ちに関する説明は次のとおり．

> ・人間が環境を意味のある世界として理解する際の認知の単位を「コンストラクト」と呼ぶ．
> ・コンストラクトは，「窓が大きい－小さい」「室内が明るい－暗い」といった形容詞的性格を持つ一対の対立概念として表せる．
> ・さまざまなコンストラクトの間には「窓が大きいと室内が明るい」というように因果関係が存在する．
> ・これら因果関係によって構成される認知構造全体を「コンストラクト・システム」と呼ぶ．

このような人間モデルに基づき，「評価の階層性」および「評価の個人差」について考えてみる．

2.2 評価の階層性
コンストラクト・システムの具体的な形状を考えてみよう．それは概略，「窓が大きい－小さい」「天井が高い－低い」といった客観的・具体的な項目を下位に，「開放感がある」といった感覚的理解を中位に，さらに「快適に生活できる－できない」といった抽象的価値判断を上位に持った階層的な構造となる．讃井・乾[1]は，コンストラクト・システムの中から環境の評価（好ましさ，良し悪し）に関する部分だけを取り出した部分構造を，特に「評価構造（環境評価構造）」と呼んだ．その形状は，環境に対する総合的な評価を頂点とする階層構造となる．

環境評価構造は人間（利用者，居住者）の要求の体系を表す．それは環境をつくる立場からすると目標の体系である．総合的によい評価を得る環境を創造することを最終的な目標としたとき，階層構造において上位に位置する抽象的価値判断を含む項目は「大局的な設計目標」を与える．さらに，中位に位置する感覚的理解レベルの項目は「部分目標」を，下位に位置する客観的・具体的な項目はその目標に対する「達成手段・条件・具体例」を与える．仮に，比較的下位の項目についての要求を満足することが不可能であった場合，その下位項目に関連する上位項目（下位項目が満足であることによって獲得される，より本質的な要求）を満足させるための代替案を考えるべきであろう．このように，評価構造を目標－手段の連鎖構造ととらえることは環境創造において重要な意味を持つ．

2.3 評価の個人差
讃井・乾[1]は，評価の階層性と個人差に関し，次のように考察した．

> ・「窓が大きいと室内が明るい」のような，評価構造を形成する基本的因果関係は，同一社会の中では広く共有されている．
> ・客観的・具体的レベルの下位項目の評価の個人差は，一般的には小さい（大きい窓は，誰が見ても大きい）．
> ・下位項目→上位項目→総合評価に至る過程で，項目の重み付け（重視度・優先順位）に個人差がある．よって，上位項目や総合評価には個人差が生じる（好みは人によって異なる）．

この説に従えば，同一社会の中で広く共有される評価構造の全体像が存在し，個人の評価構造はその一部分を使っていると考えてよいことになる（使わない項目の重みは0と考える）．このことはまた，個人の評価構造を得る方法があれば，多数の個人別構造の最小公倍数的重ね合わせによって全体像に近づけるということでもある．

3. 評価グリッド法
3.1 評価グリッド法とは
G.A.Kelly[2]は，臨床心理学の分野における治療や検査を目的として，対人認知構造を抽出するための面接手法（レパートリーグリッド法）を開発している．讃井・乾[1]は，この手法をベースに，建築学分野における環境に対する利用者や居住者の要求把握を目的として，コンストラクト・システムのうち評価に関与する部分，すなわち評価構造のみを抽出するために改良・発展させたインタビュー手法を提案した．今日，この手法は「評価グリッド法[3]」と呼ばれる．

3.2 インタビューの手順
本手法の手順概略を図9.4.1に示す．詳細な手順を以下に述べる．

① 第1段階：評価対象（エレメント）の準備

まず，調査の準備段階として，要求把握の対象となる環境の具体例として回答者に提示する対象物（エレメントと呼ぶ）を

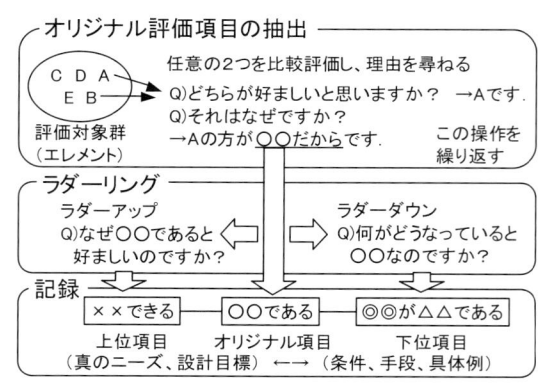

図9.4.1 評価グリッド法の手順概要

用意する．

エレメントの数，バリエーション，提示方法は調査の対象・目的に応じて調査実施者の裁量にまかされている．例えば，評価グリッド法の最初の適用事例[1]では，19種類の住宅居間の写真が提示された．

エレメント数は，内容の偏りを避けるという点からは多いほうが有利だが，多すぎると回答者の負担等の弊害も生じる．経験上の上限は30程度である．提示方法は必ずしも写真である必要はなく，間取り図，模型，イラスト，実物などの提示方法も可能である．

また，エレメントを用意しておくかわりに，インタビューの冒頭で回答者の記憶にある環境をあげさせ，それらをエレメントとする方法も多用される．そのときの教示は，例えば次のようなものとなる．

「現在のご自宅を含め，いろいろな住宅をご存知かと思います．子どもの頃の家，親戚や知人の家，テレビや映画に出てきて印象に残っている家，雑誌で見た家，どんなものでも結構です．あなたがよくご存じの住宅を，カード1枚につき一つ，それぞれどの住宅かわかるように，例えば『○○さん宅』『テレビで見たログキャビンのある家』というように，記入して下さい．」（住宅をテーマとした場合の例）

この場合，事前に用意しておく方法に比べ，エレメント数はあまり多くはならないのが普通である．しかしそれらは回答者のコンストラクト・システム形成に寄与した環境であることが期待できるため，少数個であっても強力な情報抽出力を持つ．

② 第2段階：オリジナル評価項目の抽出

評価グリッド法では，まず，インタビュー前半に，エレメントを回答者に比較評価させた後，その理由を尋ねるという形式で，評価項目を回答者自身の言葉によって抽出する作業を行う．ここで抽出される項目を「オリジナル評価項目」と呼ぶ．

エレメント数が多くない場合には，任意の二つを一対比較させ，

Q「どちらがより好ましいと思いますか？」
 → A「こちらです」
Q「それはなぜですか？」
 → A「こちらの方が○○だからです」
(Q「ほかに理由はありませんか？」→…)

といった作業を，さまざまな組合せについて行っていけばよい．

エレメント数が多い場合は，すべてのエレメントを回答者に提示し，好ましい順に5段階程度のグループに分類させたうえで，

「これらに比べて，これらの方が，より好ましいということですが，そう判断された理由（のうち，～さんにとって重要なもの）を，（どんなことでも構いませんので，思いつくまま一つずつ）教えてください．なお，必ずしもグループ全体に当てはまる理由である必要はなく，特定のものだけに当てはまる理由でも結構です．」

といった教示（括弧内は状況に応じて省略可能）によって項目抽出を行う方法が多用される．この場合，理由抽出を行う際のグループの組合せ方は，図9.4.2のように，好ましくない側から順に，より好ましくないエレメントすべてを比較対象として，それらに比べて好ましい理由を抽出していくのがよい．回答者が新しい項目を思いつかなくなった時点で次の組合せに移る．最後に，もっとも高く評価されたエレメント群についての不満を聞くという補完を行うことも推奨される．

最近，試みられている新技法として，まず，好ましい群と好ましくない群の2群に分けさせたうえでその理由を聞き，さらに好ましい群についてのみ，一対比較で理由抽出を行うという方法がある．これは住居選択などの意思決定場面のシミュレーションを意図しており，最初の群分けでは考慮集合（候補）に

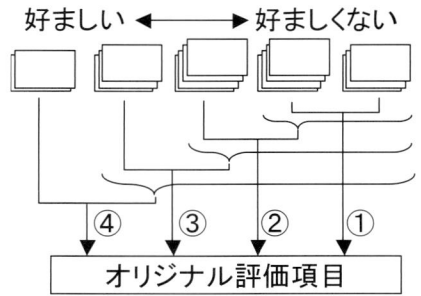

図9.4.2 エレメントが多い場合の比較方法

入る基準，一対比較では候補の中から一つを決める際の意思決定基準を抽出することが目的となる．

③ 第3段階：ラダーリングによる関連評価項目の誘導

インタビュー後半には，「ラダーリング（ladder（はしご）＋ ing の造語）」という質問技法により，はしごを昇り降りするように，得られた項目の上位・下位の関連項目を誘導する．その教示を以下に示す．

・ラダーアップ（上位項目を誘導）
「○○であると好ましいということでしたが，～さんにとって，○○であると，どうして好ましいのですか？その理由を教えて下さい．」
・ラダーダウン（下位項目を誘導）
「○○であると好ましいということでしたが，～さんにとって，具体的には何がどうなっていると○○なのですか？○○であるための条件あるいは具体例を教えてください．」

なお，ここでも「～さんにとって重要なものを」「思いつくまま一つずつ」「ほかにはありませんか？」等の補足の教示を適宜はさむとよい．ラダーアップ／ダウンにより抽出された上位／下位項目に対し，さらにラダーアップ／ダウンを行うことも有効である．

第2段階で抽出されたオリジナル項目に対し，ラダーリングの作業をひと通り行うのが基本であるが，現実的には，調査目的や時間配分などを考慮し，ラダーリングの対象を重要項目に絞る（回答者自身に選んでもらうのがよい），十分に具体的な項目に対してはラダーダウンを省略する（しかし，ラダーアップは省略しないほうがよい）といった対応も必要となる場合が多い．

なお，インタビューの所要時間の目安としては約30分を上限とし，前半部（オリジナル項目抽出）と後半部（ラダーリング）に概略半分ずつの時間を充てるつもりで時間配分を行うとよい．

3.3 記録の方法

インタビューの記録法としては，大きめの用紙（A4～A3判程度）の中央付近にオリジナル項目を記録していき，後にラダーアップ／ダウンによって得られた上位／下位の項目を，それぞれ元になった項目の左／右に引き出し線で結んで記録するという方法が基本である〔図9.4.3に例示〕．その後の整理や修正の便を考慮して，項目記入に付せんを用いる方法も多用される．こうしたくふうは，各自，励行されたい．

評価の理由として，好ましい理由ではなく，好ましくない理由が抽出される場合がある．この場合の記録の仕方には，逆評価項目であることを示すマークを付しておくなど，いくつかの方法があるが，ここでは「○○だから好ましくない」を「○○ではないから好ましい」と解釈し，否定表現を付け加えた「○○ではない」という項目が抽出されたものとみなして記録する方法を推奨する．

3.4 調査結果のまとめ方

各個人についての調査結果は，インタビューの記録を整理し清書すれば，すなわちそれがその回答者の評価構造を表す出力となる〔図9.4.4に例示〕．必要な作業は，同じ項目（オリジナル項目，ラダーリングで誘導された関連項目，表記ゆれの統一などを含めて）が複数箇所にあれば，それらを一つに集約し，項目を結ぶ線がなるべく交差しないように全体の配置を調整するだけである．ここで得られる各個人の評価構造図が評価グリッド法による調査の第一の成果物である．

さらに，全回答者の（あるいは，何らかの回答者層ごとに）調査結果を集約した出力として，個人別評価構造図を重ね合わせた全体評価構造図〔図9.4.5に例示〕を作成する．この作業にはかなり手間がかかる．その際の手順として，文献3）には次のような方法が紹介されている．

- 全回答者の個人別評価構造図を通観し，調査結果の概略を把握した上で，ラフな全体構造イメージ図を作成する．
- 各個人別の結果転載用に，大きめの用紙（A2程度）を用意する．上記イメージ図を参考に，転載スペースの割付を行う．
- 各回答者の評価項目および項目間の関連を，回答者番号を添えて順次転載する．同じ（とみなせる）項目が転載済みの場合，回答者番号のみを記載する．
- 全員分を転載した後，全体構造図に収録する項目および項目間の関連を示す線を，蛍光ペン等でマークする．
- マークされた項目および関連を，線の交差がなるべく少なく，見やすい配置に整理したうえで，必要に応じて人数等の付加情報を加え，清書する．

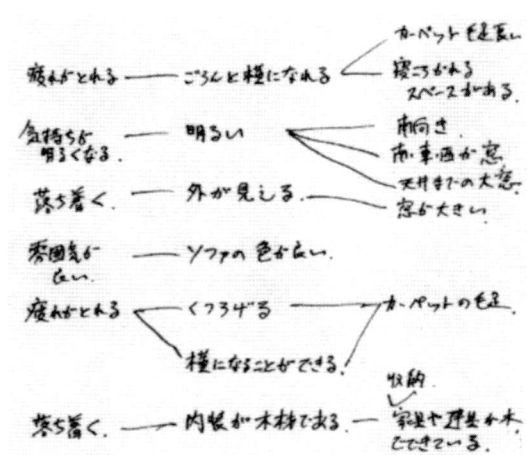

図9.4.3 インタビューの記録例（文献[3]より転載）

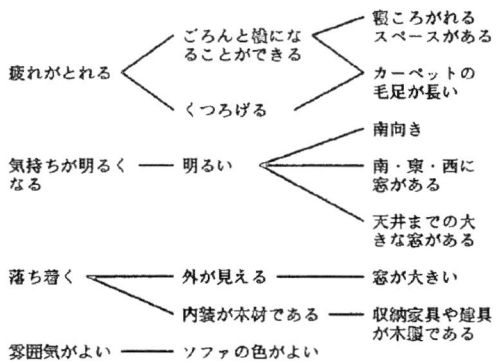

図9.4.4 個人の評価構造図の例（図9.4.3を清書した図，文献[1]より転載）

3.5 評価グリッド法の特徴

評価グリッド法には，次のような特徴・長所がある．

① 「比較評価→その理由」という形式

「あなたの要求は何ですか？」と直接的に聞く方法に比べ，要求を言語化しやすい．直前に何らかの根拠に基づいて評価判断をしているのであるから，そのときに考えたことを口にすればよい．さらに，評価判断が一種の言質として機能するため，「お金持ちにみられたい」「もてたい」といった本音を引き出しやすい．

② 調査手順の定型化（半構造化インタビュー）

回答者には100％の回答の自由を確保しつつ，調査自体は一定の手順に沿って進められるため，インタビュアーの主観や個人的な技量に大きく依存することがない結果が得られる．

③ 評価構造図というまとめ方

分かりやすく，設計資料として有用なだけでなく，まとめの段階で分析作業者の主観の混入を最小限にとどめることにも役立っている（文章によるまとめは，どうしても主観に左右される）．

3.6 調査における注意事項

評価グリッド法を行う際には，下記の各点に注意が必要である．

① 調査テーマと回答者の選定

評価グリッド法では，回答者が評価判断の理由を言葉で説明できる必要がある．したがって，ある程度の論理性を持って評価される調査テーマには適するが，情緒・感性・直感に大きく依存するテーマには適さない．また，そのテーマについてある程度の関与度を有する人（経験や関心がある人）を回答者として選定する必要がある．

② 評価基準（頂点項目）を明確に

ここまでの説明の中では，評価構造の頂点となる総合評価を「好ましい／好ましくない」と表現している．しかし，この頂点項目は，実際の調査においては，テーマや目的に応じて「住みたい」「行きたい」「好き」「働きやすい」等，適切な表現語を採用すべきである．これまでの説明中の「好ましい／好ましくない」は，教示文も含めてすべてその言葉に置き換える．また，調査中は頂点項目を明確に意識しておく．

③ 誘導・強要は厳禁

インタビューのどの段階においても，「それは○○だからですか？」といった具合に，本来回答者から抽出すべき項目を口にしてはならない（いわゆる「水を向ける」形の質問，ヒントの形でも厳禁）．

また，ラダーリングには，時には回答者自身の見解ではなく世間の一般的な見解を述べるなど，その場しのぎの回答を強要してしまう傾向がある．教示文の中に「〜さんにとって」と強調しているのは，この問題に対する予防策である（「あなた」ではなく，個人名がよい）．回答者が少しでも困惑の表情を見せた場合には，そのラダーアップ／ダウンを中止するといった慎重さも必要である．

④ 堅苦しく構えない

誘導・強要は厳禁だが，それさえ守れば，インタビュー自体は堅苦しく構えないほうがよい．回答者の言葉の意味が不明な場合，それを確認するための質問をしてもかまわないし，記録が追いつかない場合は少し待ってもらえばよい．意図さえ伝われば，教示文を正確に読み上げる必要はない．日常会話として自然な話し方をすること，適宜，相づちを打つことなど，話しやすい雰囲気をつくることも重要である．

⑤ 自然ラダーリングを記録せよ

しばしば，ラダーリングの操作を行わなくとも，回答者の発話の中で自然にラダーリングが行われることがある．例えば，オリジナル項目抽出の段階で「この部屋は内装が木材だから落ち着けそうなんですよね」という評価理由が得られたとする．

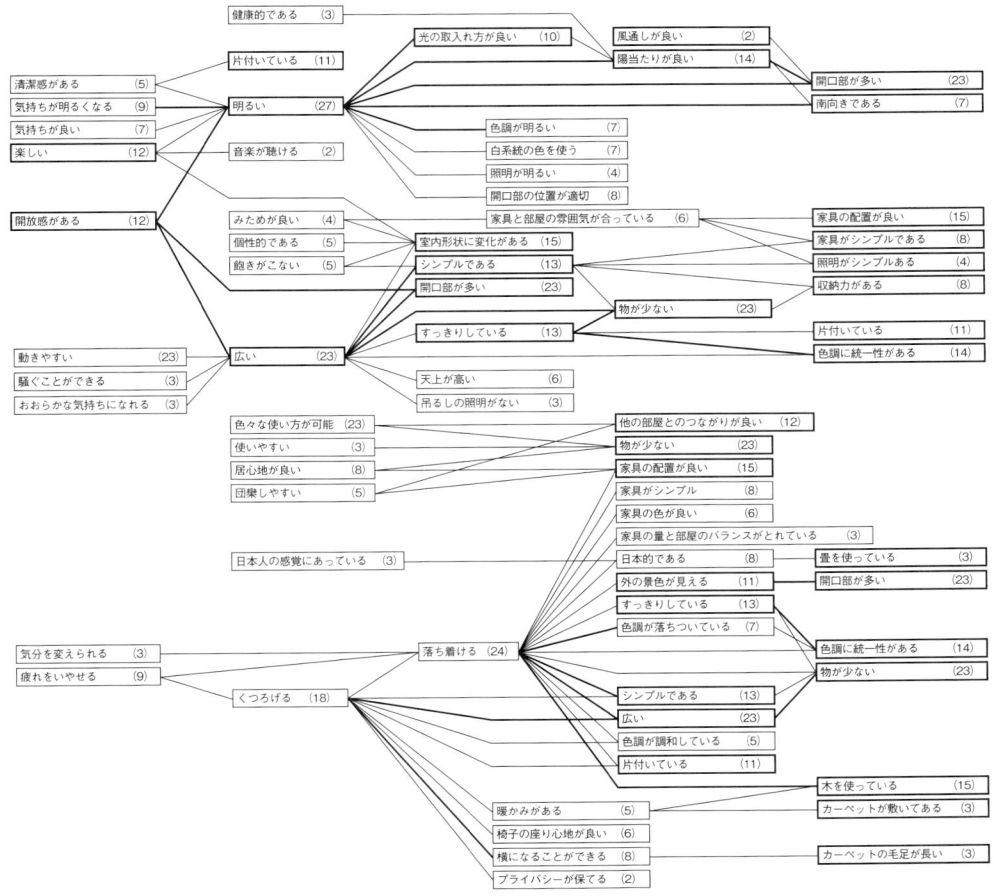

(図中．太線は5名以上，細線は2名以上の被験者が，操作3のラダーリングにおいて両者を関連させたことを示す．また各評価項目の後の数字は，操作2または3でその評価項目を使用した被験者の数を示し，10名以上が使用したものについては太枠で示した．)

図9.4.5　全体評価構造図の例（住宅居間に関する28名分の調査結果を集約，文献[1]より転載）

この場合，あたかも「内装が木材」をラダーアップして「落ち着く」が得られたかのように（図9.4.3の最下行のように）記録してしまうのがよい．また，慣れないうちは，どちらが上位/下位なのか迷うことも多いが，調査の場面ではあまり深く考えず，とにかく記録しておくことが肝心である．

4．評価グリッド法の演習

4.1　演習の概要

評価グリッド法によるインタビュー調査を計画・実施し，調査結果をまとめるまでの演習を行う．受講者には，インタビュアーと回答者の双方の立場を経験し，さらに何名分かの結果を集約する作業も経験してほしい．そこで，5〜8名程度の演習グループを編成したうえで，グループ内あるいはグループ間で相互に（インタビュアー/回答者の役割を交代して）インタビューを実施し，グループ別に結果集約の作業（5〜8名分の全体評価構造図を作成する）を行うこととする．

4.2　演習グループの編成

演習時間内に全体構造図作成の作業を行うとすれば，1グループあたりの人数（＝結果集約の対象となる回答者数）はあまり多くないほうがよい．そこで，5〜8名，多くとも10名程度を1グループあたりの人数とする．

インタビューの相互実施方法として，グループ内で行う方法と，グループ間で行う方法が考えられる．双方のメリット・デメリット，および留意点を以下に述べる．

① グループ内でインタビューを相互実施する場合

各グループの内部で二人1組のペアを作り，相互にインタビューを行う．人数に余りが生じないように1グループあたりの人数は極力偶数人数とし，奇数人数となってしまったグループには，代替メンバーとして補助員を補充する．

グループ内部で作業が完結するので，時間配分等の調整はしやすい．まとめの作業は「私たちの評価構造図」を作成することになるので，自分自身が調査された結果に対して，この段階で修正を加えることができてしまう．この点は現実の調査と比べてなれ合い的になるのがデメリットだが，自分自身の評価構造と深く向き合う機会になるというメリットも生む．

② グループ間でインタビューを相互実施する場合

2グループ1組のペアを作り，相手グループとの間で相互にインタビューを行う．グループの数は必ず偶数，各グループの人数は極力同数とし，相手グループとの間で人数がそろわない場合は，代替メンバーとして補助員を補充する．

相手グループとの間で，時間配分等の調整を行う必要がある．まとめの作業は「相手グループの評価構造図」を作成することになるので，この段階には回答者本人の関与はない．したがって，インタビュー自体がうまくいかなかった場合の挽回は難しい（そもそも，現実の調査とはそういうものなのであるが）．また，自分たちの評価構造を相手グループがどのようにまとめてくれるかを待つ楽しみを経験できることはメリットである．

4.3　調査テーマの設定例とエレメントの準備

演習における調査のテーマとしては，例えば「住宅」のように，誰もが評価可能な一般的な環境を選ぶのが無難である．た

だし，住宅全般とすると範囲が広すぎる（一人暮らし向きの1Kアパートと，郊外の戸建て住宅では比較対象にならない）ので，比較対象になる程度には範囲を絞ったほうがよい．あるいは，「住宅居室」「浴室」などと，住宅内の特定空間に絞ってもよい．ただし「住宅外観」とすると，視覚的デザインの好き・嫌いに話題が集中しそうであり，おもしろくない．エレメントとしては，住宅情報誌，雑誌，メーカーパンフレット等から写真や間取りを収集して用いるのがよかろう．その収集作業を演習時間内に行うのは無理なので，教員が準備しておくか，宿題として準備させておく．なお，記憶の中の環境を用いる方法をとれば準備不要となるが，対象環境を目の前に共有しておくほうが演習としてはおもしろい．

キャンパス内にさまざまなタイプの教室がある場合，それらをエレメントとして「教室」というテーマで演習を行うことも可能である．この場合のエレメントは，想起の手がかりとして教室名＋写真くらいを用意したうえで，実環境を思い浮かべて回答させるのがよい．さらに，他の演習課題で測定等を行う空間をエレメントとして，多様な側面からのアプローチを経験させるという計画も効果的であろう．

教育上の効果という点では，設計課題に関連させて調査テーマを設定するという方法も実践的である．本演習の時期により，設計前であれば設計目標の設定（これが本来の用途），設計途上であればエスキスの一環，提出後であれば作品の相互評価と反省としても役に立つ．エレメントとしては，設計前であれば事例収集を宿題とし，設計途上・提出後であれば設計案または完成作品を用いればよい．なお，この方法をとる場合，つい，設計者の立場で発言してしまいがちになることに注意すべきである．演習中は設計者としてふるまうことを禁止し，特に回答者役をする際には，あくまで利用者・居住者の立場になって回答することを遵守させることが望ましい．設計者としての視点もそれはそれで有用なのだが，ここでは設計者の自己満足ではなく，利用者・居住者の要求を把握することの重要性を学んでほしい．

その他，自主性を重んじて，各グループに自主的にテーマ設定を行わせる方法もありうる．ただし，調査される側にとって関与度が高いテーマとする必要がある．グループ間で相互インタビューを行う場合，各グループでメンバー全員が関心あるテーマを決め，そのテーマについて相手グループに調査してもらうという形となる．

最後に，エレメントの個数についてであるが，時間的制約を考えると，1回の調査に用いるエレメントは少なめ（5〜10個程度）がよい．インタビュアーと回答者の組につき1セット，つまり受講者の半数のエレメントのセットが必要となる．必ずしも全員・全グループが同じエレメントを用いる必要はないので，例えば，100個（100種類）のエレメントを5個×20セットとして使ってもよい（すると，演習全体としてはバリエーション豊富となる）．

4.4 演習プログラム

90分×2コマを連続して使う場合の演習プランを以下に例示する．

---
① 評価グリッド法の解説，作業の説明・準備 （20分）
② 各グループ別の打合せ，調査の練習 （20分）
③ 相互インタビューⅠ （30分）
④ 相互インタビューⅡ（インタビュアー／回答者を交代） （30分）
⑤ 個人別の評価構造図作成（インタビュアーが作成する） （15分）
⑥ 全体評価構造図作成（グループ別に作成する）（50分）
⑦ 調査結果の発表 （15分）

時間的にタイトなので，適宜，次のような措置を検討されたい．

- ①の解説・準備等を事前に済ませ，当日は最初から作業開始できるようにしておく．
- 90分×2コマ分を，1コマずつ別の日に使える時間割の場合，③相互インタビューⅠまでを第1回目に行い，④相互インタビューⅡおよび⑤個人別評価構造図作成を宿題として，第2回目は⑥のグループ別のまとめ作業および⑦結果発表に充てる．
- ⑦の結果発表は，後日，結果を貼りだして閲覧する等の形式で行う．あるいは，グループ間で相互インタビューを行う場合，組となったグループ間でのみ結果を発表しあう形式とする．

インタビューの具体的な手順や注意事項は，前項ですでに説明した通りである．補足するとすれば，評価基準（頂点項目），比較評価の方法（一対比較または5段階，等）などを事前に明確に決めておくことである．これは教員が指示してもよいし，②の打合せ時に，各グループに自主的に決めさせてもよい．より詳細な手続きについても，極力，自主的にくふうさせるのがよいだろう．

4.5 レポート

個人別評価構造図およびグループ別の全体構造図に加えて，次のようなレポート課題を課すことも考えられる．

- 自分がインタビューを行った人の評価構造図をもとに，その人の対象環境に対する要求を（文章で）説明せよ．
- 全体評価構造図をもとに，そのグループの要求を説明せよ．特に，個人差について考察せよ．
- 自分がインタビューされた結果に対して，評価せよ（本心を引き出されたか，自分でも気づかなかったことがあったか，誤解された点はないか，等）．
- 調査とまとめの作業に関する感想・反省点を述べよ．評価グリッド法の長所・短所などについて考察せよ．また，今後，この手法を使う場合の改善点を考えよ．
- テーマとした環境について，望ましい環境とはどのようなものか，考察あるいは何らかの提案をせよ．

これらは，個人別のレポート課題としてもよいし，グループ別に全体評価構造図と合わせたポスターとしてまとめさせてもよい．ポスター作成の場合，発表の機会を設ければさらによい．

文　献

1) 讚井純一郎・乾　正雄：レパートリー・グリッド発展手法による住環境評価構造の抽出－認知心理学に基づく住環境評価に関する研究（1）－，日本建築学会計画系論文報告集，No.367, pp.15-22, 1986.9
2) Kelly, G. A.: The Psychology of Personal Constructs, Vol.18, No.1 & 2, W. W. Norton & Company, New York, 1955
3) 日本建築学会編：よりよい環境創造のための環境心理調査手法入門，技報堂出版，2000〔3.2.1項を参照〕

10. 環境設計分野

10.1 CASBEE および住宅の性能表示制度に関する演習（応用1）

1．演習の目的

建物の環境性能にかかわる項目は，音環境，光環境，温熱環境など多数あるが，これらの関連項目を幅広く取り扱い，統合化し，総合的に環境性能を評価するシステムがCASBEE（Comprehensive Assessment System for Building Environmental Efficiency：建築物総合環境性能評価システム）である．

本演習では，CASBEEファミリー，CASBEE－すまい［戸建］の概要ならびにCASBEEの評価項目として組み込まれている住宅性能表示制度を理解するとともに，これらのツール・制度の中で取り扱われる環境工学的な項目を取り上げ，特に戸建住宅を対象とした熱性能評価演習（熱損失係数Q値および夏期日射取得係数μ値の算出）を通じて，部材等の各種仕様と建物の環境工学的な性能評価との相互関係に関する認識を深めることを目的とする．

2．基礎事項

2.1 CASBEE（建築物総合環境性能評価システム）

CASBEE は，建築物の環境性能を評価し，格付けする手法である．省エネや省資源・リサイクル性能といった環境負荷削減の側面はもとより，室内の快適性や景観への配慮といった環境品質・性能の向上といった側面も含めた，建築物の環境性能を総合的に評価するシステムである．CASBEEは，2001年より国土交通省の主導の下に，(財)建築環境・省エネルギー機構内に設置された委員会において開発が進められている．主な活用方法としては，①設計者のための環境配慮設計（DfE）ツール，②環境ラベリングツール，③建築行政（例えば，建築物の環境配慮の取り組みを公表するためのツール），④設計コンペ，プロポーザル，PFI事業の事業者選定，等が想定されている．

また，CASBEE の評価ツールは，①建築物のライフサイクルを通じた評価ができること，②「建築物の環境品質・性能（Q）」と「建築物の環境負荷（L）」の両側面から評価すること，③「環境効率」の考え方を用いて新たに開発された評価指標「BEE＝Q/L（建築物の環境性能効率，Building Environmental Efficiency）」で評価する，という三つの理念に基づいて開発されている．

CASBEE には，図10.1.1に示すような建築物のライフサイクルに応じた四つの基本ツールと，個別の目的に応じた拡張ツールがあり，これらを総称して「CASBEEファミリー」と呼んでいる．現在，いくつかの自治体では，一定規模以上の建築物を建てる際に，CASBEEによる評価結果を添付した環境計画書の届出を義務付けているが，ここで活用されているのが，CASBEE－新築（簡易版）（Tool-1$_B$）である．また，次に紹介するCASBEE－すまい（戸建）は住宅を評価する単独ツールとして位置付けられている（2007年11月時点）．

2.2 CASBEE－すまい（戸建）
2.2.1 ツールの概要

日本で建設される住宅のうち約半分は戸建住宅であり，その数は約50万戸/年である．CASBEE－すまい（戸建）は，これらの住環境を良好に，また長く使われ，省エネルギーや省資源に配慮されることにより，日本全体の環境負荷を大きく削減し，日本全体の住生活の質を向上させることを目的として開発されたCASBEEの拡張ツールである．

CASBEE－すまい（戸建）は，他のCASBEEツールと同じように戸建住宅の総合的な環境性能を，戸建住宅自体の環境品質（Q：Quality）と戸建住宅が外部に与える環境負荷（L：Load）の二つに分けて評価する．QとLにはそれぞれ表10.1.1に示す三つの評価分野があり，さらにその中でより詳細かつ具体的な取組みを評価することになっている．

このような分野に基づき評価するため，CASBEE－すまい（戸建）で良い評価を得られる住宅は，「快適・健康・安心（Q1）で，長く使い続けられる（Q2）性能を有しており，エネルギーや水を大切に使い（LR1），建設時や解体時にできるだけゴミを出さない（LR2）ように環境負荷を減らす努力をしており，良好な地域環境形成に役立っている（Q3, LR3）住宅」であるといえる．

2.2.2 評価のしくみ

前述のすまいの環境品質(Q)とすまいの環境負荷(L)は，それぞれ三つに分類され，それらはさらに階層化された評価項目（中項目，小項目，採点項目）により構成されている．評価項目数は合計54におよびそれらの項目はすべて5点満点で採点することになる．この結果を，それぞれの階層ごとに集計することによって，Q1～LR3の大項目の性能や，より詳細な中項目の評価結果を把握することができる〔図10.1.2〕．

QとLRにて集計された採点結果は，前述の建築物の環境性能効率（BEE）に置き換えて評価される．

CASBEE－すまい（戸建）の環境効率：BEE_H

$$BEE_H = Q_H / L_H \qquad (10.1.1)$$

Q_H：すまいの環境品質，L_H：すまいの環境負荷

なお，このQ_HとL_Hを評価するための評価対象範囲の区分は図10.1.3のようになる．敷地境界によって仮想閉空間を定義し，QとLを評価する方法はCASBEEによる評価の枠組みの基盤となっている考え方である．

(10.1.1)式より得られたBEE_Hは，Q_Hを縦軸に，L_Hを横軸にとることによって，座標軸の原点を通る$BEE_H = Q_H/L_H$の傾きを持つ直線上の一点として表現される．

表10.1.1 環境品質(Q)と環境負荷を低減する取組み (LR)

環境品質(Q)が高いことを評価する
Q1　室内環境を快適・健康・安心にする
Q2　長く使い続ける
Q3　まちなみ・生態系を豊かにする

環境負荷(L)を低減する取り組みを（LR[※]）で評価する
LR1　エネルギーと水を大切に使う
LR2　資源を大切に使いゴミを減らす
LR3　地球・地域・周辺環境に配慮する

※LRは環境負荷低減性と称し，Load Reductionの略

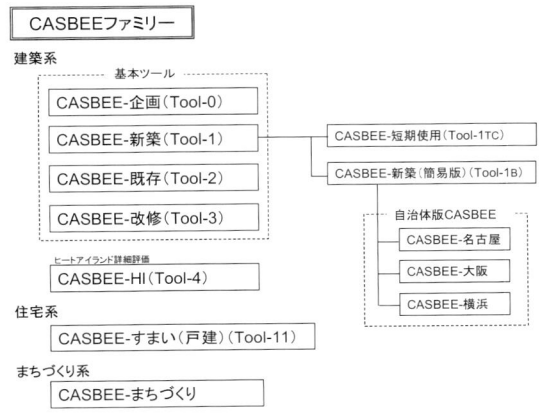

図10.1.1　CASBEEファミリーの構成

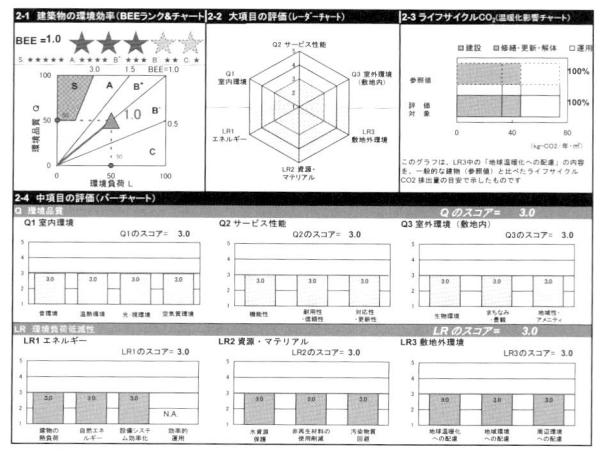

図10.1.2 CASBEE－すまい（戸建）の評価結果のシート

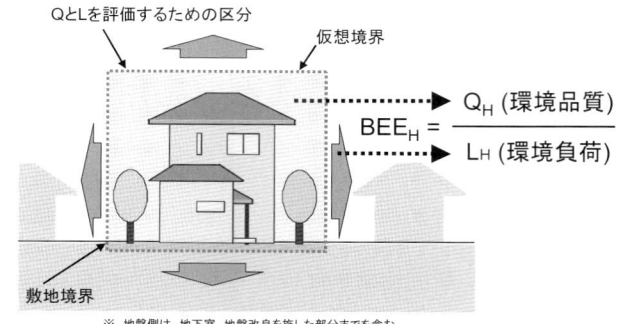

図10.1.3 Q_HとL_Hを評価するための区分

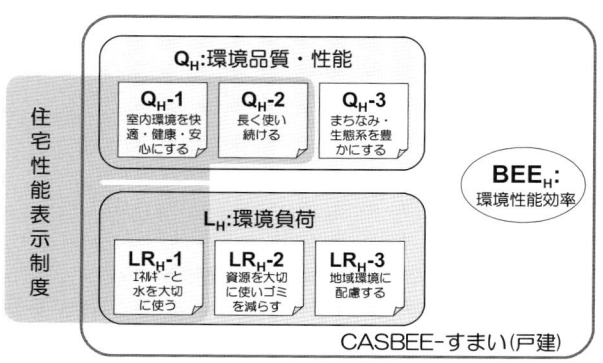

図10.1.4 CASBEE－すまい（戸建）と住宅性能表示制度における評価対象範囲

評価結果は，BEE_Hの数値に基づき，「Sランク（素晴らしい）」から，「Aランク（大変良い）」「B＋ランク（良い）」「B－ランク（やや劣る）」「Cランク（劣る）」という5段階の格付けが与えられる．専用のソフトウェア上ではわかりやすいように星印の数でも表現される〔図10.1.2〕．

2.3 住宅性能表示制度

住宅性能表示制度は，住宅品確法（正しくは「住宅の品質確保の促進等に関する法律」）に基づき，建物の外見や間取りからは判断することができない住宅の性能を以下に示す10の分野にわたって等級や数値で明示した基準を定めるものである．

① 構造の安定に関すること
② 火災時の安全に関すること
③ 劣化の軽減に関すること
④ 維持管理への配慮に関すること
⑤ 温熱環境に関すること
⑥ 空気環境に関すること
⑦ 光・視環境に関すること
⑧ 音環境に関すること
⑨ 高齢者等への配慮に関すること
⑩ 防犯に関すること

これらの項目に関する性能を明確に示すことにより，住宅の性能の相互比較や性能上の要求が設計者・施工者と共通に確認され，施主の希望どおりの住宅の建設が可能となる．評価は，国土交通大臣から指定された，登録住宅性能評価機関に所属する評価員が，設計段階と建設工事・完成段階の2段階のチェックを行うことになっている．評価を受けると，万一，トラブルが生じても「指定住宅紛争処理機関（第三者機関）」が対応してくれる等の購入者にとってのメリットもある．同制度は，新築または既存の戸建住宅および共同住宅を対象としたものであるが，以下では新築の戸建住宅に限定し，解説を行う．

2.4 CASBEE－すまい（戸建）と住宅性能表示制度との関係

CASBEE－すまい（戸建）では，評価基準を策定するにあたり，関連する分野については住宅性能表示制度にて定められた基準を採用し，整合性が取られている〔図10.1.4〕．例えば，住宅性能表示制度の5）温熱環境に関しては，CASBEE－すまい（戸建）のQ_H1の1.1.1の「断熱・気密性能の確保」およびLR_H1の1.1の「建物の熱負荷抑制」の項目にて取り扱われており〔表10.1.2〕，日本住宅性能表示基準「5-1 省エネルギー対策等級」における等級4（次世代省エネ基準）を満たす場合，CASBEE－すまい（戸建）では両項目ともにレベル5（最高評価）となる．

表10.1.2 建築環境工学・建築設備に関連する項目

CASBEE－すまい（戸建）			住宅性能表示制度	
Q_H1	1.1.1	断熱・気密性能の確保	⑤	温熱環境：省エネルギー対策等級
	2.1	化学汚染物質の対策	⑥	空気環境：ホルムアルデヒド対策（内装及び天井裏）
	2.2	適切な換気計画	⑥	空気環境：換気対策（居室の換気対策及び局所換気対策）
	3.1	昼光利用	⑦	光・視環境：単純開口率，方位別開口比
	4.	静けさ	⑧	音環境：透過損失等級（外壁開口部）
Q_H2	1.5.2	火災の早期感知	②	火災：感知警報装置設置等級
	2.1	維持管理のしやすさ	④	維持管理：維持管理対策等級（専用配管）
LR_H1	1.1	建物の熱負荷抑制	⑤	温熱環境：省エネルギー対策等級

2.5 演習対象となる建築環境工学，建築設備に関連する項目

CASBEE－すまい（戸建）および住宅性能表示制度にて取り扱われる建築環境工学・建築設備に関連する項目としては，主に表10.1.2に示す項目が挙げられる．これらのすべての項目に対して演習課題を設定することは可能であるが，ここでは，3.以降にて演習課題の1例として取り上げる「温熱環境：省エネルギー対策等級」[5]について紹介する．

表10.1.3 地域区分別の熱損失係数 Q 値の判断基準値

等級	熱損失係数 Q 値（単位：W/m²・K）					
	Ⅰ	Ⅱ	Ⅲ	Ⅳ	Ⅴ	Ⅵ
4	1.6	1.9	2.4	2.7	2.7	3.7
3	1.8	2.7	3.3	4.2	4.6	8.1
2	2.8	4.0	4.7	5.2	8.3	8.3
1	−	−	−	−	−	−

室内における「夏の暑さ」と「冬の寒さ」を防ぐための建物の基本性能として，断熱・気密性能がある．この性能を評価する基準として住宅性能表示制度の表示基準では，省エネルギー対策等級を定めており，断熱地域区分（地域Ⅰ～Ⅵ）ごとに定められた①年間暖冷房負荷，②熱損失係数・夏期日射取得係数等，③熱貫流率，等のいずれかの基準で評価する．

詳細な算出方法については，住宅性能表示制度の評価方法基準[7]等を参照のこと．評価基準の一例として，②熱損失係数および夏期日射取得係数の地域区分別の基準を表10.1.3および表10.1.4にそれぞれ示す．ここで，熱損失係数（Q値）は，建物の内部と外気の温度を1℃としたときに，建物内部から外界へ逃げる単位時間，単位床面積あたりの熱量を意味し，また夏期日射取得係数（μ値）は，"建物による遮へいがないと仮定した場合に取得する日射量" に対する "実際に建物内部で取得する日射量" の期間平均的な比率を意味し，それぞれ（10.1.2）式，（10.1.3）式より算出することができる．

（熱損失係数）

$$Q = \{\sum_i A_i K_i H_i + \sum_i (L_{Fi} K_{Li} H_i + A_{Fi} K_{Fi}) + 0.35nB\}/S \quad (10.1.2)$$

- Q ：熱損失係数〔W/m²・K〕
- A_i ：外皮における第i番目の部位の面積〔m²〕
- K_i ：外皮における第i番目の部位の熱貫流率〔W/m²・K〕（熱貫流率を算出する際の室内側および屋外側の総合熱伝達率は，それぞれ9W/m²・K，25W/m²・Kとする）
- H_i ：外皮における第i番目の部位の温度差係数〔無次元〕（外皮の外気側が床裏の場合のみ0.7，それ以外は1.0の定数）
- L_{Fi} ：第i番目の土間床等における外周の長さ〔m〕〔土間床等のパラメータの設定の詳細に関しては文献5）のpp.109～115参照のこと〕
- K_{Li} ：第i番目の土間床等における外周の熱貫流率〔W/m・K〕
- A_{Fi} ：第i番目の土間床等における中央部の面積〔m〕
- K_{Fi} ：第i番目の土間床等における中央部の熱貫流率〔W/m²・K〕
- n ：換気回数〔回/h〕（$n \geq 0.5$回/h以上とし，相当すき間面積を勘案して適切な数値とする）
- B ：住宅の気積〔m³〕
- S ：延べ床面積〔m²〕

（夏期日射取得係数）

$$\mu = \{\sum_j (\sum_i A_{ij} \eta_{ij}) v_j + \sum_i A_{ri} \eta_{ri}\}/S \quad (10.1.3)$$

表10.1.4 地域区分別の夏期日射取得係数 μ 値の基準値

等級	夏期日射取得係数 μ 値（単位：無次元）					
	Ⅰ	Ⅱ	Ⅲ	Ⅳ	Ⅴ	Ⅵ
4	0.08	0.08	0.07	0.07	0.07	0.06
3	−	−	0.1	0.1	0.1	0.08

10.1 CASBEE および住宅の性能表示制度に関する演習（応用１）

- μ ：夏期日射取得係数〔無次元〕
- A_{ij} ：第j番目の方位における第i番目の外壁（外壁に設けられた開口部を含む）の面積〔m²〕
- η_{ij} ：第j番目の方位における第i番目の外壁（外壁に設けられた開口部を含む）の夏期日射侵入率〔無次元〕（開口部の設定・算出方法の詳細に関しては，文献2）のpp.39～40，文献5）のpp.106～109，pp.276～292，文献9）のpp.134～138を参照．開口部以外はK値に0.034（$\eta = \dfrac{a \cdot K}{\alpha_0}$，$a$：壁体の日射吸収率≒0.8，$\alpha_0$＝外気側熱伝達率≒23w/m²Kより）を掛けて算出する）
- v_j ：第j番目の方位の方位係数〔無次元〕（表10.1.5の地域別，方位別の定数）
- A_{ri} ：第i番目の屋根（屋根に設けられた開口部を含む）の水平投影面積〔m²〕
- η_{ri} ：第i番目の屋根または当該屋根の直下の天井（屋根または天井に設けられた開口部を含む）の夏期日射侵入率〔無次元〕〔算出方法の詳細に関しては η_{ij} 参照〕
- S ：延べ床面積〔m²〕

ただし，熱損失係数および夏期日射取得係数を用いて，省エネルギー対策等級を評価する場合，その他，相当すき間面積，結露の発生を防止する対策に関しても評価し，それらのもっとも低い数値（評価結果）に基づき等級を決定する必要がある．一般に，熱損失係数は期間暖房負荷と，夏期日射取得係数は期間冷房負荷と，それぞれ高い相関があるので，両者は建物の省エネルギー性能を示す指標として用いられている．

3．演習の準備

日本住宅性能表示基準「5-1 省エネルギー対策等級」に関する演習課題として，戸建住宅を対象として，熱損失係数（Q値）および夏期日射取得係数（μ値）を算出する演習を行う．演習を実施するにあたり，対象住宅の決定等の以下に示す事前準備を行う．

3.1 対象住宅の決定

戸建住宅を対象として熱損失係数や夏期日射取得係数を算出する際，表面積や部材構成等を読みとるための設計図書が必要となる．対象住宅の選定によって演習の難易度が左右されるため，比較的シンプルかつ小規模な住宅を対象としたほうがよい．ここでは，図面の入手性等を考慮し，対象住宅として日本建築学会の標準モデル住宅[8]（以下，標準住宅）を紹介する．標準住宅では，図10.1.5に示す平面図，立面図の他，断面図，室別床面積，壁体構成，窓・建具リスト，材料の熱定数表　等が準備されている．これらを参照することによって熱損失係数を算出することができる．夏期日射取得係数に関しては，さらに標準住宅の開口部に対応する夏期日射侵入率（η_{ij}, η_{ri}）の資料〔文献2）のpp.39～40，文献5）のpp.106～109，pp.276～292，

表10.1.5 地域区分別の方位係数 v_j

方位	方位係数 v_j（単位：無次元）					
	Ⅰ	Ⅱ	Ⅲ	Ⅳ	Ⅴ	Ⅵ
東・西	0.47	0.46	0.45	0.45	0.44	0.43
南	0.47	0.44	0.41	0.39	0.36	0.34
南東・南西	0.50	0.48	0.46	0.45	0.43	0.42
北	0.27	0.27	0.25	0.24	0.23	0.20
北東・北西	0.36	0.36	0.35	0.34	0.34	0.32

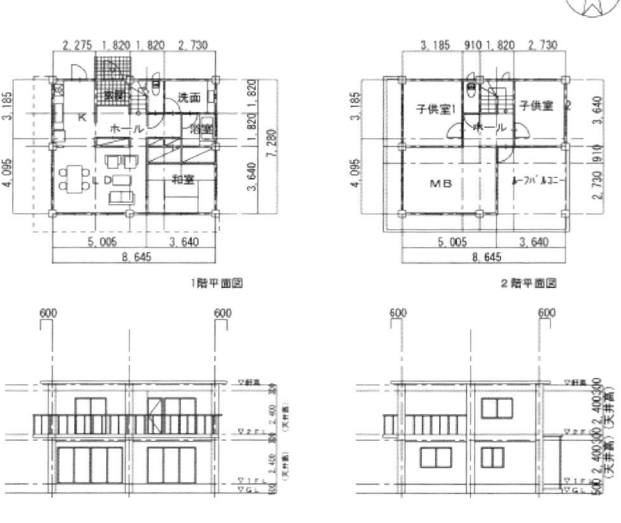

図10.1.5　標準モデル住宅の平面図および立面図

文献9）の pp.134～138〕を準備することにより算出可能である．その他，文献5）の pp.331～357に熱損失係数および夏期日射取得係数の計算例として紹介されている戸建住宅も活用できる．また，公開可能な設計図書を独自に入手できる場合は，それらを用いて演習を実施してもよい．ただし，標準住宅に収録されている内容と同程度の情報を事前に準備する．

3.2　対象地域の決定

住宅の計画対象地域によって熱損失係数および夏期日射取得係数の基準値が異なるため，断熱地域区分（地域Ⅰ～Ⅵ）を参考にして，事前に対象地域を決定する．

3.3　PC，ソフトウェアの準備

熱損失係数等の計算は，基本的に四則演算であるが，計算量が多いため，表計算ソフト（Microsoft Office Excel 2007等）を使うと便利である〔図10.1.6〕．また専用ソフト（Thermo-CAL ver.4.0　等）を使用すると演習時間をより短縮することができる〔図10.1.7〕．熱損失係数等の概念理解を念頭に置いた場合，表計算ソフトを使った演習が望ましいが，演習が煩雑になり，時間内での演習の実施が難しい場合は，専用ソフトを使って対応する．このため，表計算ソフトもしくは専用ソフトを準備するとともにそれらがインストール可能な PC も学生の人数分必要となる．

仕様名称	部分名	熱橋面積比	材料	厚さ(mm)	熱伝導率λ (W/m·K)	熱抵抗R (㎡·K/W)
W-1	断熱部	0.83	Ri			0.110
			せっこうボード	12.5	0.220	0.057
			中空層	56	0.000	0.090
			合板	9	0.160	0.056
			硬質ウレタンフォーム2種3号	55	0.024	2.292
			合板	9	0.160	0.056
			ネオマフォーム	20	0.020	1.000
			–		–	–
			–		–	–
			Ro			0.040
					熱貫流抵抗	3.701
					熱貫流率Kn	0.270
	熱橋部	0.17	Ri			0.110
			せっこうボード	12.5	0.220	0.057
			中空層	56	0.000	0.090
			合板	9	0.160	0.056
			天然木材1種	55	0.120	0.458
			合板	9	0.160	0.056
			ネオマフォーム	20	0.020	1.000
			–		–	–
			–		–	–
			Ro			0.040
					熱貫流抵抗	1.868
					熱貫流率Kn	0.535
					熱貫流率K	0.316

図10.1.6　Excel による外壁の熱貫流率の算出例

4．演習の進め方

熱損失係数と夏期日射取得係数の算出を各1回（1コマ）の演習で行う．ただし，対象住宅の規模等の問題によって1コマでの演習実施が困難な場合は，①2回の演習で熱損失係数もしくは夏期日射取得係数のどちらかを算出するか，②グループ演習として面積の算出や実質熱貫流率の算出をグループ内で分担するとよい．

4.1　第1回演習―熱損失係数の算出―

対象住宅の設計図書に基づき，熱的境界（熱的に見て外気と室内を区別する境界面）を設定するとともに，面積・気積等の計算に必要な寸法や，実質熱貫流率等の計算に必要な部材の厚みや寸法・材種等を読みとる．主な算出手順は以下のとおりである．

① 熱的境界を部位種類（外壁，屋根，開口部等）に分類
② 部位の方位別面積（A_{ij}，A_{Fi}），土間床等の周長（L_{Fi}），床面積の合計（S），気積（B）の算出
③ 熱物性表を参考にし，各部位の実質熱貫流率（K_i），土間床等の熱貫流率（K_{Li}, K_{Fi}）の算出
④ （10.1.2）式より熱損失係数 Q 値の算出

4.2　第2回演習―夏期日射取得係数の算出―

4.1の熱損失係数の算出プロセスに以下の項目を追加して，夏期日射取得係数の算出を行う．

① 部位の方位別面積（A_{ri}）の算出
② 日射侵入率（η_{ij}，η_{ri}）の算出もしくは決定
③ （10.1.3）式より夏期日射取得係数 μ 値の算出

戸建住宅を対象とした Q 値および μ 値の算出例に関しては，文献5）の pp.331～357を参照のこと．

4.3　追 加 演 習

その他，追加的な演習課題として，表10.1.3および表10.1.4に示す熱損失係数と夏期日射取得係数の基準値を満たすための改修仕様（断熱・気密性能の向上や日射遮蔽装置の追加，等）を提案し，改修後の両係数を算出する．4.1，4.2項の段階で計算シートを作成していれば，比較容易に検討可能な演習である．

5．レポートのまとめ方

5.1　演 習 結 果

図10.1.6に示したような部位別の熱貫流率の算出シートに加え，部位別の面積，熱損失係数ならびに夏期日射取得係数等の主要項目の算出シートをレポート形式に取りまとめる．表

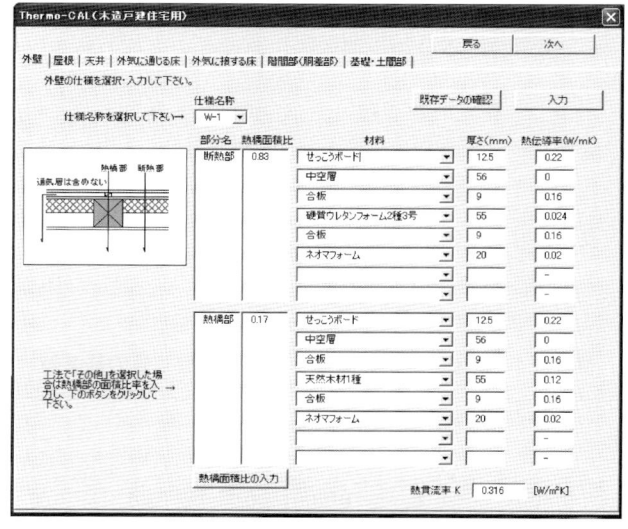

図10.1.7　Thermo-CAL による外壁の仕様設定例

10.1.3および表10.1.4を参考にし，対象住宅が日本住宅性能表示基準「5-1　省エネルギー対策等級」のどの等級に該当するのかを記入する．

5.2　考　　察
算出結果を参考に，対象住宅の断熱性能および日射熱取得（日射遮蔽）性能の詳細を考察する．
- ① 熱的に弱い部位はどこなのか．
- ② 日射の影響を受けにくい部位はどこなのか．
- ③ 外乱の影響を最も受けやすい部屋はどこなのか．
- ④ 改修する必要がある場合，どこをどのように改修（断熱，気密，日射遮蔽）すべきか．等

6．発展的な演習　—CASBEE–新築（簡易版），CASBEE–すまい（戸建）を用いた総合演習—
CASBEEは，本来，建物の環境性能を総合的に評価するツールであるため，少数の項目に限定した評価演習では，ツールの全体像や特性を理解することは困難である．このため，演習時間数を十分に確保したうえで（2コマ×6回以上），学部3年生以上を対象としたグループ演習であれば，環境工学的な項目のみに評価を限定せず，総合的な性能評価演習を実施することも可能である．同内容の演習概要に関しては文献3）のpp.166〜169を参照のこと．

文　　献
1) 建築環境・省エネルギー機構：建築物総合環境性能評価システム　CASBEE−新築（簡易版）　評価マニュアル（2006年版），JSBC/日本サステナブル・ビルディング・コンソーシアム
2) 建築環境・省エネルギー機構：建築物総合環境性能評価システム　CASBEE−すまい［戸建］　評価マニュアル（2007年版），JSBC/日本サステナブル・ビルディング・コンソーシアム
3) 村上周三ほか：CASBEE入門—建築物を環境性能で格付けする，JSBC/日本サステナブル・ビルディング・コンソーシアム
4) 村上周三ほか：CASBEEすまい［戸建］入門，日本サステナブル・ビルディング・コンソーシアム（JSBC）
5) 建築環境・省エネルギー機構：住宅の省エネルギー基準の解説，次世代省エネルギー基準解説書編集委員会
6) 建築環境・省エネルギー機構：「省エネルギー建築技術評定」評定第574号，RC造・SRC造共同住宅用熱計算プログラム「Thermo-CAL ver. 4.0」for Windows　A.T.O.M INSTITUTE
7) 平成19年国土交通省告示第834号 http://www.mlit.go.jp/jutakukentiku/house/torikumi/hinkaku/hinkaku.htm
8) 日本建築学会環境工学委員会熱分科会：第15回熱シンポジウム，標準問題の提案−住宅用標準問題−　宇田川光弘，1985
9) 建築環境・省エネルギー機構：自立循環型住宅への設計ガイドライン　エネルギー消費50%削減を目指す住宅設計

11. 電磁環境分野

11.1 電磁環境の測定（基礎1）

1．演習の目的

建築をとりまく新しい環境要素として「電磁波」があることを知り，その性質，制御の必要性，測定方法，評価方法について学習する．「電磁環境（Electromagnetic Environment）」は広義には電磁気的周囲状況を指すが[1]，ここでは三次元空間を構成する建築と関連性が高い，空間を伝搬する電磁波の周囲状況を指すものとする．

2．基礎事項

2.1 建築における電磁環境の制御

高度情報化時代の到来にともなって，コンピュータ，携帯電話など，電子機器や電磁波を使用する機器が急激に増加している．電子機器は，電磁波ノイズを放射する一方で，航空機における使用制限の例のように，他の機器からの電磁波ノイズや無線通信に使用されている電磁波の照射により誤動作してしまうという側面を合わせ持つ．この電子機器や電磁波を使用する機器が至るところで設置，使用されるようになり，種々の電磁環境問題が発生する状況に至っている．

電磁環境問題は，上記の電子機器の誤動作の他，無線LANの電波*傍受による情報漏洩なども挙げられる．もちろん，これらの問題に対して機器側でも，電子機器のイミュニティ（妨害排除能力）の向上，情報の暗号化などの対策が講じられている．しかし，大電力無線局周辺において電子機器を使用する状況や暗号解読の可能性を考慮すると，対策が十分に機能しない場合が生じる．そこで，それらの機器を使用する主な空間である建物や居室に電磁波を制御する機能を持たせ，電磁環境問題の対策を講じることが考えられた．現状では，建物や居室を設計する際には環境要素として電磁環境が加えられており，使用目的に合った電磁環境問題対策がなされている[2), 3)]．

以下に，建物や居室により電磁環境の制御が実際に行われている例を示す．

① 「電磁波ノイズの照射による電子機器の誤動作」に対する電磁波遮蔽
② 「無線LANの電波傍受による情報漏洩」に対する電磁波遮蔽
③ 「無線LANの情報通信速度の低下」に対する壁，床，天井の電磁波反射抑制
④ 「テレビの受信障害」に対する壁面の電磁波反射抑制

＊本演習において，「電磁波」ではなく「電波」なる語句を初めて使用した．電磁波については2.2節で説明するが，電波は電波法により三百万メガヘルツ以下の周波数の電磁波と定義されている．無線通信での使用を考えている場合，一般に「電波」が使用される．

上記①では建物や居室に電磁シールドを施し，外来の電磁波を建物や居室内に入れない，かつ内部で発生した電磁波を外に出さないようにしている．②も①と同様，電磁シールドによってなされる．③と④では壁，床，天井や壁面を，電磁波を吸収する材料で構成することによってなされている．

これらの電磁環境の制御において，制御前および後の電磁環境を把握することは重要である．制御前の電磁環境データは，電磁環境問題対策の計画・施工を決定する基本データとなる．ただし，上記の例で示したように②および③では無線LANの電波，④ではテレビ電波と，環境制御の目的により測定対象となる電波が異なる．ここで，わが国の電波の使用状況（総務省が監理）を見てみると，図11.1.1に示すように多岐にわたっている[4)]．

電磁環境制御①に関連して，(社)電子情報技術産業協会（JEITA：Japan Electronics and Information Technology Industries Association）が，IT-1004「産業用情報処理・制御機器の設置環境基準」を規格化している[5)]．これによると，汎用のコンピュータ，パーソナルコンピュータ，ワークステーションの電磁界に対する設置環境基準は，周波数80MHz～1GHzにおいて電界が3V/m以下と規定されている．本演習ではこの規格に関して，これらの機器を設置している，または設置の予定がある部屋周囲の電磁環境の測定を行う．具体的には，屋外と屋内に測定点を決め，その場所の周波数80MHz～1GHzにおける電界強度の測定を行う．

測定される電磁波としては，図11.1.1に示すような電波の他に，不法パーソナル無線など電波法を遵守していない無線局による無線通信の電波，落雷などを原因とする自然現象から発生する電磁波ノイズ，機器から発生する人工的な電磁波ノイズなどが考えられる．放送等に使用される電波は連続して発射されているが，その他は一過性の発射や放射であるため測定時間および時間帯には注意を必要とする．

2.2 電 磁 波

本節では測定対象である電磁波そのもの，および電磁波の性質について述べる．電磁波とは，電界と磁界が相互に影響を及

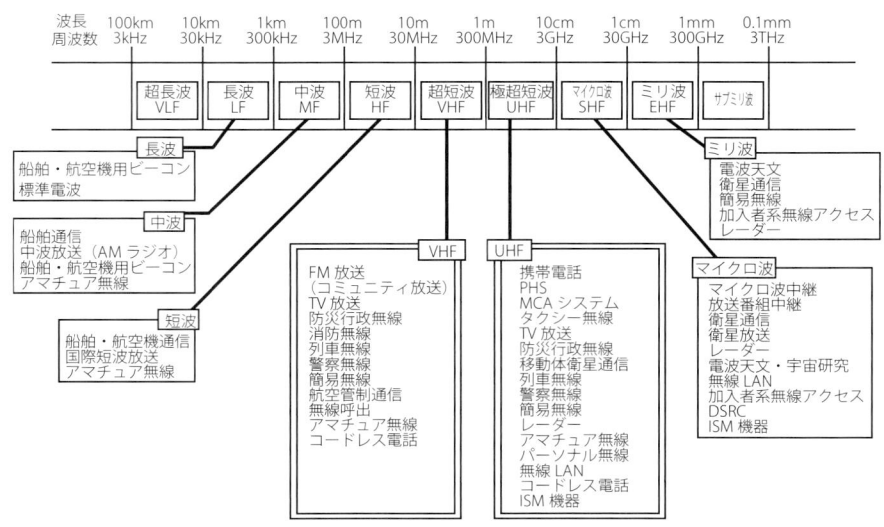

図11.1.1　電波の使用状況[4)]

ぼし合って時間的に変化することにより生じる電界と磁界の波動である．この波動により，電磁界エネルギーが伝搬される．電磁波は音波と異なり，伝搬するための媒体を必要とせず真空中でも伝搬する．

電磁波の伝搬の様子について，ここでは理解が容易な平面波の，時間を固定したときの電磁界分布を図11.1.2に示す．電磁界の時間変化は正弦波振動を考えている．ここで，平面波とは等位相面と等振幅面が平面である波であり，十分遠方の波源から放射された電磁波は平面波と考えることができる．この図のように電界と磁界は伝搬方向に垂直な平面内で振動し，電界と磁界の振動方向は互いに直交している．電界と磁界の振幅の比（電界/磁界）は固有インピーダンスで与えられ，その値は電磁波が伝搬している媒質の誘電率，透磁率等で決定される．平面波の真空中の固有インピーダンスは377Ωであり，通常の大気中であれば377Ωと考えてよい．電磁波は電界の振動方向から磁界の振動方向に右ねじを回転させて進む方向に伝搬し，その速度は真空中であれば光速と等しい．

電磁界の振動について，電磁波が特定の振動方向を持っている状態を偏波という．平面波の電界と磁界の間には，固有インピーダンスで結ばれた式の関係があるから，どちらか一方を考えておけば，他方は直ちに求めることができる．そこで，通常は振動方向の状態を電界で代表して考える．電磁波が大地に平行に伝搬するとき，電界が大地に対して水平方向に振動しているものを水平偏波，垂直方向に振動しているものを垂直偏波と呼ぶ．

光も電磁波であり，電磁波は光で知られている性質（屈折，反射，透過，干渉，散乱，回折，減衰）を有する．ただし，その性質の中には周波数特性を有するものがある．電波において光の鏡に相当するものが完全導体（導電率が無限大）である．それに入射した電波は内部には侵入せず，すべて反射，散乱される．

電磁波の強度は，電界と磁界またはそのいずれか一方の強度で表される．前述のJEITAの規格では電界強度で規定されている．電界が時間で正弦的に振動する波であるとき，測定量である電界強度 E 〔V/m〕はその波の振幅を指す．通常，その値は小さく，また大きな変化範囲を有するため，下記のように 1μV/mを基準としてdB表示される．これによると3V/m=129.5dBμV/mとなる．

$$E\left[\mathrm{dB}\mu\mathrm{V/m}\right]=20\log\frac{E[\mathrm{V/m}]}{10^{-6}} \tag{11.1.1}$$

3．主要測定器の動作原理と取扱い方

電界のセンサであるアンテナを，同軸ケーブルを用いてスペクトラムアナライザに接続し，電界強度を得る．以下，アンテナ，スペクトラムアナライザについて説明する．

3.1 アンテナ[6]

電界測定用のセンサとしてアンテナが用いられる．一般にアンテナとは，電気信号エネルギーを空間の電磁界エネルギーに変換する，またその逆の働きをする変換器であると考えてよい．アンテナの特性は，利得，指向性，偏波特性，入力インピーダンス，アンテナファクタなどによって決定される．通常，それらのアンテナの特性は周波数によって変化する．なお，アンテナ特性は可逆性を有し，そのアンテナを送信に用いる場合と，受信に用いる場合で特性は一致する．ここでは，アンテナの特性について本演習を行ううえで必要なものだけを説明する．

アンテナは，方向によって電磁波の放射特性（電界強度，位相など）が異なる．この方向特性を指向性という．受信に用いる場合では，アンテナの感度が方向によって異なると換言できる．アンテナから十分遠方の一定の距離において，最大の電磁波を放射する方向の電界強度を基準として，放射方向に対する電界強度の変化を図示したものを電界指向性図という．通常，指向性図とは電界指向性図を指し，これよりアンテナの指向性が示される．後述の図11.1.4，図11.1.7にその例を示している．

アンテナから放射される電磁波は特定の振動方向を有し，これを偏波特性という．これは指向性にも関係し，放射電界の振動方向と伝搬方向とで作られる平面内での指向性をE（電界）面指向性，またそれと直交する面（放射磁界の振動方向と伝搬方向とで作られる平面）内での指向性をH（磁界）面指向性という．アンテナを受信に用いた場合，到来する電磁波のうち，アンテナ自身の偏波と一致した成分を受信する．

高周波帯の回路の接続において接続する回路どうしインピーダンスが異なると，一方の回路から他方の回路へ伝送しようとする信号の一部または全部が，その接続箇所において伝送せず反射してしまう．本演習では，アンテナは同軸ケーブルを用いてスペクトラムアナライザと接続するが，アンテナの入力インピーダンスはそれらのインピーダンス（一般に50Ω）と整合している必要がある．不整合の場合には感度が低下してしまう．

アンテナファクタ（アンテナ係数とも呼ばれる）は電界測定の感度特性を示すものであり，アンテナに入射する平面波の電界強度とアンテナの出力端子に接続された負荷の両端に生じる電圧の比（電界強度／電圧）で定義される．すなわち，アンテナファクタが小さいほど感度はよい．負荷の両端の電圧を測定し，その値にアンテナファクタを乗じることで平面波の電界強度が得られる．

アンテナの特性は周波数によって変化する．アンテナには広帯域で使用可能なものと狭帯域でしか使用できないものがある．ある帯域にわたって測定が必要な場合には，広帯域で使用可能なアンテナを使用した方がアンテナの取替え回数が少なくて済み，測定が簡便となる．2.1節で述べた測定対象周波数のうち，一般に80MHz～300MHzではバイコニカルアンテナが，300MHz～1GHzではログペリオディックアンテナが使用し得る．図11.1.3～11.1.8にそれぞれのアンテナの概観と指向性例，アンテナファクタ特性例を示す[7]．バイコニカルアンテナの場合，図11.1.3に示すようにアンテナの長手方向を大地に対して水平にすると水平偏波の電磁波が，また，垂直にすると垂直偏波の電磁波が測定される．前者の設定で水平面の指向性がE面指向性，後者の設定で水平面の指向性がH面指向性である．図11.1.4の例では，E面指向性は8の字形指向性，H面指向性

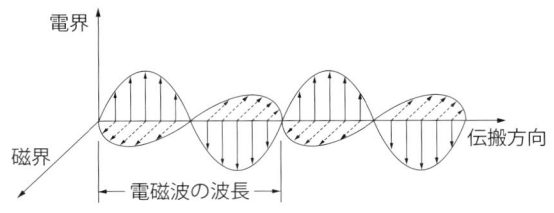

図11.1.2　平面波の電磁界分布

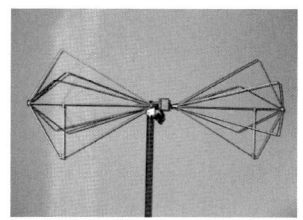

図11.1.3 バイコニカルアンテナ[7]

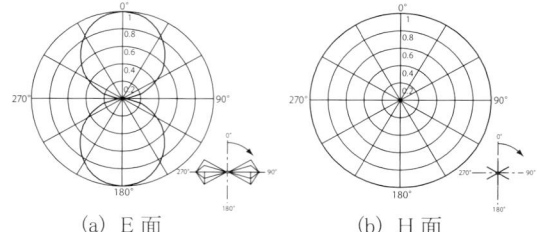

(a) E面　　　　　(b) H面

図11.1.4 バイコニカルアンテナの指向性例[7]

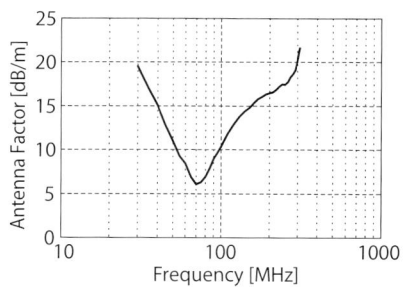

図11.1.5 バイコニカルアンテナのアンテナファクタ特性例[7]

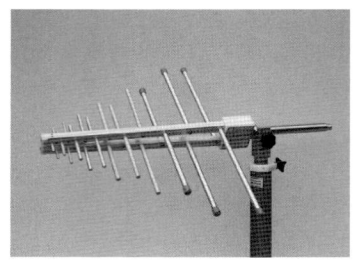

図11.1.6 ログペリオディックアンテナ[7]

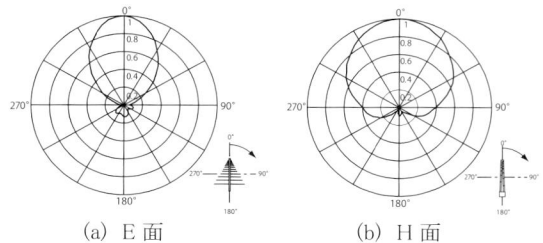

(a) E面　　　　　(b) H面

図11.1.7 ログペリオディックアンテナの指向性例[7]

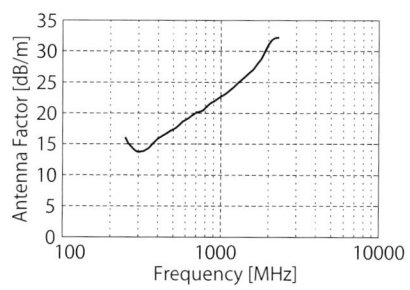

図11.1.8 ログペリオディックアンテナのアンテナファクタ特性例[7]

は無指向性である．ログペリオディックアンテナは，図11.1.6に示すように長さが異なる複数の棒状エレメントが位置をずらして接続されている構造となっている．このアンテナの場合，エレメントを大地に対して水平にすると水平偏波の電磁波が，また，垂直にすると垂直偏波の電磁波が測定される．図11.1.7の例では，ビーム幅が異なるがE面指向性，H面指向性ともほぼ単一指向性となっている．図11.1.5，図11.1.8にそれぞれのアンテナのアンテナファクタ特性例を示している．アンテナファクタ特性をあらかじめコンピュータ等に記録しておき，測定電圧値にこの値を乗じて電界強度を得る．

3.2　スペクトラムアナライザ[8]

スペクトラムアナライザとは，電気信号のスペクトルを表示する測定器である．図11.1.9に示した基本構成からわかるように，スペクトラムアナライザは原理的には周波数選択型の高周波電圧計であり，局部発振器の周波数を掃引することにより測定周波数を変化させ，電圧値をディスプレイ上に周波数を横軸としてグラフ表示する．

スペクトラムアナライザの重要な性能として，周波数分解能，感度などがある．スペクトラムアナライザの周波数選択性はIF（中間周波数：Intermediate Frequency）フィルタにより決定し，この帯域幅が狭いほど周波数分解能は向上する．IFフィルタの特性を図11.1.10に示す．その3 dB帯域幅を分解能帯域幅（RBW：Resolution Bandwidth）と呼ぶ．また，アナライザの内部雑音レベルがRBWに比例するため，感度もRBWが狭いほど向上する．しかしRBWを狭くした場合には，フィルタの応答に長い時間を必要とするため，周波数掃引速度

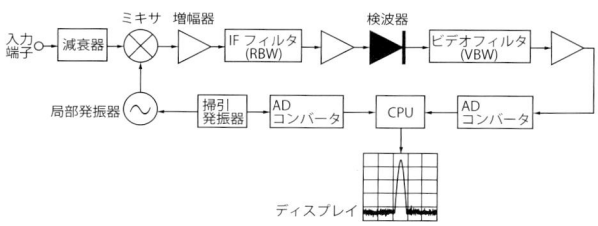

図11.1.9 スペクトラムアナライザの基本構成ブロック図

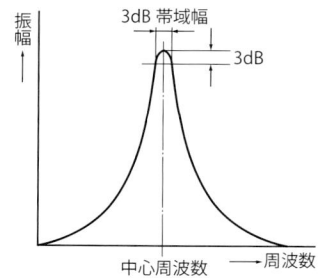

図11.1.10 IFフィルタの特性

も低くしないと検波出力が低下し感度が下がってしまう．

スペクトラムアナライザの表示は，電圧ではなく電力（単位 dBm）で表されることが多い．それは下記のように，スペクトラムアナライザの入力インピーダンス（一般に50Ω）で消費される電力Pを1 mWを基準としてdB表示した値である．

$$P[\text{dBm}] = 10 \log \frac{P[\text{W}]}{10^{-3}} \tag{11.1.2}$$

インピーダンスを50Ωとしたとき，そのインピーダンスにかかる電圧 V と電力 P の関係は次式のように求められる．

$$P[\text{W}] = \frac{(V[\text{V}])^2}{50\,\Omega} \tag{11.1.3}$$

したがって，電圧 V は電力 P [dBm] を用いて次式のように求められる．

$$V[\text{V}] = (10^{\frac{P[\text{dBm}]}{10}} \times 5 \times 10^{-2})^{\frac{1}{2}} \tag{11.1.4}$$

電圧も電界強度と同様に，$1\,\mu\text{V}$ を基準として dB 表示される場合が多い．

$$V[\text{dB}\mu\text{V}] = 20 \log \frac{V[\text{V}]}{10^{-6}} = P[\text{dBm}] + 107 \tag{11.1.5}$$

スペクトラムアナライザには，電磁波ノイズの測定に有効な機能がある．それは最大値ホールド（マックスホールド，マキシマムホールド，Max Hold 等で呼ばれる）といい，繰返し掃引中の最大高周波電圧を保持する機能である[9]．これより，ノイズの発生とスペクトラムアナライザの掃引のタイミングが合えば一過性のノイズも測定が可能であることから，本演習でもこの機能を使用する．

4．演習の進め方
4.1　屋外での電磁環境の測定（第1回演習）
4.1.1　演習の内容
　屋外の電磁環境について電界強度の測定を行い，IT-1004「産業用情報処理・制御機器の設置環境基準」の規格に対する評価を行う．測定は，日本建築学会電磁環境計測評価小委員会電磁場計測評価 WG（当時）が1994年に提案した「環境電磁ノイズの電界強度測定法」[10] に準拠して行うこととするが，演習という時間的・場所的制約条件も考慮している．

4.1.2　測定点の選定
　本演習は IT-1004「産業用情報処理・制御機器の設置環境基準」の規格に対する評価を行うことが目的であることから，コンピュータを設置しているまたは設置の予定がある部屋周囲の屋外で測定点を選定する．ただし，使用するアンテナ本来の特性が変化しないように，電磁波の反射物体の極近傍での測定は避ける．

4.1.3　天候や測定時間帯
　降雨・強風などの悪天候の際は演習を中止とする．第2回演習を先に行ってもよい．人体の存在は電磁環境に変化を及ぼすことから，測定者以外の人間が存在しないことが望ましい．また，測定時間帯は，可能であれば測定対象とする部屋の稼動時間帯とする．

4.1.4　測定器と測定結線図
　第3章で述べたように，測定器は電界のセンサであるアンテナ，スペクトラムアナライザを使用する．両者は同軸ケーブルを用いて接続する〔図11.1.11〕．アンテナの固定には非金属製の三脚を使用することが望ましい．なお，データの記録にはコンピュータまたはプリンタやプロッタを使用する．

4.1.5　測　　定
　1）アンテナの設置
　アンテナの設置高さは，コンピュータの設置高さと同じとする．なお，アンテナの高さの基準は給電点とする．水平偏波と垂直偏波の電磁波を測定するため，アンテナの偏波の方向をそれぞれに合わせて測定を行う．また，この2種の偏波の測定に際して，アンテナが水平面内に指向性を有する場合には，アンテナの受信感度が最大である方向を東西南北の4方向に向くように設定して測定を行う．
　バイコニカルアンテナを使用した水平偏波の測定の場合，図11.1.4(a)に示すように8の字形指向性であることから受信感度が最大である方向を東または西，南または北の2方向に向ければよい．垂直偏波の測定の場合には，図11.1.4(b)のように無指向性であることから方向を変える必要はない．ログペリオディックアンテナを使用する場合は，図11.1.7に示すように水平偏波でも垂直偏波でも単一指向性であることから，受信感度が最大である方向を東西南北の4方向に向けて測定を行う．

　2）スペクトラムアナライザの設定
　　a）スペクトラムアナライザの測定周波数帯域を80MHz～1GHz に設定する．ただし，使用するアンテナの帯域が1本で80MHz～1GHz をカバーできない場合には，使用するアンテナに合わせて帯域を分けて測定を行う．
　　b）RBW を100kHz に設定する．
　　c）最大値ホールドを設定する．

　3）測　定　時　間
　周期変動的なノイズの場合にはその変動が，また，一過性のノイズの場合には最大値が捉えられるように測定時間を設定すべきであるが，ここでは演習の時間的制約から1分間とする．すなわち，スペクトラムアナライザの最大値ホールド機能を動作させ，1分間掃引を繰り返した後の測定データを取得する．

　4）測定データの取得
　スペクトラムアナライザの測定データを，直接接続するかまたはリムーバブルメディアを使用してコンピュータに取り込む．これが困難な場合には，図11.1.12に示すようなスペクトラムアナライザのディスプレイ表示をプリンタやプロッタでハードコピーする．図11.1.12は電圧を dBμV の単位で表示している例である．

　5）データ処理
　スペクトラムアナライザの測定値 V [dBμV] に，同軸ケーブルの損失 L_C [dB] を補正およびアンテナファクタ AF [dB/m] を加算することにより電界強度を得る．ただし，データのまとめ方は後述の5項にしたがう．

$$E[\text{dB}\mu\text{V}/\text{m}] = V[\text{dB}\mu\text{V}] + L_C[\text{dB}] + AF[\text{dB}/\text{m}] \tag{11.1.6}$$

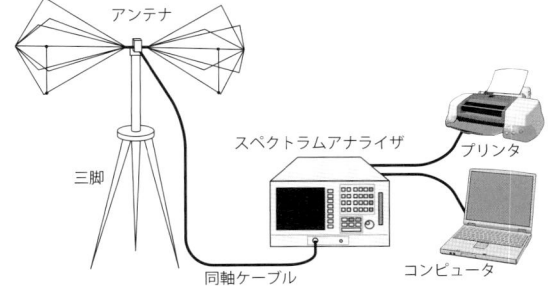

図11.1.11　測定結線図

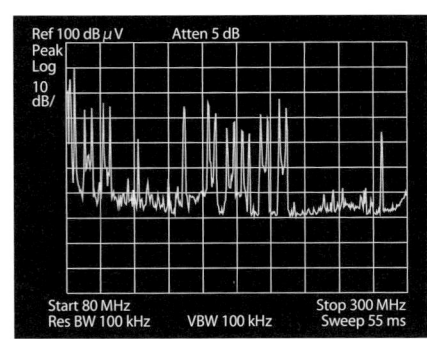

図11.1.12　スペクトラムアナライザのディスプレイ表示例

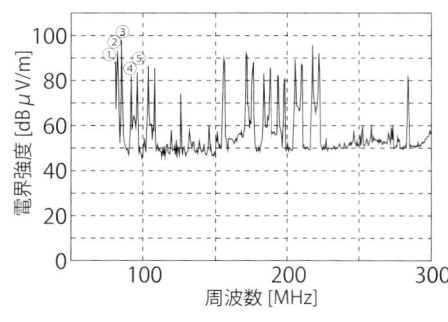

図11.1.13 電界強度測定結果例

表11.1.1 測定電磁波

	周波数 (MHz)	電界強度 (dBμV/m)	放送源等
①	80	87.79	FM放送（エフエム東京，80MHz）
②	82.2	93.23	FM放送（NHK，82.5MHz）
③	84.95	98.02	FM放送（横浜エフエム放送，84.7MHz）
④	91.55	82.28	アナログTV放送（NHK，総合の映像搬送波，91.25MHz）
⑤	95.95	83.59	アナログTV放送（NHK，音声の映像搬送波，95.75MHz）
⋮	⋮	⋮	⋮

4.2 屋内での電磁環境の測定（第2回演習）
4.2.1 演習の内容
屋内の電磁環境について電界強度の測定を行い，IT-1004「産業用情報処理・制御機器の設置環境基準」の規格に対する評価を行う．
4.2.2 測定点の選定
コンピュータを設置しているまたは設置の予定がある部屋を測定点に選定する．ただし，電磁波の反射物体の極近傍での測定は避ける．
4.2.3 測 定 条 件
人体の存在は電磁環境に変化を及ぼすことから，測定者以外の人間が存在しないことが望ましい．また，測定時間帯は，可能であれば測定対象とする部屋の稼動時間帯とすることが望ましい．
4.2.4 測　　　定
4.1節と同様とする．

5．データのまとめ方と評価
ここでは，データのまとめ方について説明する．可能であれば得られた測定結果より，図11.1.13に示すような横軸が周波数，縦軸が電界強度レベルのグラフを描く．このグラフや測定結果より，代表的な測定電磁波の周波数と電界強度を読み取る．表11.1.1に図11.1.13の読取り例を示す．

5.1 測定電磁波の所在確認
測定電磁波は，図11.1.1に示した電波法に遵守した放送波・通信波，不法無線局の通信波，人工的なノイズ，自然発生のノイズなどが考えられる．電波法に遵守した放送波・通信波等の周波数，送信電力は一部例外を除いて公開されている[11],[12]．それらを調べ，測定電磁波の放送源を特定する．表11.1.1には，その放送源等も示している．なお，周波数の誤差はスペクトラムアナライザが周波数を離散的に変化させて側定していることに起因する．

5.2 IT-1004「産業用情報処理・制御機器の設置環境基準」の評価
測定結果が，IT-1004規格の規定値3V/m以下であるかを確認する．これより，本演習で測定対象とした電磁環境がIT-1004規格を満足しているか否かの評価を行う．

ただし，このときにはアンテナの受信感度が最大である方向が，3V/m以上の電磁波の到来方向と一致せずに測定を行っている可能性がある点を考慮する必要がある．

5.3 屋外と屋内の電磁環境の差異
継続して発射され電磁界強度が安定している，屋外から到来する通信波の屋外と屋内の電磁波強度を比較することにより，対象とする部屋のシールド性能を評価しようという検討がなされている．この方法は「到来波法[2]」と称されているが，測定の実施には種々の注意点がある．ここでは屋外と屋内で，どのような電磁環境の差異が生じているかを見てみる．

6．レポートのまとめ方
各演習のレポートは，以下の項目を内容として作成する．
① 測定の目的・内容
② 測定場所・測定点（周囲の状況も含む）
③ 測定日時・天候・温湿度
④ 使用測定器具の名称・型式
⑤ 測定方法
⑥ 測定結果
⑦ 測定結果に関する考察
⑧ その他（感想・反省など）

文　　献
1) 赤尾保男：環境電磁工学の基礎，pp.1〜5，電子情報通信学会，1991
2) 電気学会電磁波の散乱・吸収計測技術調査専門委員会編：電磁波の散乱・吸収計測と建築電磁環境，pp.193〜242，コロナ社，2000
3) 清水康敬・杉浦　行編著：電磁妨害波の基本と対策，pp.212〜245，電子情報通信学会，1995
4) 総務省のホームページ，我が国の電波の使用状況，http://www.tele.soumu.go.jp/search/myuse/summary/index.htm
5) 電子情報技術産業協会編：電子情報技術産業協会規格 産業用情報処理・制御機器設置環境基準 JEITA IT-1004，2007
6) 仁田周一ほか編：環境電磁ノイズハンドブック，pp.477〜480，朝倉書店，1999
7) Schwarzbeck-Mess Elektronik のホームページよりデータを引用 http://www.schwarzbeck.com/artikel.php?lang=1&kat=A
8) R.A. ウイッテ（小畑喜一監訳）：スペクトラム/ネットワーク・アナライザ：理論と計測，pp.93〜106，トッパン，1993
9) 例えばAgilent Technologies：Agilent ESA スペクトラム・アナライザユーザーズガイド（マニュアル番号：E4401-90199），2001
10) 日本建築学会電磁場計測評価WG：環境電磁ノイズの電界強度測定法，http://news-sv.aij.or.jp/kankyo/s4/wg/keisoku/denji/kansok.pdf
11) 総務省電波利用ホームページ，"無線局情報検索"，http://www.tele.soumu.go.jp/j/musen/index.htm
12) 例えば周波数帳2006，三才ブックス，2006

11.2 磁気環境の測定（基礎1）

1. 演習の目的
建物内には，環境要素として地磁気や磁石による静磁界（強さと方向がつねに一定な磁界，直流磁界ともいう）や変動磁界（強さや方向が時間的に変動する磁界，ある時間区間内で周期的に変化する磁界は交流磁界と呼ばれ，変動磁界に含まれる）などの「電磁界（磁界）」がある．これら環境磁界の性質，制御の必要性，測定方法，評価方法について学習する．また，環境磁界としてもっとも一般的な電力用電源装置等から生じる商用周波数の交流磁界を例にとり，測定・評価方法を演習する．

2. 基礎事項
2.1 建築における磁気環境の制御
電磁機器の多様化，超伝導磁石のような強磁界の応用，インバータ制御機器の増加，機器の高周波化，電力の高圧化など，建物内の磁気環境は複雑になってきている．一方，科学技術や産業技術の高度化により，精密な電子機器の産業応用や電子・医療機器の普及など，磁界と干渉を受けやすい機器が，汎用的な建物空間内でも利用されるようになった．

建物内外に磁界の発生源と影響を受けやすい機器が並置されると，電磁気的な干渉により電子機器が誤動作などの障害を受けたり，逆に他の機器に悪影響を及ぼすことがおきる．このような磁気障害は，建物内の磁気環境の観点から以下のように分けられる．
① 大きな磁界を発生する磁気発生源が建物内に存在する場合
② 通常の建物で一般に存在する磁気発生源が問題となる場合
③ 特別な磁気環境を必要とする場合

①としては，病院施設や研究施設などの，NMRやMRIのように強磁界を発生する装置や電気室の周囲で，他の電子機器への磁気障害が問題となる．②としては，エレベータや車両の走行などの通常の建物環境が電子顕微鏡やMRIの画像に障害を及ぼす事例や，着磁した鉄筋や鉄骨によるCRTの色ずれ障害がある．③としては，半導体製造装置や高分解能な分析装置，生体磁気計測などの先端的な技術分野においては，通常の建物で想定される磁気環境下においても装置の正常な動作や機能を発現することが難しく，より静謐な磁気環境が求められている．

これらの電磁気的な障害を低減するためには，建築計画や設計段階における建物の配置やレイアウトの検討，電源幹線の配置場所，磁気シールド，管理区域の設定など運用段階でのくふうといった方法により，建築物に電磁気的な性能を付与することが求められる．現在では，建物や居室を設計する際に，磁気障害を被る可能性が高い機器や磁気障害を引き起こす可能性のある磁気発生源がある場合には，環境要素として電磁（磁気）環境の検討が加えられており，使用目的に合った磁気環境の制御や静謐な磁気環境の創出が行われている．

磁気シールドなど直接的な磁気環境の制御が実際に行われている例を示す．
① 「MRI室周囲への漏洩磁界」に対する磁気シールドならびに管理区域の設定
② 「電気室からの漏洩磁界」に対する磁気シールド対策
③ 「電子顕微鏡の磁気障害」に対する磁気シールド対策
④ 「生体磁場計測の磁気障害」に対する磁気シールド対策

磁気環境の制御を計画するうえで，現状における磁気環境を把握することは重要であり，磁気シールド性能や方法などの計画・施工を決定する基本データとなる．また，磁気環境の制御を実施した後の磁気環境ならびに磁気シールド性能を把握することは，建物の電磁環境の品質確保やメンテナンスを検討するうえで重要となる．

磁気障害を受ける可能性が高い機器に対する設置環境条件は，個々の機器の性能や目的に応じて製造者が設定しており，共通の規格はほとんど存在しない．汎用のコンピュータ，パーソナルコンピュータ，ワークステーションならびにその周辺機器に関しては，㈳電子情報技術産業協会が，JEITA-IT-1004「産業用情報処理・制御機器設置環境基準」を規格化している．本演習では，建物内の磁気環境を測定し，測定結果を本規格と照合し，設置環境としての適合性を評価する．

2.2 建物内の磁気環境
建物内における静磁界としては，まず地磁気がある．地磁気は地理的な場所により異なるが生活空間的にはほぼ一定な磁界の強さ（全磁力，水平分力）と方向（偏角，伏角）を示す．国土地理院から公表されている全磁力の分布を参照して，図11.2.1に示す．しかしながら，建物内では，構造材料や什器などに使用された強磁性材料の周辺で地磁気の分布が乱れ，必ずしも一様ではない．また，溶接やリフティングマグネットなどにより磁化された鉄骨や鉄筋も静磁界の発生源となり，建物内の静磁界に影響を及ぼしている．

一方，鋼製扉やエレベータなどの強磁性材料が地磁気中を移動すると，地磁気の流れが変化することにより，時間経過につれて磁界の強さや方向が変化し，変動磁界が生じる．同様に建物の外部で，自動車や電車などの強磁性材料が移動した場合にも，建物内で変動磁界が生じる場合がある．

建物内におけるもう一つの主要な変動磁界として，交流電流に起因した交流磁界がある．交流磁界の発生源としては，電源幹線や配電盤等の電源設備，照明器，パソコン，モータ等の電気製品など，電力を使用した電気設備・機器がある．従来は，商用電源周波数（50, 60Hz）の交流磁界が大部分であったが，インバータ制御機器やIH電磁調理器が利用されるようになり，建物内においても低周波数や中間周波帯（300～10MHz）の交流磁界が存在するようになった．

また，都市環境下においては，都市の生活活動に由来する磁気雑音が存在し，図11.2.2に示すように都市活動が活発となる時間帯に磁気雑音が増加する特徴がある．磁気雑音の発生源と

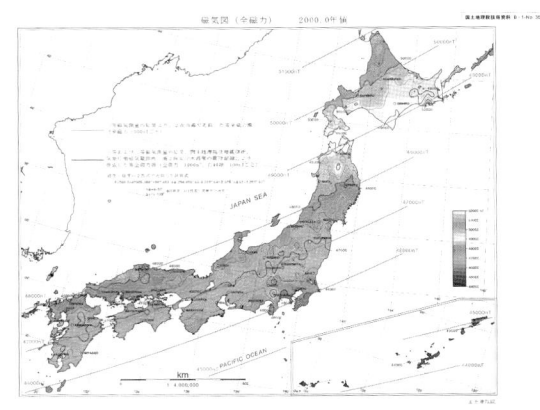

図11.2.1 全磁力の分布（国土地理院技術資料 B-1-No.35）

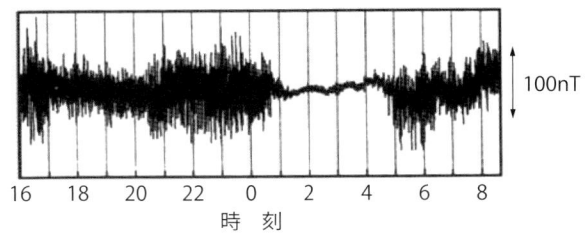

図11.2.2 都市磁気雑音

しては，送電線等の電力幹線，電気設備，電車，自動車，エレベータ等などが種々の都市活動が複合したものと考えられている．

2.3 磁界の一般的な性質

図11.2.3に示すように，電流が存在すると，その周囲には磁界が生ずる．両者の関係はビオ・サバールやアンペールの法則として知られ，前者においては（11.2.1）式で表される．電力線のように，ある長さを持つ電流路に対しては，磁界の大きさは電流路の全区間にわたって積分した値となる．

$$dH = \frac{1}{4\pi r^2} Ids \times \frac{r}{r} \tag{11.2.1}$$

ここで，Hは磁界の強さ，Iは電流の大きさ，Idsは電流線素，rは電流線素と観測点との距離である．

環境磁界計測における磁界Hとしては，測定可能な量である磁束密度Bが一般に用いられ，磁界Hと磁束密度Bとの間には次式の関係がある．

$$B = \mu_0 H \tag{11.2.2}$$

ここで，μ_0は磁気定数（$4\pi \times 10^{-7}$ [H/m]，真空の透磁率に同じ）であり，環境磁界計測においては空気の透磁率も同じμ_0を用いている．

磁束密度はベクトルであり，交流磁界の発生源が複数ある場合，観測点の磁界は各磁界発生源からの磁界をベクトル的に加えたものとなる．各磁界発生源の位相が異なる場合，観測点における磁界の直交3軸の各成分間には位相差が生じる．単一周波数の場合，磁界ベクトルはだ円状の軌跡（だ円磁界）を描き，位相条件によっては円状（円磁界）または直線状（直線磁界）となる．磁界の大きさの実効値B_{rms}は（11.2.3）式となる．

$$B_{rms} = B_R = \sqrt{(B_x^2 + B_y^2 + B_z^2)} \tag{11.2.3}$$

これは，各軸磁界成分B_x，B_y，B_zの実効値の2乗和の平方根であり，各軸間の位相差によらず，各軸成分の実効値によってのみ表され，評価が容易であることから，磁界の大きさの指標として一般的に用いられる．

また，交流磁界のように大きさが時間とともに変化する磁界が，閉じた回路に鎖交すると，回路には電磁誘導によって誘導起電力が発生する．（磁束$\Phi = BS$，S：閉回路面積）この起電力は鎖交する磁束変化を妨げる電流を生じるような向きに発生する．

$$U = -\frac{d\Phi}{dt} = -\frac{SdB}{dt} [V] \tag{11.2.4}$$

2.4 磁界の及ぼす影響

磁界と電界の間には種々の相互作用があり，その一つとして，磁界中をマイナス電荷である電子が運動すると，ローレンツ力により電子に力Fが加わる．電荷qと磁束密度Bとの間の力Fはベクトル積で与えられ，電子の運動方向と磁界の両者に垂直方向に働く．

$$F = qv \times B \tag{11.2.5}$$

ここで，vは電子の速度である．CRTは電子銃から発射した電子線を蛍光体に当て発光させることにより画像を構成している．そのため，静磁界が加わり電子線が偏向すると画像の色ずれを生じ，交流磁界が加わりCRTのリフレッシュレート（垂直走査周波数：ディスプレイが1秒間に画面を書き換える回数）と交流磁界の周波数間に干渉が生じると，画像の揺れを生じる．同様に，電子顕微鏡が撮像中に変動磁界を被ると，電子像にひずみを生じ，分解能が低下する．

また，脳波計のような高精度の測定機器や電子回路では，変動磁界により電磁誘導に起因した起電力が発生し，脳波図上のアーチファクト（ノイズ：観測の段階で発生したデータのエラーや信号のゆがみのこと）や機器の誤作動を招く原因となる．

2.5 磁界の単位

1992年に新計量法が公布され，電磁界の単位系もSI単位系に切り替わった．しかしながら磁気の分野では，現在でも慣用的にcgs電磁単位系が使用されており，両者の換算を表11.2.1に示す．

また，電子機器のイミュニティや設置環境条件を規定する規格値としては，磁界の強さが用いられる場合が多いが，環境磁界の測定量である磁束密度と対比する際には，（11.2.2）式を用い，μ_0として空気の透磁率と等しい磁気定数を用いて換算することが行われる．なお，磁性材料の透磁率は一般に比透磁率で$\mu_r = \mu/\mu_0$で表される．

2.6 静磁界の計測指標

静磁界の評価指標としては，磁界の絶対値（成分と全磁力）が用いられる．病院のMRI室周囲では，心臓ペースメーカ装着者の保護のため，静磁界の大きさが規定されている．また，本演習で参照するJEITA-IT-1004においても，産業用情報処理・制御機器の設置環境として静磁界の絶対値（地磁気を除く）が規定されている．

2.7 変動磁界（直流磁界の変動）の計測指標

走査電子顕微鏡やMRI装置では，直流磁界の変動の変動幅に許容値が設けられている．変動幅は，定点に置いたセンサを用いて，変動磁界の強さの経時変化を計測し，経過時間内における最大値と最小値の差から求める．しかしながら，変動幅は経過時間の長さにより異なり，一般に経過時間を長くするほど，変動幅は大きくなる．そのため，経過時間は対象機器の機能や使用目的から決められる必要がある．走査電子顕微鏡では，電

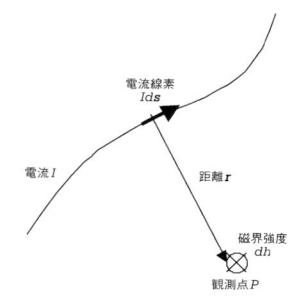

図11.2.3 電流線素と発生磁界の模式図

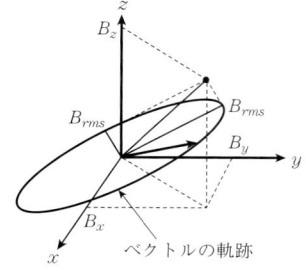

図11.2.4 三次元磁界ベクトルの軌跡

表11.2.1 SI単位とcgs電磁単位の比較表

量	記号	SI単位	cgs電磁単位
磁界の強さ	H	A/m	$4\pi/10^3$ Oe
磁束	ϕ	Wb	10^8 Mx
磁束密度	B	T	10^4 G
インダクタンス	L	H	10^9 emu
透磁率	μ	H/m	$10^7/4\pi$ emu

子像画像の撮像時間を考慮して，1分間の変動幅や，5分間のドリフト量などを求めて，環境磁界の評価が行われる．また，電子線描画装置のように，長時間の連続的な稼働が行われる機器では，半日～1日の変動幅を評価の対象としている．

図11.2.5に小型トラックなどの車両走行に伴う直流磁界の変動の測定例を示す．変動幅が小さい場合には，計測時間内に変化しない地磁気などの磁界をオフセット機能等により除去し，計測器のダイナミックレンジを大きくすることにより，測定精度を高めて計測することが必要となる．また，商用電源周波数の交流磁界が無視できない場合には，磁界測定器の信号出力にローパスフィルタを介することにより，交流磁界を含まない変動磁界を取り出す必要がある．

2.8 変動磁界（交流磁界）の計測指標

交流磁界は，強さと周波数を用いて表される．強さを表す指標として，波高値（B_m），P-P値（Peak to Peak値：B_{p-p}），実効値（B_{rms}）などがある．交流磁界が正弦波の場合には，波高値とP-P値ならびに実効値間には以下の関係がある．

$$B_m = B_{P-P}/2 \tag{11.2.6}$$

$$B_{P-P} = 2\sqrt{2} \times B_{rms} \tag{11.2.7}$$

実効値は入力信号の瞬時値の2乗を平均化し，その平方根を求めて得られる．そのため，波形がひずんでいる場合には，(11.2.7)式を用いて実効値からP-P値を換算すると，実際のP-P値とは異なる．特に，急峻なピークを有する波形の場合には，実効値はP-P値よりも過小に評価される．交流磁界専用の計測器には実効値を表示する機器が多いが，規定値としてP-P値が要求される場合には，交流磁界の波形を観察し，実効値による計測の可否を判断する必要がある．

電磁誘導に起因した磁気障害においては，起電力が磁束の変化量に依存することから，交流磁界の周波数が問題となる．また，電磁界の健康影響を評価する際にも，周波数に応じて制限値が設けられており，周波数の計測が必要となる．

2.9 磁気環境の評価

IEC（国際電気標準会議）では，電子機器が使用される環境を想定し，それらの電子機器が環境に耐えられるようなイミュニティを有することを規定しているが，設置環境に関する規定は設けられていない．そのため，重工業プラントのような工業環境では高いイミュニティが求められ，住宅や商業環境では低く設定されている．一般の機器を建物の内部で使用する際の設置環境としては，これらのイミュニティレベルが目安となる．表11.2.2に電源周波数磁界に対するEMCレベルの一例を示す．一方，電子顕微鏡のような磁界の影響を被りやすい機器や装置は，製造者が個々に設置環境を設定している．各種の電子機器や良質な磁気環境が求められる生体磁気計測にて要求される磁界許容値の一例を図11.2.7に示す．

3. 測定の準備

環境磁界の計測は，ある特定な位置における磁界特性を把握する「スポット測定」と，放射線測定における線量計のように磁界を線量とみなし，その積算量を把握する「ばく露量測定」とがある．

「スポット測定」には，一軸の測定器や3個のセンサが互いに直交方向に配置された三軸の測定器が用いられる．三軸測定器は，各軸の磁界実効値から磁界合成値B_Rを容易に測定でき，センサの向きによらず同一のB_Rを得られる．

「磁界ばく露量測定」では，磁界を線量として扱い，生体への蓄積量を測定する趣旨から，三軸直交配置のセンサが用いられる．B_Rの時間経過を測定し，総ばく露量$\Sigma B_R \times \Delta t$（$\Delta t$：測定間隔）や平均ばく露量$(\Sigma B_R \times \Delta t)/t$（$t$：全測定時間）で評価される．

3.1 計測機器の校正

交流磁界は原器が存在しないため，コイルに電流を流して磁界を発生させ，通電電流から計算して得られた磁界を基準として，校正を行う．センサ部分全体が一様な磁界空間となるのに十分な大きさのコイルを使用する．強度特性試験（商用電源周波数にて磁界強度を変化させる）と周波数特性試験（磁界強度を一定として，周波数を変化させる）を行い，センサと測定器の校正を行う．

表11.2.2 電源周波数磁界に対する EMC レベル

規格	対象		EMC レベル
IEC 61000-6 シリーズ	機器の筐体	工業環境	30A/m（38μT）
		住宅，商業，軽工業環境	3A/m（3.8μT）
CISPR24	情報技術装置		1A/m（1.3μT）

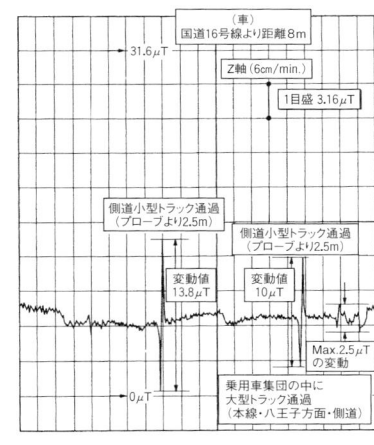

図11.2.5 直流磁界の変動と変動幅測定例

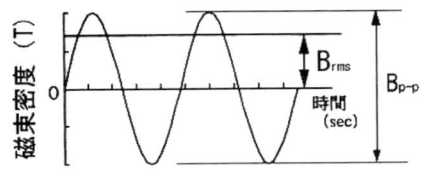

図11.2.6 交流磁界の指標

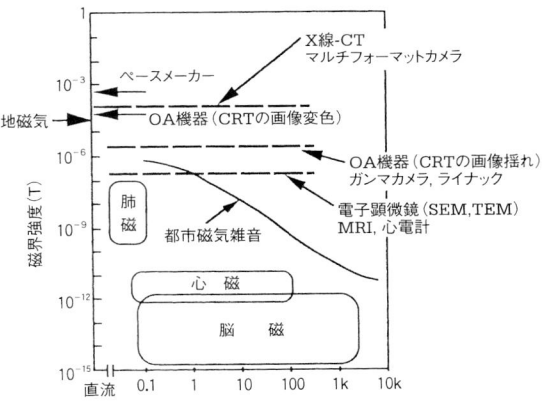

図11.2.7 各種機器の磁界許容値

11. 電磁環境分野

4. 主要機器の取扱い方
4.1 磁気計測器の特性（磁界強度と周波数特性）と選択

磁界測定のセンサ方式としては，誘導コイル方式，ホール素子，フラックスゲート式，磁気抵抗式，磁気発振方式，量子干渉素子を用いるものなどがある．センサ方式により計測可能な磁界強度や周波数が異なるため，対象とする磁界の特徴を把握し，目的にあった方式を選定する必要がある．表11.2.3と図11.2.8に，センサ方式に対応する磁界強度ならびに周波数の範囲を示す．

電流に起因した環境磁界の計測には，誘導コイル方式やフラックスゲート方式や磁気発振方式が用いられる．特に，誘導コイル方式は，電磁誘導作用により誘導コイルに鎖交する磁束の大きさの時間変化分に対応した誘起電圧を測定するもので，広い周波数範囲に対して適用できる．

4.2 センサの設置

磁界中に強磁性体が存在すると，磁束は強磁性体中を通過しやすい性質があり，その周囲では磁界が変化する．そのため，センサを固定する場合には，磁界の影響を避けるため，プラスチックや塩ビ樹脂，木材等の非磁性材料で保持具を構成する必要がある．

5. 演習の進め方

環境磁界測定には，磁界の時間的な変動を測定する「定点経時測定」と，空間内の複数の場所で磁界を測定し，その分布を把握する「多点（同時）測定」がある．ここでは，電気設備から漏洩する磁界の測定に実施されることが多い多点測定を演習する．

建物内で交流磁界を発生している電気設備（分電盤，変圧器，電力幹線，モータなど）を含む空間を選定する．対象とする空間に基準方位を定め，その広さに応じて，縦・横等間隔のメッシュを設定し，その格子点上に測定点をとる．磁界の分布を測定するためには，同一機種の測定器を多数用意することが望ましいが，困難である場合には，電気設備の稼働状況をできるだけ同じにして，測定点に逐次測定器を移動し環境磁界を測定する．電気設備から漏洩する磁界は電流量に比例するため，稼働状況が変動する場合には，電気設備への通電量（I）と磁束密度（B）を測定し，基準とする電流（I_0）に対する磁束密度（B'）を下式により予測する．

$$B' = B \times \frac{I_0}{I} \tag{11.2.9}$$

5.1 時間波形の観察

磁界測定器の信号出力をオシロスコープに接続し，磁界の時間波形を観察する．電気設備・機器の周辺では，商用電源と等しい周波数の磁界が発生している．電力線から発生する交流磁界は正弦波であるが，電気機器から発生する交流磁界は波形が変形していることが多い．図11.2.9にその一例（掃除機近傍で測定された交流磁界の時間波形）を示す．

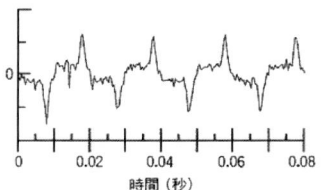

図11.2.9　掃除機近傍での交流磁界時間波形

5.2 周波数特性の観察

磁界測定器の信号出力を FFT アナライザに接続し，環境磁界の周波数特性を観察する．一般の環境磁界は商用電源周波数の交流磁界とその高調波の磁界が主たるものであるが，インバータを利用した機器では，機器の運転に同期した周波数の磁界が発生する．

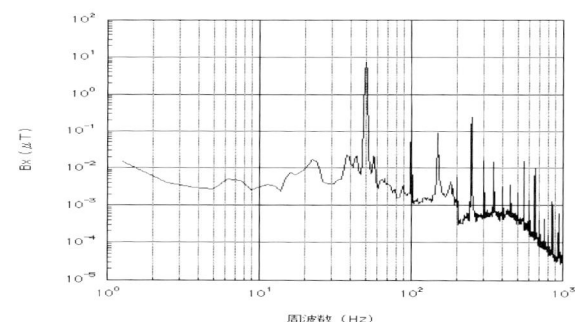

図11.2.10　環境磁界の周波数特性

5.3 磁界分布の測定

格子点上に測定器のセンサを基準方位に向けて配置し，環境磁界の三軸成分を計測する．一軸センサを用いる場合は，センサの向きを基準方位から直交に順次変化させ，三軸成分を計測する．

6. レポートのまとめ方
6.1 建物内の磁界分布

各測定点の環境磁界の三軸成分から，(11.2.3) 式に従い合成磁界 B_R を求める．平面図上に合成磁界のコンター（等磁界線図）を作成し，環境磁界の分布を把握する．平面図上に合成磁界の水平成分の向き（磁界のベクトル線図）を描き，磁束の流れを把握する．〔図11.2.11および図11.2.12〕

表11.2.3　各種の磁気センサの計測範囲

計測対象	検出方式	実用計測範囲
直流磁界	フラックスゲート型	数 nT～数 100μT
	磁気発振型	数 nT～数 100μT
	ホール素子型	数 10μT～数 T
交流磁界	誘導コイル型	数 nT～数 T
	フラックスゲート型	数 nT～数 100μT
	磁気発振型	数 nT～数 100μT
	ホール素子型	数 10μT～数 T

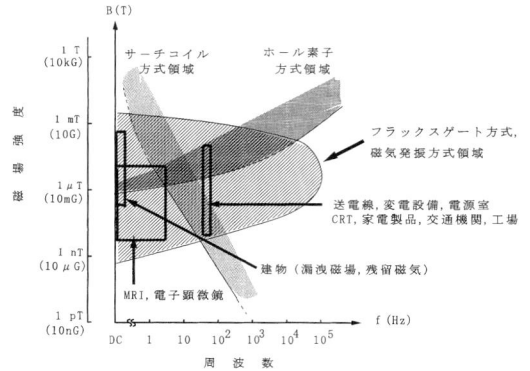

図11.2.8　各種磁気センサの適用範囲

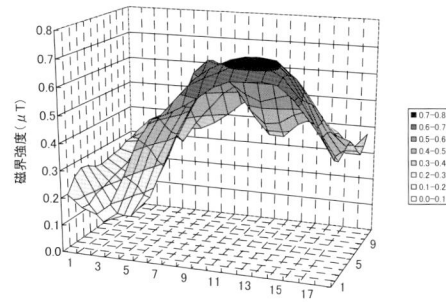

図11.2.11 等磁界線図

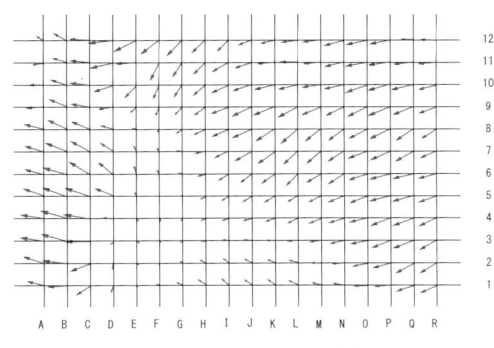

図11.2.12 ベクトル線図

6.2 磁界の距離減衰特性

電源設備から測定点までの離隔距離と合成磁界の大きさとの関係を図11.2.13に表す.磁界の強さは発生源からの距離とともに減衰し,減衰の特性は発生源の形状に依存する.離隔距離と合成磁界の大きさを両対数にて表示し,磁界の距離減衰特性を求める.

6.3 建物内の環境磁界の評価

ここでは,コンピュータ等の情報処理装置に対する設置環境基準である JEITA-IT1004(産業用情報処理・制御機器の環境

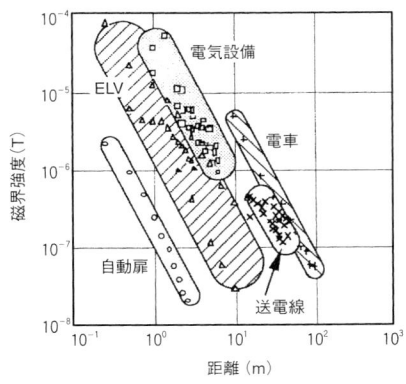

図11.2.13 各種の磁場発生源からの距離減衰

表11.2.4 JEITA-IT-1004の環境磁界に対する設置環境基準[3]

	交流(商用周波数)磁界	静磁界[注3]
Class A[注1]	1A/m[注2]	8A/m
Class B[注1]	3A/m	400A/m
Class S1	10A/m	規定なし
Class S2	30A/m	規定なし
Class S3	100A/m	規定なし
Class S4[注1]	特殊	4 000A/m

注1) CRT には Class A を,それ以外の機器には Class B を,磁気記録メディアには Class S4を適用する.
注2) $1A/m = 4\pi \times 10^{-3} Oe ≒ 0.0125G = 0.00125mT$ と近似できる.
注3) 地磁気を除く.

磁界に対する設置環境基準)に基づいて,建物内の環境磁界を評価する.

6.4 レポートの作成

演習のレポートは,以下の項目を内容として作成する.
① 測定の目的・内容
② 測定場所・測定点
③ 測定日時
④ 測定条件(周囲の状況)
⑤ 測定系統(測定器の組合せなど)
⑥ 測定結果(測定データとその整理)
⑦ 測定結果に関する考察
⑧ その他(感想・反省など)

文　献

1) 日本建築学会編:環境磁場の計測技術-現場における計測の事例-,(1998)
2) 電気学会:電磁波の散乱・吸収計測と建築電磁環境,コロナ社(2000)
3) 電子情報技術産業協会編:JEITA-IT-1004「産業用情報処理・制御機器設置環境基準」,2007
4) 日本建築学会編:磁気シールド-建築におけるシールド材料・施工,ミマツコーポレーション(2003)
5) 日本画像医療システム工業会規格:JESRA X-0090(2001)「磁気共鳴画像診断装置施設の安全基準」
6) 国際非電離放線防護委員会(ICNIRP):「時間変化する電界,磁界および電磁界による曝露を制限するためのガイドライン(300GHzまで)」,1998

参　考

環境磁界(低周波交流磁界)の測定法に関する規格としては,IEEE(米国電気電子学会)やIEC(国際電気標準会議)から,以下のような規格が定められている.
(1) IEEE Std 644-1994:「交流電流線からの商用周波数電界および磁界の測定法」
(2) IEEE Std 1308-1994:「10Hz〜3kHz の磁束密度計および電界強度計の特性の推奨」
(3) IEC 61786(1998):「人体ばく露に関する磁界と電界測定-測定器への特別な要求と測定のガイダンス」

建築環境工学実験用教材

1982年3月25日	第1版第1刷
2011年3月25日	第2版第1刷
2023年6月10日	第2版第4刷

編集著作人　一般社団法人　日本建築学会
印　刷　所　昭和情報プロセス株式会社
発　行　所　一般社団法人　日本建築学会
　　　　　　108-8414　東京都港区芝 5-26-20
　　　　　　電　話・(03) 3456-2051
　　　　　　FAX・(03) 3456-2058
　　　　　　https://www.aij.or.jp/
発　売　所　丸善出版株式会社
　　　　　　101-0051　東京都千代田区神田神保町2-17
　　　　　　神田神保町ビル
　　　　　　電　話・(03) 3512-3256

Ⓒ 日本建築学会 2011

ISBN978-4-8189-2225-9　C3052